JN198633

ブリタニカ
ビジュアル大図鑑
INFOGRAPHICA

ブリタニカ
ビジュアル大図鑑
INFOGRAPHICA

インフォグラフィック制作
ヴァレンティーナ・デフィリーポ
編
アンドリュー・ペティ／コンラッド・キルティ・ハーパー

BRITANNICA
BOOKS

NHK出版

目次

ここからスタート！

ようこそ！「インフォグラフィック」の世界へ p. 7

この図鑑の見方 p. 8

はてしない宇宙

惑星やブラックホール、小惑星、衛星、
星雲についての知識や、
知られている宇宙最大の星を紹介します。

p. 11

地球のすがた

火山や雷、岩石、川、
そして、地球で最も高い場所、
深い場所のことが明らかになります。

p. 59

生きている地球

木や菌類、化石、エネルギーについて学び、
変化するわたしたちの惑星を
地球科学的に見ていきます。

p. 107

こっちだよ。
上を見て！

動物のいとなみ

最速、最強、最小、最古の動物たちのほか、
危険な動物が登場します。

p. 155

先へ進んで人間について知ろう。でもぼくにはペンギンのほうがおもしろいけどね！

人体のふしぎ

筋肉や骨、脳細胞、うんちとおしっこ
などについて見ていきます。あなたが一生のうちに
流す鼻水はバスタブ何杯分になるのかがわかります。

p. 203

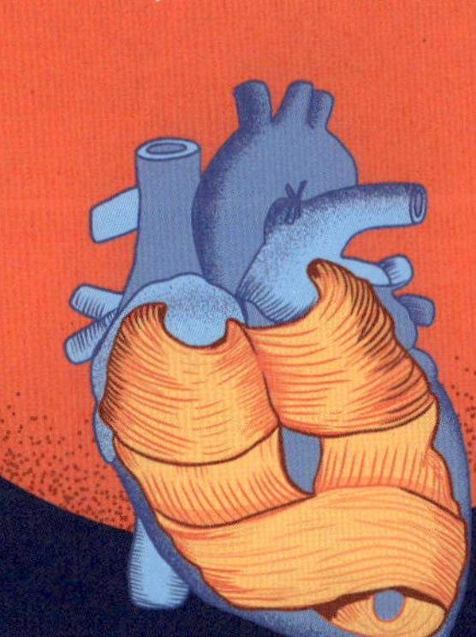

わたしたちの世界

車や電車、芸術や本、
戦争などについて紹介。
歴史上最も偉大な発明も明らかになります。

p. 251

出典 p. 299

用語集 p. 310

クイズに挑戦！の解答 p. 315

もっと知りたい！ p. 316

索引 p. 319

制作チームの紹介 p. 334

ようこそ！「インフォグラフィック」の世界へ

わたしたちの脳は身の回りの世界を認識する際、情報の約70％を視覚でとらえていることを知っていますか？　また、ある物が絵で表現されていた場合、人間はわずか1000分の13秒で見分けられるということを知っていましたか？　これはまばたきの8倍のスピードです！

このように、わたしたち人間は多くの場面で視覚にたよって生きています。だからこそ、イラストや図版など、視覚的に表現したものは、わたしたちに非常に強く訴えかけてきます。本書の中でたびたび登場する「インフォグラフィック（infographic）」とは、知識や情報を一瞬でとらえるために使われる効果的な方法のことです。

この本にのっている200点以上のインフォグラフィックのほとんどは、「事実の集積（これをデータと呼びます）」を表現しています。データを絵に変換したおかげで、一目見ただけで情報を理解させたり、「おおー！」と感動させたりすることさえもできるのです。

わたしたちのまわりにも、あちこちでインフォグラフィックが使われています。地図、図表、グラフ、年表などがよくあるタイプのものです。

地球外生命体とコミュニケーションをとるための最も単純明快な方法が検討されたとき、宇宙科学者は、インフォグラフィックを使うことに決めました。インフォグラフィックが刻まれた金属板は、NASA（アメリカ航空宇宙局）のパイオニア10号にのせられて宇宙に飛んで行きました。パイオニア10号は1972年に打ち上げられ、世界初の木星探査ミッションを成功させました。

もし、いつの日か地球外生命体が、パイオニア10号を発見したら、どこから来たのかがわかるように、金属板には、地球に関する重要な情報の1つとして、太陽系の地図もふくまれていました。残念ながら、今のところまだ返事はありませんが……。

インフォグラフィックの世界をたっぷり楽しむために、まずはページをめくり、インフォグラフィックに共通する特徴と見方を簡単にまとめたガイダンスに目を通しましょう。

太陽系を描いたこの簡単な地図は、NASAの宇宙探査機パイオニア10号（左ページのイラスト）に搭載された。地球を出発し、木星と土星のあいだを航行しているパイオニア10号がえがかれている。

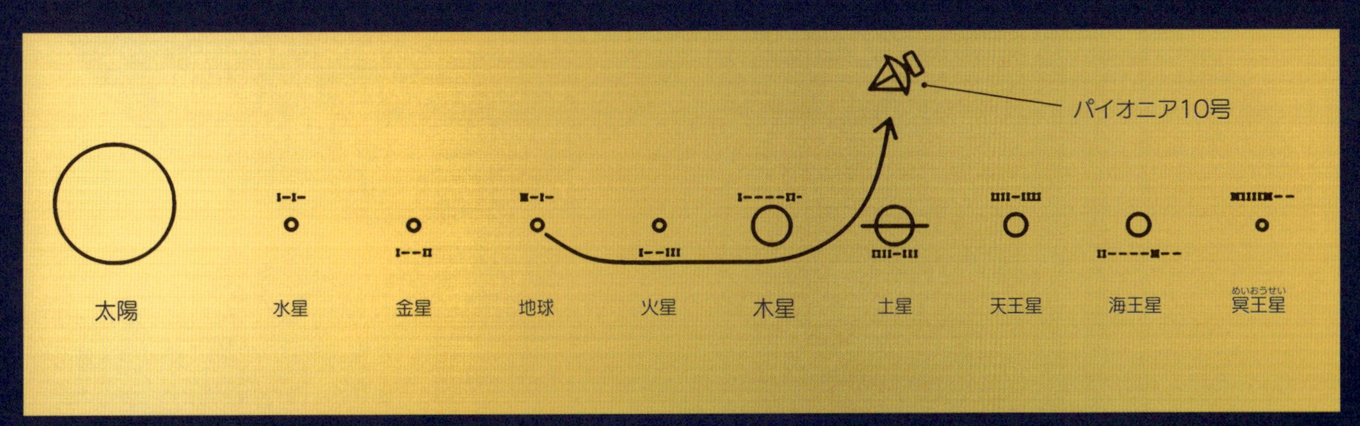
パイオニア10号
太陽
水星
金星
地球
火星
木星
土星
天王星
海王星
冥王星

この図鑑の見方

この本のインフォグラフィックは、主に次のような方法で情報を整理し表しています。

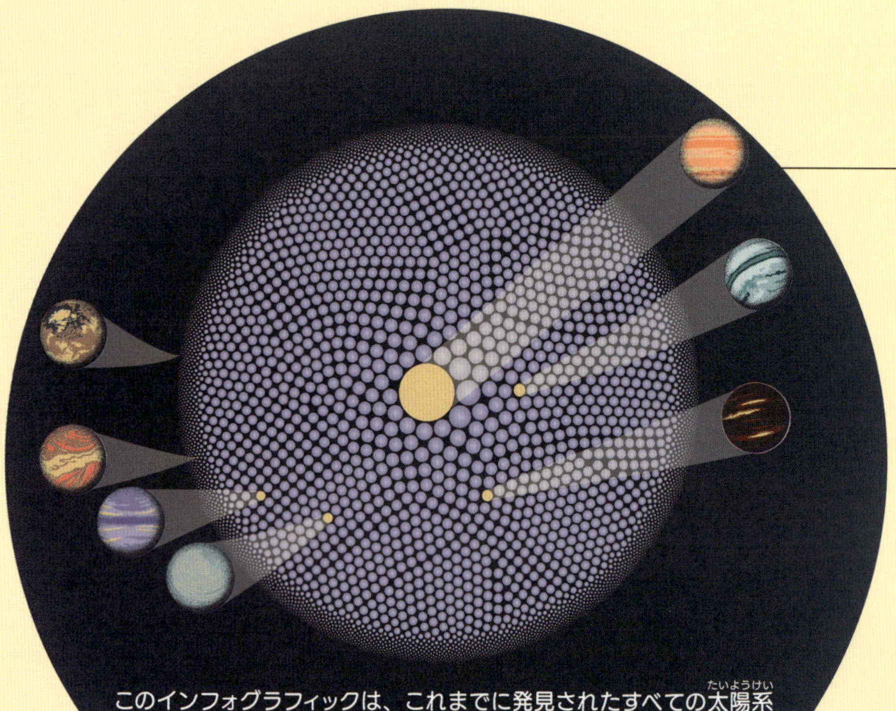

このインフォグラフィックは、これまでに発見されたすべての太陽系外惑星を紫の点で表している。それぞれの点の大きさは、その惑星の大きさに比例する(ここでは、いくつかの惑星が強調されているので、それらについてより多くのことがわかる)。

集計と整理

ある物がいくつあるかを表す、シンプルなインフォグラフィックです。また、それがどんな大きさなのか、どれくらいの温度なのか、何でできているかなど、さらなる情報がもりこまれる場合もあります。

測定とルール

多くのインフォグラフィックは、高さ、重さ、長さ、スピードなど、物の測定値を表します。図表の最上部か最下部、あるいは側面にそって書かれている数字と、イラスト全体にわたる測定のルールに注意しましょう。どの図表にも、使用されている測定の単位(m、年、kg、%など)がそえられています。

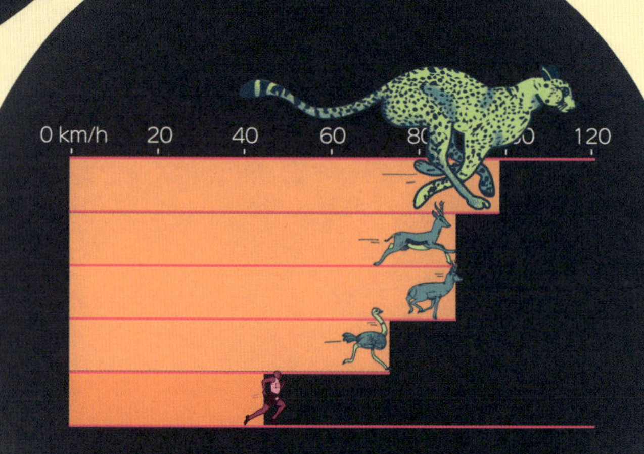
0 km/h
20
40
60
120

このインフォグラフィックの最上部にある横軸は、これらのさまざまな動物のスピードが「時速〜km(km/h)」という形式で測定されていることを表している。

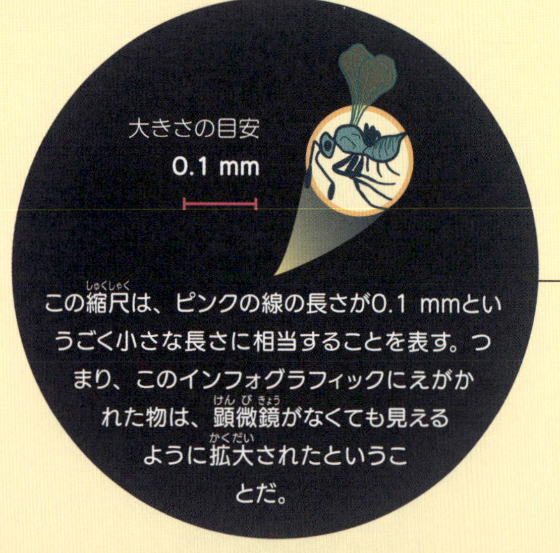
大きさの目安
0.1 mm

この縮尺は、ピンクの線の長さが0.1 mmというごく小さな長さに相当することを表す。つまり、このインフォグラフィックにえがかれた物は、顕微鏡がなくても見えるように拡大されたということだ。

大きさの目安

一部のインフォグラフィックは、物を「縮尺で」表しています。つまり、実際の距離や大きさでえがくのではなく、現実の世界ではもっと大きなものやもっと小さなものを一定の尺度でちぢめたりのばしたりして表しています。縮尺は地図でよく使われます。

色と模様

インフォグラフィックの色と模様は、伝えようとしているストーリーの重要な部分です。インフォグラフィックや「この図の見方」を見れば、色や模様が温度などの測定値を表しているかどうかがわかります。

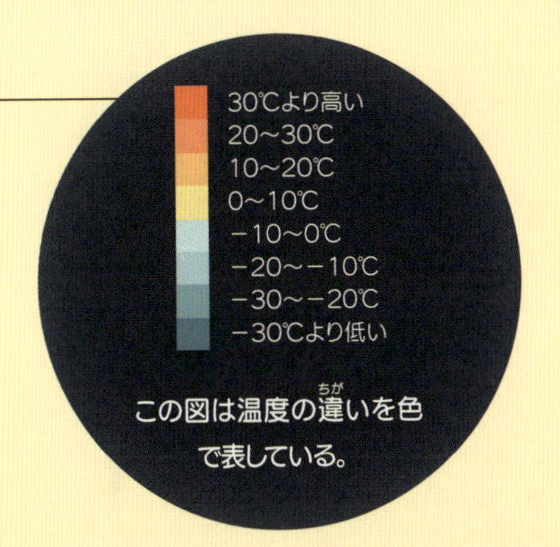

30℃より高い
20～30℃
10～20℃
0～10℃
－10～0℃
－20～－10℃
－30～－20℃
－30℃より低い

この図は温度の違いを色で表している。

海をえがいたこのインフォグラフィックは、主要な物体がすべてオレンジ色になっているので、水中での相対的な位置をくらべやすい。

2個以上の物を直接くらべる場面では、同じ色でえがかれているかもしれません。このほうが2つを公平に見くらべるのが簡単で、重要な情報にも気づきやすくなります。

位置

アイテムの位置が、場所(地図上でどこにあるかなど)、時期(年表のどの地点かなど)、属する分類(生物の科やグループなど)についての情報を伝える場合もあります。

南極大陸
最高気温
18.3℃
1
2
サハラ砂漠
最高気温 50℃

このインフォグラフィックは、世界地図上の砂漠の場所を表す。暑い砂漠はオレンジ色、寒冷な砂漠は青色で表現されている。

巨大な木の幹の直径を実感できるように、このインフォグラフィックは、手をつないだ子どもたちが何人いれば木をぐるりとかこめるかを表している。

わかりやすいくらべ方

どうしたら巨大な木の大きさを実感できるでしょう？　インフォグラフィックを使えば、こういう測定値をもっと親しみやすいものに変えるのは簡単です。

一部のページには、**この図の見方**という説明書きが登場します。これを見つけたら、インフォグラフィックより先に読みましょう。

- 本書に記されている数値などは、原書(Britannica's Encyclopedia Infographica：2023年9月刊)執筆当時のものです。
- humanの訳語として、生物種としての場合は「ヒト」、文化的・社会的概念をふくむ場合は「人間」あるいは「人」、進化的・集団的要素をふくむ場合は「人類」としました。

はてしない宇宙

この世のすべての歴史年表

星はどこから生まれたのでしょうか？　あなたはどこから来たのでしょうか？　この本は？
一説によれば、138億年前、ほんの一瞬のあいだに、すべてのものがつくり出されました。
時間、空間、そして宇宙にある物質のすべてがです。この信じられないような出来事を
「ビッグバン」といいます。

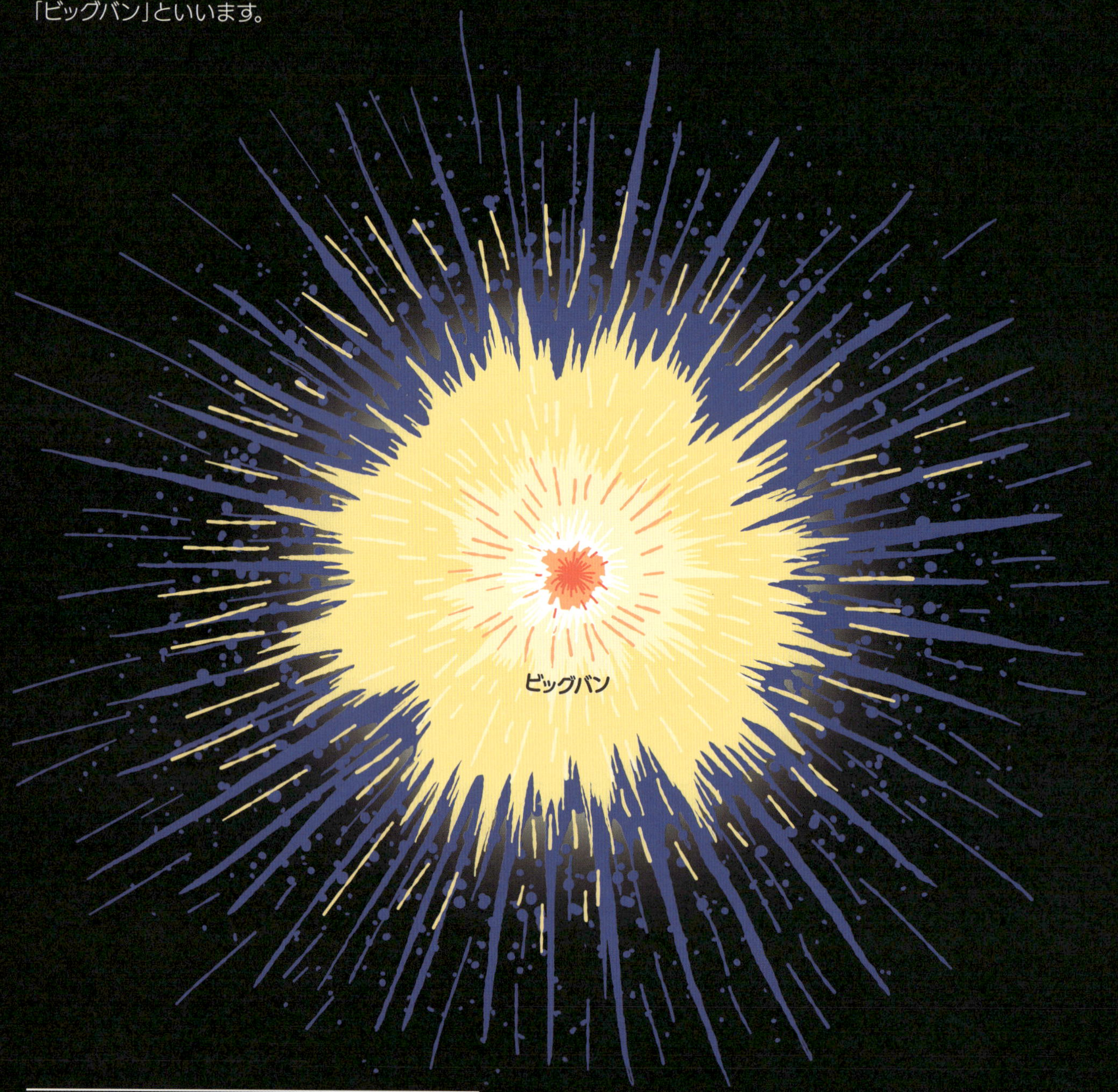
ビッグバン

その次に何が起きたの？

ビッグバンの瞬間には、すべてのものが「特異点」という非常に小さな点に存在していたと科学者たちは考えています。ビッグバンのあと、宇宙は冷えながら膨張（ふくらむこと）を始めました。数分のうちには、物質の粒子から水素やヘリウムができはじめました。こうした元素がのちに恒星をつくり、それが惑星の形成にもつながったのです。天文学者によれば、宇宙は今でも冷えながら膨張し続けています。

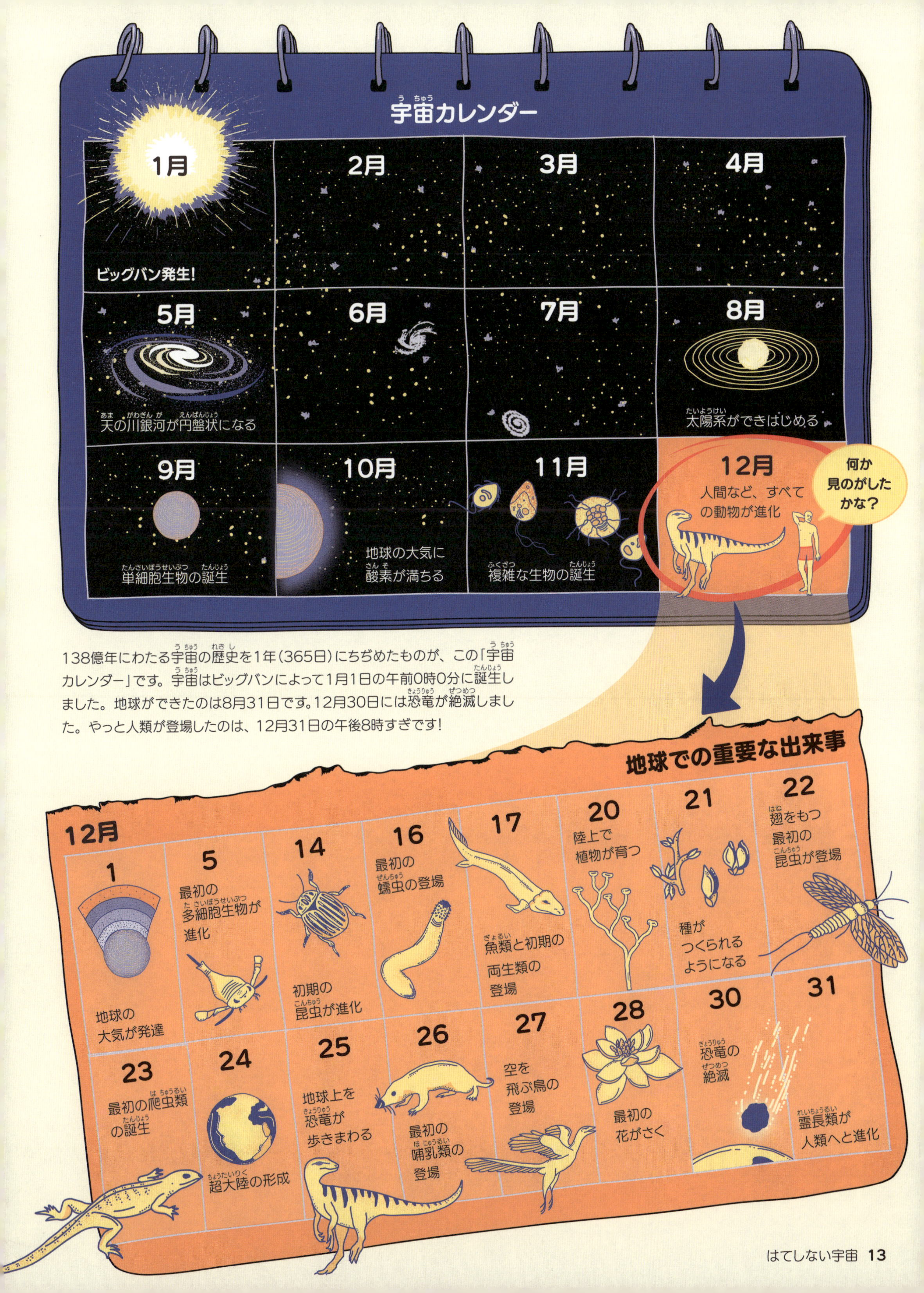
宇宙カレンダー
1月
ビッグバン発生!
2月
3月
4月
5月
天の川銀河が円盤状になる
6月
7月
8月
太陽系ができはじめる
9月
単細胞生物の誕生
10月
地球の大気に
酸素が満ちる
11月
複雑な生物の誕生
12月
人間など、すべて
の動物が進化
何か
見のがした
かな?
地球での重要な出来事
12月
1
地球の
大気が発達
5
最初の
多細胞生物が
進化
14
初期の
昆虫が進化
16
最初の
蠕虫の登場
17
魚類と初期の
両生類の
登場
20
陸上で
植物が育つ
21
種が
つくられる
ようになる
22
翅をもつ
最初の
昆虫が登場
23
最初の爬虫類
の誕生
24
超大陸の形成
25
地球上を
恐竜が
歩きまわる
26
最初の
哺乳類の
登場
27
空を
飛ぶ鳥の
登場
28
最初の
花がさく
30
恐竜の
絶滅
31
霊長類が
人類へと進化

138億年にわたる宇宙の歴史を1年(365日)にちぢめたものが、この「宇宙カレンダー」です。宇宙はビッグバンによって1月1日の午前0時0分に誕生しました。地球ができたのは8月31日です。12月30日には恐竜が絶滅しました。やっと人類が登場したのは、12月31日の午後8時すぎです!

わたしたちは宇宙のどこにいるの？

この本を読んでいるということは、あなたは地球に住んでいるのでしょうね。では、その地球はどこにあるのでしょうか？　それは、この宇宙地図を見ればわかります。いちばん上の第1の地図は、太陽系の中での地球の位置を表しています。もっと視野を広げた第2の地図では、太陽系が天の川銀河のどこにあるかがわかります。さらに広い範囲がえがかれた第3の地図が表すのは、「観測可能な宇宙」の中での天の川銀河の位置です。「観測可能な宇宙」は、天文学者たちが強力な望遠鏡を使って観察することができた、現在知られている範囲の宇宙全体の今のすがたを表す言葉です。

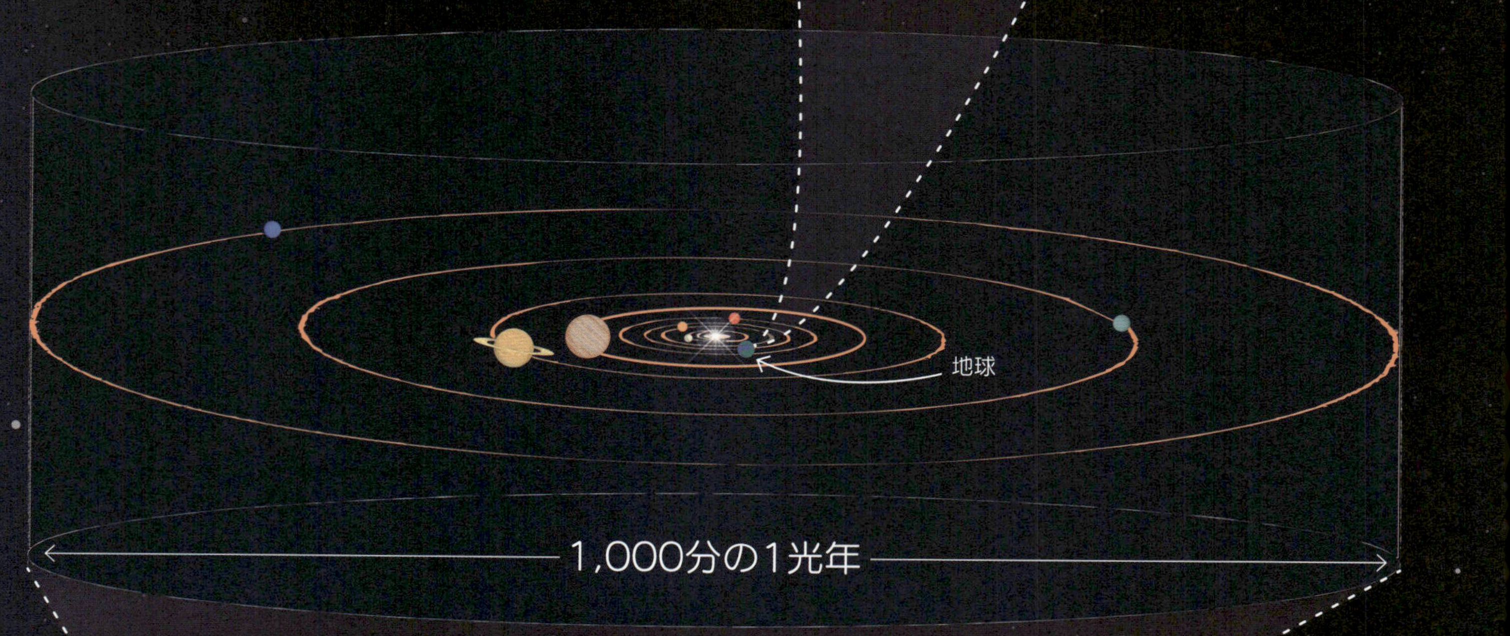
今いるのはここ！
地球
地球
1,000分の1光年

太陽系では……

太陽系には、太陽と、太陽の周りを回る（または動く）すべてのものがふくまれます。太陽の周りを回っているのは、地球をはじめとする8個の惑星とその衛星、準惑星、数えきれないほどの小惑星、彗星、それ以外の氷でできた小さな物体などです。地球は太陽系の第3惑星で、太陽から約1億5,000万 km離れています。

天の川銀河では……

銀河とは、宇宙の中をいっしょに移動していく星、ガス雲、ちりの粒子の集まりです。天の川銀河には、4本の渦状腕（渦をまいた形の銀河の腕のように見える部分）があります。太陽系はその腕の1つにあって、銀河の中心の周りを2億5,000万年ごとに1回転しています。

観測可能な宇宙では……

天の川銀河は、近くにある30個ほどの銀河の集まりである「局所銀河群」というグループにふくまれています。天の川銀河からいちばん近い大型の銀河は、アンドロメダ銀河です。

太陽系
10万光年
天の川銀河
940億光年

太陽系へようこそ！

宇宙の、わたしたちがいる領域は「太陽系」と呼ばれています。すべてのものが太陽の周りを回っているからです。太陽系には、8個の惑星、200個をこえる衛星、冥王星をはじめとする5個の準惑星、とてもたくさんの彗星と小惑星、そしてちりとガスがあります。惑星は、太陽系の中で太陽の次に大きな天体です。

すべての惑星は自転軸を中心に回転（自転）している。自転軸は、惑星の中心を通る仮想の線だ。それぞれの惑星の自転軸を、灰色の矢印で示す。

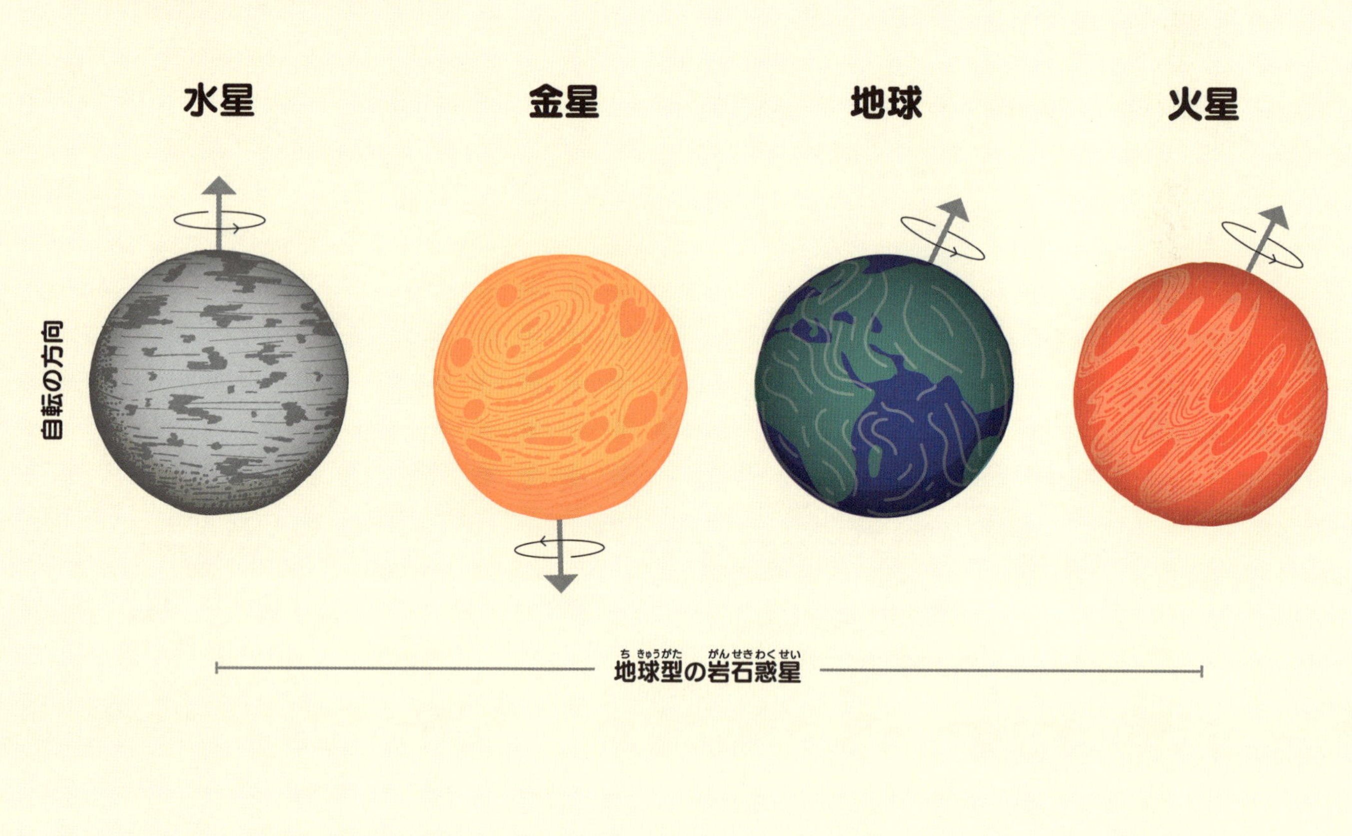

水星
金星
地球
火星
自転の方向
地球型の岩石惑星

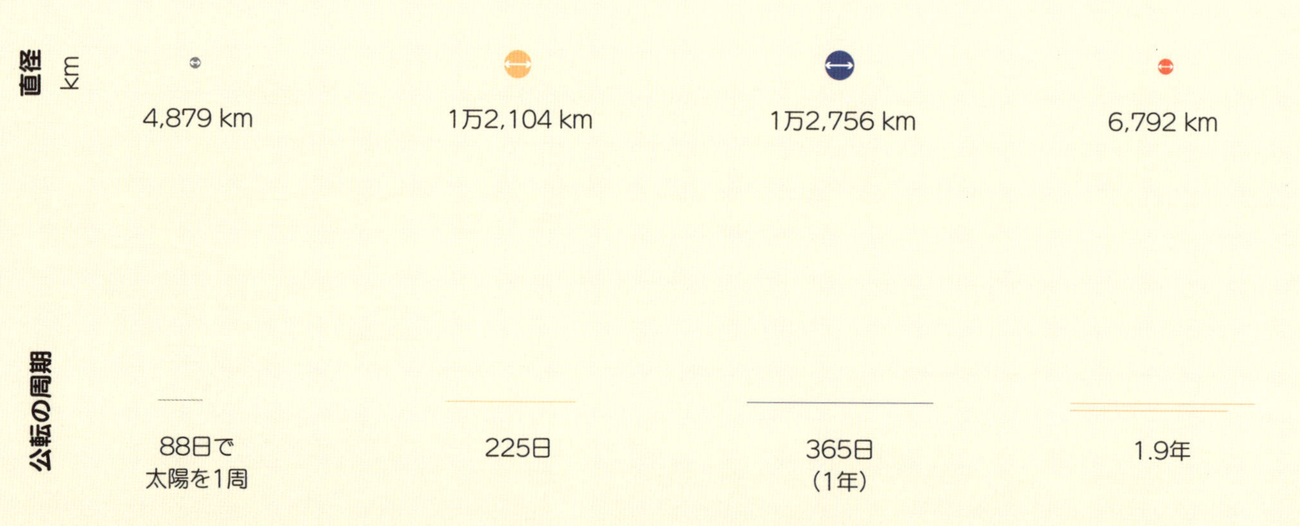

直径
km
4,879 km
1万2,104 km
1万2,756 km
6,792 km
公転の周期
88日で
太陽を1周
225日
365日
（1年）
1.9年

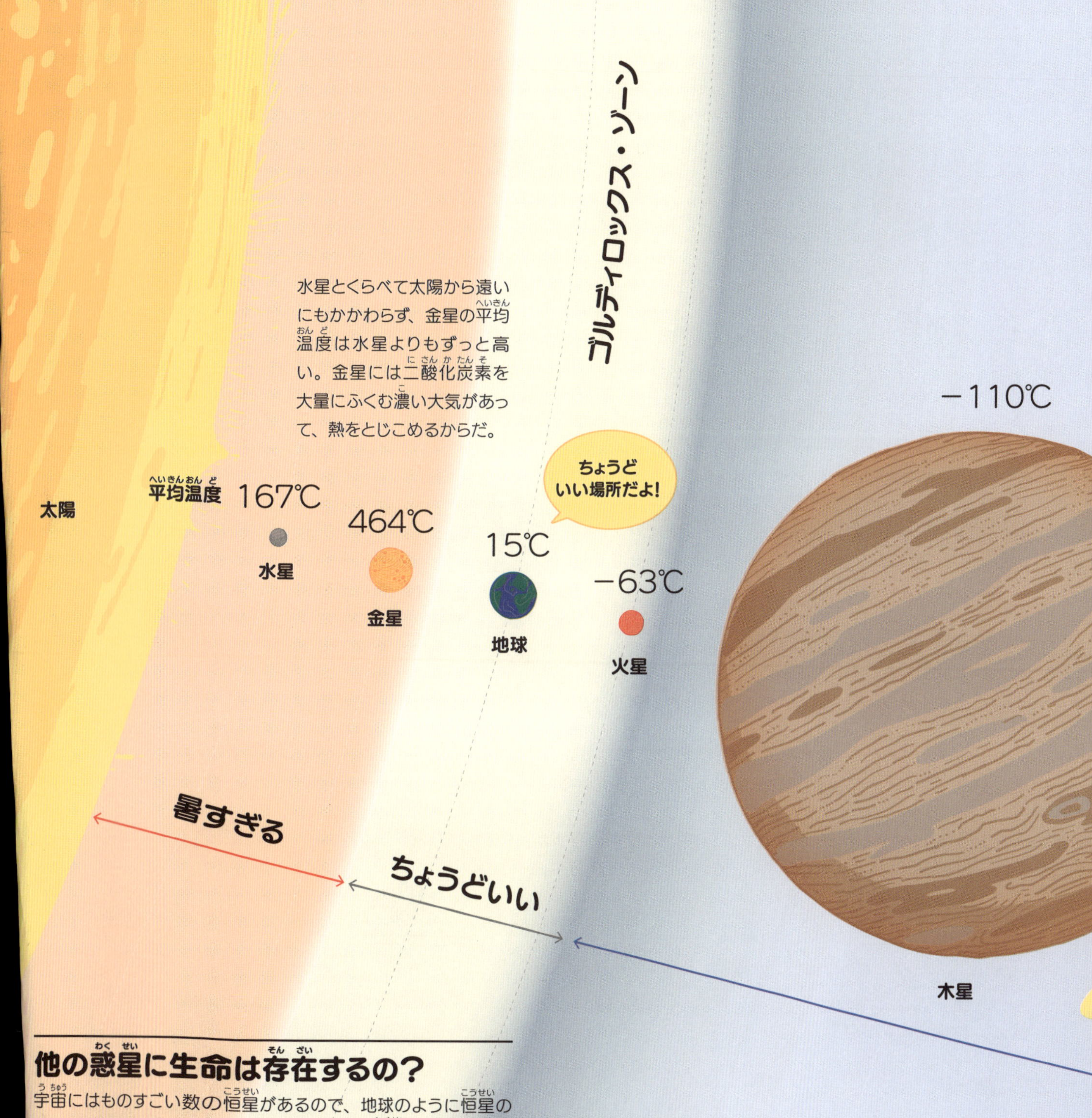
ゴルディロックス・ゾーン
太陽
平均温度
167℃
水星
464℃
金星
15℃
地球
ちょうど
いい場所だよ!
−63℃
火星
−110℃
木星
暑すぎる
ちょうどいい

水星とくらべて太陽から遠いにもかかわらず、金星の平均温度は水星よりもずっと高い。金星には二酸化炭素を大量にふくむ濃い大気があって、熱をとじこめるからだ。

他の惑星に生命は存在するの?

宇宙にはものすごい数の恒星があるので、地球のように恒星の周りのゴルディロックス・ゾーンを回っている惑星も数十億個はあるでしょう。ある科学者は、天の川銀河の中だけでも生命が存在できるかもしれない惑星が3億個ほどあると推定しています。つまり、数学的には、宇宙の別の惑星にも生命がいるだろうといえるのです。しかし今のところ、そうした生命は発見されていません。

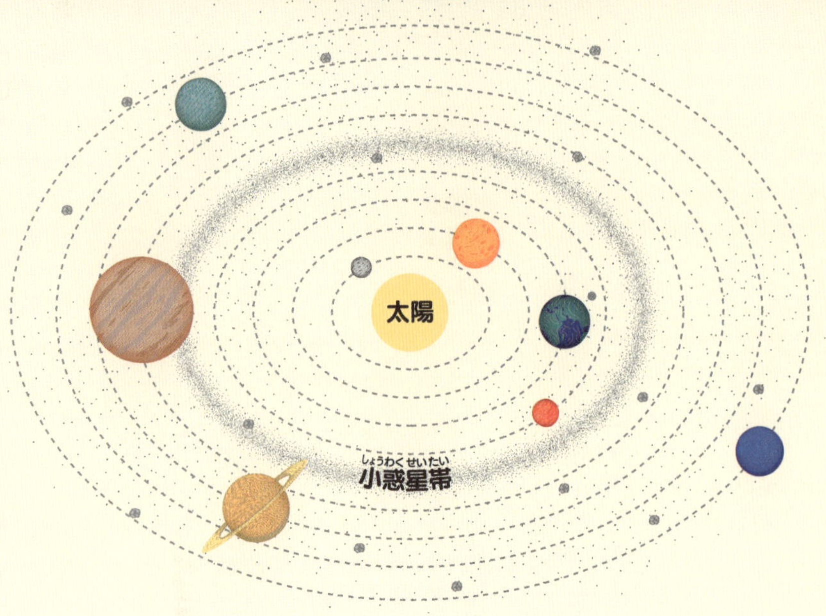

太陽
小惑星帯

太陽系の中心は、恒星である太陽です。太陽の周りを、8個の惑星がつぶれた円形（楕円）の軌道にそって回っています（公転）。惑星は太陽の周囲をめぐりながら自転軸を中心に自転していますが、その速度は惑星ごとに大きく異なります。地球が自転軸を中心に1回転するのには24時間かかり、これを「1日」と呼んでいます。最も自転が速い木星はたった10時間で1回転しますが、いちばんおそい金星は、1回転に243日もかかるのです！

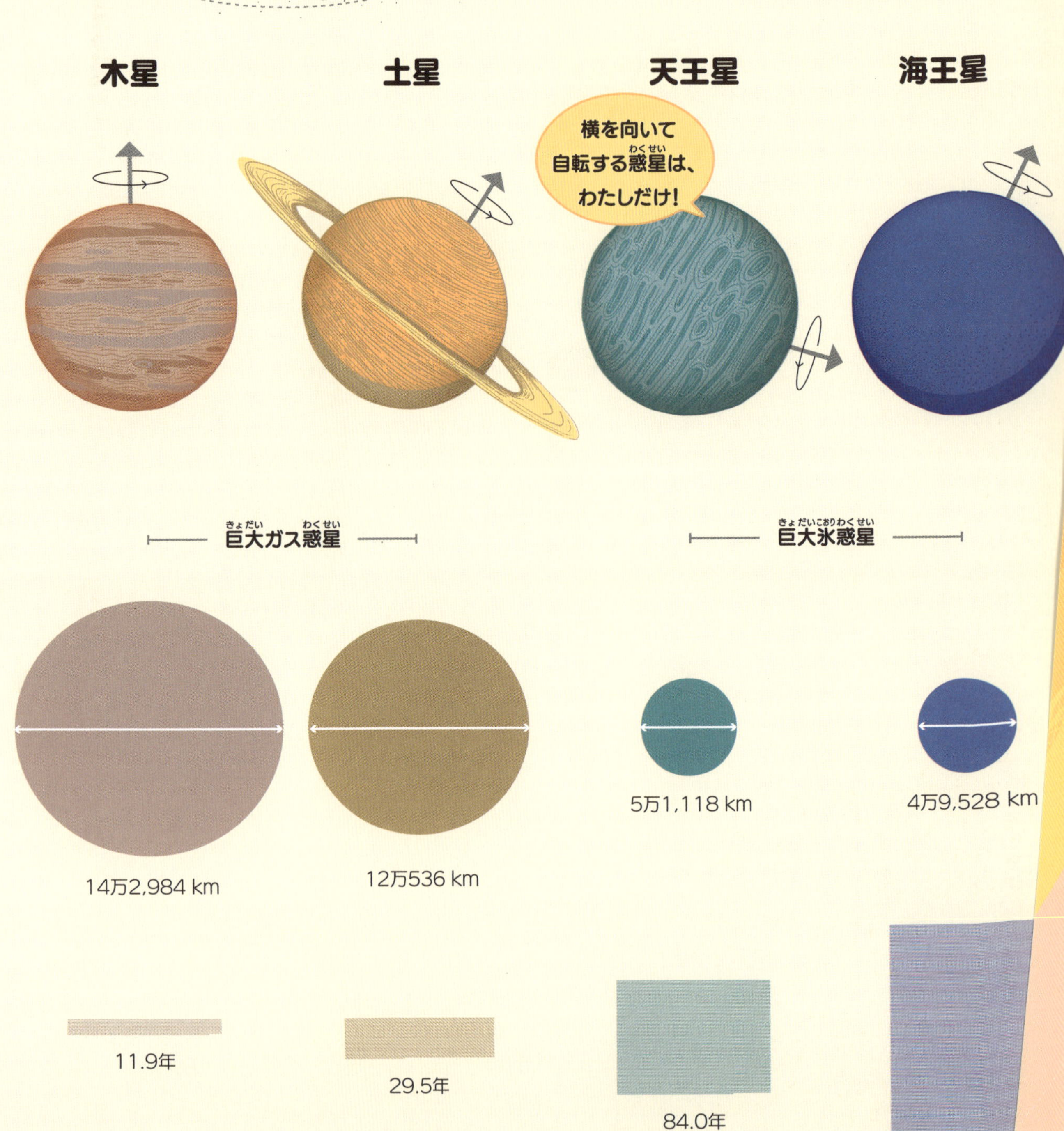

木星
土星
天王星
海王星
横を向いて
自転する惑星は、
わたしだけ！
巨大ガス惑星
巨大氷惑星
14万2,984 km
12万536 km
5万1,118 km
4万9,528 km
11.9年
29.5年
84.0年
164.8年

どうして地球は特別なの？

地球は、生命がいるとわかっている、宇宙でたった1つの場所です。生命が生きていられる理由の1つに、地球が恒星である太陽からまさにちょうどいい距離にあって、暑すぎないし、寒すぎないことがあります。そのおかげで、生命を支える水が、蒸発したり凍ったりせずに地表に存在できるのです。科学者たちは、太陽系の中の地球があるあたりを「ゴルディロックス・ゾーン」（または「ハビタブル・ゾーン」）と名づけました。おとぎ話の『3びきのくま』に出てくる女の子、ゴルディロックスちゃんが食べたおかゆのように、ちょうどいい温度なのです！

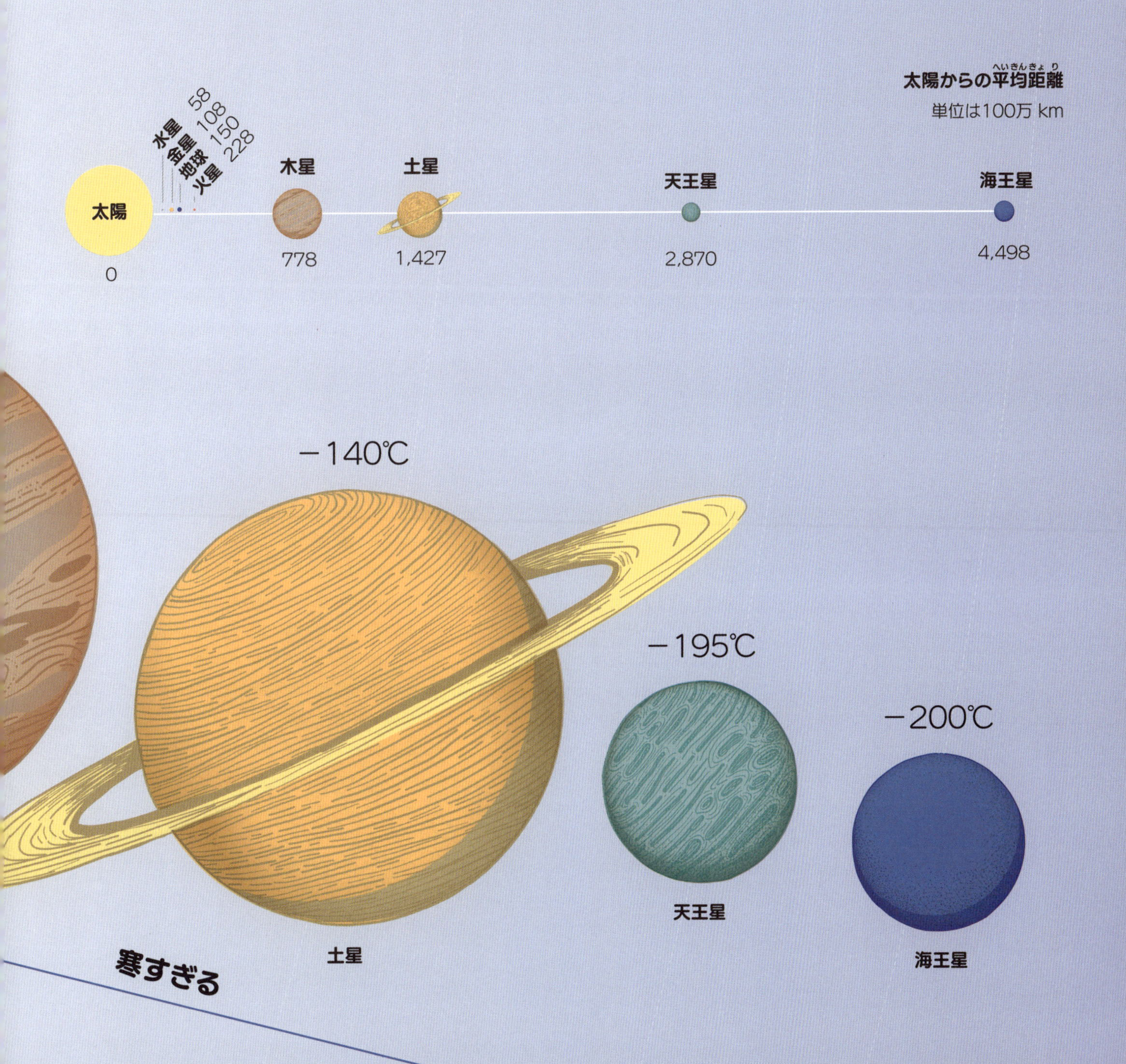

太陽からの平均距離
単位は100万 km
水星 58
金星 108
地球 150
火星 228
太陽
0
木星
778
土星
1,427
天王星
2,870
海王星
4,498
−140℃
−195℃
−200℃
土星
天王星
海王星
寒すぎる

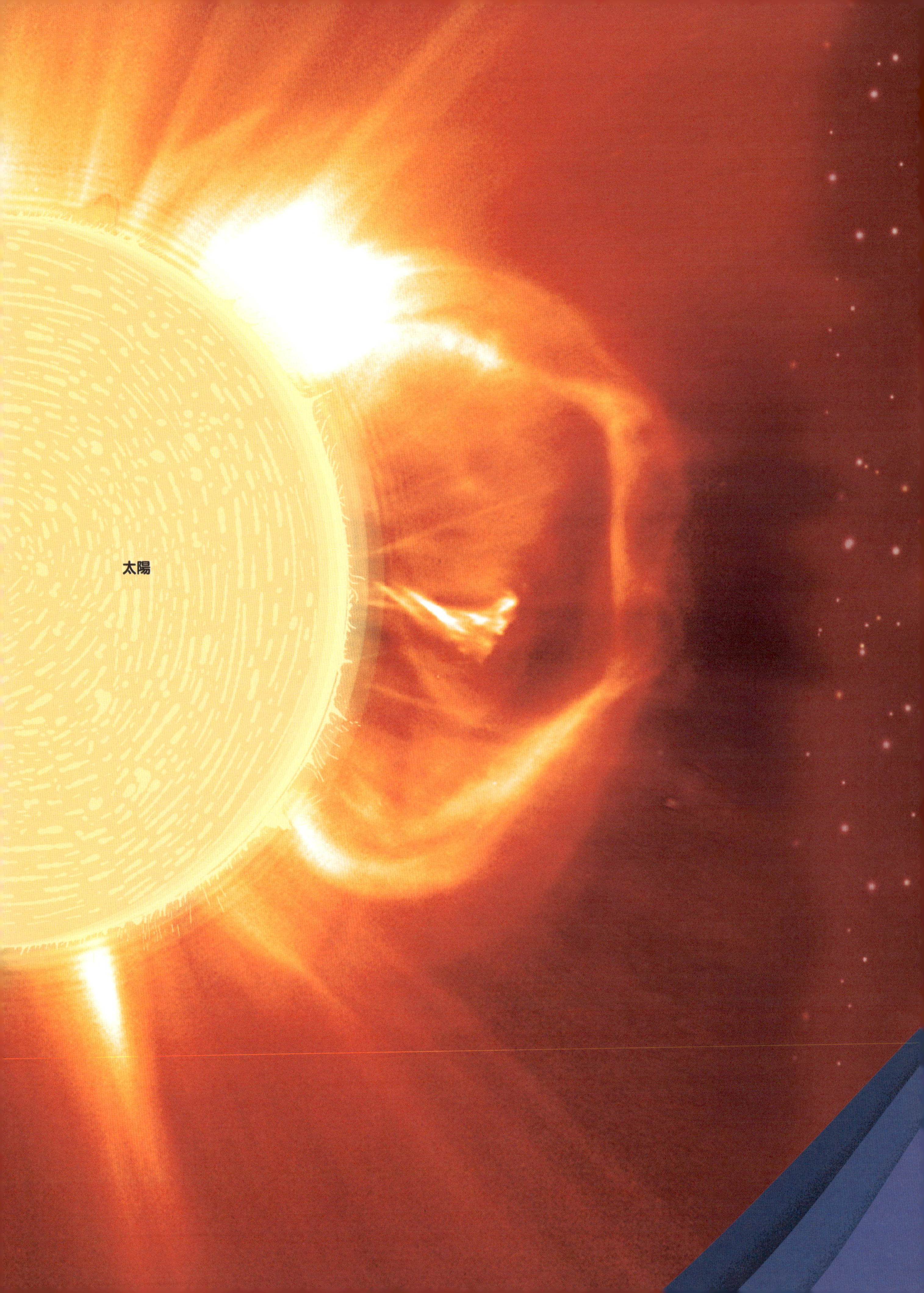
太陽

磁気圏がつくり出す光が地上からどう見えるかを知りたい人は、p.84を見てね

地球

自転軸
（p.16参照）

太陽から地球を守ってくれているものは何だろう？

太陽からは、「太陽放射」という熱と光のエネルギーや、「太陽風」という電気の力をたくわえた粒子の流れが放出され続けています。幸い、地球には、強力な太陽風から保護してくれる見えない盾があるのです。それは、地球の磁場（磁石の力）によってできる磁気圏です。上の図では、青い線で表しました。もし守ってくれる磁気圏がなかったら、地球上に生命はいなかったでしょう。

惑星にはいくつの衛星があるの？

惑星は恒星の周りを回っています。一方、衛星は惑星の周りを回っています。太陽系では、水星と金星をのぞくすべての惑星に衛星があり、その合計は200個をこえます。冥王星をはじめとする準惑星や、たくさんの小惑星にも衛星があります。衛星の大きさや形はさまざまです。

月
地球

地球

1個

地球の**月**は、太陽系で5番目に大きな衛星だ。

火星

2個

火星の衛星の1つ**フォボス**は、らせんをえがいて少しずつ内側へと移動しており、100年につき1.8mずつ火星へと近づいている。5,000万年以内に、フォボスは火星に衝突するか、細かくくだけて火星の周りに輪をつくるだろう。

フォボス
火星
ダイモス

海王星

14個

トリトンは海王星の衛星だ。凍りついた表面が太陽からとどくわずかな光もはね返すため、その温度は太陽系にある物体の中でも最低に近い。

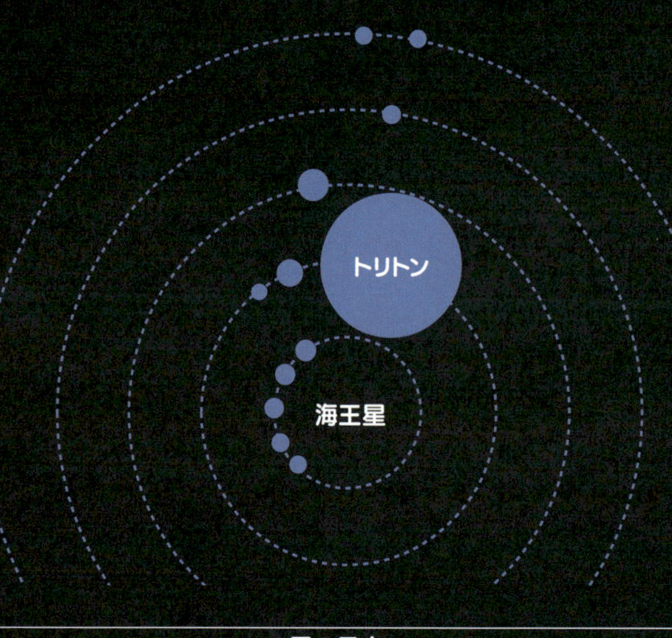
トリトン
海王星

この図の見方

点線は、惑星から衛星までの距離を表す。惑星からの距離がほぼ同じ衛星は、同じ点線の上に示す。

>4,500万
2,000万～2,900万
1,000万～1,900万
100万～900万
10万～100万
<10万

惑星から衛星までの平均距離
km

0.3 km
最小の衛星
2,631km
最大の衛星

衛星の半径
km

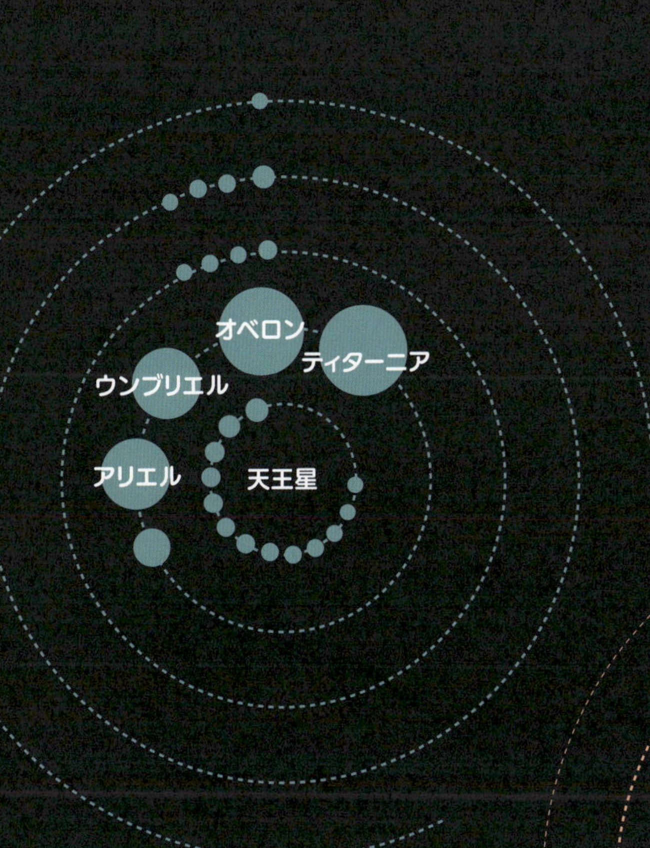
オベロン
ティターニア
ウンブリエル
アリエル
天王星

天王星

27個

天王星のいくつかの衛星には、16世紀のイギリスの劇作家ウィリアム・シェークスピアの作品に登場する人物の名前がつけられている。

エウロパ
イオ
木星
ガニメデ
カリスト

木星

95個

木星の周りを回る**ガニメデ**は太陽系で最大の衛星で、惑星である水星よりも大きい。

※この図には示されていない衛星もある。p.299の注を参照

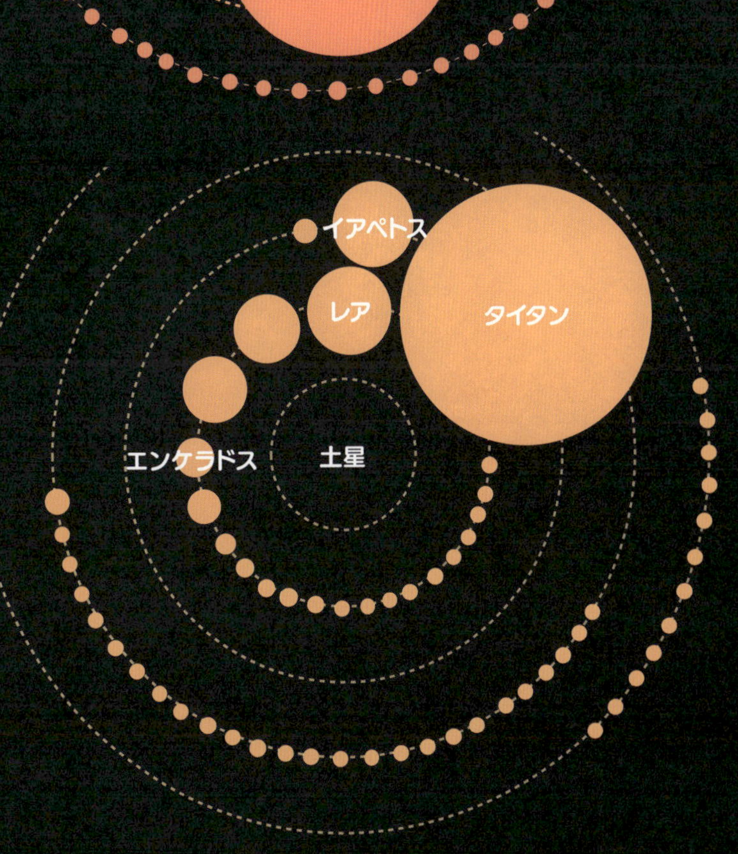
イアペトス
レア
タイタン
エンケラドス
土星

土星

146個

土星の衛星である**エンケラドス**の重力はとても弱い。もし人間がエンケラドスの地面でジャンプしたら、1分間も空中に浮いていられるだろう。

※この図には示されていない衛星もある。p.299の注を参照

月はどのくらい遠いの？

地球上から見ると、月はそんなに遠くないように感じられますが、実際には地球から数十万kmも離れています。太陽系の地球以外の7個の惑星を一列にならべると、地球と月のあいだにおさまってしまいます。おもしろい偶然の一致で、ほぼぴったり入るのです！

距離の目安 1万 km
地球
金星
水星
火星
木星
地球
地球と月のあいだに、地球を30個ならべることもできる。

月の軌道

地球を回る月の軌道は完全な円ではなく、ほんの少しだけつぶれた円のような形（楕円形）をしています。地球から最も遠い「遠地点」では月までの距離は40万5,500 kmで、地球から最も近い「近地点」では36万3,000 kmです。平均すると、月と地球は約38万4,000 km離れています。下の図には、この平均距離を示しました。

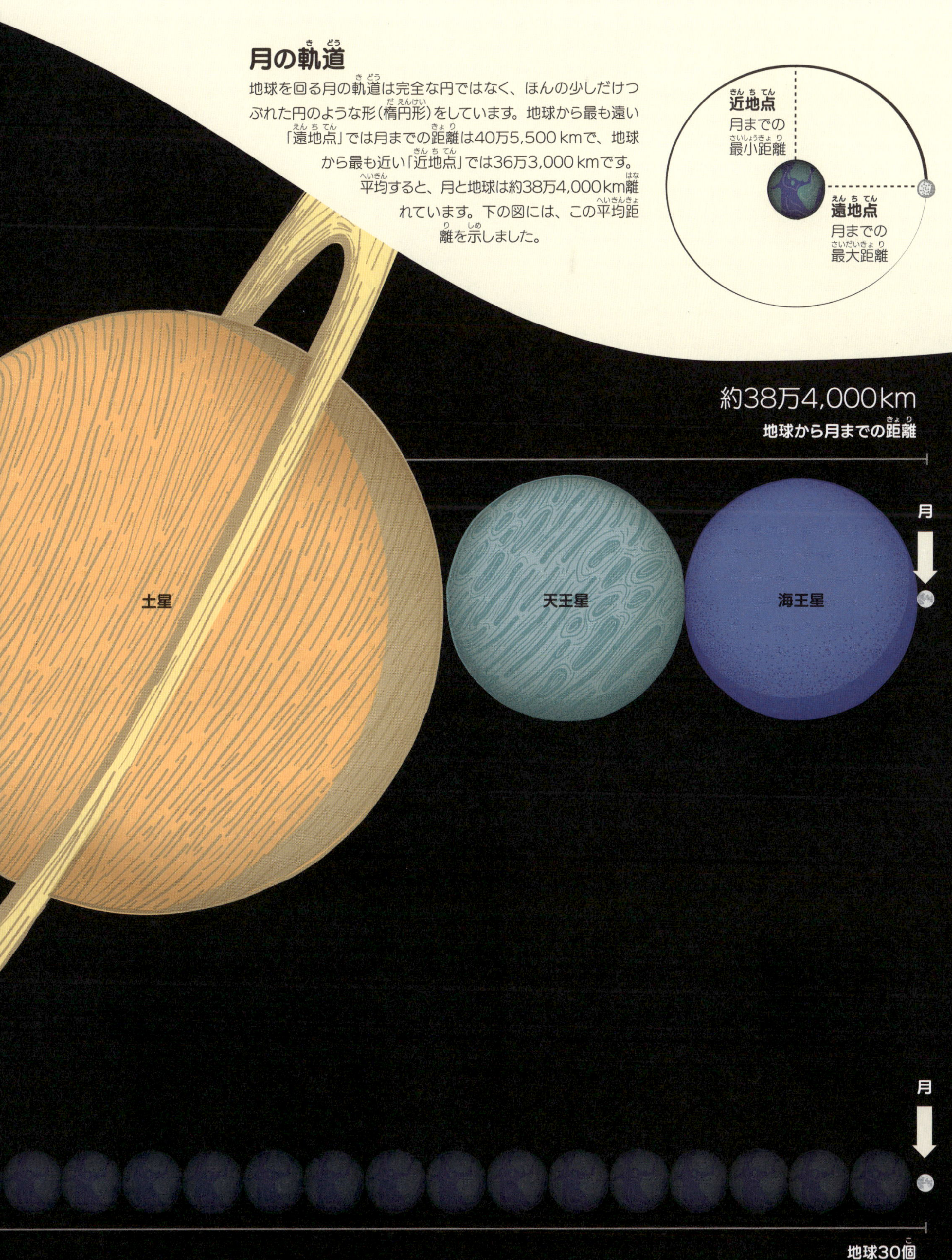

近地点
月までの最小距離
遠地点
月までの最大距離
約38万4,000 km
地球から月までの距離
月
土星
天王星
海王星
月
地球30個

月の満ち欠け

月食のときをのぞいて、月の半分はいつも太陽の光に照らされています。しかし、月が27日間かけて地球を1周するあいだに、月が反射した太陽の光のうち、どのくらいの量が地球から見えるのかが変化していきます。月の見かけの変化を月の位相といいます。

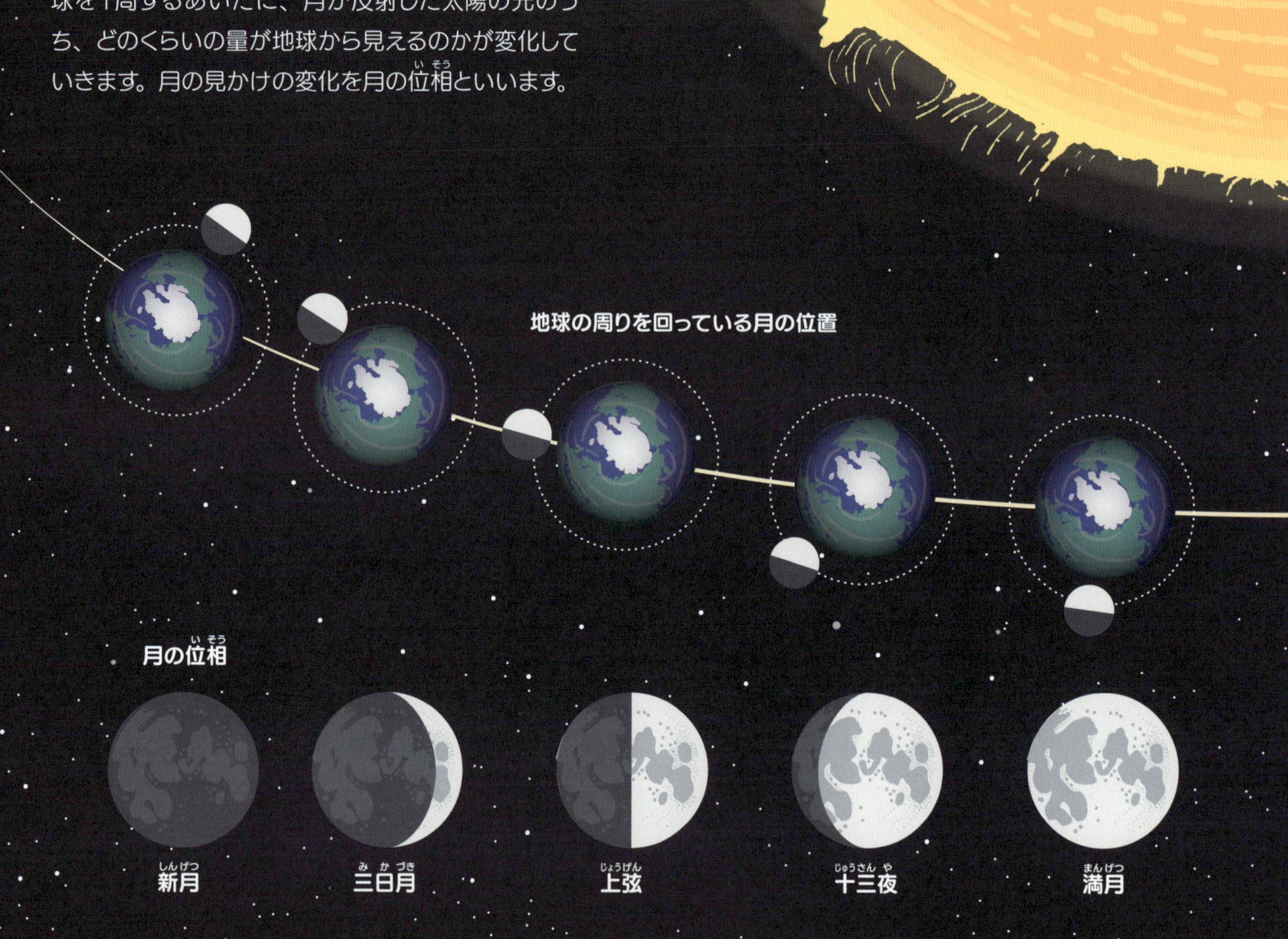

地球の周りを回っている月の位置
月の位相
新月
三日月
上弦
十三夜
満月

月の裏側

月の表面を望遠鏡などでよく見てみると、おもしろいことに気づくでしょう。地球に向いているのは、いつも月の同じ側、つまり「表側」なのです。反対側、つまり「裏側」は、地球から見ることができません。これは、月が自転軸を中心に自転しながら、同じ周期で地球の周りを公転しているからです。月が地球の周りを動くのにつれて、月の裏側は自転によって常に地球から遠ざかり、隠れたままになります。宇宙ロケットや探査機が撮影に成功したおかげで、今では月の裏側の様子がわかるようになりました。

月の裏側は、
地球からは
見られない

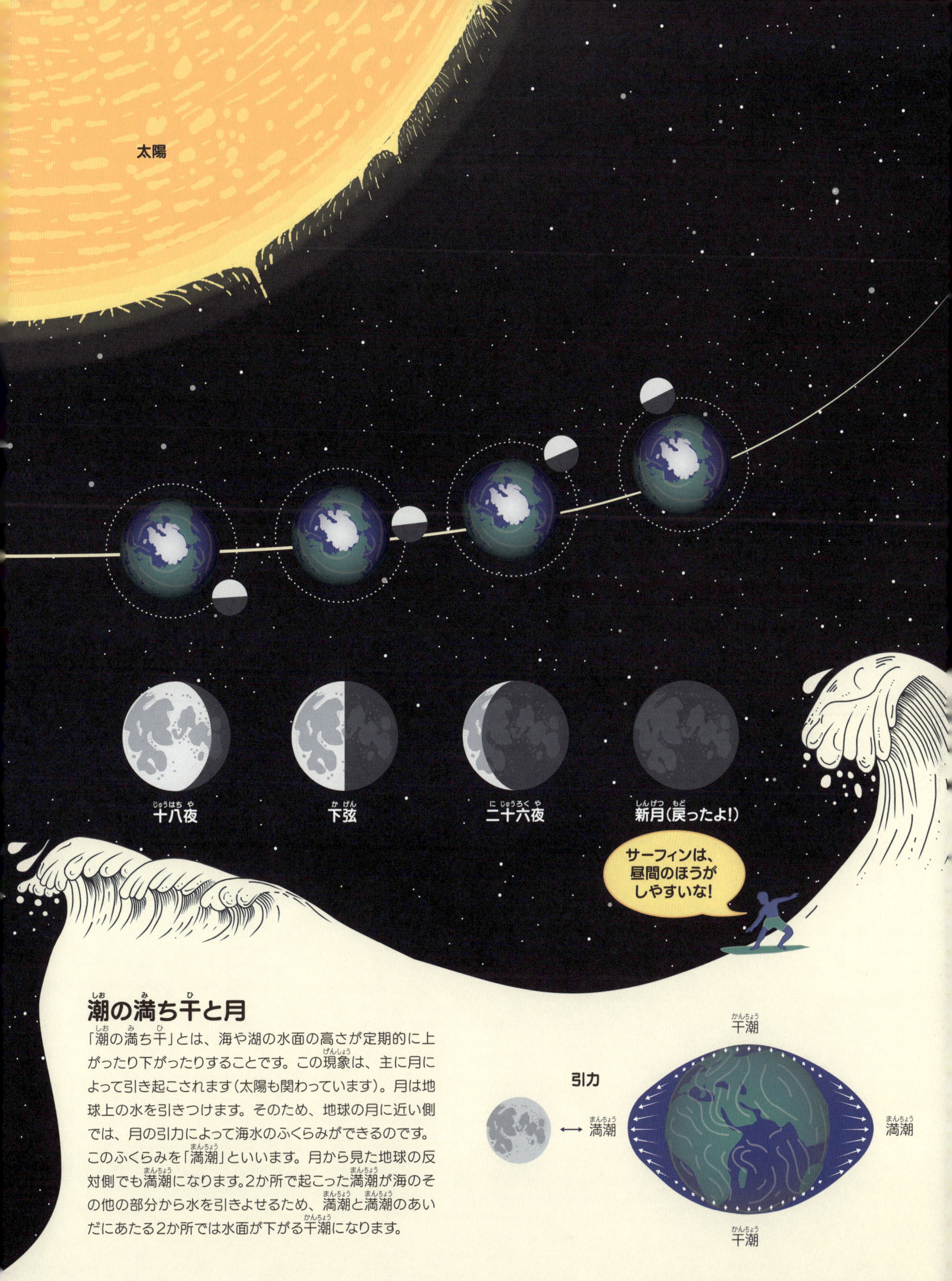
太陽
十八夜
下弦
二十六夜
新月(戻ったよ!)
サーフィンは、
昼間のほうが
しやすいな!
引力
満潮
干潮
満潮
干潮

潮の満ち干と月

「潮の満ち干」とは、海や湖の水面の高さが定期的に上がったり下がったりすることです。この現象は、主に月によって引き起こされます(太陽も関わっています)。月は地球上の水を引きつけます。そのため、地球の月に近い側では、月の引力によって海水のふくらみができるのです。このふくらみを「満潮」といいます。月から見た地球の反対側でも満潮になります。2か所で起こった満潮が海のその他の部分から水を引きよせるため、満潮と満潮のあいだにあたる2か所では水面が下がる干潮になります。

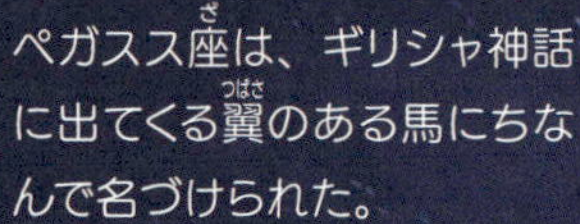
ペガスス座は、ギリシャ神話に出てくる翼のある馬にちなんで名づけられた。

うお座
くじら座
ペガスス座
みずがめ座
おひつじ座
おうし座
さんかく座
アンドロメダ座
いるか座
カシオペヤ座
オリオン座
はくちょう座
ペルセウス座
きりん座
ぎょしゃ座
わし座
北極星
こと座
こぐま座
ふたご座
やまねこ座
ヘルクレス座
りゅう座
かに座
おおぐま座
へびつかい座
かんむり座
うしかい座
かみのけ座
しし座

北半球

赤道より北に住んでいる場合に見つけやすい星座は、Wの形をしたカシオペヤ座や、オリオン座（オリオンのベルトと呼ばれる三つ星を探そう）、十字型のはくちょう座などだ。

おおぐま座の、片手なべのような形にならんだ7つの明るい星を北斗七星という。

p.282で、いろいろな望遠鏡について調べよう

スピカは全天で2番目に大きな星座、おとめ座の最も明るい星だ。

うみへび座は南半球の空に長くのびている。

おとめ座
からす座
てんびん座
うみへび座
ケンタウルス座
ほ座
さそり座
こいぬ座
とも座
みなみじゅうじ座
くじゃく座
おおいぬ座
りゅうこつ座
はちぶんぎ座
はと座
いっかくじゅう座
レチクル座
かじき座
いて座
つる座
うさぎ座
やぎ座
エリダヌス座
ほうおう座
みなみのうお座

南半球

南半球から見える最も明るい星座は南十字星(座)で、凧あげに使う凧のような形をしている。

星空の地図

大昔から、人間は夜空にならぶ星をもとにして物語や絵をつくり出してきました。こうした星のならびを「星座」といいます。星座は、星空の地図(星図)をつくるためにも役立ちます。最も古い星図は、700年ごろに中国でつくられました。今では、天文学者たちが使う星座は88個に決まっています。上の図には、地球の北半分(北半球)と南半分(南半球)から最も見やすい星座を示しました。

「食」とは何だろう？

惑星や衛星などの宇宙にある物体が、別の物体の影の中に入ることを「食」といいます。よく知られている食は、日食と月食の2種類です。

日食

日食は、太陽から地球にとどく光を月がさえぎり、月の影が地球の一部にかかるときに起こります。

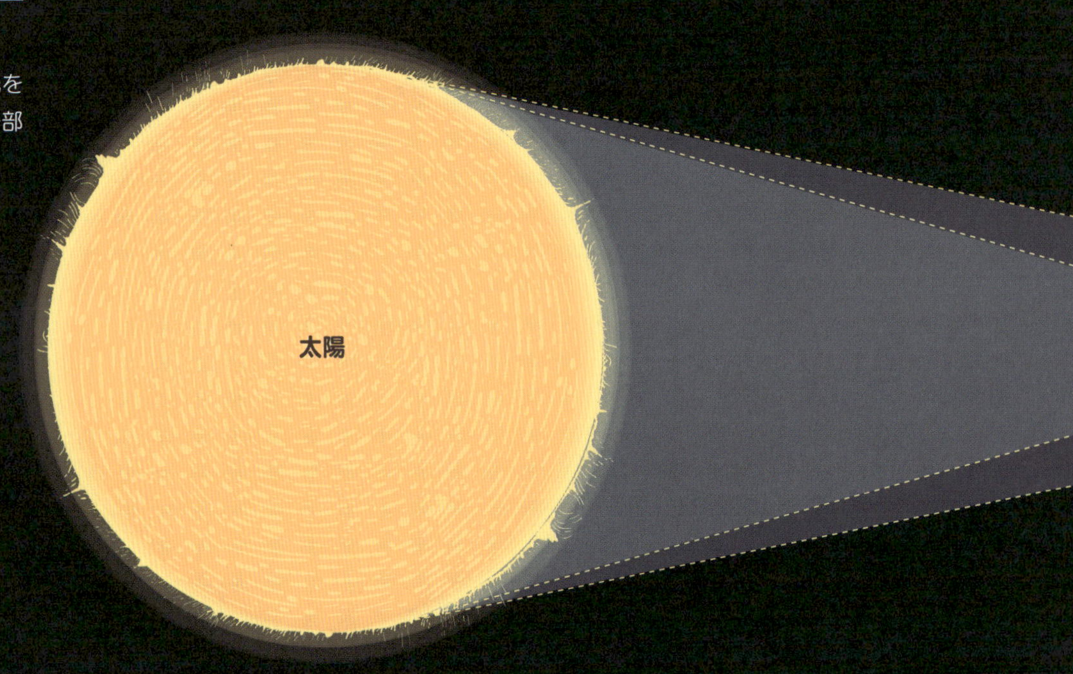

太陽

地球から見た皆既日食の様子

第1接触
第2接触
皆既
第3接触
第4接触

太陽、月、地球がぴったり一直線にならんだときに起きるのが、月が太陽を完全にかくし、光をさえぎる皆既日食です。空で太陽と月が完全に重なったときを、天文学者たちは「皆既の状態」と呼びます。このような現象が起きるのは、月の400倍の大きさである太陽が、月よりも400倍離れた位置にあるという、おどろくような偶然のおかげなのです。このような関係があるために、地球の空では月が太陽を完全におおいかくすことができます。皆既の状態を見られるのは、本影（右上の図を参照）の中にいる人だけです。

皆既日食

本影という月の完全な影が地球にかかる面積はとてもせまい。本影の中にいる人は皆既日食を見ることができる。

地球

月

半影

本影

部分日食

半影という部分的な影は、本影よりもずっと広い範囲にかかる。半影の中にいる人から見えるのは部分日食だ。

月食

月食は、地球が太陽と月のあいだに入って太陽の光をさえぎり、月に地球の影がかかるときに起こります。

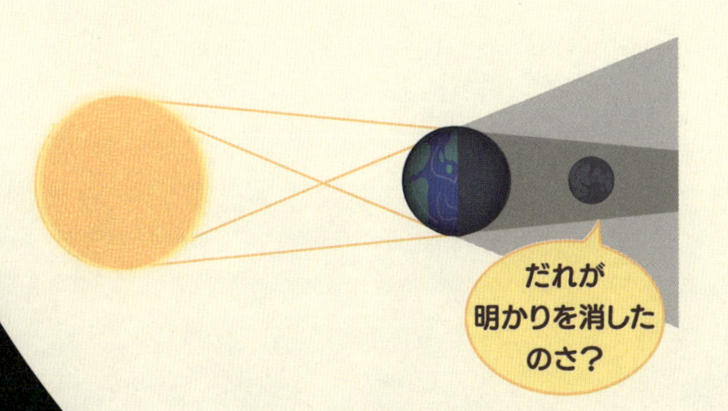
だれが明かりを消したのさ?

月食		日食
平均して年2回	発生回数	年2～5回
1時間45分	続く時間（最長で）	7分32秒
地球のどこでも（夜ならね!）	見える場所	地球上の一部の場所のみ

わたしを月まで連れていって！

月面を歩くとどんな感じがするのか体験したことがある人間は、たったの12人しかいません。はじめて月面に立ったのはアメリカ人宇宙飛行士のニール・アームストロングで、1969年のことでした。下の図には、成功したもの、失敗したもの、そして、これから行われる予定のものをふくむ、100以上の主な月探査ミッションをまとめました。

この図の見方

線はそれぞれの月探査ミッションを表しており、年表上の打ち上げ日と結ばれている。

- 成功した過去のミッション
- 失敗した過去のミッション
- 現在行われている／将来のミッション

有人ミッションの場合は、線の端を○でかこむ。

- 有人ミッション

NASAのアポロ計画ミッションは黄色で表す。そのうち、宇宙飛行士を月に着陸させることができた6回のミッションについては、黄色の円の中にミッションの番号を示した。

- 着陸に成功した有人ミッション
  - アポロ 11 1969年7月
  - アポロ 12 1969年11月
  - アポロ 14 1971年1月
  - アポロ 15 1971年7月
  - アポロ 16 1972年4月
  - アポロ 17 1972年12月

このマークは、宇宙飛行士が月面のどこに着陸したかを示す。

宇宙開発を始めたのはアメリカとソビエト連邦だ。1958～76年のあいだに、この2つの国だけで、合わせて90回の月探査ミッションを行った。

嫦娥1号は、地球の軌道よりも遠くをめざした中国初のミッションだった。最近、中国は他の国よりも多くの月探査ミッションを行っている。

NASAのアポロ13号ミッションでも、宇宙飛行士を月に着陸させるはずだった。しかし、酸素タンクがこわれたことが原因で、ミッションは中止においこまれた。幸い、宇宙飛行士たちは全員無事に帰ってくることができた。

打ち上げ年　1960　1965　1970　1975　1980　1985　1990

やあ、わたしはアメリカの宇宙飛行士、ユージン・サーナンです。わたしが1972年に月面を歩いたあと、月面に着陸した人はだれもいないんだよ！
15
17
11
12
14
16
11
12
14
15
16
17
NASAのアルテミス計画では、2020年代のうちに、女性や、白人ではない人々をはじめて月に着陸させる予定だ。
計画した国
アメリカ
ソ連／ロシア
日本
ヨーロッパ
中国
インド
イスラエル
1995
2000
2005
2010
2015
2020
2025

宇宙へ行った人たち

このページのそれぞれの点は、ある人物がはじめて宇宙へと飛び立ったときを示しています。宇宙に行った最初の人類はソビエト連邦の宇宙飛行士だったユーリ・ガガーリンで、1961年に地球を1周しました。それ以来、ソビエト連邦以外の41か国の出身者も合わせると、600人以上が宇宙を訪れています。

エリソン・S・オニヅカ
1985年
初のアジア系アメリカ人宇宙飛行士だったオニヅカは、1986年のスペースシャトル・チャレンジャー号の事故で亡くなった。

ニール・アームストロング、バズ・オルドリン、マイケル・コリンズ
1966年
この3人の宇宙飛行士は、1966年にはじめて宇宙ミッションに参加した。1969年の2回目の宇宙飛行でアームストロングとオルドリンは月面を歩いた最初の宇宙飛行士になったが、コリンズはコマンドモジュール(司令船)に残っていた。

男性
女性

南北アメリカ: アメリカ / カナダ / 南北アメリカの他の国

ユーリ・ガガーリン
1961年
宇宙に行った最初の人類であるガガーリンは、地球を完全に1周した。

ワレリー・ポリャコフ
1988年
ポリャコフは、連続して宇宙ですごした時間の最長記録をもっている。なんと437日間だ!

ヨーロッパ: ソ連/ロシア / フランス / ドイツ / ヨーロッパの他の国

ワレンチナ・テレシコワ
1963年
テレシコワは宇宙に行ったはじめての女性。宇宙を目指したのは、スカイダイビングが好きだったからだ。

アジア: 日本 / 中国 / アジアの他の国

その他の地域: 南アフリカ / オーストラリア

1960 1965 1970 1975 1980 1985

宇宙飛行士の90%は男性

これまでに宇宙へ行った宇宙飛行士のうち、女性はたった10%しかいません。でも、これからのミッションでは、もっと多くの女性宇宙飛行士が宇宙を旅することでしょう。

宇宙への旅行者たち 2021年

ジェフ・ベゾスやイーロン・マスクといった億万長者がつくった民間の宇宙企業のおかげで、これまでよりも多くの人々が、お金をはらって宇宙に行けるようになった。

向井千秋　1994年

向井は日本人の医師で、宇宙に行った最初のアジア人女性だ。スペースシャトルのミッションに2回参加した。

クリス・ボシュイゼン 2021年

ボシュイゼンは、オーストラリア人としてはじめて宇宙に行った。ジェフ・ベゾスがつくったブルー・オリジン社のロケットで飛行した。

1990 1995 2000 2005 2010 2015 2020

太陽ってどんなもの？

太陽はガスの巨大なかたまりの星、恒星です。ほとんど水素とヘリウムでできていますが、中心核には数種類の別の物質もふくまれています。中心核の温度は1,500万℃にもなるので、人間が自分の目で見に行くことはできないでしょう。しかし、科学者たちは、宇宙探査機や宇宙望遠鏡を使って離れたところからも情報を集め、太陽の中で何が起きているのかを研究しています。

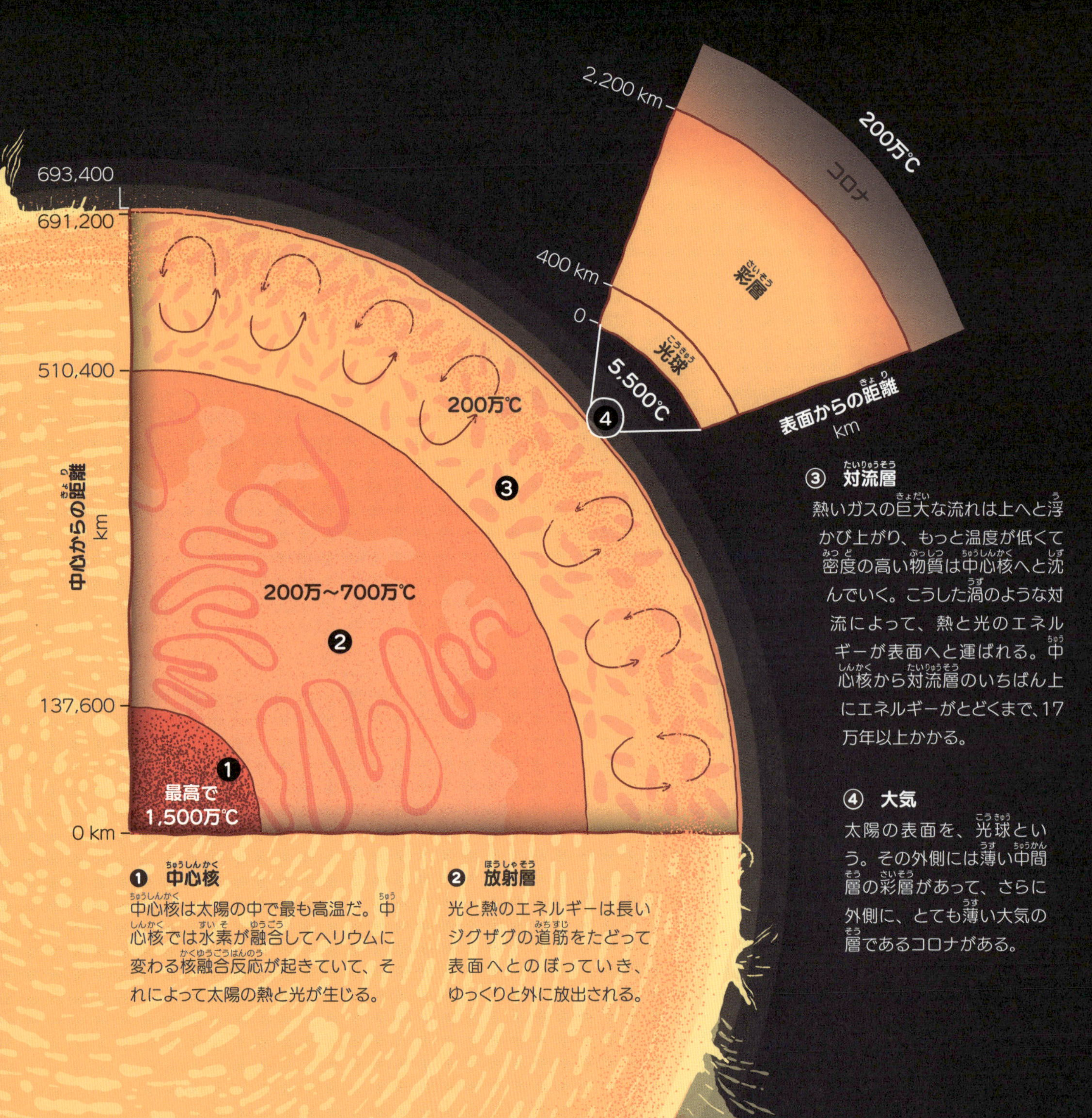

693,400
691,200
510,400
137,600
0 km
中心からの距離
km
最高で
1,500万℃
200万～700万℃
200万℃
2,200 km
400 km
0
200万℃
コロナ
彩層
光球
5,500℃
表面からの距離
km

❶ **中心核**

中心核は太陽の中で最も高温だ。中心核では水素が融合してヘリウムに変わる核融合反応が起きていて、それによって太陽の熱と光が生じる。

❷ **放射層**

光と熱のエネルギーは長いジグザグの道筋をたどって表面へとのぼっていき、ゆっくりと外に放出される。

③ **対流層**

熱いガスの巨大な流れは上へと浮かび上がり、もっと温度が低くて密度の高い物質は中心核へと沈んでいく。こうした渦のような対流によって、熱と光のエネルギーが表面へと運ばれる。中心核から対流層のいちばん上にエネルギーがとどくまで、17万年以上かかる。

④ **大気**

太陽の表面を、光球という。その外側には薄い中間層の彩層があって、さらに外側に、とても薄い大気の層であるコロナがある。

太陽の一生

およそ46億年前、重力によって数千万年かけて集まってきた、ちりやガスの巨大な雲から太陽がつくられました。他のすべての恒星と同じく、太陽も、いくつかの段階をへて発達してきました。こうした発達の段階にはそれぞれ特徴があり、名前がつけられています。現在の太陽は主系列星です。「黄色矮星」と呼ばれることもあります。太陽は、100億年の一生の、だいたい中ほどにさしかかったところです。

ページをめくると、わたしみたいな星雲の様子がわかるよ！

ここからスタート！

星雲の中で生まれる

恒星は、「星雲」というちりやガスの雲の中でつくられる。

現在の太陽

46億年後

主系列星

太陽はこれから数十億年のあいだ、今のような大きさや形をしているはずだ。

80〜100億年後

赤色巨星

太陽が一生の終わりに近づくと、内側の中心核はちぢむが、外側の層は広がりながら冷えていく。この段階の恒星を「赤色巨星」という。

110億年後

惑星状星雲

太陽が水素を使い果たすと、外側のガス層が放出される。

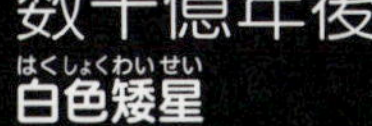

数千億年後

白色矮星

黒色矮星

残った太陽の中心核は白色矮星になって、数十億年にわたって恒星と同じように輝くだろう。科学者たちは、白色矮星が冷えると黒色矮星になると考えている。

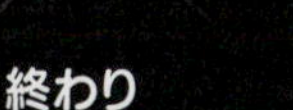

終わり

巨大な恒星の一生

大質量星

質量（物体をつくる物質の量を表す言葉で、重力によって変わる「重さ」とは異なる）が太陽の1.5倍をこえる恒星は、太陽とはちがった一生を送る。大きな恒星は水素を早く使い果たす。最も大きな恒星の場合は、たった数百万年で燃えつきてしまう。

赤色超巨星

一生の終わりが近づくと、大質量星は赤色超巨星になる。太陽の1,000倍ほどの大きさになることもある。

超新星爆発

赤色超巨星は、最期に巨大な爆発を起こして外側の層を吹き飛ばす。

ブラックホール

赤色超巨星が特に大きい場合は、ブラックホールになる。

中性子星

赤色超巨星がブラックホールになるほど大きくなければ、小さくて密度が高い中性子星になる。

距離の目安
1光年
1光年＝約9兆 km

星が生まれるところ

このきらきらと輝く写真に写っているのは星雲です。星雲は「星の苗床（植物の苗を育てる場所）」と呼ばれることもあります。ジェームズ・ウェッブ宇宙望遠鏡（JWST）が撮影したこの写真では、茶色い山や谷の景色のように見える星雲の端が、たくさんの若い恒星から生じる放射（放出されるエネルギーや粒子のこと）で侵食されている様子がわかります。この星雲は信じられないほど大きくて、写真の中でいちばん大きな「山」の高さは、なんと約7光年です（1光年は、光が1年間に進む距離）。

宇宙でいちばん速いもの

速いものといったら、何を思い浮かべますか？　自動車？　飛行機？　それとも宇宙ロケットでしょうか。実際には、宇宙でいちばん速く動けるものは光です。高速道路を走る車の速度は、およそ時速100 kmです。光の最高スピードは、その1,000万倍です！

光の速度

図の白い線は、いろいろなものが1時間にどれだけ移動できるかを示している。光を表す線はいちばん長いので、他のものとくらべてずっと遠くまで行けることがわかる。これはつまり、いちばん速いということだ。

最も速い飛行機
7,274 km
（1時間で）

いちばん速いロケット動力つき飛行機は、音速の6倍の速さで飛べる。

最も速い宇宙探査機
69万2,017 km

いちばん速く動いている宇宙探査機は、2018年にNASAが打ち上げたパーカー・ソーラー・プローブだ。

太陽系
72万 km

太陽系は、天の川銀河の中心の周りを回りながらものすごい速さで宇宙を進んでいる。

速度
時速
0 km
50万 km
100万 km

真空の中の光
10億7,925万2,849 km（1時間で）

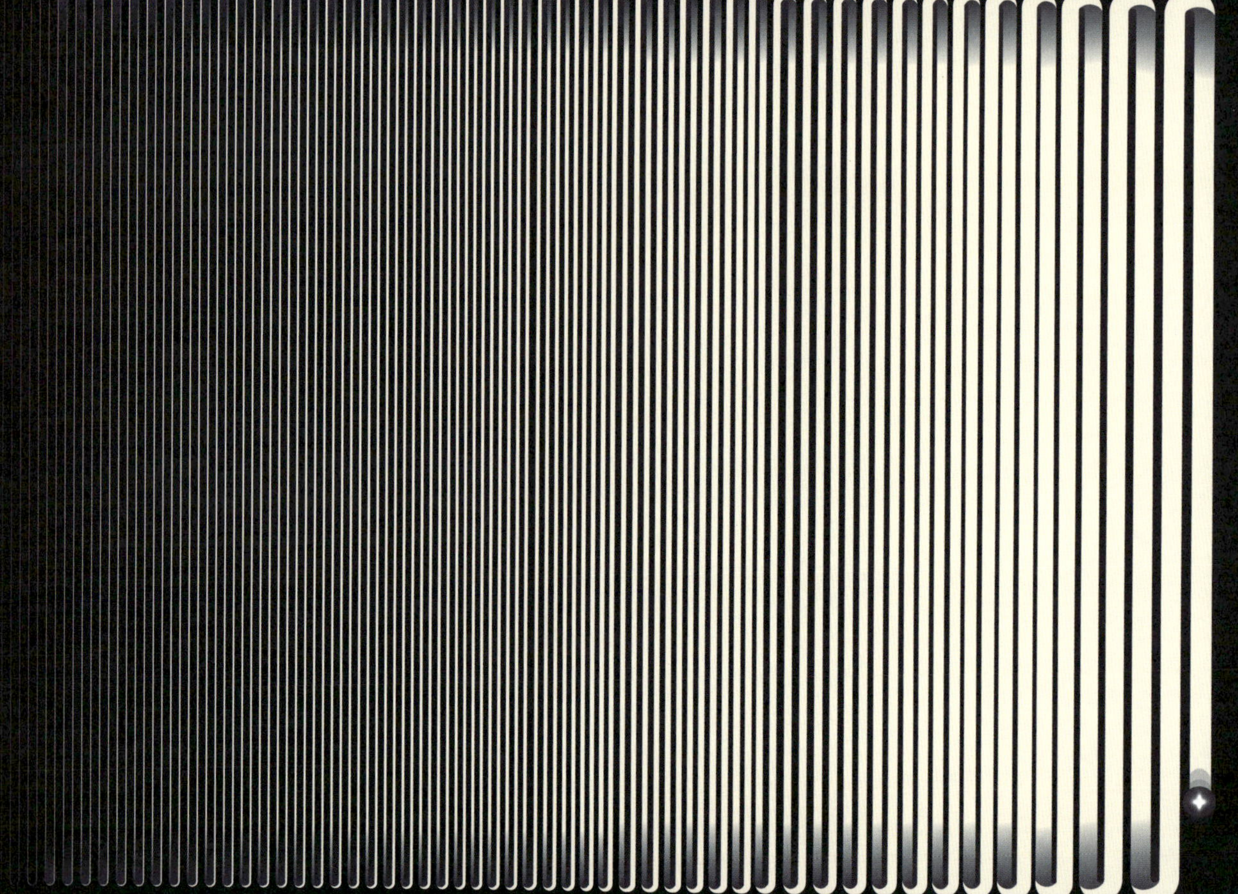

0
2
4
6
8
10

太陽から光が とどくまでの時間は……

地球
8.3分

海王星
4.2時間

プロキシマ・ケンタウリ
太陽からいちばん近い恒星
4.2年

アンドロメダ銀河
天の川銀河からいちばん近い大型の銀河
250万年

この図では距離の関係を正しく示していない

バン!
ドーン!
バン!

音と光

音の速さは光よりもずっと遅くて、およそ時速1,225 kmです。雷や花火の音が、光が見えたあとで聞こえるのは、そのためです。

とても小さなものについて知りたいならp.158を見てね

宇宙でいちばん大きな恒星

わたしたちからは、太陽はとても大きく見えます。でも、他の恒星とくらべたならば、ごく平均的な大きさです。太陽より小さい恒星もあれば、大きい恒星もあります。さらに、太陽より**ずっと大きい**ものも存在します。天文学者がこれまでに発見した中で最大の恒星は、たて座UY星という、天の川銀河の中心近くにある「極超巨星」です。たて座UY星を太陽のとなりに置いたならば、この図のように見えるでしょう。

たて座UY星

直径24億 km

直径は太陽の1,700倍

天の川銀河の中心近くにある「たて座UY星」は、「超巨星」よりも大きな「極超巨星」だ。たて座UY星の中には、地球が少なくとも1,000兆個入る。

太陽

直径139万1,016 km

たて座UY星とならぶと太陽はとても小さい。しかし、地球よりはずっと大きいのだ。太陽の中には、地球が130万個も入る。

あなたは星からできている！

あなたの体は、酸素や炭素など、さまざまな化学元素でできています。こうした元素は、もともとどこから来たのでしょうか？　じつは、元素がつくられたのは恒星の中！　体の中には、ビッグバンそのものによってできた元素もふくまれています。もうおわかりでしょうが、あなたは本当に星からできているのですよ！

人間の体をつくる元素

あなたの体のほとんどは酸素、炭素、水素、窒素、カルシウムという5つの元素でできています。残る2.5%にはナトリウムや鉄など、さまざまな元素が少しずつ（ほんのわずかな金さえも）ふくまれています。

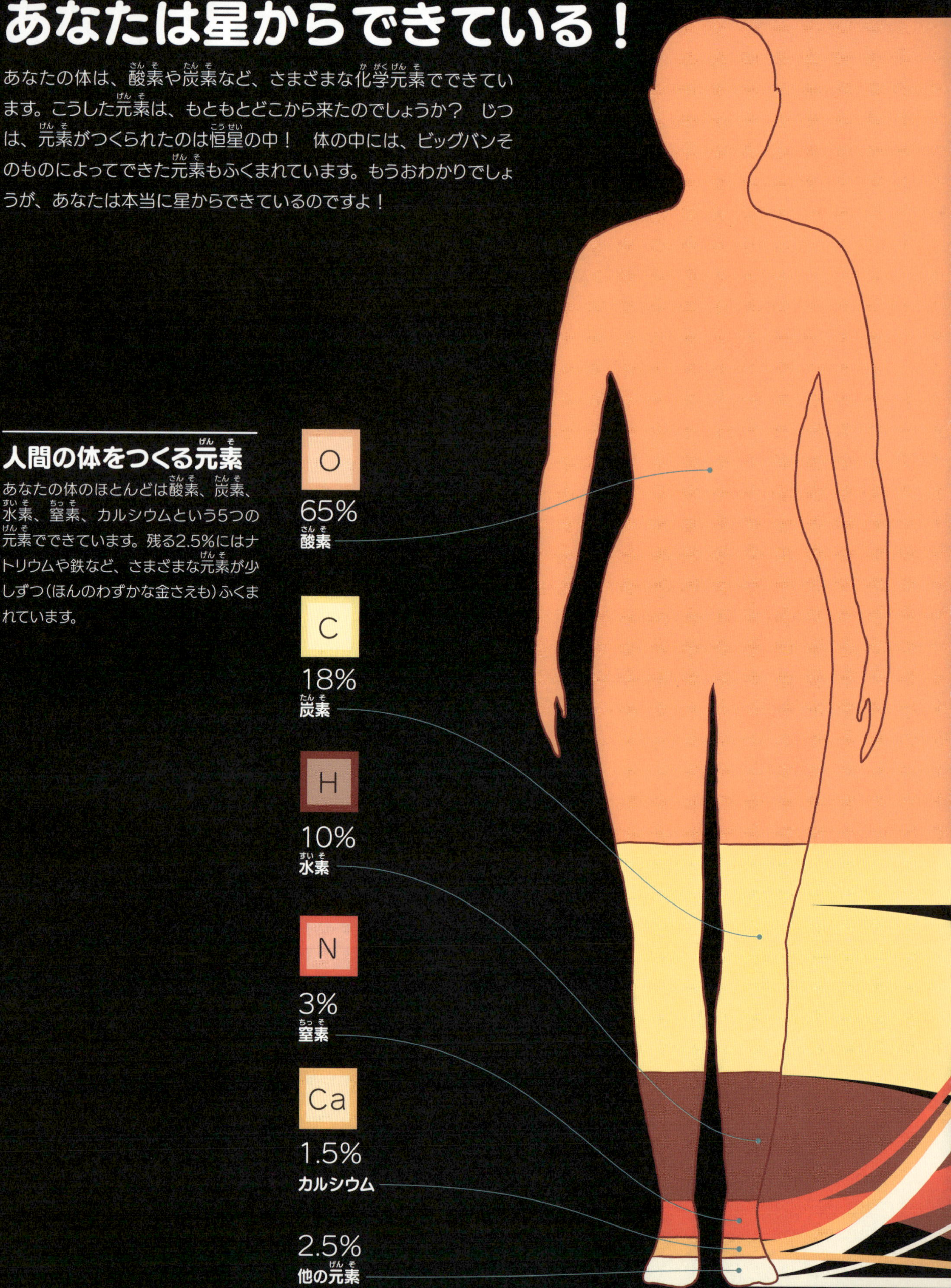

O
65%
酸素
C
18%
炭素
H
10%
水素
N
3%
窒素
Ca
1.5%
カルシウム
2.5%
他の元素

体をつくる元素はどこから来たのか

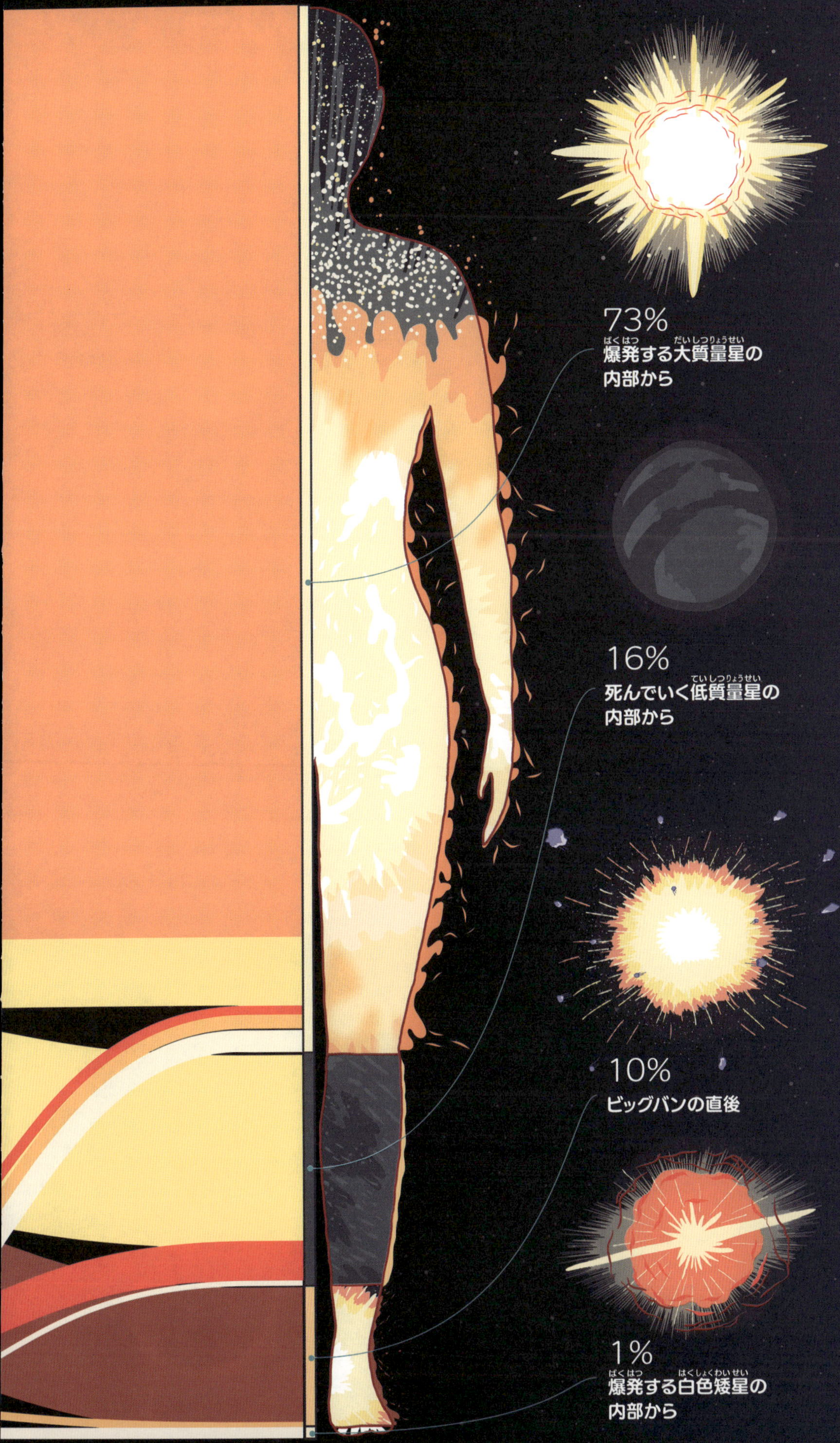

人体をつくっている元素の4分の3は重たい恒星が「超新星爆発」という爆発を起こしたときに、宇宙にばらまかれたものです。つまり、重たい恒星の内部でつくられた元素なのです。

窒素などの元素は、もっと軽い低質量星の内部でもつくられます。このような恒星は、爆発を起こす質量の大きな恒星とは異なり、もっと静かに燃えつきていきます。

体の中の水素は、ビッグバンの直後にできたのです！

一部の恒星は、その一生の終わりに近づくと、白色矮星になります。白色矮星の中には、爆発を起こして鉄のような新しい元素をつくるものもあります。

73%
爆発する大質量星の内部から

16%
死んでいく低質量星の内部から

10%
ビッグバンの直後

1%
爆発する白色矮星の内部から

ブラックホールのすさまじいパワー

ブラックホールは宇宙空間に存在する、ものすごい量の物質がとても高い密度で集まった領域です。高密度になった大量の物質によって、とても大きな引力(重力とも呼びます)が生じます。ブラックホールの近くを通る物体は、内側へと引きこむ力から絶対に逃げられません。光さえもです。これが「ブラックホール(黒い穴)」と名づけられた理由です。

宇宙船がブラックホールに入ると何が起きるか?

ロケットが事象の地平面(その先にあるものは絶対に見ることができない境界線)に近づいていくと、ブラックホールの重力が星の光をねじ曲げて、すばらしい光のショーを見せてくれるでしょう。それからロケットは真の暗闇に包まれます。次に何が起きるのか、それは宇宙についての最大の謎の1つです。ブラックホールへと落ちるスピードがどんどん速くなるにつれて、ロケットは引きのばされ、ばらばらに引きさかれて「スパゲッティ化」するという説があります。または、ロケットは一瞬で焼けこげてしまうのかもしれません。ロケットの残骸は、放射として数百万年にわたり少しずつブラックホールからもれ出していくと考えられていますが、ワームホール(時空の抜け道)から吐き出されるという説もあります。

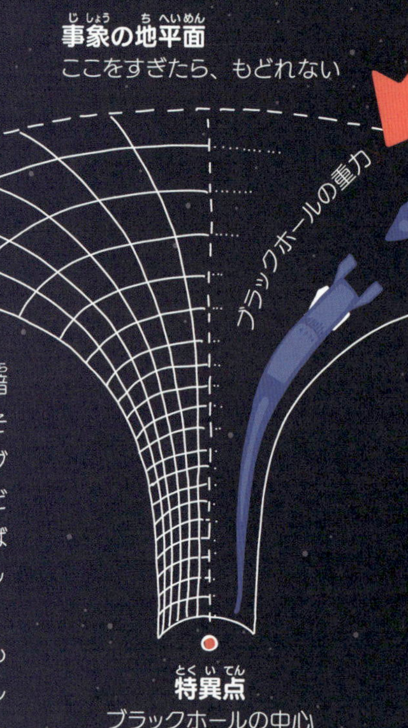

事象の地平面
ここをすぎたら、もどれない
ブラックホールの重力
うわー!
特異点
ブラックホールの中心

ブラックホールのタイプ

ミニブラックホール

ビッグバン直後には、とても小さなブラックホールが形成されたかもしれない。大きさは原子1個分ほどでも、質量は山と同じくらいあった。

恒星ブラックホール

恒星ブラックホールは、質量の大きな恒星が一生を終え、内側に向かって崩壊するときに生まれる。いちばんよくあるタイプのブラックホールで、ほとんどの場合、太陽よりも大きい。

超大質量ブラックホール

恒星ブラックホールに似ているが、大きさはその数百万倍あり、太陽系より大きいことさえある。ほとんどの銀河の中心には、超大質量ブラックホールがある。

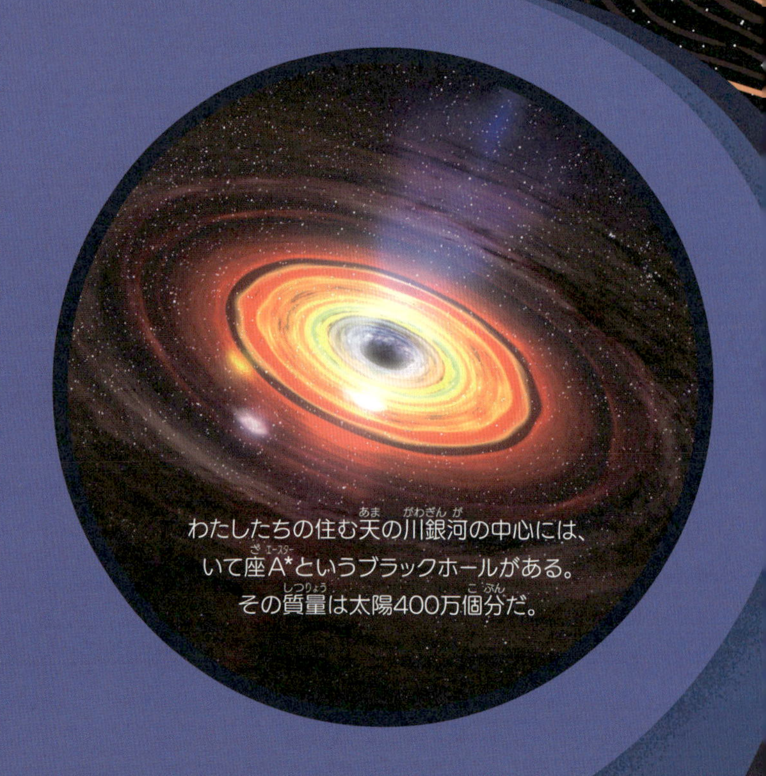

わたしたちの住む天の川銀河の中心には、いて座A*というブラックホールがある。その質量は太陽400万個分だ。

ブラックホールをどうやって見つけるの？

ブラックホールの発見は簡単ではありません。ブラックホールは光を出さないので、科学者たちはブラックホールの引力が宇宙の他の物体にあたえる影響を観測する必要があります。恒星や銀河の運動を調べることで、天文学者はブラックホールの位置と大きさを計算できるのです。ブラックホールは恒星に近づくこともあります。そのときにブラックホールが加熱されると、上の図のように強い光が放たれます。幸い、ブラックホールがあるのは地球から遠く遠く離れた場所です。遠くにあるためにブラックホールの発見はむずかしくなりますが、地球がブラックホールに吸いこまれる危険はありません。

宇宙からやってくる岩石

太陽系のほとんどは、空っぽの空間です。しかし、太陽系には、太陽、惑星、準惑星、衛星とともに小惑星や彗星も存在しています。小惑星や彗星は、太陽系ができたときにあまったちりや氷や岩石からできました。

宇宙にある岩石の見分け方

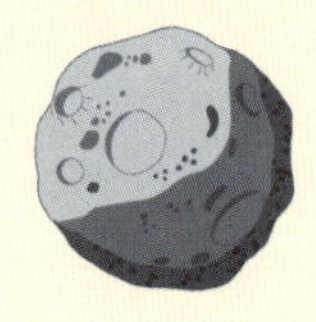

小惑星

小惑星は惑星になるには小さすぎた岩石質の物体だ。

流星物質

直径1m以下の小さな岩や金属のかたまりを流星物質という。

流星

「流れ星」と呼ばれることが多い。地球の大気圏に入って発光し、光の線をえがく流星物質を流星という。

隕石

隕石とは流星のうち、地球の大気圏で燃えつきず、そのまま地表に落ちたもののことだ。

彗星

彗星は砂やちりをふくむ氷のかたまりで、太陽の周りを回っている。太陽系の最も外側には、1兆個もの彗星がある可能性がある。

彗星

彗星は、太陽系の外側にある2つの場所で生まれます。エッジワース・カイパーベルトは海王星の軌道より外側の、氷が多く存在する巨大な領域です。オールトの雲はさらに遠く、準惑星である冥王星の軌道よりずっと外側にあります。

フレデフォード・クレーター
300 km

地球からの距離

1882年の大彗星
1882年

池谷・関彗星
1965年

ハレー彗星
紀元前240年

ヘール・ボップ彗星
1995年

マクノート彗星
2006年

地球最大の小惑星衝突

地球の大気圏にぶつかった流星物質のほとんどは、地面に落ちる前に燃えつきます。しかし、数百万年に一度は、大きな被害をもたらす大きさの小惑星が地球に衝突して、大きなクレーターを残します。小惑星の速度が大きいほど、クレーターも大きくなります。地球で起きた、これまでに知られている中で最も大規模な5回の小惑星衝突について見てみましょう。

6,600万年前に恐竜の絶滅を引き起こした小惑星は、直径が14 kmだったと推定されている。地球に衝突したときの速さは、ジェット機の150倍だった。

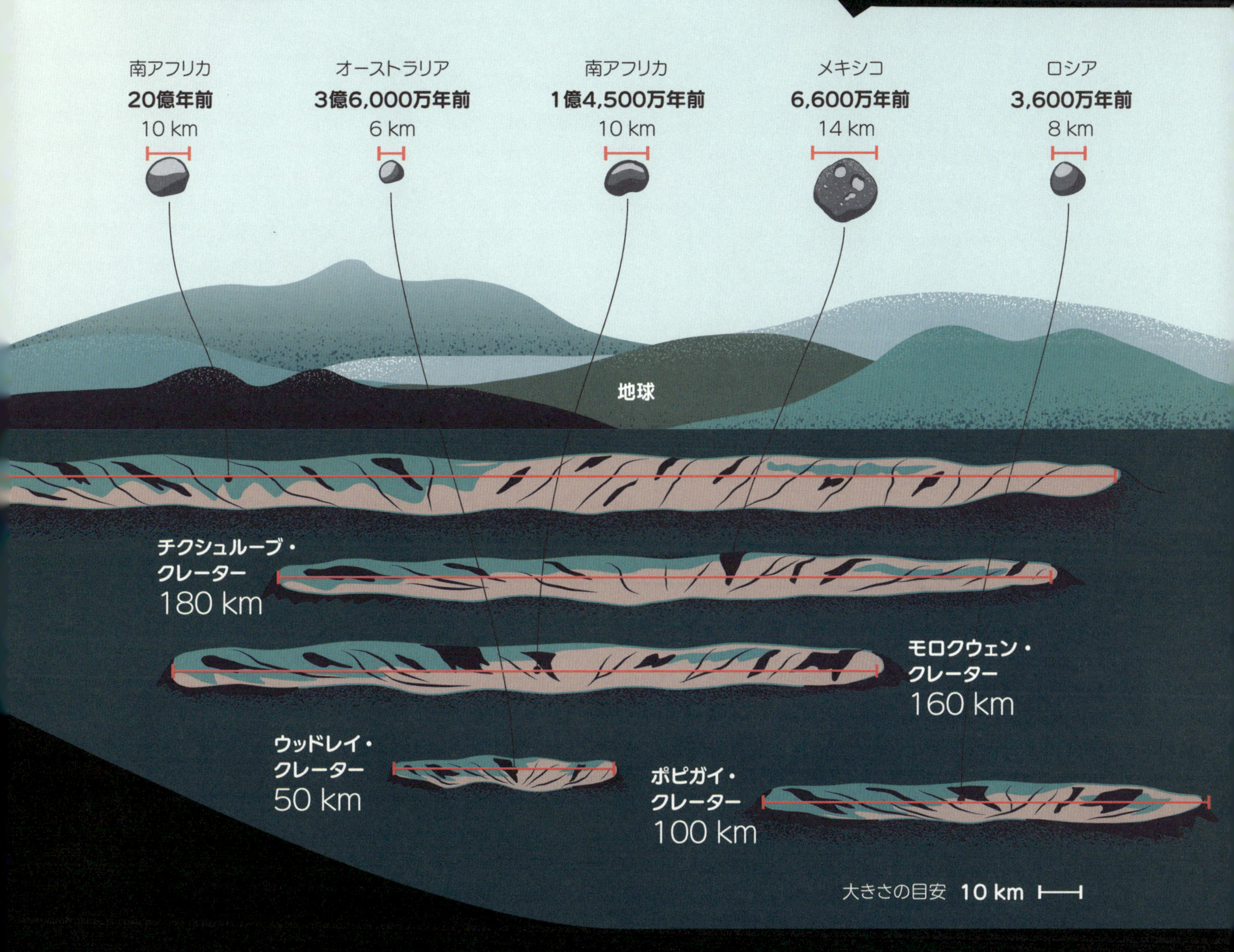

南アフリカ
20億年前
10 km
オーストラリア
3億6,000万年前
6 km
南アフリカ
1億4,500万年前
10 km
メキシコ
6,600万年前
14 km
ロシア
3,600万年前
8 km
地球
チクシュルーブ・クレーター
180 km
モロクウェン・クレーター
160 km
ウッドレイ・クレーター
50 km
ポピガイ・クレーター
100 km
大きさの目安 10 km

この図の見方

図のそれぞれの彗星の直径は、本当の大きさに対応している。尾の長さは、尾が夜空でどれくらいの角度にわたりのびていたかを測ったものだ(1°は満月を2個ならべた長さにあたる)。彗星の色は地球からどれくらい明るく見えたかを示す(明るい色=明るい彗星)。年号は、その彗星がはじめて記録された年である。

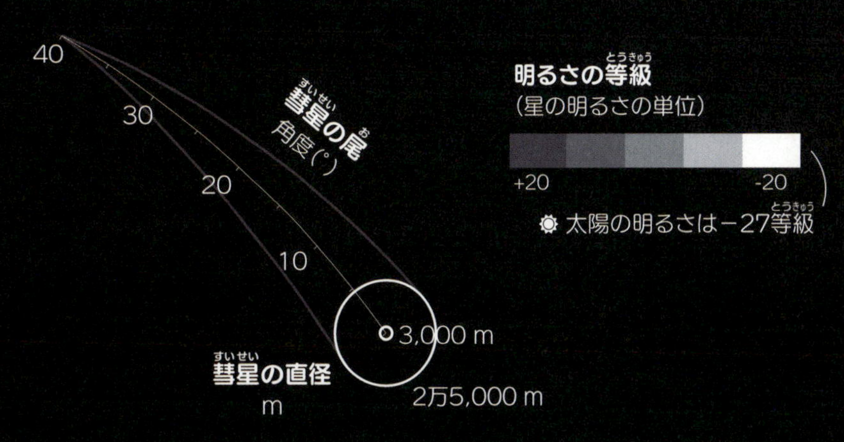

40
30
20
10
彗星の尾
角度(°)
3,000 m
2万5,000 m
彗星の直径
m
明るさの等級
(星の明るさの単位)
+20
-20
太陽の明るさは−27等級

太陽系最大の小惑星たち

直径（km）

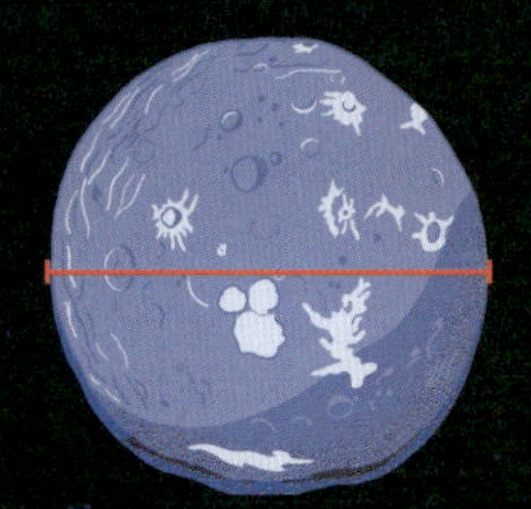

1ケレス
939 km

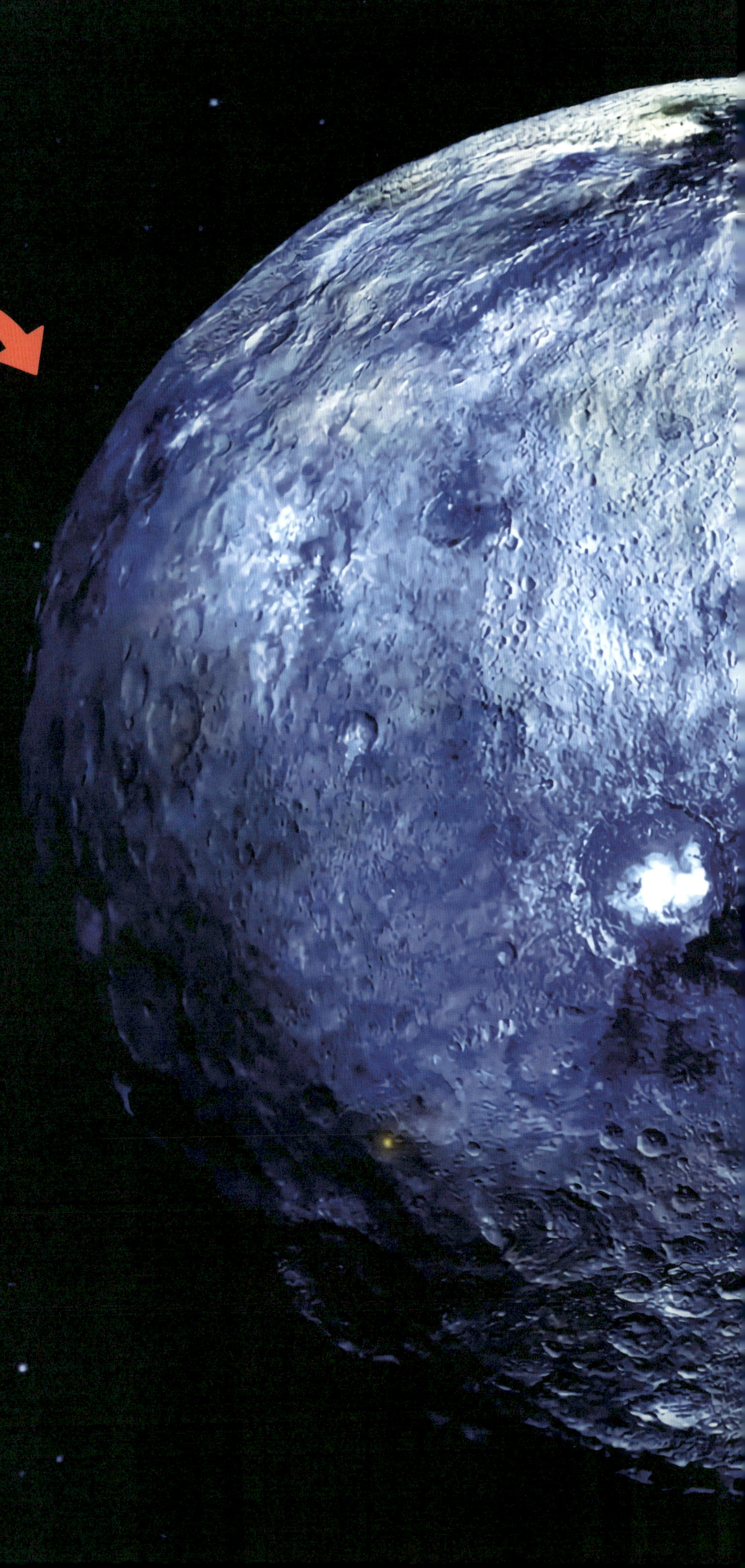

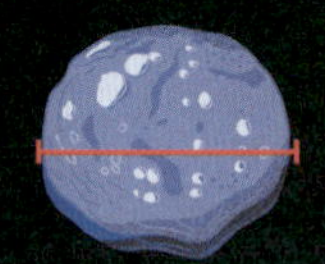

4ベスタ
525 km

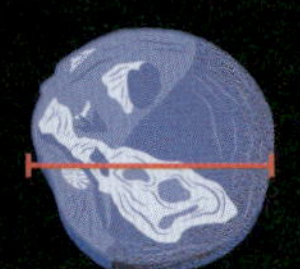

2パラス
513 km

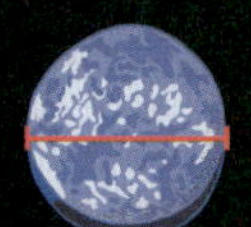

10ヒギエア
407 km

大きさの目安
イギリス（南北方向）
965 km

ケレスは小惑星帯にある物体の中で最も大きい。冥王星と同じく、準惑星にも分類されている。表面の明るい色をした部分は塩水の水分が宇宙へと蒸発したあとに残った、塩でできた地殻だと考えられている。

巨大な小惑星

太陽系には、大型の小惑星が110万個以上もあります。その大部分は、火星と木星のあいだの小惑星帯に位置しています。ほとんどの場合、小惑星をつくっているのは岩石や金属、そして惑星ができたときに残ったその他の物質です。多くの小惑星は大きめの岩くらいの大きさですが、最大級の小惑星は直径が数百 kmにもなります。

おかしな系外惑星たち

わたしたちが住む太陽系の外で発見された惑星を、「系外惑星」といいます。系外惑星がはじめて見つかったのは1992年でした。天文学者はこれまでに6,500個をこえる系外惑星を発見しており、発見数はおよそ2年ごとに2倍に増えています。系外惑星の大きさはさまざまです。地球より小さいものもあれば、木星の数倍の大きさのものもあります。このイラストには、これまでに発見されたすべての系外惑星を示しました。

地球の半径の1倍
プロキシマ・ケンタウリ B
地球に最も近い系外惑星で、恒星であるプロキシマ・ケンタウリの周りを回っている。

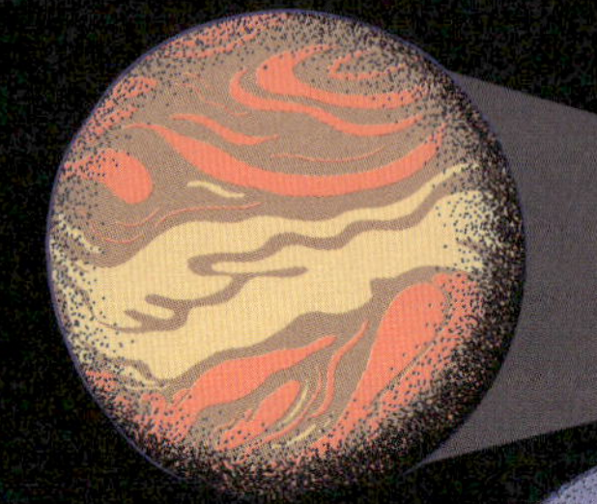

地球の半径の3倍
GJ 1214 B
この系外惑星には陸地がなく、表面はすべて高温の水でできた海におおわれているらしい。

地球の半径の13倍
HD 189733 B
科学者たちは、この系外惑星ではガラスの雨が降ると考えているよ！

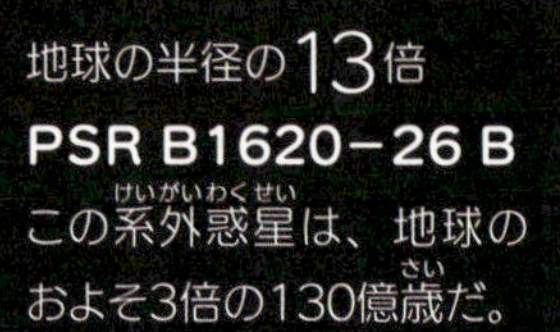

地球の半径の13倍
PSR B1620−26 B
この系外惑星は、地球のおよそ3倍の130億歳だ。

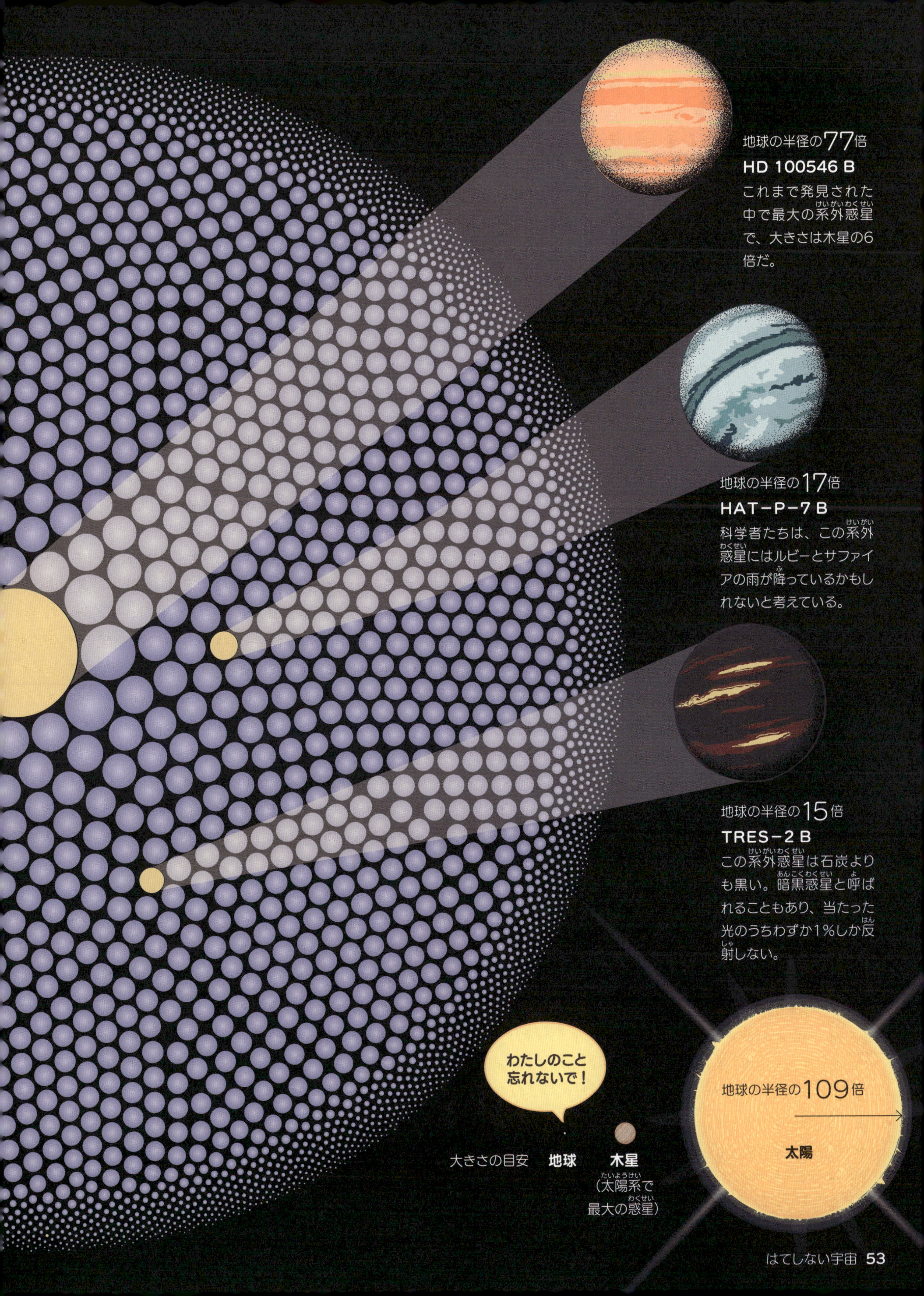

地球の半径の77倍
HD 100546 B
これまで発見された中で最大の系外惑星で、大きさは木星の6倍だ。
地球の半径の17倍
HAT−P−7 B
科学者たちは、この系外惑星にはルビーとサファイアの雨が降っているかもしれないと考えている。
地球の半径の15倍
TRES−2 B
この系外惑星は石炭よりも黒い。暗黒惑星と呼ばれることもあり、当たった光のうちわずか1%しか反射しない。
わたしのこと忘れないで！
大きさの目安
地球
木星
（太陽系で最大の惑星）
地球の半径の109倍
太陽

宇宙の終わり

ビッグバンが起きたあとから、観測可能な宇宙は膨張を続けていることが知られています。しかし、宇宙の物語がどのように終わりをつげるのかは、はっきりとわかっていません。ほとんどの科学者たちは、遠い遠い、ずっと遠い未来に宇宙は死をむかえるだろうと考えています。宇宙の終わりがどのようになるかについての、代表的な3つの説を見てみましょう。

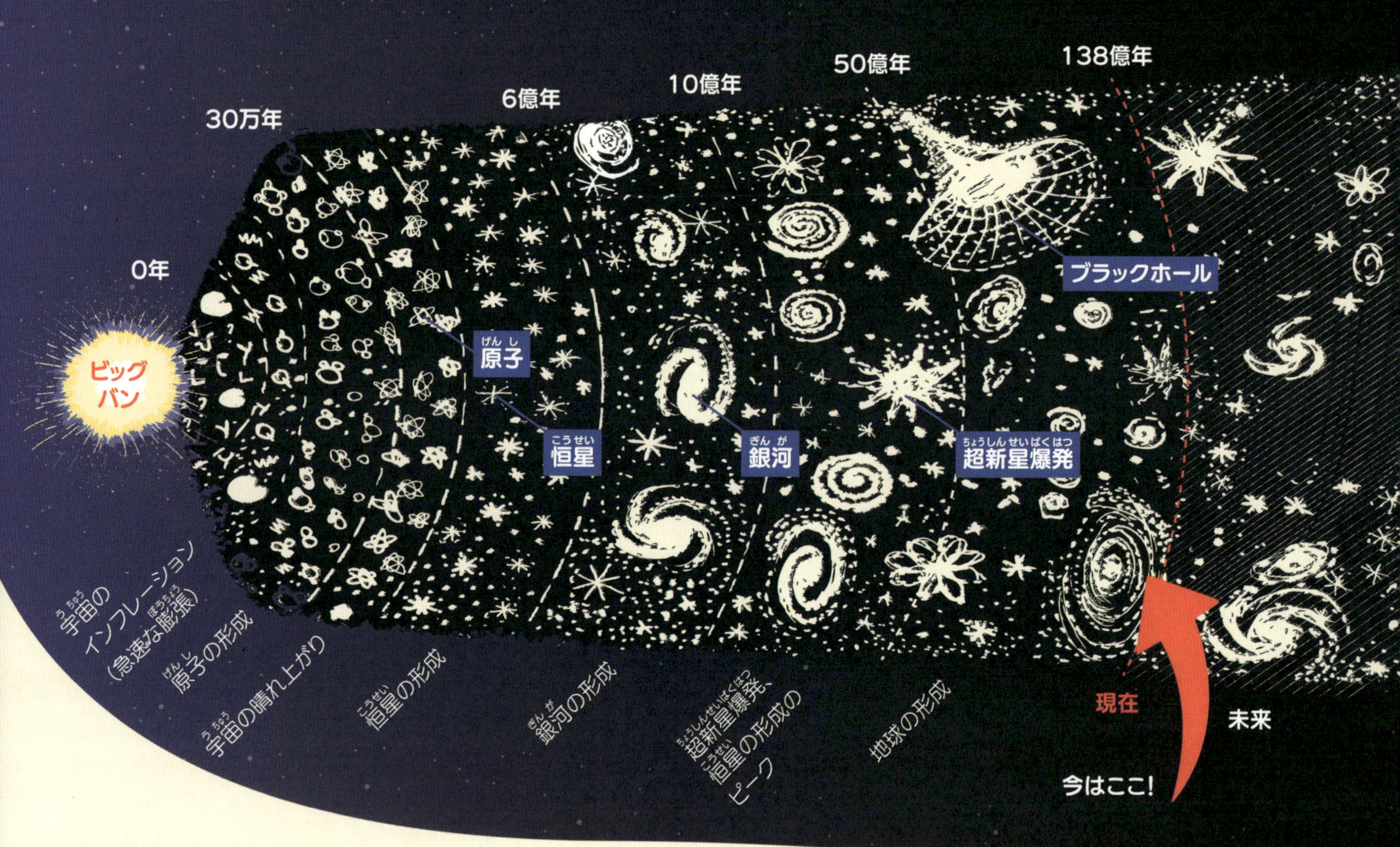
0年
30万年
6億年
10億年
50億年
138億年
ビッグバン
原子
恒星
銀河
超新星爆発
ブラックホール
宇宙のインフレーション（急速な膨張）
原子の形成
宇宙の晴れ上がり
恒星の形成
銀河の形成
超新星爆発、恒星の形成のピーク
地球の形成
現在
未来
今はここ！

宇宙は何からできている？

夜空に輝くすべての恒星、惑星、彗星など、観測可能な宇宙にある物体はどれも原子からできています。これだけでも、ものすごい量だと感じられますね。しかし、21世紀のはじめに、科学者たちは観測できる物質やエネルギーをすべて合わせても、宇宙のすべての物質とエネルギーのたった5%にしかならないことを発見し、とてもおどろきました。あとの95%はいったい何でできているのでしょうか？　じつのところ、それについてはまだわかっていません。しかし、科学者たちはこの余分なエネルギーと物質について説明するために、「ダークマター（暗黒物質）」と「ダークエネルギー（暗黒エネルギー）」という2つの理論的な存在を考え出しました。

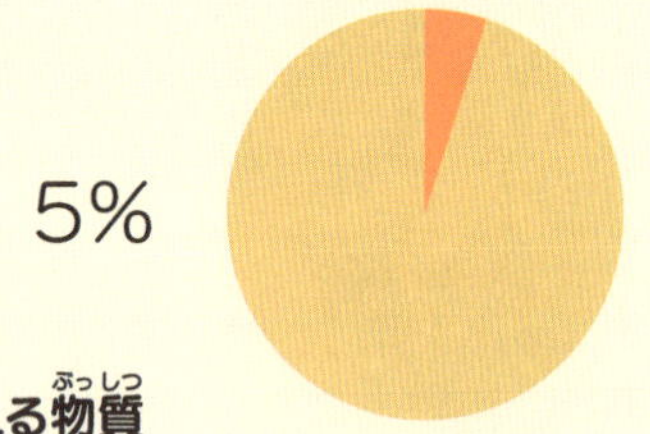
5%

目に見える物質

身の回りで見ることができる、宇宙のあらゆる物体は原子でできている。あなただってそうだ！　科学者たちは、そうしたものすべてを「物質」と呼ぶ。科学者たちの計算によれば、目に見える物質は宇宙全体の質量のたった5%しか、しめていない。

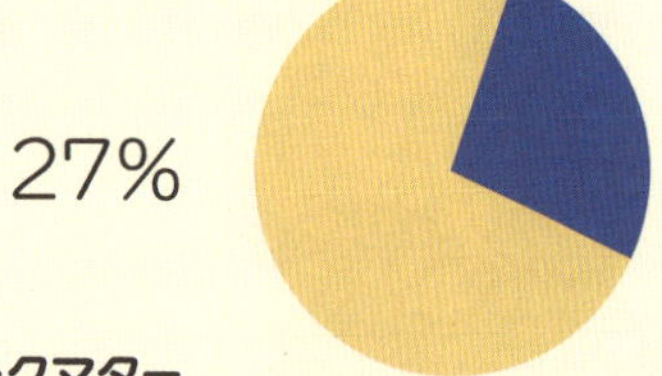
27%

ダークマター

ダークマターは、光を出すことも、反射することも、吸収することもないために目では見えないものでできている。しかし、わたしたちが見ることのできる銀河や恒星などの物体にダークマターがおよぼす重力的な影響が観測されているので、科学者たちはダークマターが存在すると信じている。

68%

ダークエネルギー

重力の法則にしたがえば、宇宙が膨張する速さはだんだん遅くなっていくはずだ。しかし、実際には逆に速くなっているのだ！　なぜ、どうしてそうなるのかは、だれにもわかっていない。この現象を引き起こしている謎の力を科学者たちは「ダークエネルギー」と呼んでいる。

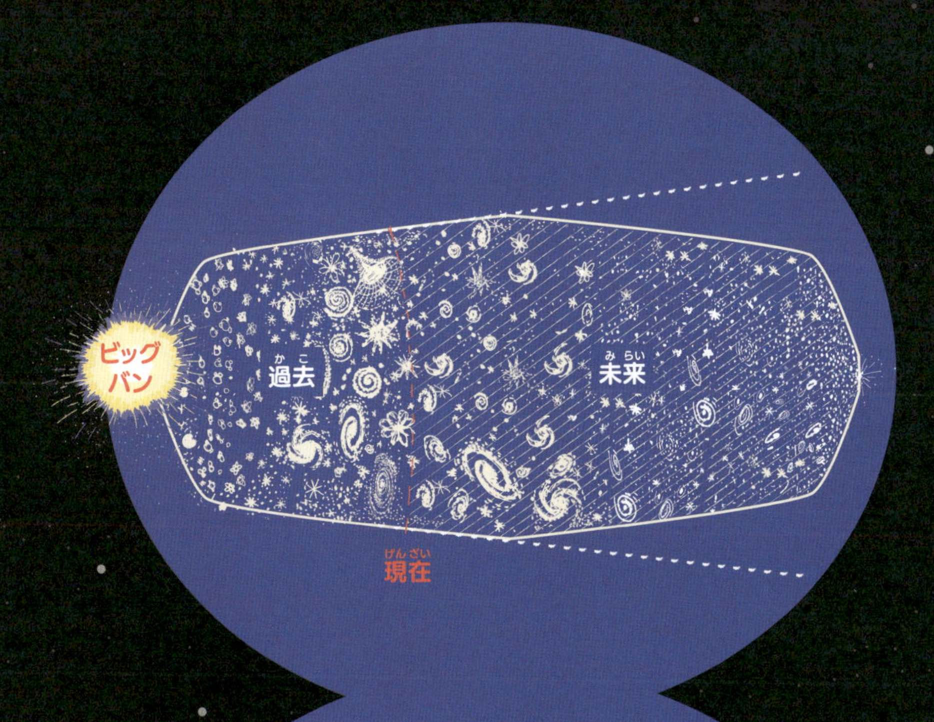
ビッグバン
過去
未来
現在

第1の説

ビッグクランチ

この説によれば、宇宙の膨張はだんだん遅くなっていく。そして逆転が始まり、宇宙のすべての物質がふたたび引きよせられて1つになる「ビッグクランチ（クランチ＝つぶれる）」が起きる。

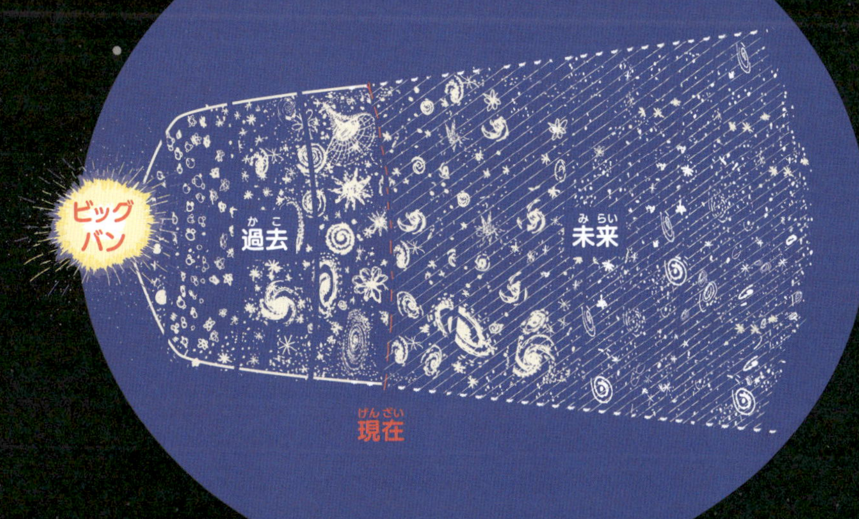
ビッグバン
過去
未来
現在

第2の説

ビッグフリーズ

この説では、宇宙はすべてのエネルギーを失って「ビッグフリーズ（フリーズ＝凍りつく）」という状態になるまで広がり続けるという。「熱的な死」とも呼ばれるビッグフリーズは、多くの科学者が実際に起きる可能性が最も高いと考えている説だ。

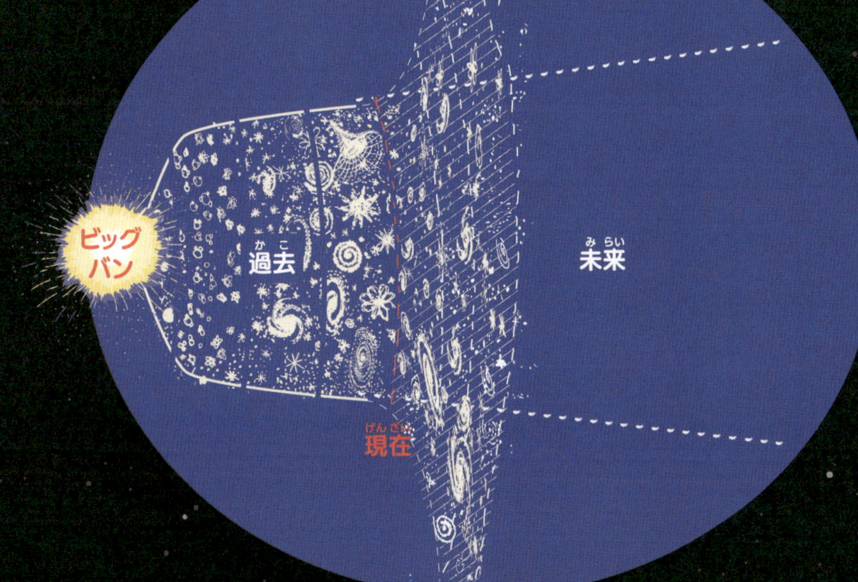
ビッグバン
過去
未来
現在

第3の説

ビッグリップ

第3の説によれば、宇宙の膨張はどんどん加速し、あまりに速くなりすぎて、最後は銀河も、恒星も、惑星も、さらに原子さえもがばらばらになってしまう「ビッグリップ（リップ＝引きさく）」が起きる。

専門家に聞いてみよう！

ジェームズ・オダナヒュー博士

惑星科学者

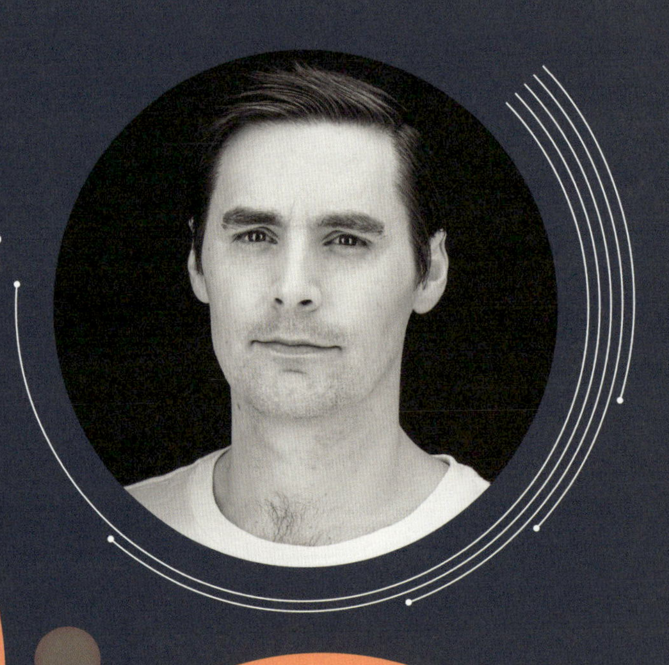

宇宙の研究をしたいと思ったのはいつですか？

子どものころから夜空の月や星を見上げながら、宇宙で何が起きているのか想像するのが好きでした。家の本棚には大きな『ブリタニカ百科事典』があって、いつも宇宙や恐竜のページをめくっていたものです。地球の大昔の歴史の中で、宇宙の話と恐竜の話が関わり合っていることは、本当におもしろいと思います。宇宙から来た大きな小惑星が、6,600万年ほど前に恐竜を絶滅させてしまったのですから！

どんな仕事をしていますか？

惑星を研究する天文学者なので、世界中の巨大な望遠鏡を使って、太陽系の惑星や、太陽とは別の恒星の周りを回る惑星を観察します。特に、巨大惑星である木星と土星の大気の温度の観測をしているんですよ。研究生活の中でいちばん好きなのは、天文台で一晩中起きていて、木星の大赤斑（地球よりも大きな嵐です！）が動いていくのを、お茶を飲みながらながめることですね。

将来、どのようなことが発見されるのを楽しみにしていますか？

2020年代の後半に予定されている、月への有人科学ミッションの結果をとても楽しみにしています。人間が月面を歩き回って、月の歴史を物語るサンプルを集めてくれるはずですからね。宇宙探査機エウロパ・クリッパーと、木星氷衛星探査計画「JUICE」（JUpiter ICy moons Explorer）の探査機が、それぞれ2030年と2031年に送ってくる予定の木星の衛星の写真を見るのも楽しみです。さらに先のことですが、2045年には天王星の周りを探査機が回り、天王星についてこれまでにないほど多くのことを教えてくれるはずです。これまで天王星の周りを探査機が回ったことはないんですよ!

宇宙についての好きな話は何ですか？

深呼吸して聞いてくださいね！　観測可能な宇宙の端から端まで光が旅するだけで940億年かかりますが、これは、わたしたちに見えている範囲の宇宙だけの話です。宇宙はこれより少なくとも1,500万倍は大きくて、しかも高速で膨張しているので、宇宙のすべてを見ることは絶対にできないのですよ！

クイズに挑戦！

問題の答えをこの章から見つけだそう。
正解はp.315にあるよ。

1. 太陽の中には地球がいくつ入る？

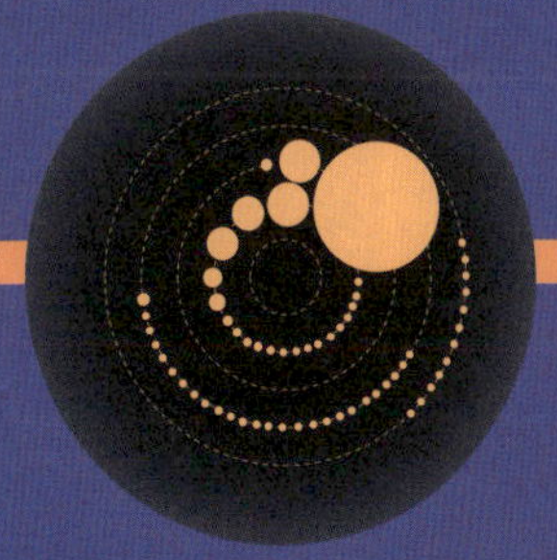

2. タイタンという衛星があるのは太陽系のどの惑星？

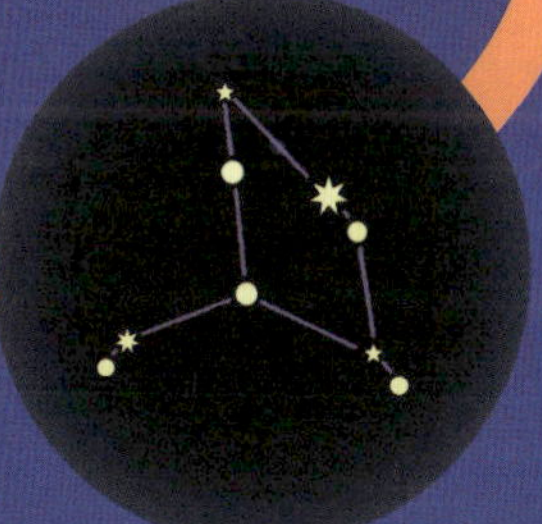

3. この星座の名前は？

4. 音と光、どちらが速い？

5. 宇宙飛行士が最後に月を歩いたのは何年のこと？

6. 恐竜の絶滅を引き起こした小惑星は、ジェット機の何倍の速さで飛んできたかな？
5倍？　50倍？　それとも150倍？

7. 天の川銀河の中心にある巨大ブラックホールの名前は？

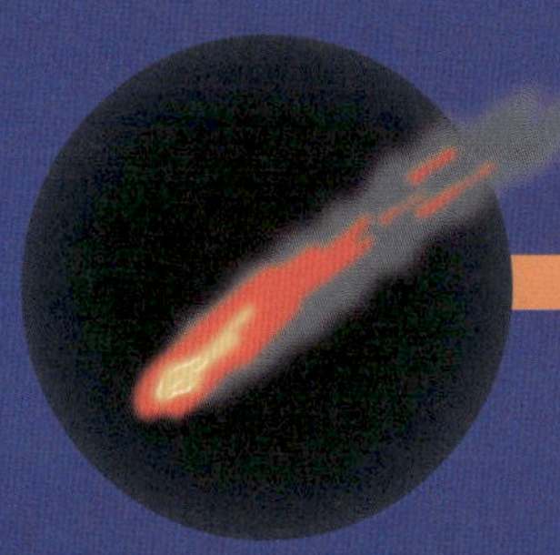

8. 科学者は「流れ星」を何と呼ぶ？

地球のすがた

地球を紹介するよ

「地球」という惑星には、生命の存在が確認されている宇宙でたった1つの場所だという、きわだった特徴があります。地球上に生命があふれているのは、地表にある液体の水、酸素を多くふくむ大気、そして、すごしやすい平均気温のおかげです。

北極海
3%
南極海
4%
インド洋
14%
17%
大西洋
ヨーロッパ
アジア
アフリカ
インド洋
地球は23.5°かたむいて自転している
南極

71%
地球の表面のうち水がしめる割合
地球の表面の約4分の3は水でおおわれている。そのほとんどは海だ。

地球は完全な球ではないよ！実際には「偏平回転楕円体（楕円を、軸を中心に回転させたときにできる立体）」という形をしていて、赤道方向の幅が、北極と南極を通る方向の幅よりも大きい。

極円周
3万9,941 km

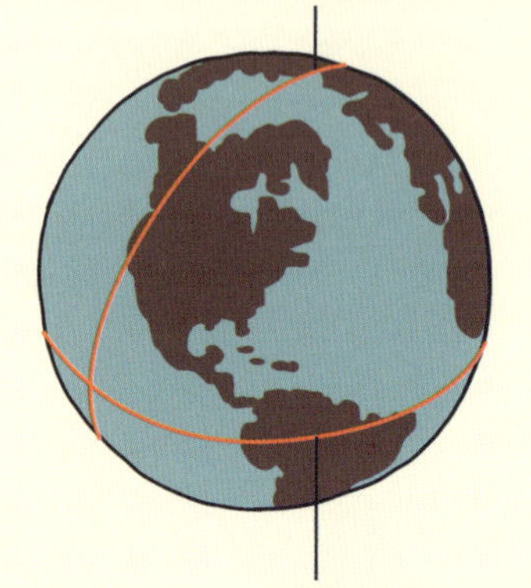

赤道円周
4万75 km

年齢
44億～46億年

直径（北極から南極まで）
1万2,714 km

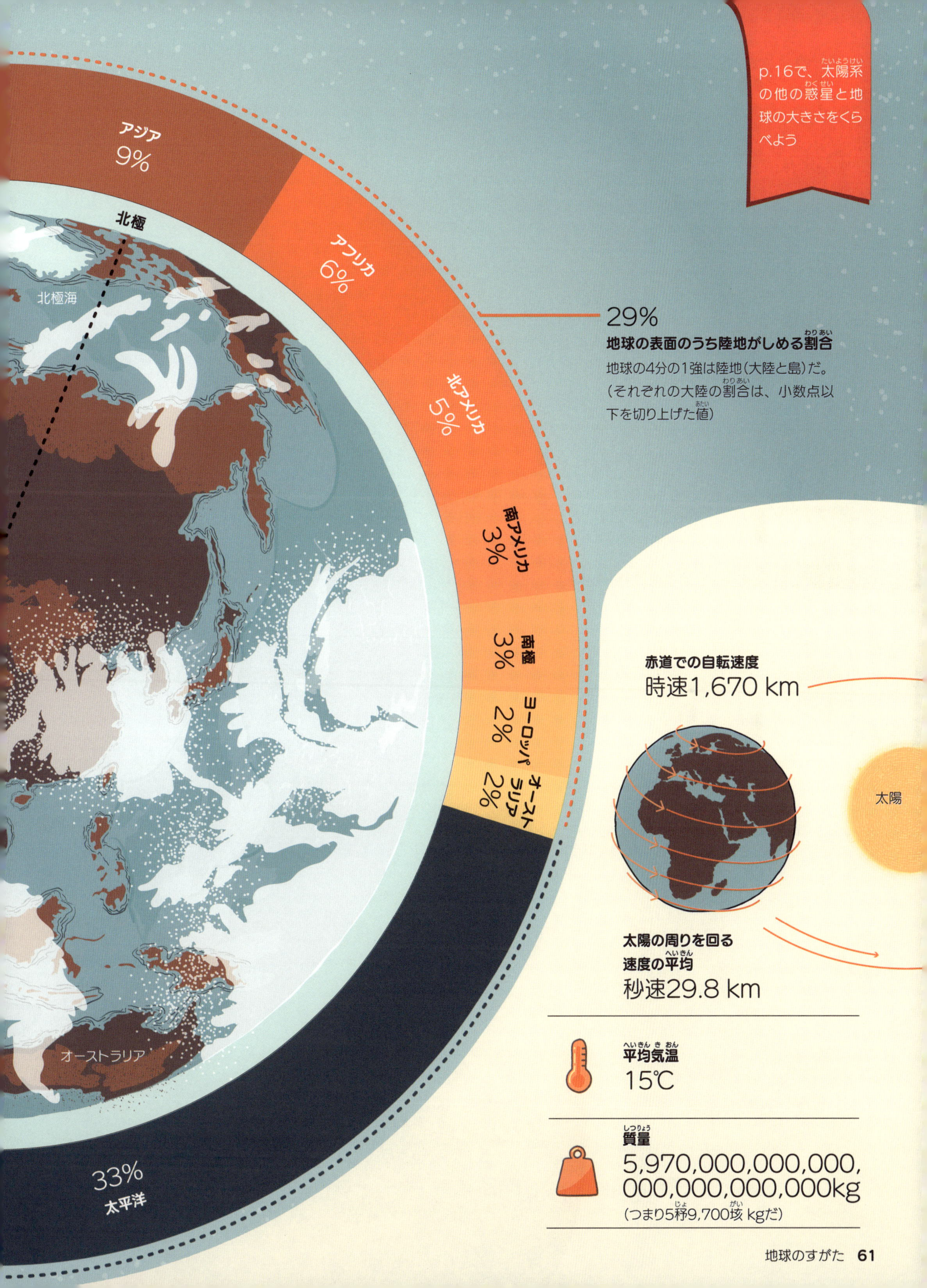
アジア
9%
アフリカ
6%
北アメリカ
5%
南アメリカ
3%
南極
3%
ヨーロッパ
2%
オーストラリア
2%
北極
北極海
オーストラリア
33%
太平洋
29%
地球の表面のうち陸地がしめる割合
地球の4分の1強は陸地（大陸と島）だ。
（それぞれの大陸の割合は、小数点以下を切り上げた値）
赤道での自転速度
時速1,670 km
太陽
太陽の周りを回る
速度の平均
秒速29.8 km
平均気温
15℃
質量
5,970,000,000,000,
000,000,000,000kg
（つまり5秭9,700垓 kgだ）

p.16で、太陽系の他の惑星と地球の大きさをくらべよう

地球の中には何がある？

できたばかりの地球は、とても、とても熱い岩石がとけた液体でできた球でした。時間がたつにつれて地球は冷えていき、鉄やニッケルのような重い元素は中心へとしずんで「核」と呼ばれる部分になりました。核をとりかこんでいるのは、高温の結晶が集まった岩石層であるマントルです。地球の最も外側の層は「地殻」といい、ほとんどは玄武岩や花崗岩という固体の岩石からできています。

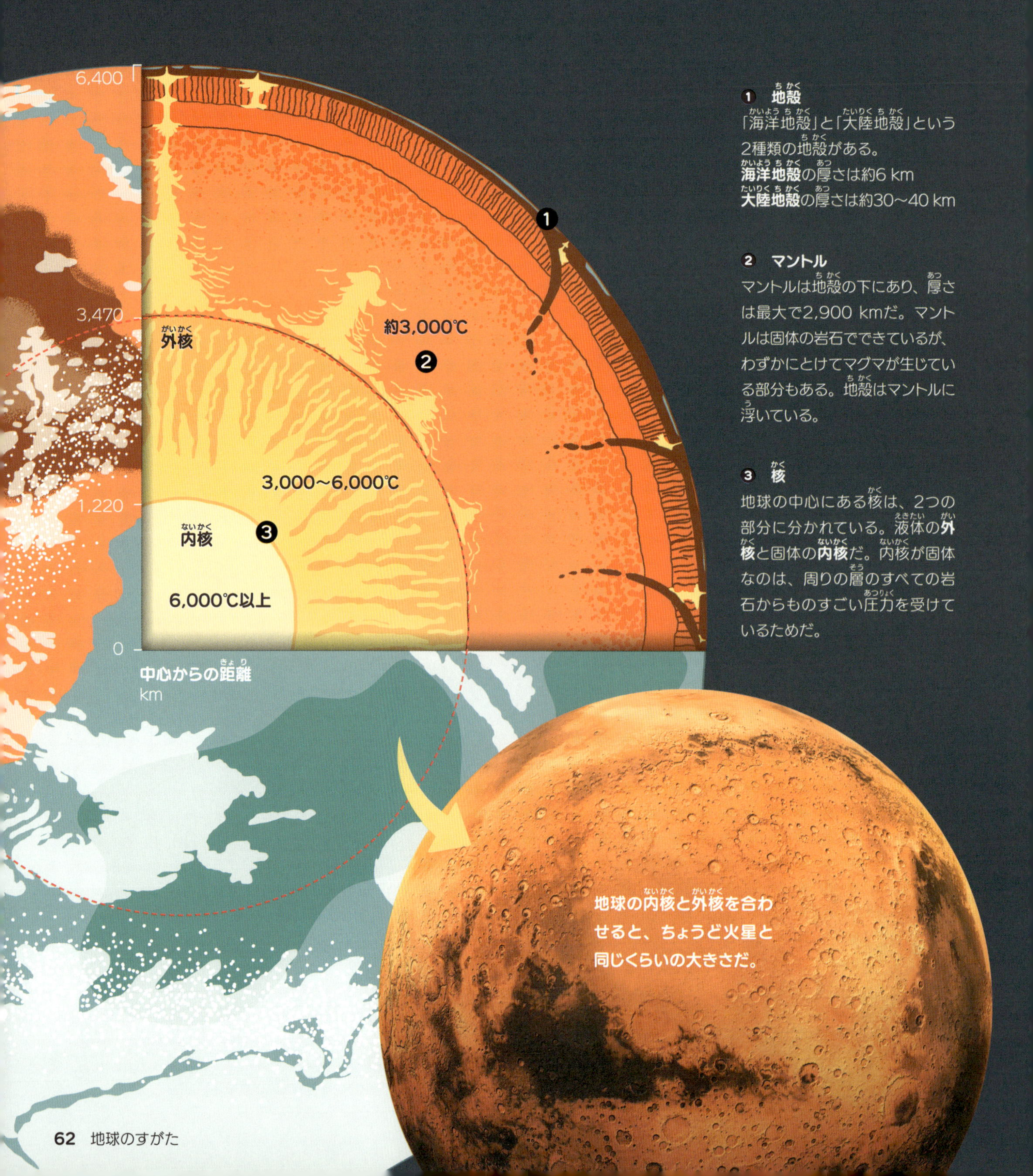

6,400
3,470
1,220
0
中心からの距離
km
外核
約3,000℃
3,000〜6,000℃
内核
6,000℃以上
地球の内核と外核を合わせると、ちょうど火星と同じくらいの大きさだ。

❶ **地殻**
「海洋地殻」と「大陸地殻」という2種類の地殻がある。
海洋地殻の厚さは約6 km
大陸地殻の厚さは約30〜40 km

❷ **マントル**
マントルは地殻の下にあり、厚さは最大で2,900 kmだ。マントルは固体の岩石でできているが、わずかにとけてマグマが生じている部分もある。地殻はマントルに浮いている。

❸ **核**
地球の中心にある核は、2つの部分に分かれている。液体の**外核**と固体の**内核**だ。内核が固体なのは、周りの層のすべての岩石からものすごい圧力を受けているためだ。

シアノバクテリアについてもっと知りたければ、p.117を見てね

地球はどうやってできた？

地球は、約46億年前に太陽ができたあとに残ったガスとちりの雲からつくられました。こうした雲が重力によって集まり、圧縮された熱い岩石の球ができて、それがわたしたちの惑星になったのです。

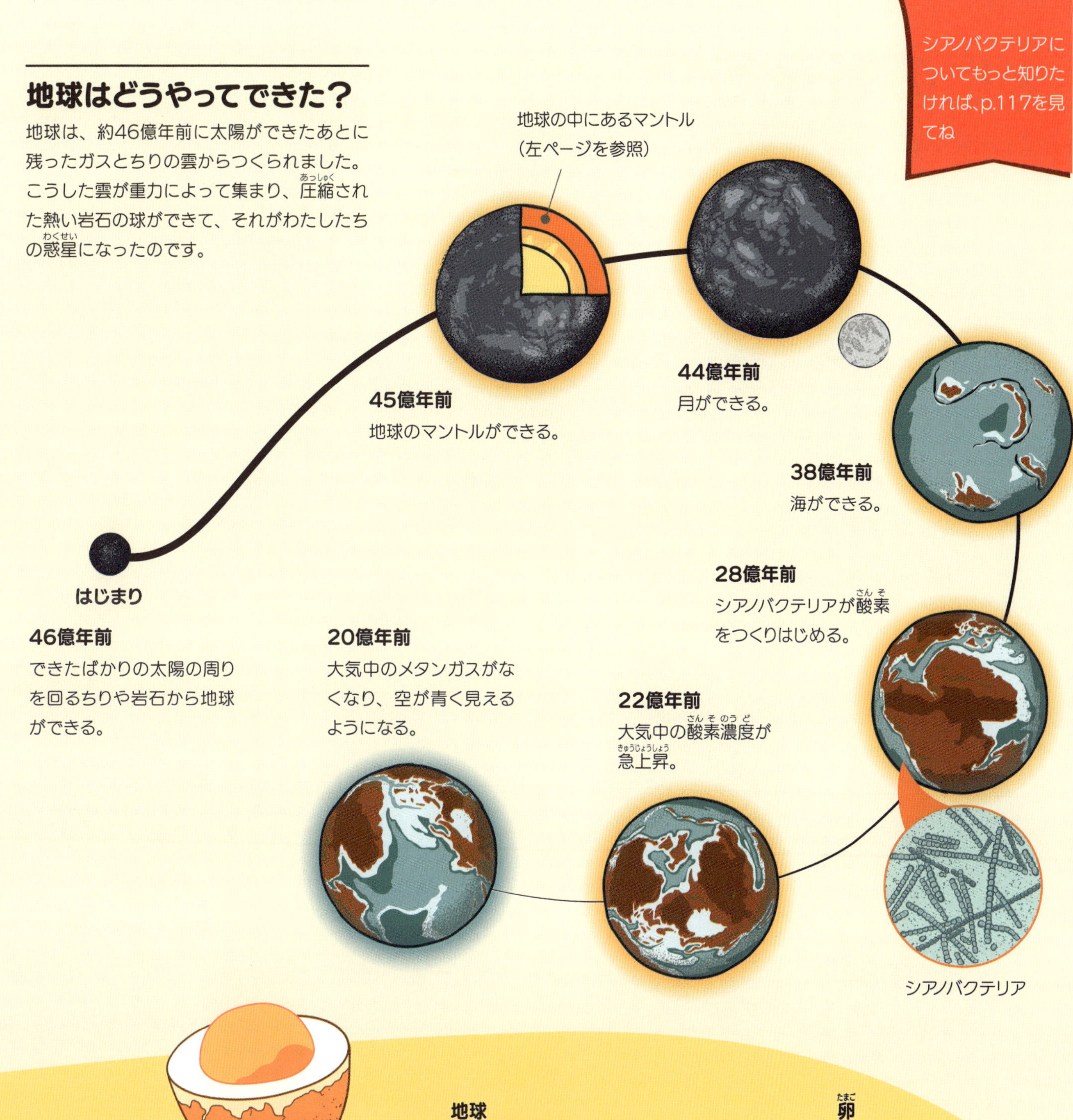

地球の中にあるマントル（左ページを参照）
はじまり
46億年前
できたばかりの太陽の周りを回るちりや岩石から地球ができる。
45億年前
地球のマントルができる。
44億年前
月ができる。
38億年前
海ができる。
28億年前
シアノバクテリアが酸素をつくりはじめる。
22億年前
大気中の酸素濃度が急上昇。
20億年前
大気中のメタンガスがなくなり、空が青く見えるようになる。
シアノバクテリア

ゆで卵と地球はちょっと似ている！

ゆで卵のつくりを見ると、地球の地殻、マントル、核の大きさの割合をイメージしやすくなります。ゆで卵と同じように、地球にもいちばん外側にかたい殻があります。そして、地球の中で核がしめている割合は、卵の中で卵黄がしめる割合とだいたい同じです。

地球

45%
マントル

54%
核
（内核と外核）

1%
地殻

卵

63%
卵白

36.5%
卵黄

0.5%
卵の殻

火山の爆発だ！

火山が噴火するときには、マグマが割れ目から外へと出てきます。火山から出たマグマを「溶岩」といいます。溶岩が地面の割れ目からゆっくりと流れ出す噴火もあれば、溶岩、岩石、火山灰などが空中へと高く噴き上げられる噴火もあります。どのような種類の噴火が起きるかは、マグマのねばりけ、マグマにふくまれる熱いガスの泡の大きさや、そうした泡が上へとのぼっていく力、そして、マグマがどのような岩石の層を通って出てくるかなどによって決まります。

火山の噴火を比較するために使われるのが「火山爆発指数（VEI）」だ。
指数は0から8まであって、1増えるごとに噴火の規模（火山砕屑物の量）が10倍大きくなる。

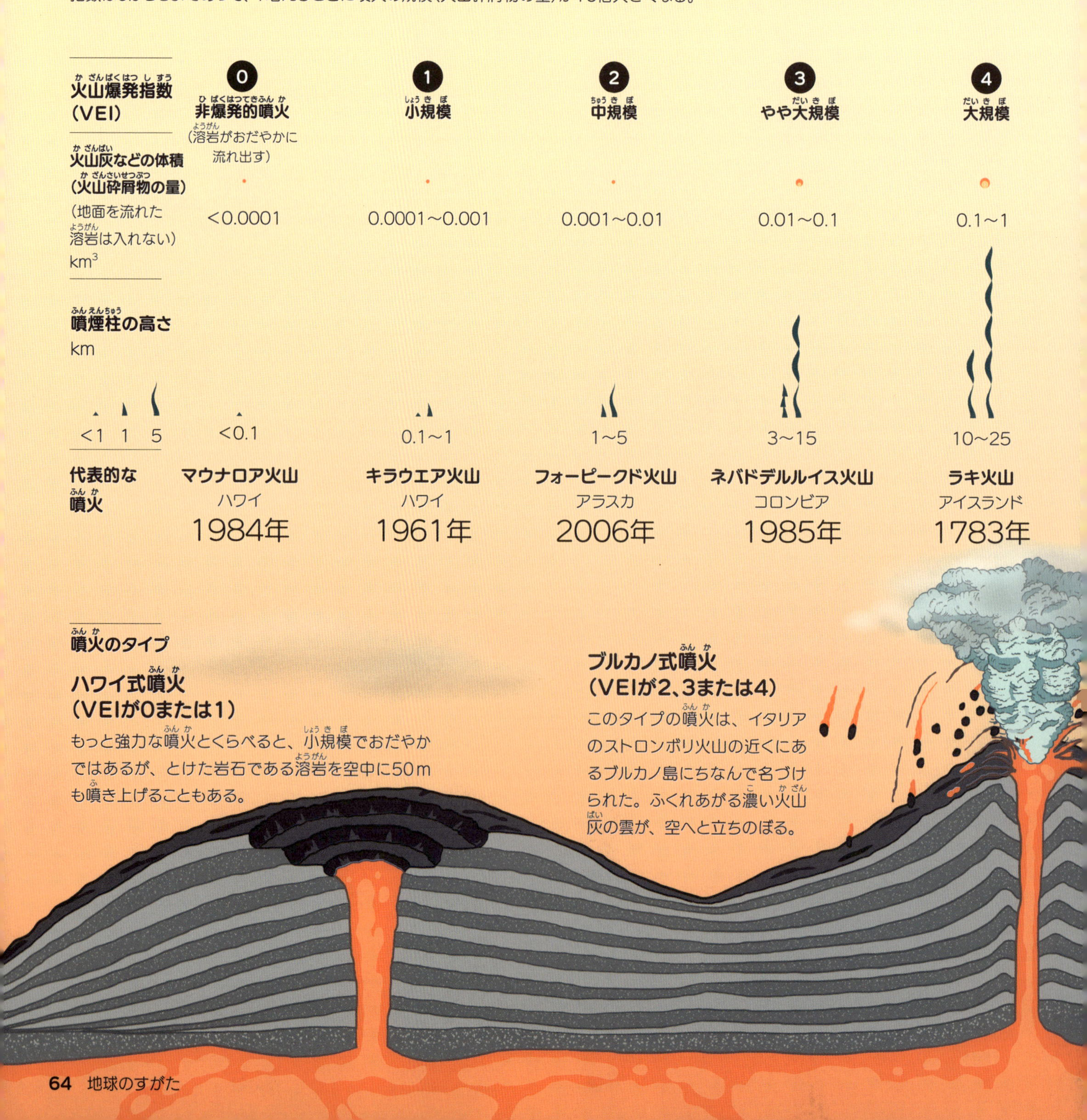

火山爆発指数（VEI）	0 非爆発的噴火（溶岩がおだやかに流れ出す）	1 小規模	2 中規模	3 やや大規模	4 大規模
火山灰などの体積（火山砕屑物の量）（地面を流れた溶岩は入れない）km^3	<0.0001	0.0001～0.001	0.001～0.01	0.01～0.1	0.1～1
噴煙柱の高さ km（<1 1 5）	<0.1	0.1～1	1～5	3～15	10～25
代表的な噴火	マウナロア火山 ハワイ 1984年	キラウエア火山 ハワイ 1961年	フォーピークド火山 アラスカ 2006年	ネバドデルルイス火山 コロンビア 1985年	ラキ火山 アイスランド 1783年

噴火のタイプ

ハワイ式噴火（VEIが0または1）

もっと強力な噴火とくらべると、小規模でおだやかではあるが、とけた岩石である溶岩を空中に50mも噴き上げることもある。

ブルカノ式噴火（VEIが2、3または4）

このタイプの噴火は、イタリアのストロンボリ火山の近くにあるブルカノ島にちなんで名づけられた。ふくれあがる濃い火山灰の雲が、空へと立ちのぼる。

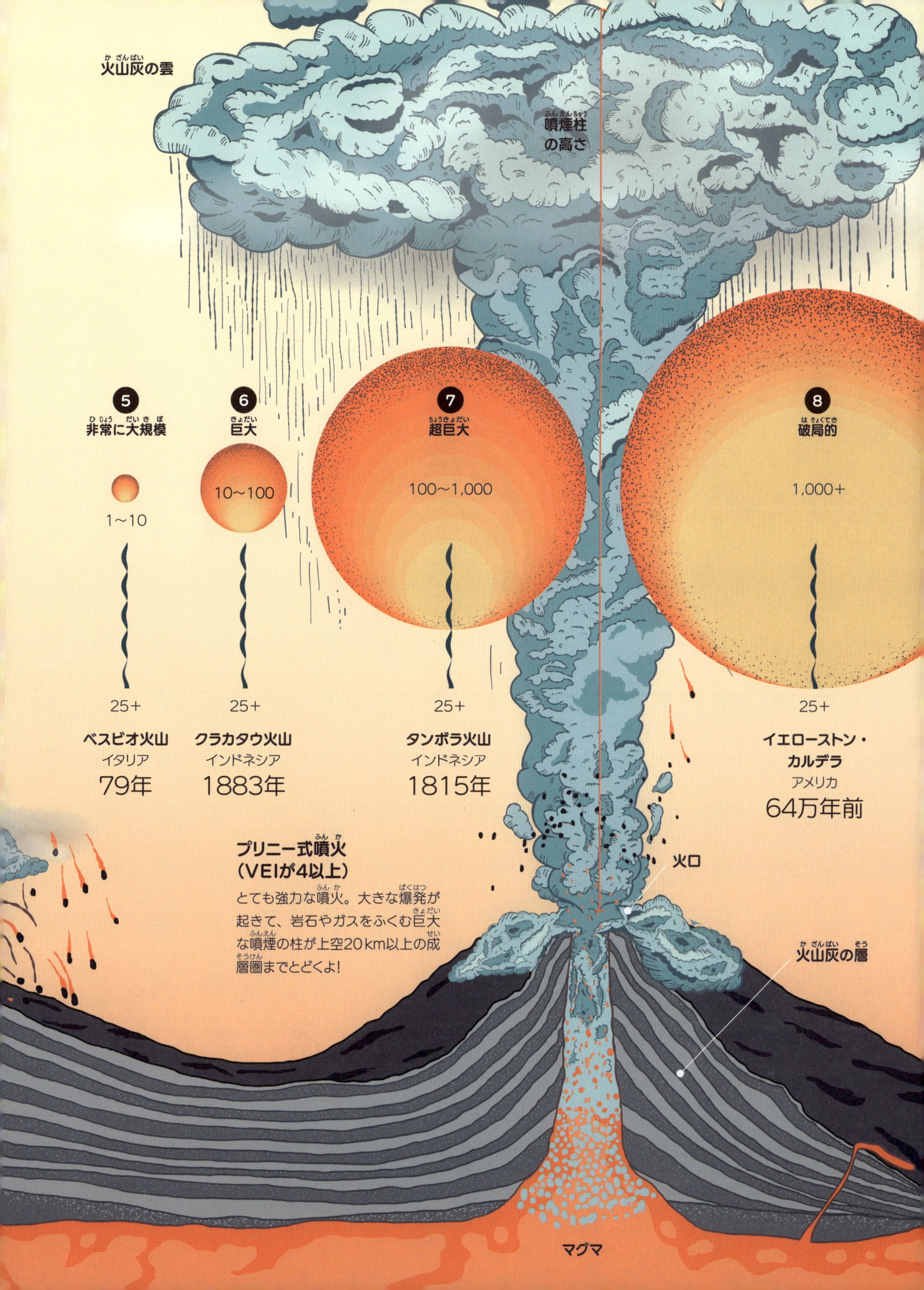
火山灰の雲
噴煙柱の高さ
5
非常に大規模
1〜10
25+
ベスビオ火山
イタリア
79年
6
巨大
10〜100
25+
クラカタウ火山
インドネシア
1883年
7
超巨大
100〜1,000
25+
タンボラ火山
インドネシア
1815年
8
破局的
1,000+
25+
イエローストン・カルデラ
アメリカ
64万年前
プリニー式噴火
（VEIが4以上）
とても強力な噴火。大きな爆発が起きて、岩石やガスをふくむ巨大な噴煙の柱が上空20km以上の成層圏までとどくよ！
火口
火山灰の層
マグマ

ユーラシアプレート
アラビア
プレート
アフリカプレート
インド・オーストラリア
プレート
南極プレート

海をかこむ“炎の輪”

火山は地球のどこにできるのでしょうか？　地球の表面は、「プレート」という何枚かの岩盤に分かれており、それぞれが別の方向に少しずつ移動しています。ほとんどの火山や地震の震源は、異なるプレートが出会う部分（境界）付近に集中しているのです。世界中すべての火山のうち75％が、太平洋プレートの縁にあります。この火山が集中する地域は「環太平洋火山帯」、英語で「ザ・リング・オブ・ファイア」、つまり「炎の輪」と呼ばれています。

環太平洋火山帯は
太平洋プレートの
境界にそっている。
北アメリカ
プレート
太平洋
プレート
カリブ
プレート
ココス
プレート
南アメリカ
プレート
ナスカ
プレート
スコシア
プレート
ドカーン！
この図の見方
点線はプレートの境界を示している。明るい黄色の点は、過去1万年間に活動したことがある火山を表す。2021年に起きた主な噴火は、赤い円で示す。赤い円が大きいほど、噴火の規模も大きい。
過去1万年間に活動した火山
2021年に起きた主な噴火のVEI（p.64参照）
0
1
2
3
4~5
2021年に起きた主な噴火
プレート

岩石サイクル
火成岩（火山岩）
火成岩（深成岩）
押し上げる動き
熱と圧力
岩石のかけらがしずみ、堆積物になる
堆積岩
とける
冷えて結晶化する
変成岩
深く埋まる
とける

堆積岩

堆積岩は、やわらかくてもろい堆積物が押し固められてできた岩石だ。しま模様が見えたり、化石が見つかったりすることがある。

火成岩

火成岩はマグマが固まってできる。深成岩はマグマが地下深くで冷えて固まったもので、火山岩はマグマが地表または地表近くで固まったもの。深成岩はマグマがゆっくりと冷えて(写真のように)粒が大きくなりやすく、火山岩はマグマが急速に冷えて粒が小さくなりやすい。

変成岩

地殻の中で、堆積岩や火成岩が高い温度にさらされたり、大きな圧力で押しつぶされたりすると変成岩になる。変成岩は褶曲構造(地層や岩石の層が圧力で曲がった構造)をもつことも多い。

岩石を読みとく

岩石は、常に新しくつくられ、風化して小さなかけらになり、そして、ふたたび新しい岩石として生まれ変わっています。これを「岩石サイクル」といいます。岩石サイクルの中でできる岩石は堆積岩、火成岩、変成岩の3種類で、この写真のように、それぞれがちがった見た目をしています。

鉱物の硬さを測るには

地球の表面は岩石でできています。そして、ほとんどの岩石は1種類、またはいくつかの種類の鉱物からできています。地球で自然に生じた最も硬い物質であるダイヤモンドから、やわらかい滑石まで、見た目も触った感じもまったくちがう数千種類もの鉱物が存在します。このページでは、地質学者が鉱物や宝石の相対的な硬さをくらべるときに使う「モース硬度計」を紹介します。

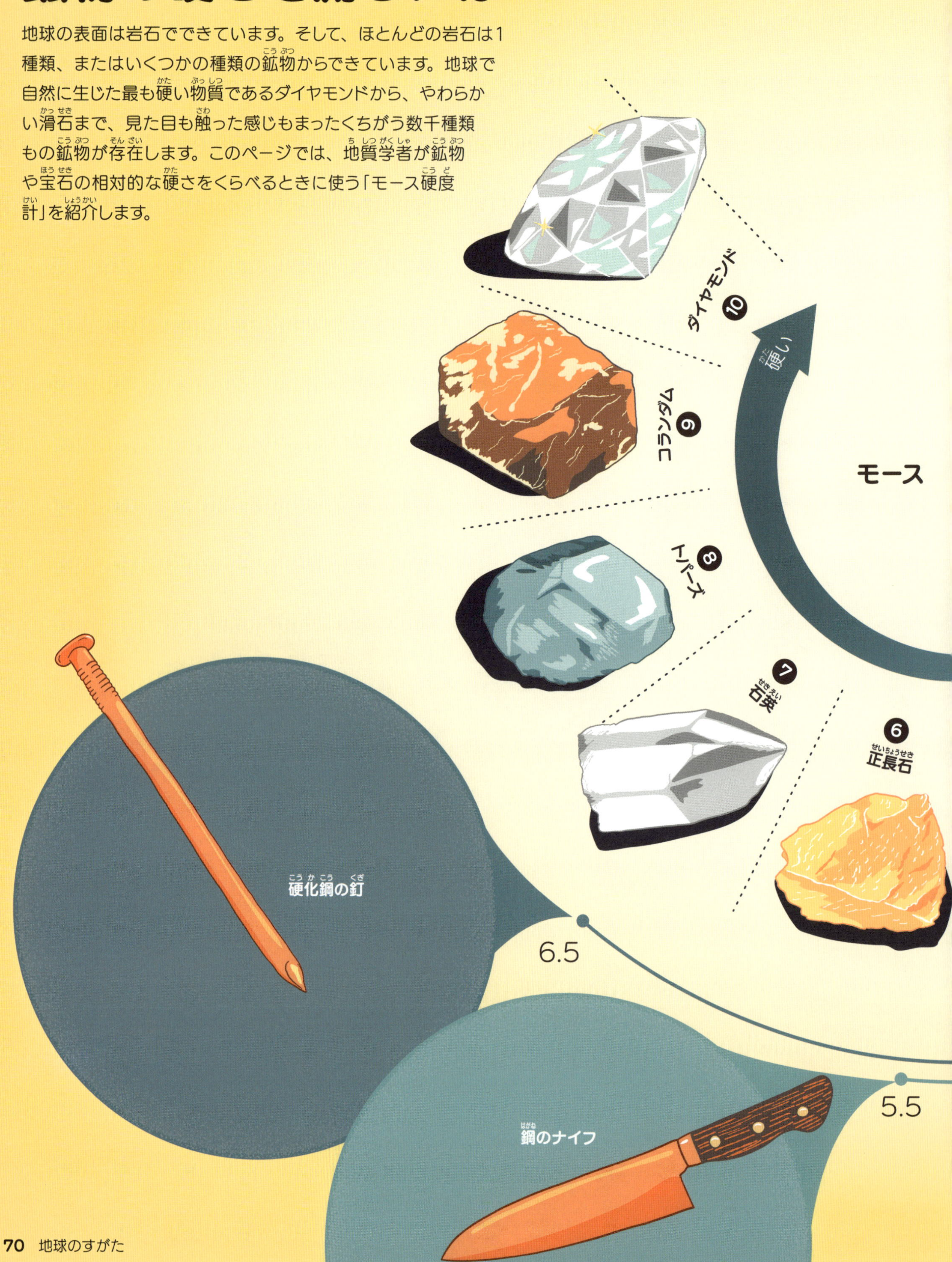

10 ダイヤモンド
9 コランダム
8 トパーズ
7 石英
6 正長石
硬い
モース
硬化鋼の釘
6.5
鋼のナイフ
5.5

モースの硬度計

ドイツの地質学者フリードリッヒ・モースは、物質へのひっかき傷のつけやすさを測る「モース硬度計」を発明しました。モース硬度計では10種類の代表的な鉱物が1～10の順にならべられており、ある鉱物で、それよりも数字が小さい鉱物をひっかくと傷がつきます。つまり、モース硬度の数字が大きいほど、鉱物は硬いのです。この硬度計を使えば、鉱物ではないものの硬さも測れます。たとえば、石膏には指のつめで傷がつくでしょうが、方解石には傷がつかないはずです。このことから、指の爪は石膏より硬いけれども方解石よりはやわらかく、モース硬度は2.5であるということがわかります。

ひっかきに対する強さ

基準となる鉱物

モース硬度

硬度

やわらかい

1 滑石

2 石膏

3 方解石

4 蛍石

5 燐灰石

2.5

指の爪

地球の水はどこにある？

宇宙から見た地球は、青い惑星です。これは、地球の表面のかなりの割合が海におおわれているからです（p.60参照）。地球の水をすべてとりのぞいたならば、このイラストのように見えるでしょう。地球上のすべての水の量は、地球の絵と同じ縮尺の、青い水の球で表しました。

地球
1兆 km^3
地球上のすべての水
14億 km^3
すべての淡水
3,500万 km^3

地球の淡水をコップに入れたら

地球上の水の大部分は、海の塩水です。淡水はほんの少ししか存在せず、液体の淡水はさらにわずかです。下のイラストでは、地球上のすべての淡水を巨大なコップに入れたらどうなるかを示しました。淡水のほとんどは、氷河や氷床の氷です。次に多いのは地面の下の地下水です。地表にある液体の淡水は、世界のすべての水の中でほんのわずかの割合しかしめていません。

世界のどのくらいの人々が安全な飲み水を手に入れられるのかな？ 知りたい人はp.253を見てね

すべての淡水

体積3,500万 km^3

地表水

地下水

凍結した水

0.3%

地表水

コップの中でごくわずかな割合しかしめていないこの水の層が、すべての湖、沼、川の水、地球上のすべての動植物の体内にある水、そして大気中の水の合計量を表している。

30.1%

地下水

わたしたちの足の下にはたくさんの水がある。目には見えない状態で大量にたくわえられている地下の水の流れは、湖や川に常に水を足していっぱいにしてくれるという役割をもつ。生命にとって非常に重要なものだ。

69.6%

氷河、底氷(永久凍土の中の氷)、永久凍土

地球上にある淡水の大部分は、主にグリーンランドや北極、南極の氷河や氷床として存在している。

前方に氷山あり！

氷山は海に浮いている氷のかたまりで、氷河や棚氷がくずれてできたものです。南極圏や北極圏、そして氷河からの水が流れ込む湖で見られます。氷山は淡水の氷でできており、その大部分が水面の下にかくれています。そのため、氷山は船にとってとても危険です。氷山は数千kmにわたって海をただようことがありますが、水温の高いところへ来ると、とけて消えてしまいます。

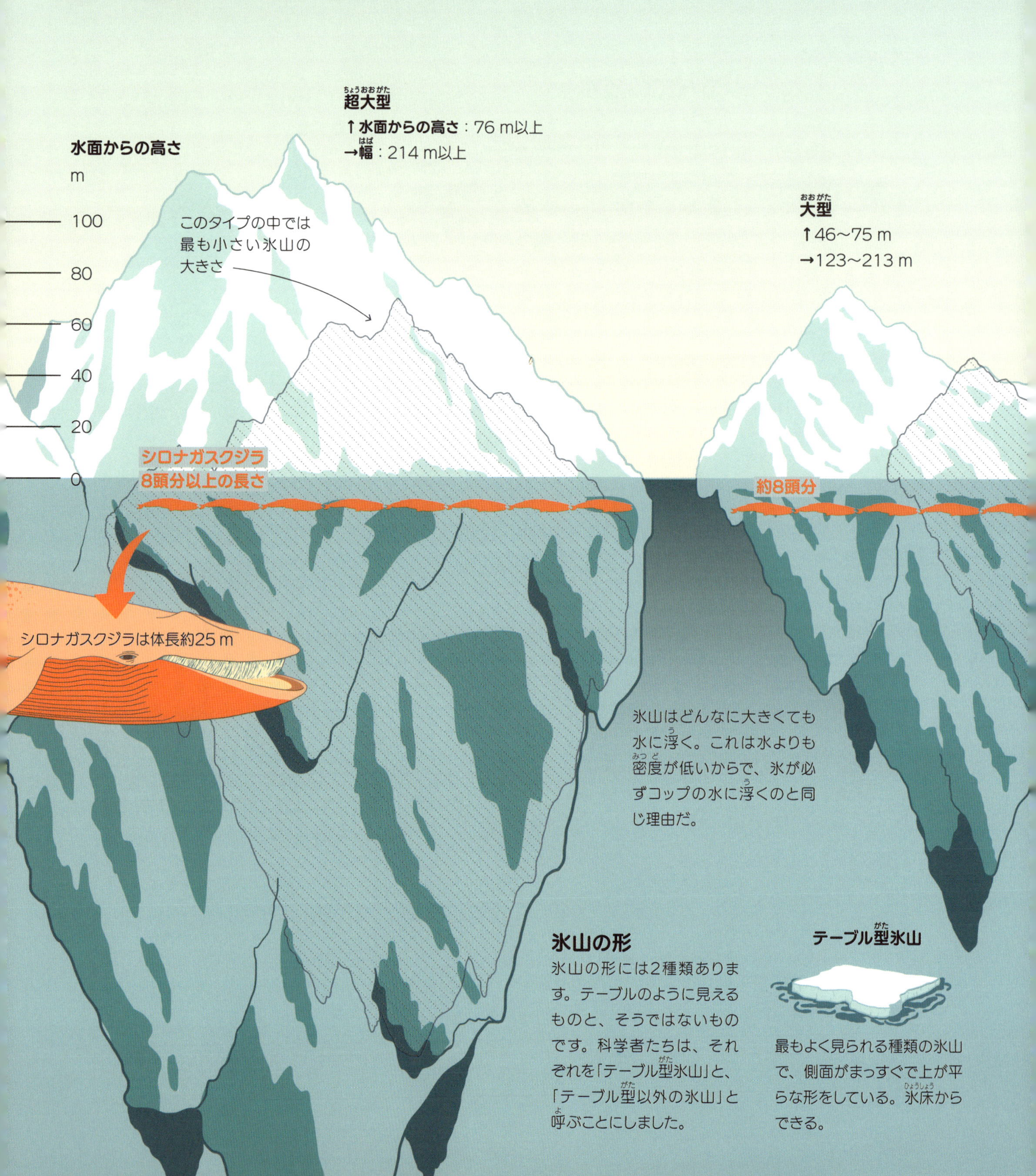
超大型
↑水面からの高さ：76 m以上
→幅：214 m以上
水面からの高さ
m
100
80
60
40
20
0
このタイプの中では
最も小さい氷山の
大きさ
大型
↑46～75 m
→123～213 m
シロナガスクジラ
8頭分以上の長さ
約8頭分
シロナガスクジラは体長約25 m
氷山はどんなに大きくても水に浮く。これは水よりも密度が低いからで、氷が必ずコップの水に浮くのと同じ理由だ。
テーブル型氷山
最もよく見られる種類の氷山で、側面がまっすぐで上が平らな形をしている。氷床からできる。

氷山の形

氷山の形には2種類あります。テーブルのように見えるものと、そうではないものです。科学者たちは、それぞれを「テーブル型氷山」と、「テーブル型以外の氷山」と呼ぶことにしました。

氷河の「カービング」

一部の氷山は氷河、つまりゆっくりと動く大量の氷のかたまりから生まれます。氷河をつくっているのは、数百年にわたって押し固められた雪です。氷河のかけらが海へとくずれ落ちることを「カービング」（もとは「牛の出産」を表す言葉）といいます。右の地図を見ると、南極には北極よりもずっと多くの氷があることがわかるでしょう。これは、南極の氷は陸地の上にあり、北極の氷は海の上にあるからです。海は陸地よりも多くの熱をたくわえるため、北極は南極よりも暖かくなります。

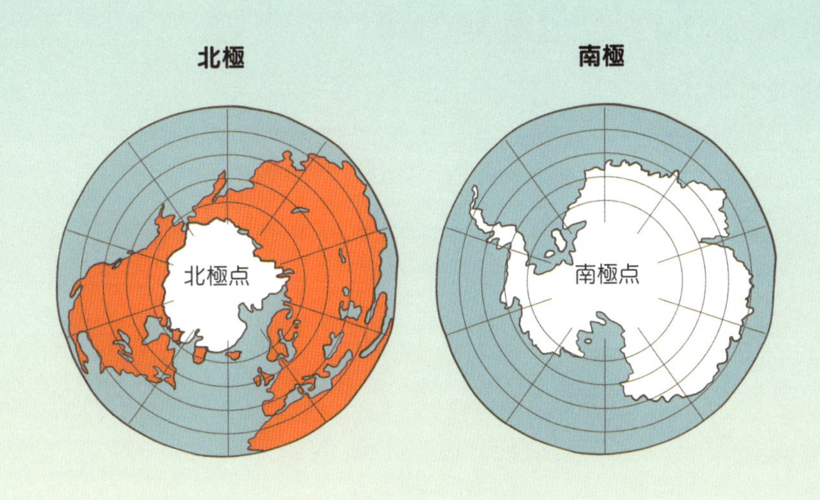
北極
南極
北極点
南極点

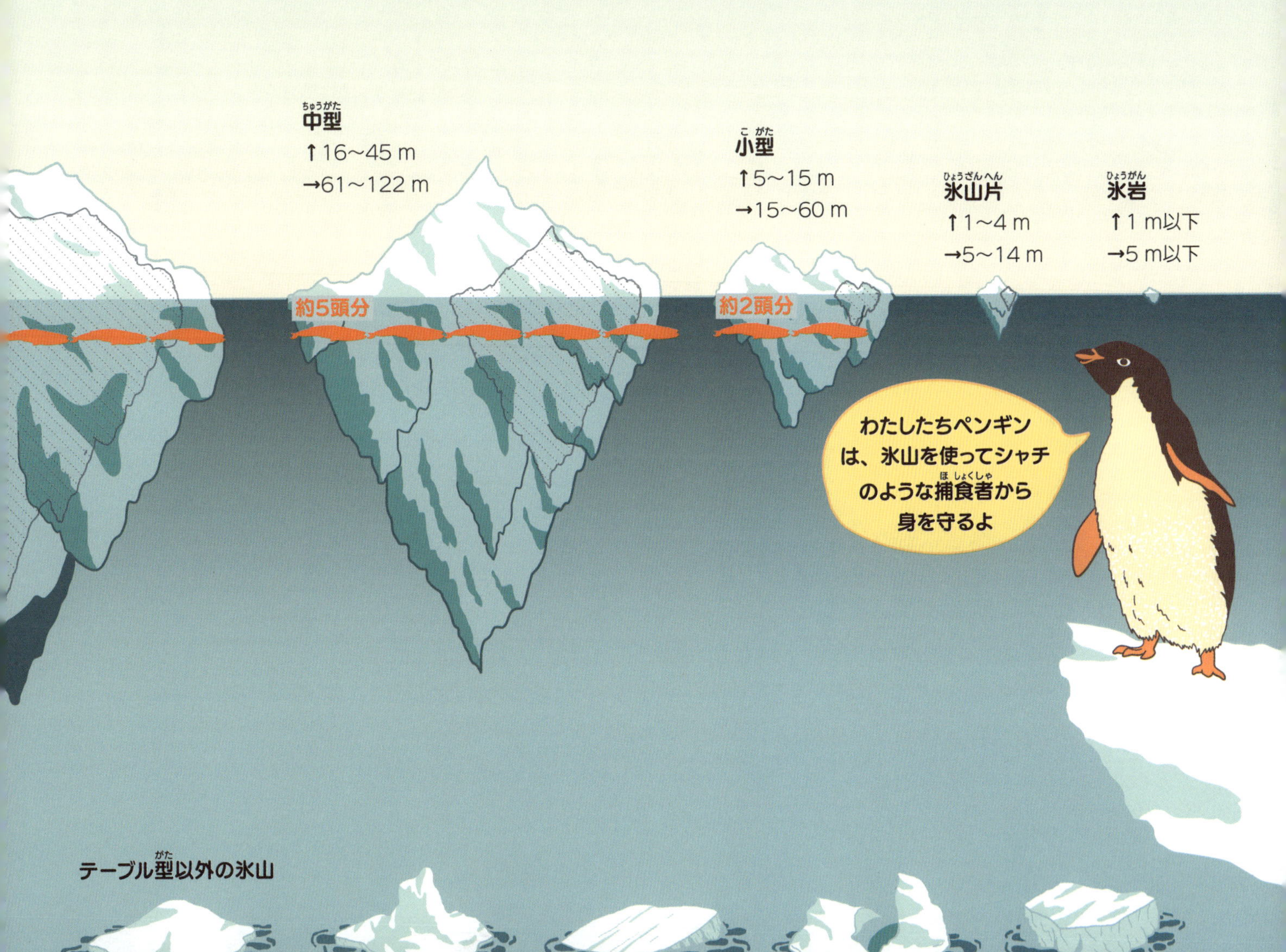
中型
↑16〜45 m
→61〜122 m
小型
↑5〜15 m
→15〜60 m
氷山片
↑1〜4 m
→5〜14 m
氷岩
↑1 m以下
→5 m以下
約5頭分
約2頭分
わたしたちペンギンは、氷山を使ってシャチのような捕食者から身を守るよ
テーブル型以外の氷山

ドーム型
上の部分が丸みをおびていて、表面はなめらかなことが多い。

尖塔型
水面から、とがった塔のような形の氷が突き出している。

くさび型
片側が急斜面、もう一方の側がゆるい斜面になった、切り取られたチーズのような形をしている。

ドライドック型
2つ以上の氷の柱が、U字型をつくっている（「ドライドック」は船を修理する場所で、船が入るU字型のくぼみをもつ）。

ブロック型
側面は急でほぼ垂直、上面は平らで、氷のサイコロのように見える。

とても長い川

地球のすべての水の中で川の水がしめる割合は、0.0001％とほんのわずかですが、川は植物、動物、人間に淡水を運んでくれる、とても大切な存在です。また、川が陸地をけずって谷や峡谷をつくることにより、地表の地形ができます。

この図の見方

この図では、世界で最も長い10本の川と、それぞれの川が海へと運ぶ水の平均の体積（川の「流量」という）についてまとめた。それぞれの川が世界のどこにあるのかは、下の地図の数字を参照。数字がある場所はそれぞれの川の河口で、川は青い線で表した。

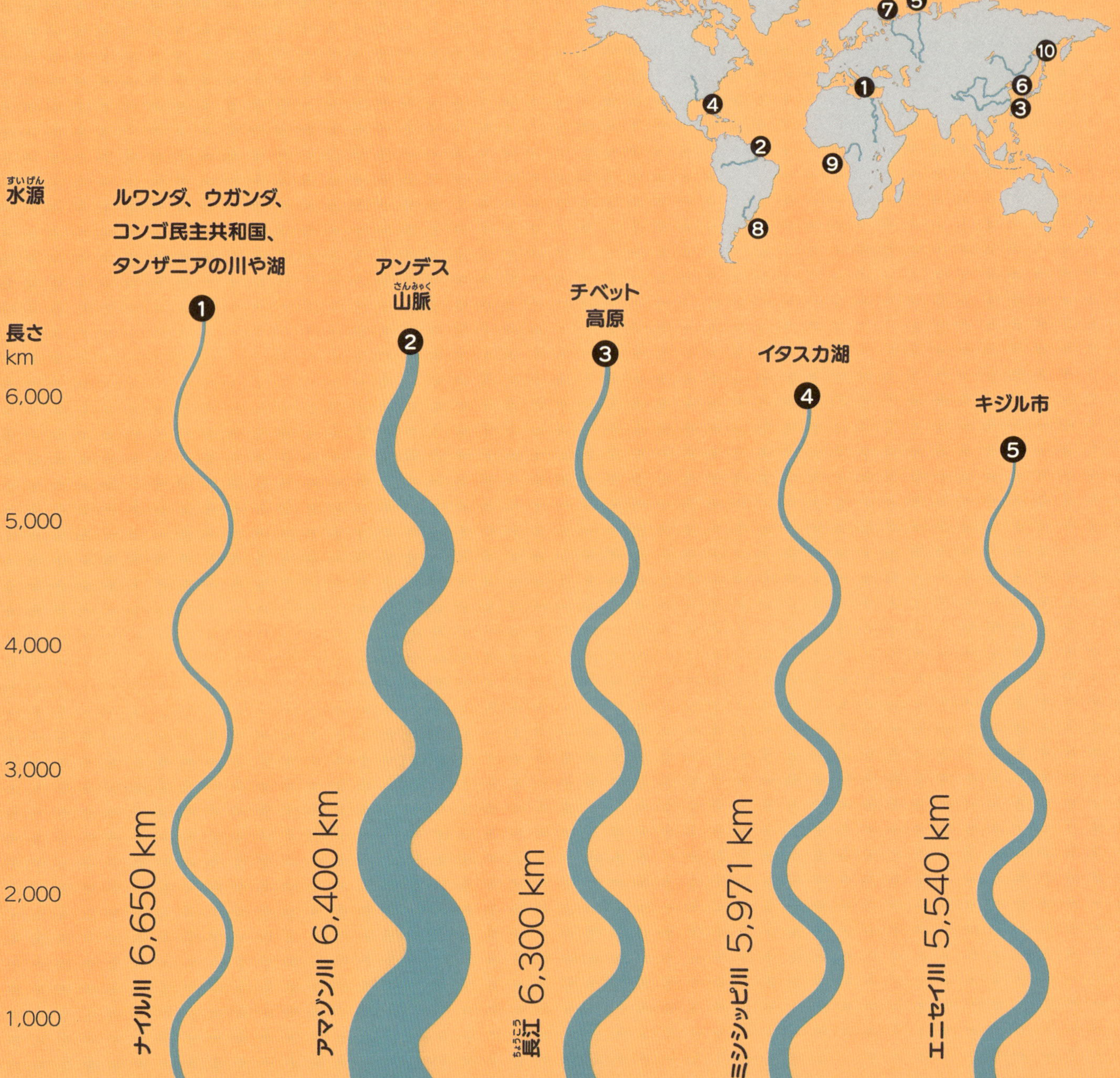

水源
長さ
km
6,000
5,000
4,000
3,000
2,000
1,000
0
ルワンダ、ウガンダ、
コンゴ民主共和国、
タンザニアの川や湖
1
ナイル川 6,650 km
アンデス
山脈
2
アマゾン川 6,400 km
チベット
高原
3
長江 6,300 km
イタスカ湖
4
ミシシッピ川 5,971 km
キジル市
5
エニセイ川 5,540 km

平均流量 m³／s（立方メートル毎秒） → 2,830 m³／s　20万9,000 m³／s　3万166 m³／s　1万6,792 m³／s　1万8,050 m³／s

河口 → 地中海　大西洋　東シナ海　メキシコ湾　カラ海

とても高い滝

エンジェルフォールは世界で最も高い滝です。あまりに高いため、暖かい日には、頂上から流れ落ちた水は地面にぶつかる前に細かい霧になります。

高さ
m

1,000
800
600
400
200
0

クケナン滝
ベネズエラ
610 m

ヨセミテ滝
アメリカ
739 m

ムタラジ滝
ジンバブエ
762 m

トゥゲラ滝
南アフリカ
948 m

エンジェルフォール
ベネズエラ
979 m

ブルジュ・ハリファ

上海ワールド・フィナンシャル・センター

エンパイア・ステート・ビル

高層ビルの高さとくらべてみよう

	⑥	⑦	⑧	⑨	⑩
源流	チベット高原	アルタイ山脈	ブラジル南東部～中部の高原	ザンビア北東部の高地	ロシア、中国の内モンゴル自治区
川・長さ	黄河 5,464 km	オビ川 5,410 km	パラナ川 4,880 km	コンゴ川 4,700 km	アムール川 4,444 km
流量	2,571 m^3／s	1万2,700 m^3／s	1万7,293 m^3／s	4万1,000 m^3／s	1万900 m^3／s
河口	北太平洋	カラ海	大西洋	大西洋	タタール海峡

地面の下の深い洞窟

水が岩石をとかす、火山から流れ出した溶岩流によってつくられる、地震で大きな岩にひびが入るなど、洞窟ができる過程はさまざまです。世界一長い洞窟群は、地下で数百kmものびています。

アメリカのケンタッキー州にある、マンモスケーブ洞窟群を通りぬけようとしているよ。反対側の出口に着くまでに、少なくとも5日はかかるだろうな！

最も長い洞窟

マンモスケーブ洞窟群
→長さ：676 km
フィッシャーリッジ洞窟群
→長さ：212 km／↓深さ：4 m
オプティミスティチナ洞窟
→265 km／↓15 m
ウインドケーブ
→260 km／↓194 m
ジュエルケーブ
→342 km／↓254 m
クリアウォーター洞窟群
→260 km／↓194 m
レチュギアケーブ
→242 km／↓484 m
綏陽双河洞
→260 km／↓194 m
水中洞窟
オックス・ベル・ハ洞窟群
→318 km／↓57 m
水中洞窟
サク・アクトゥン洞窟群
→377 km／↓119 m
深さ(↓)
m
0
500

この図の見方

それぞれの洞窟は不規則な形の線で表した。

長さ(→)　**長さの目安** 50 km

線の長さは、洞窟の実際の長さに対応している。

深さ(↓)

この2ページの図の中で、洞窟を表す線の縦方向での位置は、海面を基準にした洞窟の深さを示す。

洞窟を表す線の色は、洞窟が発見された地域を示す。

- ヨーロッパ、アジア
- 北アメリカ、南アメリカ

世界の深い洞窟

以下に紹介する8つの洞窟は、これまでに発見された洞窟の中でいちばん深いところにあります。その中でも最も深い4つの洞窟は、ヨーロッパとアジアにまたがるジョージアで発見されました。ヴェロフキナ洞窟が発見されたのは1968年です。「洞窟学者」と呼ばれる洞窟を専門とする科学者が地下深くへの危険な道のりをたどってこの洞窟へと降り、また地上へと戻ってくるまでに1週間ほどかかります。

1,000

1,500

2,000

トルカ・デル・セロ洞窟
→7 km／↓1,589 m

ジャン・ベルナール洞窟
→26 km／↓1,625 m

ランプレヒトゾーフェン—フォーゲルシャハト洞窟群
→60 km／↓1,727 m

グフル・ミロルダ—ルシアン・ブークリエ洞窟群
→13 km／↓1,733 m

イリュージア—メゾンノゴ—スネジナヤ洞窟群
→24 km／↓1,760 m

サルマ洞窟
→6 km／↓1,830 m

クルベラ洞窟
→16 km／↓2,199 m

ヴェロフキナ洞窟
→13 km／↓2,212 m

石筍
鍾乳石
（つらら石）
石柱

鍾乳石と石筍

水が洞窟の天井からしたたり落ちると、ほんのわずかな量の鉱物が洞窟の天井とその下の床に残ります。時間がたつにつれて、少しずつ積もった鉱物によって洞窟の床から上にのびた円錐形の石ができます。これが「石筍」です。洞窟の天井から垂れ下がった円錐形の石は、「鍾乳石（つらら石）」と呼ばれます。さらに、石筍と鍾乳石がつながって「石柱」ができることもあります。（学術的には「石筍」「石柱」などをふくめて「鍾乳石」という）

空の上には何がある？

目には見えませんが、地球の大気圏は5つの層に分かれています。わたしたちが一生のほとんどをすごすのは、雲ができて気象現象が起きる対流圏です。上空に行くにつれて空気をつくる気体の粒子はたがいに遠ざかり、空気は「薄く」なります。真空状態の宇宙空間の入り口まで来たら、大気圏はそこでおしまいです。

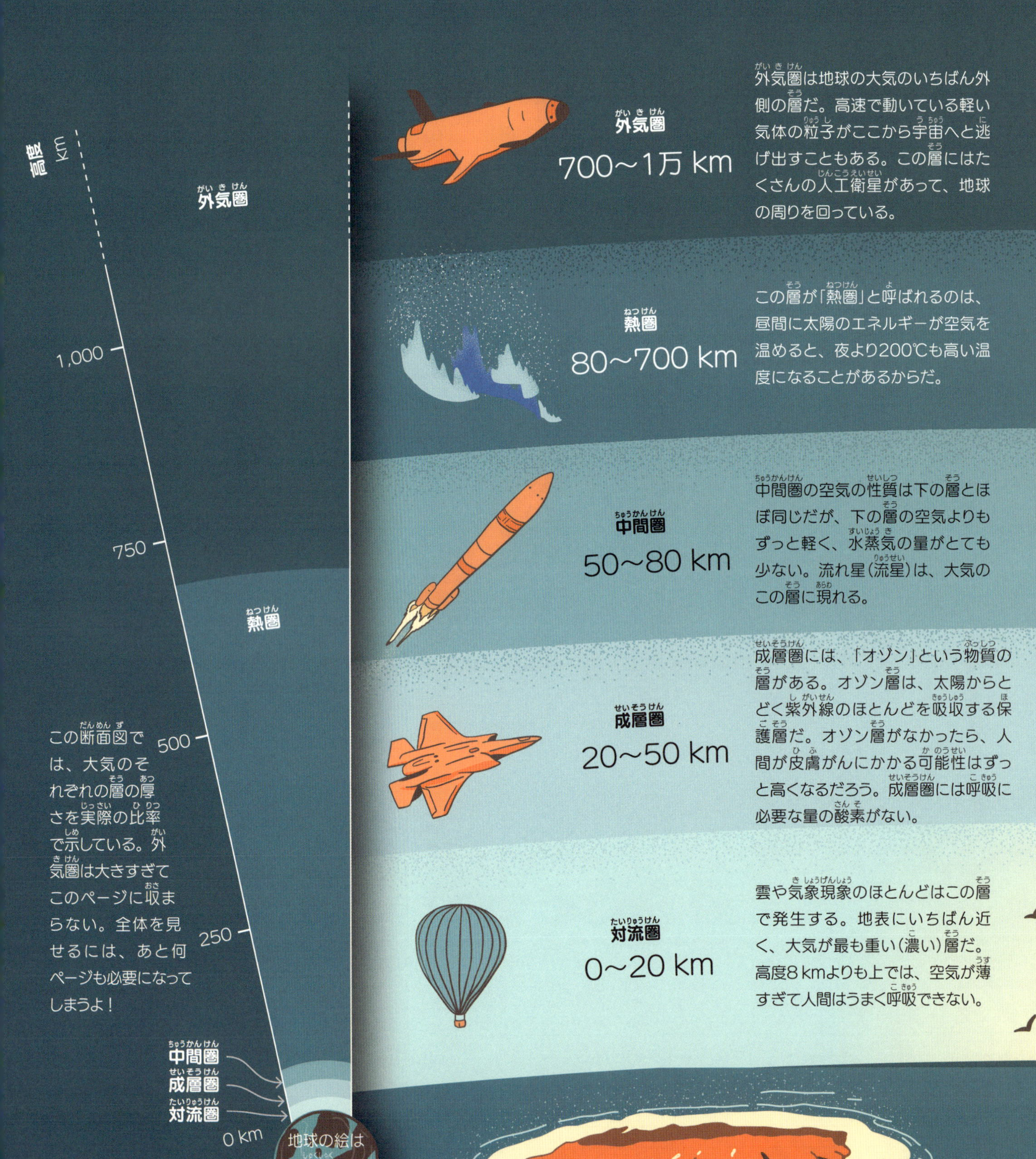

高度 km
外気圏
1,000
750
熱圏
500
250
中間圏
成層圏
対流圏
0 km
この断面図では、大気のそれぞれの層の厚さを実際の比率で示している。外気圏は大きすぎてこのページに収まらない。全体を見せるには、あと何ページも必要になってしまうよ！
地球の絵は縮尺が異なる
外気圏
700〜1万 km
外気圏は地球の大気のいちばん外側の層だ。高速で動いている軽い気体の粒子がここから宇宙へと逃げ出すこともある。この層にはたくさんの人工衛星があって、地球の周りを回っている。
熱圏
80〜700 km
この層が「熱圏」と呼ばれるのは、昼間に太陽のエネルギーが空気を温めると、夜より200℃も高い温度になることがあるからだ。
中間圏
50〜80 km
中間圏の空気の性質は下の層とほぼ同じだが、下の層の空気よりもずっと軽く、水蒸気の量がとても少ない。流れ星（流星）は、大気のこの層に現れる。
成層圏
20〜50 km
成層圏には、「オゾン」という物質の層がある。オゾン層は、太陽からとどく紫外線のほとんどを吸収する保護層だ。オゾン層がなかったら、人間が皮膚がんにかかる可能性はずっと高くなるだろう。成層圏には呼吸に必要な量の酸素がない。
対流圏
0〜20 km
雲や気象現象のほとんどはこの層で発生する。地表にいちばん近く、大気が最も重い（濃い）層だ。高度8 kmよりも上では、空気が薄すぎて人間はうまく呼吸できない。

わたしたちが吸う空気は何でできているの？

地球の大気のうち対流圏では、空気のほとんどは窒素という気体でできています。窒素は色も味もなく、室温では他の気体と反応しません。残りのほとんどは酸素です。最後の1%には、アルゴンという気体や、わずかな量の二酸化炭素、メタン、水素、そしてそれ以外の元素がふくまれています。

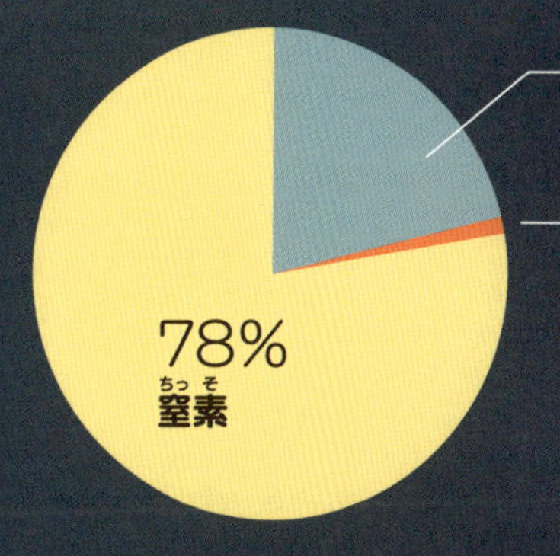
21%
酸素
1%
その他
78%
窒素

アルゴンと、二酸化炭素などの微量の気体。二酸化炭素は、地球の大気にわずか0.04%しかふくまれていない。

**わたしは
アラン・ユースタス。
2014年に、史上最高の
高度約41kmから
スカイダイビングを
成功させました**

大気圧

空気の重さがかかることで生じる圧力を「大気圧」という。空気は、地表から遠ざかるほど薄くなるので大気圧も下がる。ほとんどの飛行機は約1万1,000 mの高度を飛んでいるが、客室与圧調整システムを使って機内の気圧が地上と同じくらいになるようにしている。

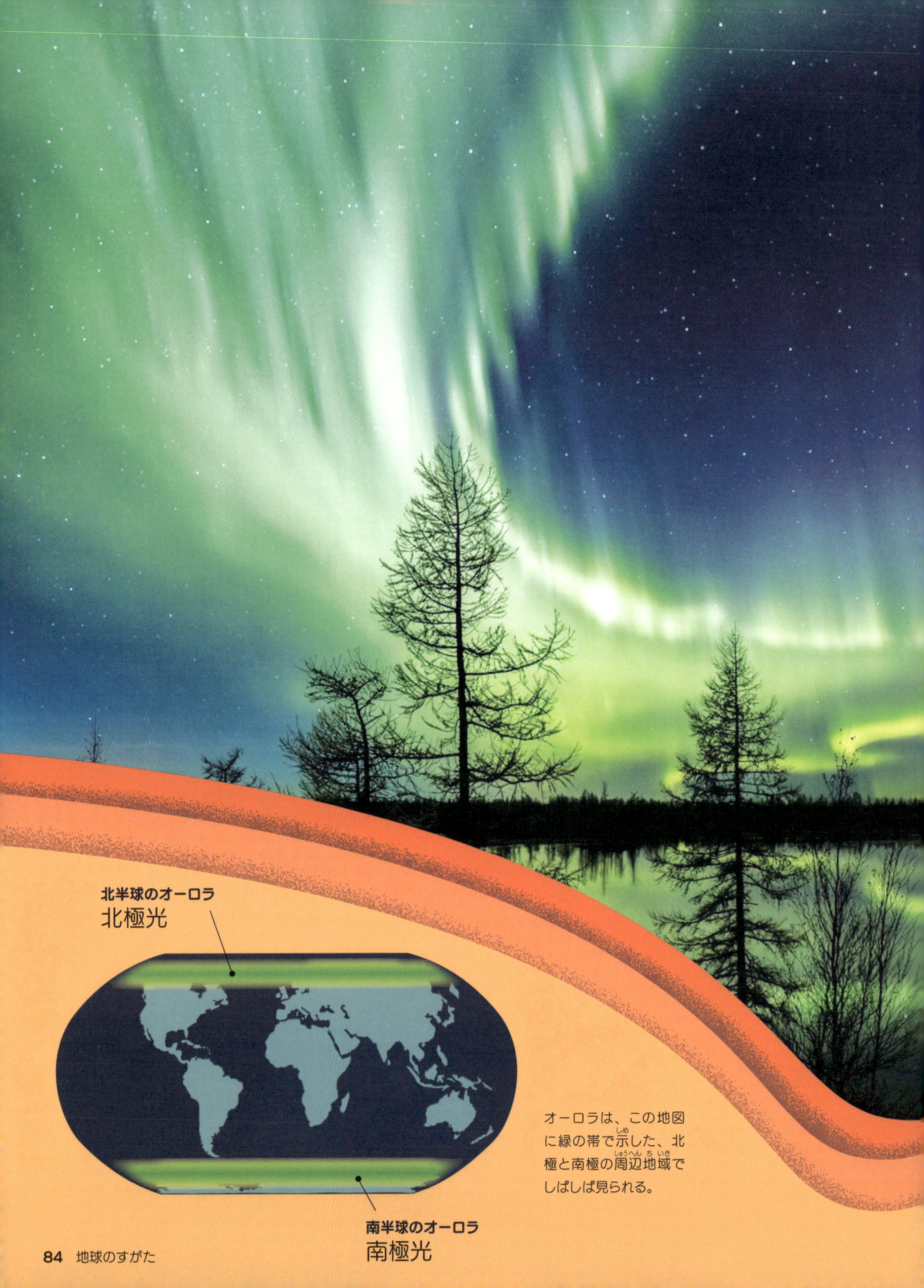
北半球のオーロラ
北極光
南半球のオーロラ
南極光

オーロラは、この地図に緑の帯で示した、北極と南極の周辺地域でしばしば見られる。

輝くオーロラ

オーロラは、ときおり夜空に現れて、わき立つように動きまわる色のついた光です。主に、地球の最も北または最も南の地域で見られます。この美しい光は、北半球では「オーロラ・ボレアリス」、または「北極光（この写真）」、南半球では「オーロラ・オーストラリス」、または「南極光」と呼ばれます。オーロラが発生するのは、太陽からとどいた陽子などの粒子が、大気圏の外側の層である熱圏で気体の原子と衝突したときです。

空に雲が浮かんでる

目に見えない水蒸気が、とても小さな水滴や氷晶(氷の結晶)に変わると雲ができます。こうした水滴や氷晶、またはその両方が混ざったものは、雨、雪またはひょうとして地上に落ちてくるくらい大きく重くなるまで、雲として空に浮いているのです。このページでは、基本的な10種類の雲について見てみましょう。それぞれの雲は、普通、空の決まった高さに現れます。

※カッコ内は日本での一般的な呼び方

地表からの距離
m

12,000

上層

9,000

6,000

中層

3,000

下層

0

巻層雲(うす雲)
この雲からは雨も雪も降らない。

飛行機雲は、飛行機のエンジンや気圧の変化によってできる線のような雲だ。飛行機雲は、ほとんどが氷晶でできている。

高層雲(おぼろ雲)
少量の雨や雪

高積雲(ひつじ雲)
少量の雨や雪

積雲(わた雲)
一時的な、にわか雨やにわか雪

層雲(きり雲) みぞれや雪

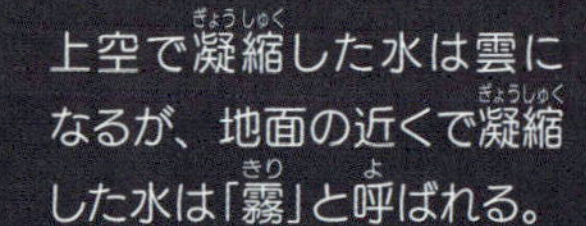

上空で凝縮した水は雲になるが、地面の近くで凝縮した水は「霧」と呼ばれる。

水循環

水は常に地球をめぐって移動しており、この動きを「水循環」といいます。太陽が地表の水を温めると、水は蒸発して水蒸気になります。水蒸気は冷えると凝縮（気体から液体への変化）して雲になり、それから、雨、雪、ひょうとして地表へと戻ります。そして、川の水や地下水となり、重力により低いほうへと流れ下って、ふたたび海に入り新たに循環をはじめるのです。ダムの建設や、家庭と地域社会へ供給するための水の使用といった人間の活動は、水循環に影響をあたえます。

凝縮
蒸発
雨、雪、ひょう
地下を流れる水

巻雲（すじ雲）
この雲から雨や雪が降っても地面まではとどかない。

巻積雲（うろこ雲）
この雲から雨や雪が降っても地面まではとどかない。

積乱雲（入道雲）
大雨や、ひょう

乱層雲（あま雲）
降り続く雨や雪

層積雲（うね雲）
少量の雨や雪

地球の「最高記録」いろいろ

焼けるように暑い砂漠(さばく)や凍(こお)りついた氷河(ひょうが)、高くそびえる山や深い水の底など、地球にはさまざまな極端(きょくたん)な環境(かんきょう)があります。この地図には、数年にわたって観測(かんそく)された温度の平均(へいきん)を色分けして示(しめ)しました。それぞれの大陸の、きわだった地形や気象現象(きしょうげんしょう)も紹介(しょうかい)します。

北アメリカ
南アメリカ
28.5 m
12か月間に降(ふ)った雪の量の最高記録
ベーカー山(アメリカ、ワシントン州)
1998~99年
56.7℃
観測史上最高(かんそくしじょうさいこう)の気温
デスバレー(アメリカ、カリフォルニア州)
1913年7月10日
6,268 m
地球の中心から測(はか)った高さが最大
チンボラソ山(エクアドル)
(ここに示(しめ)しているのは海面からの高さ。p.60の「地球は完全な球ではないよ!」を参照)
172か月
最も長い乾期(かんき)
アリカ(チリ)
1903年10月~1918年1月
この図の見方
地表の年間平均温度(ねんかんへいきんおんど)
℃
30℃より高い
20~30℃
10~20℃
0~10℃
−10~0℃
−20~−10℃
−30~−20℃
−30℃より低い

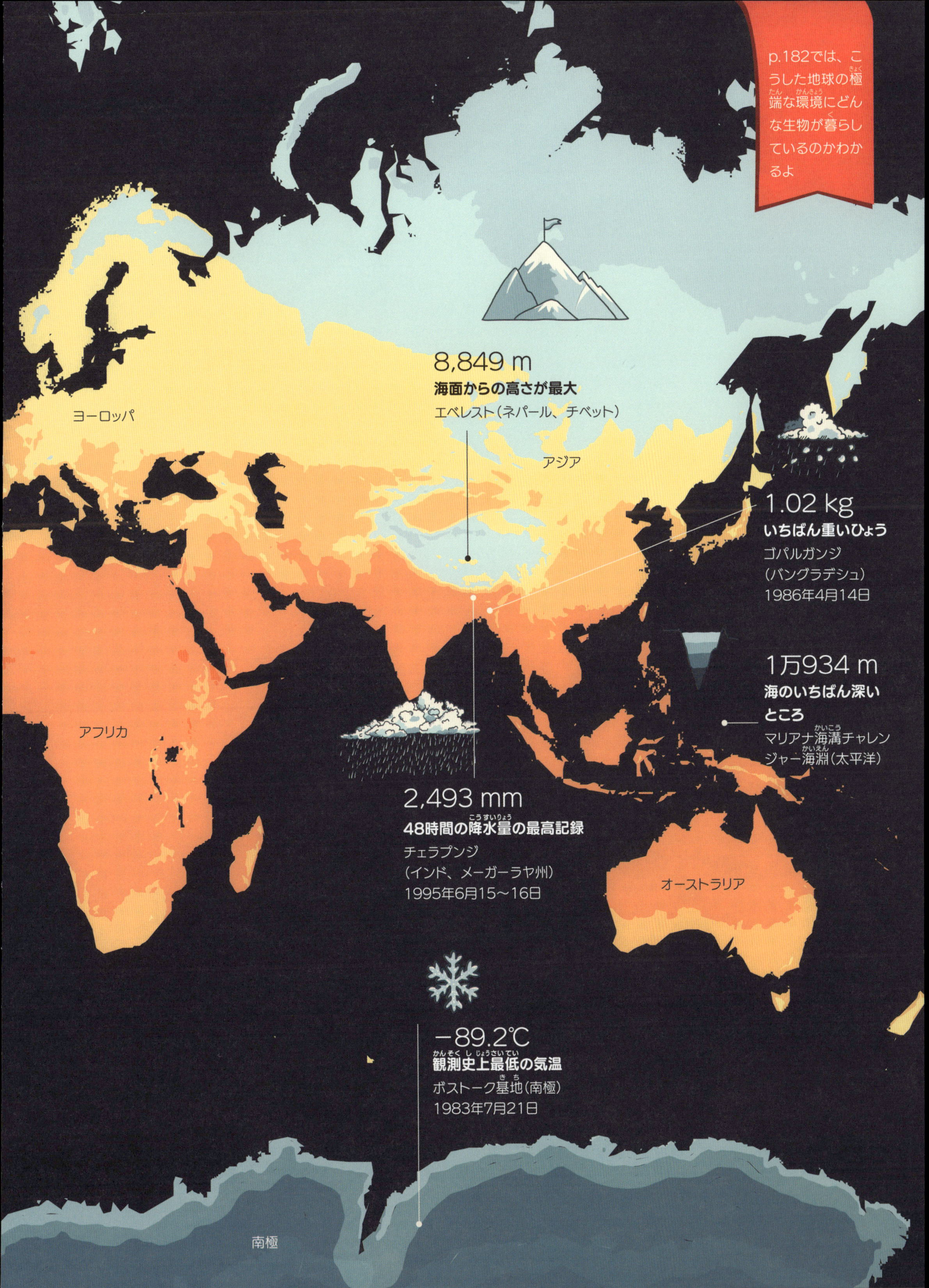
p.182では、こうした地球の極端な環境にどんな生物が暮らしているのかわかるよ
8,849 m
海面からの高さが最大
エベレスト（ネパール、チベット）
ヨーロッパ
アジア
1.02 kg
いちばん重いひょう
ゴパルガンジ
（バングラデシュ）
1986年4月14日
1万934 m
海のいちばん深いところ
マリアナ海溝チャレンジャー海淵（太平洋）
アフリカ
2,493 mm
48時間の降水量の最高記録
チェラプンジ
（インド、メーガーラヤ州）
1995年6月15〜16日
オーストラリア
−89.2℃
観測史上最低の気温
ボストーク基地（南極）
1983年7月21日
南極

南極
最高気温18.3℃
サハラ砂漠
最高気温50℃
地球の陸地のうち砂漠である部分
高温砂漠
寒冷砂漠

1 南極は氷だらけの冷たい砂漠で、年間の平均降水量（ほとんどは雪）は150 mmだ。

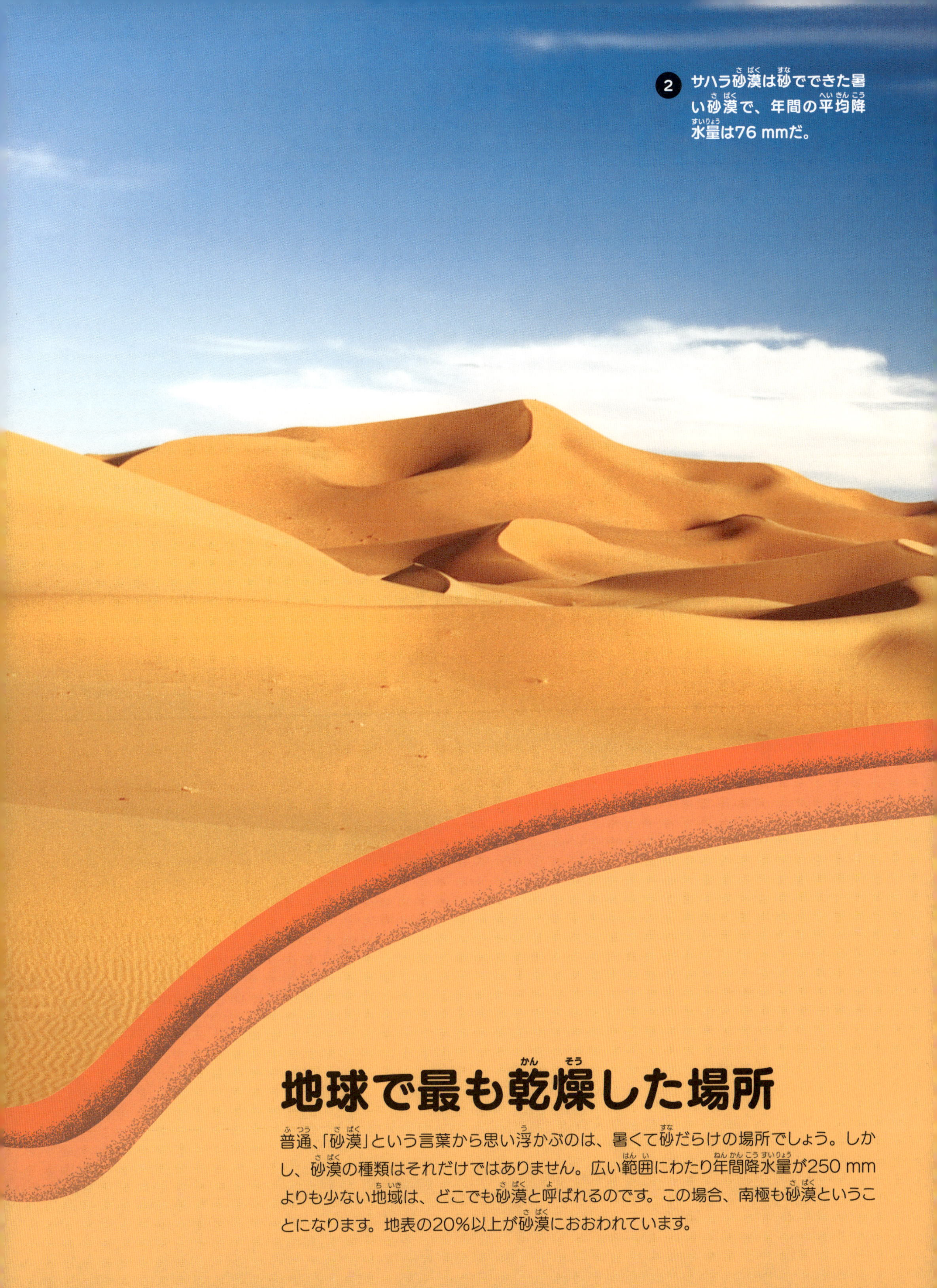

❷ サハラ砂漠は砂でできた暑い砂漠で、年間の平均降水量は76 mmだ。

地球で最も乾燥した場所

普通、「砂漠」という言葉から思い浮かぶのは、暑くて砂だらけの場所でしょう。しかし、砂漠の種類はそれだけではありません。広い範囲にわたり年間降水量が250 mmよりも少ない地域は、どこでも砂漠と呼ばれるのです。この場合、南極も砂漠ということになります。地表の20%以上が砂漠におおわれています。

雷

「稲妻」は雷雨のときによく発生する電気の光で、「雷鳴」は稲妻によって生じる音です。
光は音よりも速いので、雷鳴が聞こえるよりも先に稲妻が見えます。

稲妻の周りの空気の温度

2万7,760℃

稲妻の温度は太陽の表面温度の5倍

平均的な幅

2～3 cm

親指くらいの幅

落ちるスピード

時速
43万5,000 km

ジャンボジェット機の500倍の速さ

稲妻の平均的な長さ

3.2～4.8 km

超高層ビル約5棟分の高さ

強さ

3億ボルト

1つの稲妻がもつエネルギーで、湯わかし約1,500杯分のお湯がわかせる

どれくらい発生しているか

50～100

世界中の空で1秒ごとに発生している稲妻の数

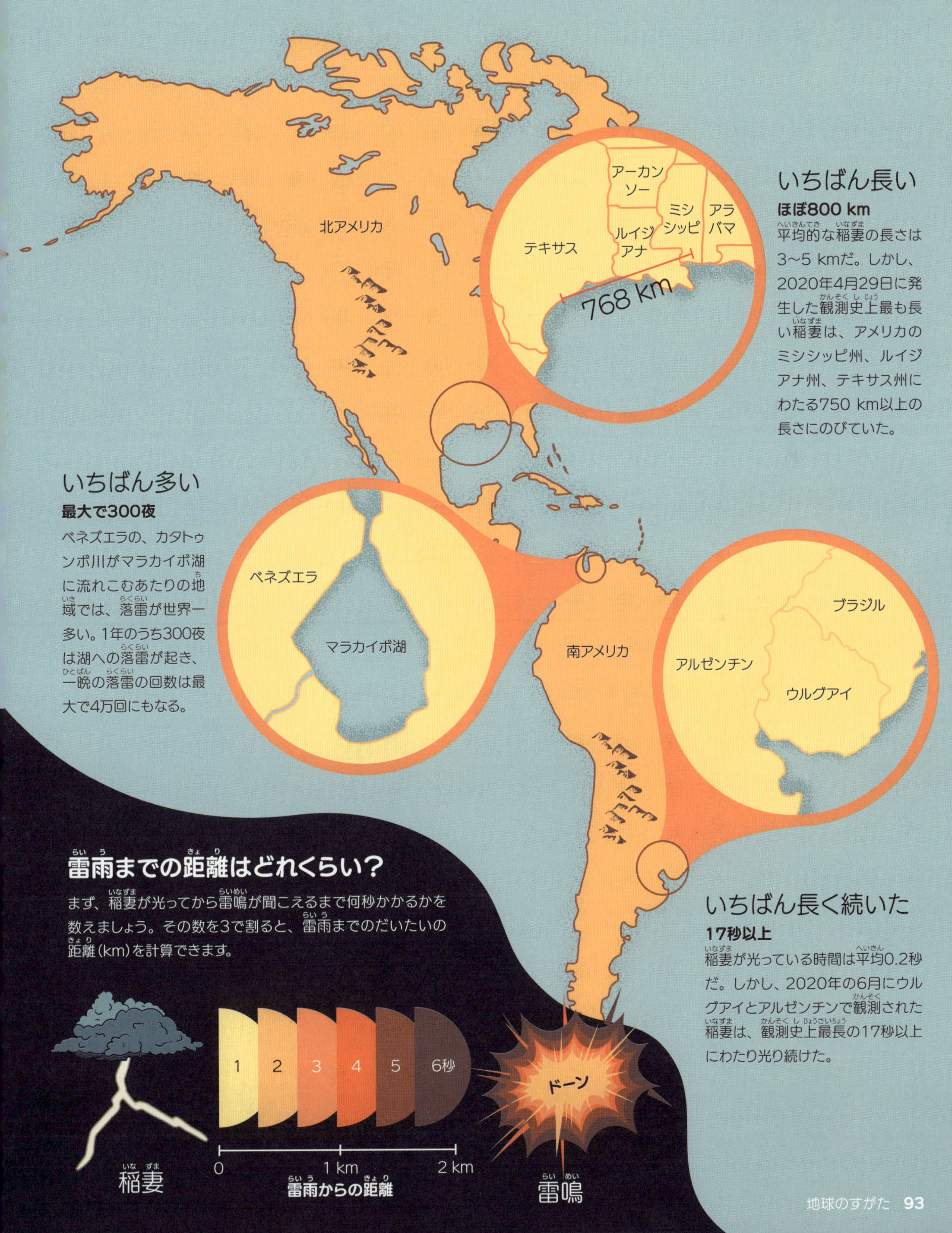

北アメリカ
アーカンソー
ミシシッピ
アラバマ
ルイジアナ
テキサス
768 km
ベネズエラ
マラカイボ湖
南アメリカ
ブラジル
アルゼンチン
ウルグアイ
1
2
3
4
5
6秒
ドーン
0
1 km
2 km
稲妻
雷雨からの距離
雷鳴

いちばん長い

ほぼ800 km

平均的な稲妻の長さは3〜5 kmだ。しかし、2020年4月29日に発生した観測史上最も長い稲妻は、アメリカのミシシッピ州、ルイジアナ州、テキサス州にわたる750 km以上の長さにのびていた。

いちばん多い

最大で300夜

ベネズエラの、カタトゥンボ川がマラカイボ湖に流れこむあたりの地域では、落雷が世界一多い。1年のうち300夜は湖への落雷が起き、一晩の落雷の回数は最大で4万回にもなる。

いちばん長く続いた

17秒以上

稲妻が光っている時間は平均0.2秒だ。しかし、2020年の6月にウルグアイとアルゼンチンで観測された稲妻は、観測史上最長の17秒以上にわたり光り続けた。

雷雨までの距離はどれくらい？

まず、稲妻が光ってから雷鳴が聞こえるまで何秒かかるかを数えましょう。その数を3で割ると、雷雨までのだいたいの距離（km）を計算できます。

風が見える！

風は渦をまいて流れる空気のかたまりで、気圧の差によって生じます。風とは、気圧が高いところから低いところへと向かう空気の流れのこと。こうした風の動きは、この地図に示されたような大小の波模様をつくりだします。この地図は2017年9月の風が強い日の様子で、ハリケーン（太平洋北東部・北中部や大西洋の強い熱帯低気圧）もいくつか発生しています。ハリケーンは海上では強く、陸上では弱くなっていることがわかりますね。

地図作成：キャメロン・ベッカリオ

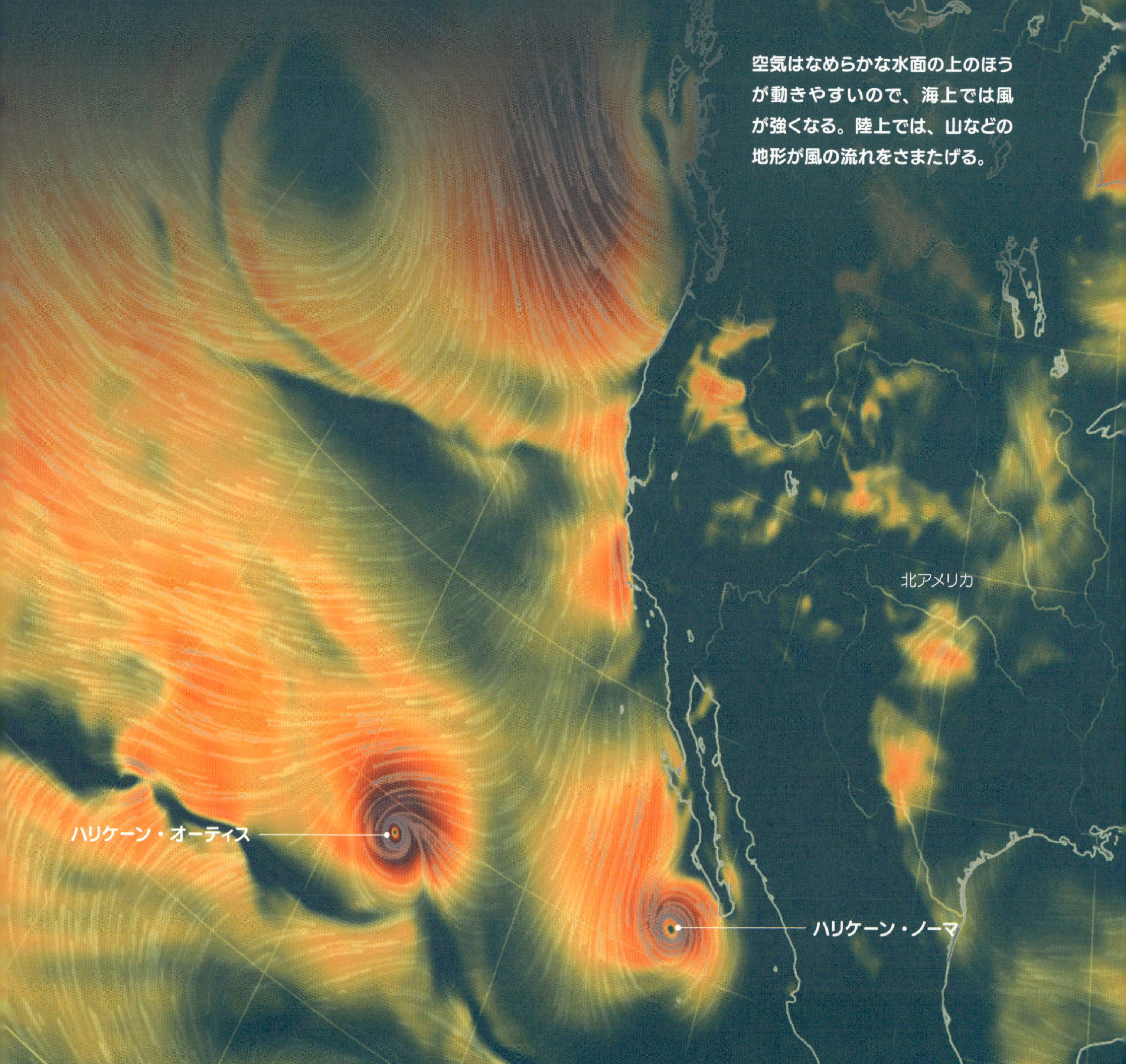

空気はなめらかな水面の上のほうが動きやすいので、海上では風が強くなる。陸上では、山などの地形が風の流れをさまたげる。

北アメリカ

ハリケーン・オーティス

ハリケーン・ノーマ

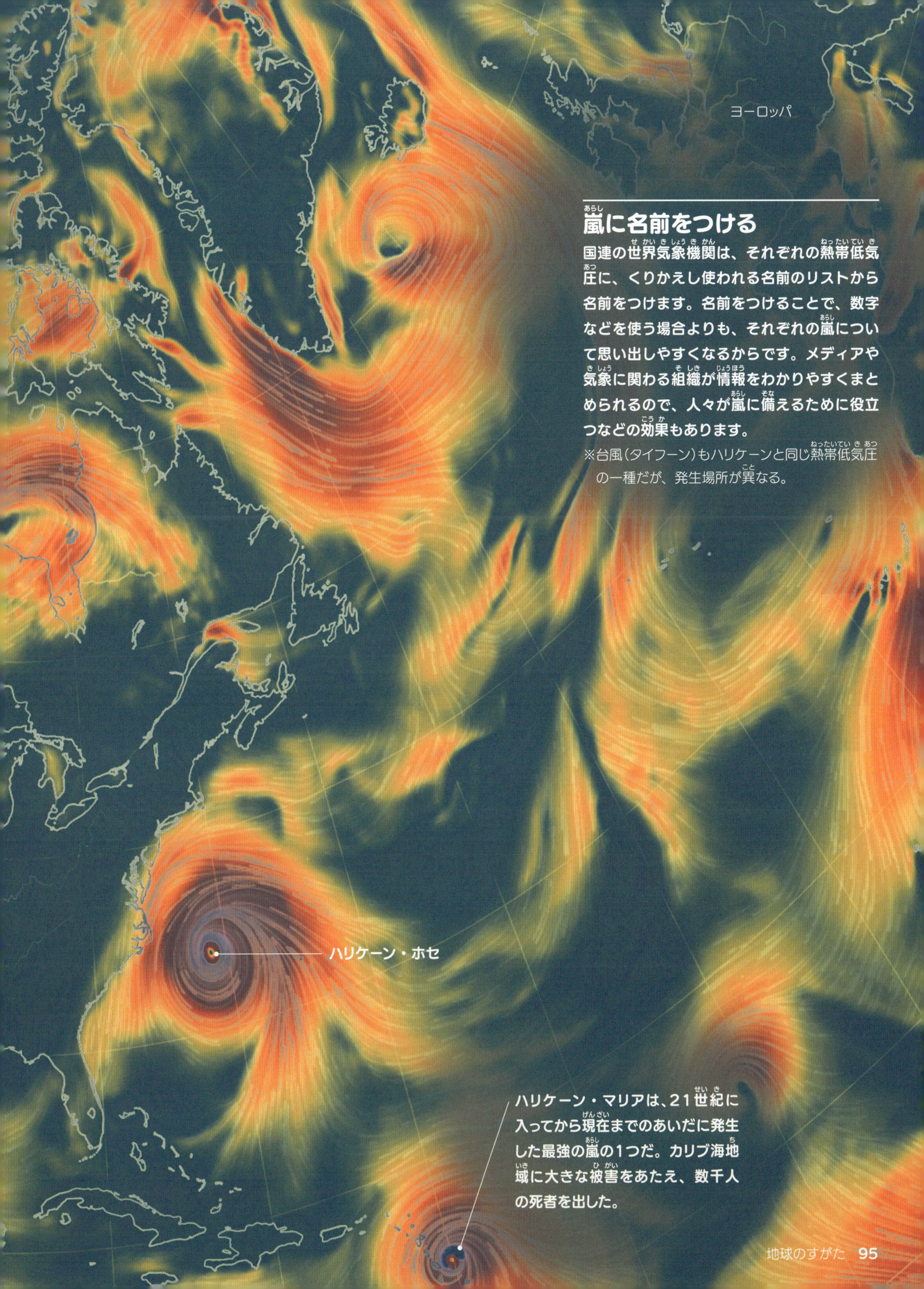
ヨーロッパ
ハリケーン・ホセ

嵐に名前をつける

国連の世界気象機関は、それぞれの熱帯低気圧に、くりかえし使われる名前のリストから名前をつけます。名前をつけることで、数字などを使う場合よりも、それぞれの嵐について思い出しやすくなるからです。メディアや気象に関わる組織が情報をわかりやすくまとめられるので、人々が嵐に備えるために役立つなどの効果もあります。

※台風(タイフーン)もハリケーンと同じ熱帯低気圧の一種だが、発生場所が異なる。

ハリケーン・マリアは、21世紀に入ってから現在までのあいだに発生した最強の嵐の1つだ。カリブ海地域に大きな被害をあたえ、数千人の死者を出した。

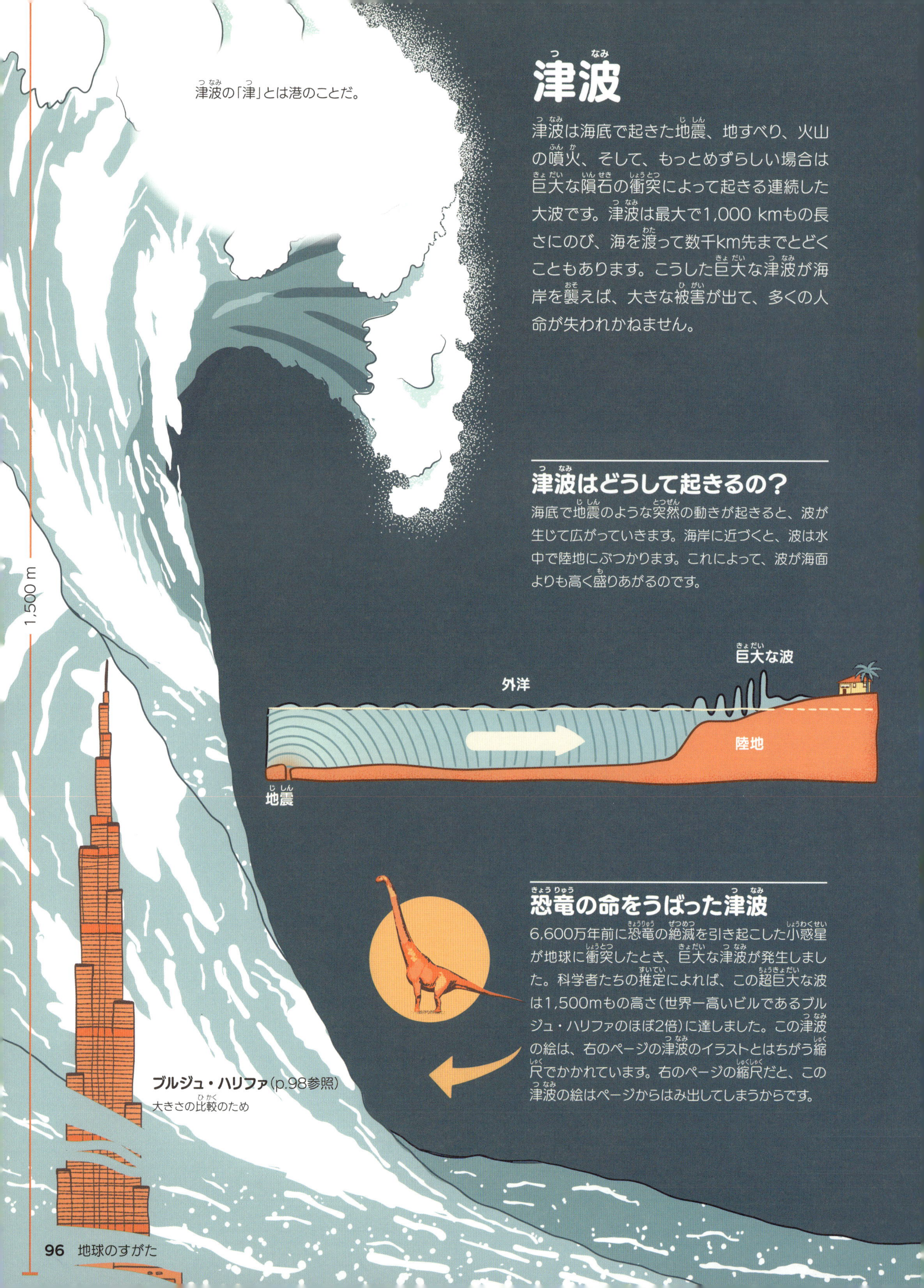

津波の「津」とは港のことだ。
1,500 m
外洋
巨大な波
陸地
地震
ブルジュ・ハリファ(p.98参照)
大きさの比較のため

津波

津波は海底で起きた地震、地すべり、火山の噴火、そして、もっとめずらしい場合は巨大な隕石の衝突によって起きる連続した大波です。津波は最大で1,000 kmもの長さにのび、海を渡って数千km先までとどくこともあります。こうした巨大な津波が海岸を襲えば、大きな被害が出て、多くの人命が失われかねません。

津波はどうして起きるの？

海底で地震のような突然の動きが起きると、波が生じて広がっていきます。海岸に近づくと、波は水中で陸地にぶつかります。これによって、波が海面よりも高く盛りあがるのです。

恐竜の命をうばった津波

6,600万年前に恐竜の絶滅を引き起こした小惑星が地球に衝突したとき、巨大な津波が発生しました。科学者たちの推定によれば、この超巨大な波は1,500mもの高さ(世界一高いビルであるブルジュ・ハリファのほぼ2倍)に達しました。この津波の絵は、右のページの津波のイラストとはちがう縮尺でかかれています。右のページの縮尺だと、この津波の絵はページからはみ出してしまうからです。

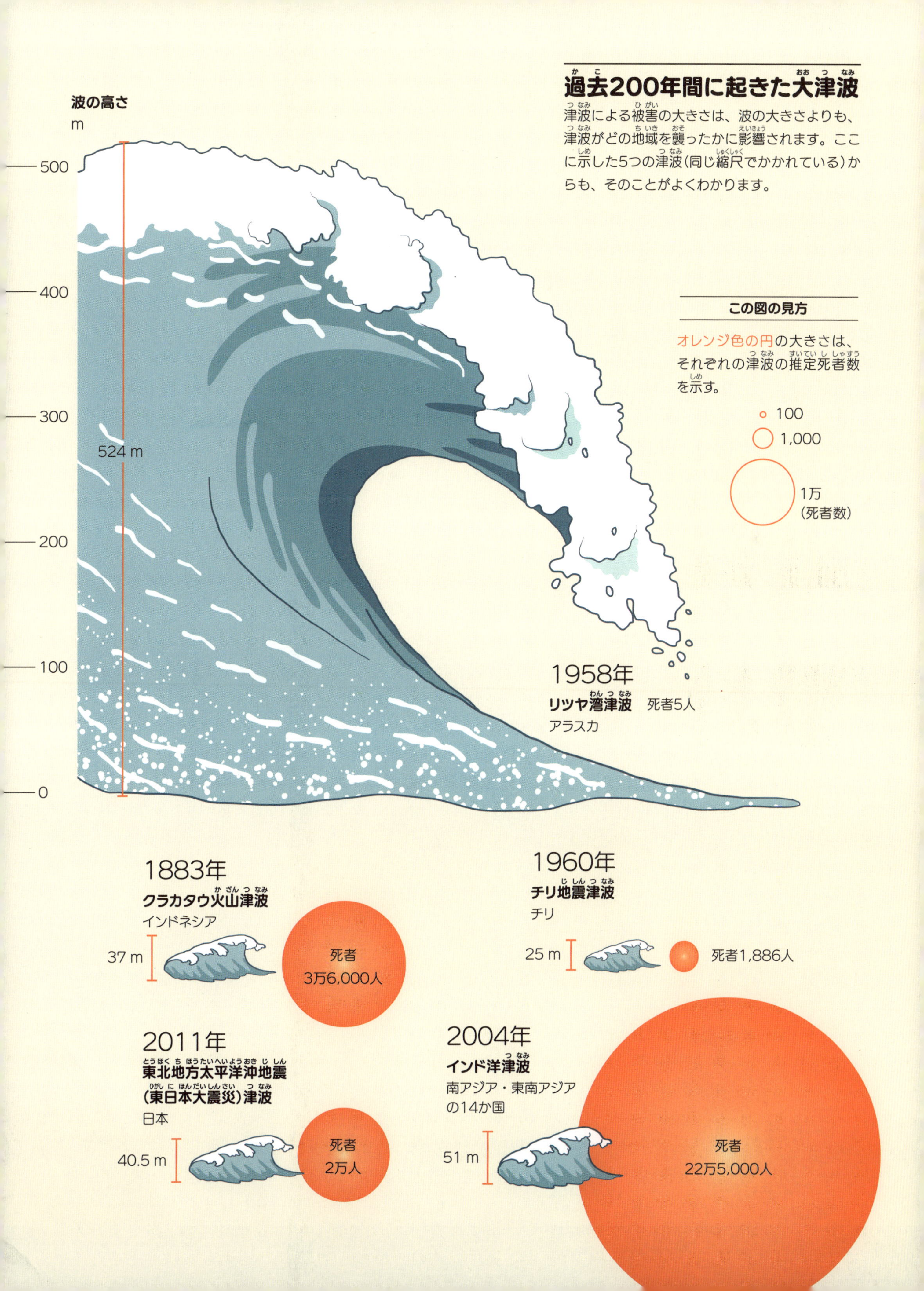
過去200年間に起きた大津波
津波による被害の大きさは、波の大きさよりも、津波がどの地域を襲ったかに影響されます。ここに示した5つの津波(同じ縮尺でかかれている)からも、そのことがよくわかります。
この図の見方
オレンジ色の円の大きさは、それぞれの津波の推定死者数を示す。
100
1,000
1万
(死者数)
波の高さ
m
500
400
300
200
100
0
524 m
1958年
リツヤ湾津波　死者5人
アラスカ
1883年
クラカタウ火山津波
インドネシア
37 m
死者
3万6,000人
1960年
チリ地震津波
チリ
25 m
死者1,886人
2011年
東北地方太平洋沖地震
(東日本大震災)津波
日本
40.5 m
死者
2万人
2004年
インド洋津波
南アジア・東南アジア
の14か国
51 m
死者
22万5,000人

地球でいちばん高いところ

地球上でいちばん高いところは、ネパールとチベットにまたがるヒマラヤ山地に位置するエベレストの山頂(さんちょう)です。エベレストの標高は9,000 m近く、一部のジェット機が飛ぶ高度とほとんど同じです。このイラストには、地球上で最も高い自然の地形、人工物、生物についてまとめました。

138 m

ギザの大ピラミッド

ギザにあるいくつかのピラミッドは、エジプトのファラオのために建てられた古代の墓(はか)だ。この大ピラミッドは、その中でもいちばん大きい。

828 m

ブルジュ・ハリファ

アラブ首長国連邦(しゅちょうこくれんぽう)のドバイにあるこの超高層(ちょうこうそう)ビルは、世界でいちばん高い建物だ。

324 m

エッフェル塔(とう)

フランスのパリにあるエッフェル塔(とう)は、1889年の万国博覧会(ばんこくはくらんかい)のためにギュスターブ・エッフェルによって建てられた。1889～1929年の40年間は世界一高い建物だった。

116 m

レッドウッドの「ハイペリオン」

生きている最も高い木

17 m

サウロポセイドン

最も背(せ)が高い恐竜(きょうりゅう)

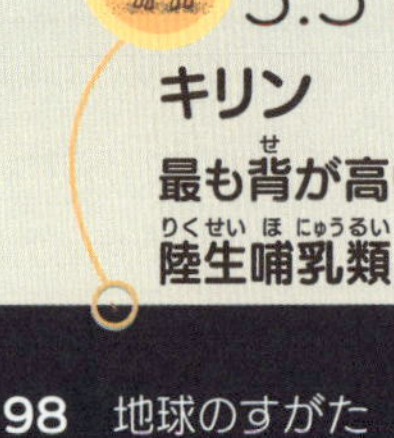

5.5 m

キリン

最も背(せ)が高い陸生哺乳類(りくせいほにゅうるい)

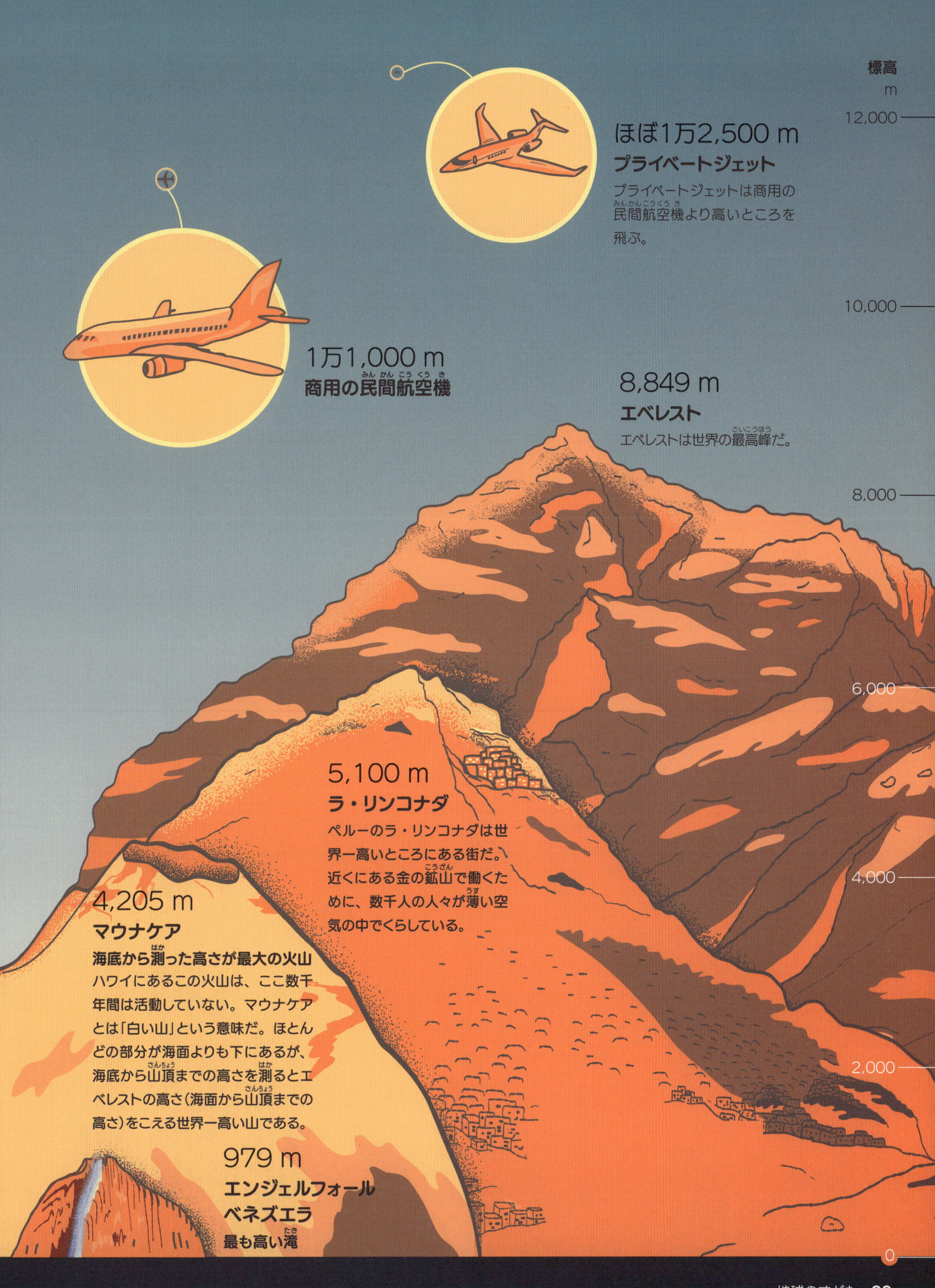
標高
m
12,000
10,000
8,000
6,000
4,000
2,000
0
ほぼ1万2,500 m
プライベートジェット
プライベートジェットは商用の民間航空機より高いところを飛ぶ。
1万1,000 m
商用の民間航空機
8,849 m
エベレスト
エベレストは世界の最高峰だ。
5,100 m
ラ・リンコナダ
ペルーのラ・リンコナダは世界一高いところにある街だ。近くにある金の鉱山で働くために、数千人の人々が薄い空気の中でくらしている。
4,205 m
マウナケア
海底から測った高さが最大の火山
ハワイにあるこの火山は、ここ数千年間は活動していない。マウナケアとは「白い山」という意味だ。ほとんどの部分が海面よりも下にあるが、海底から山頂までの高さを測るとエベレストの高さ（海面から山頂までの高さ）をこえる世界一高い山である。
979 m
エンジェルフォール
ベネズエラ
最も高い滝

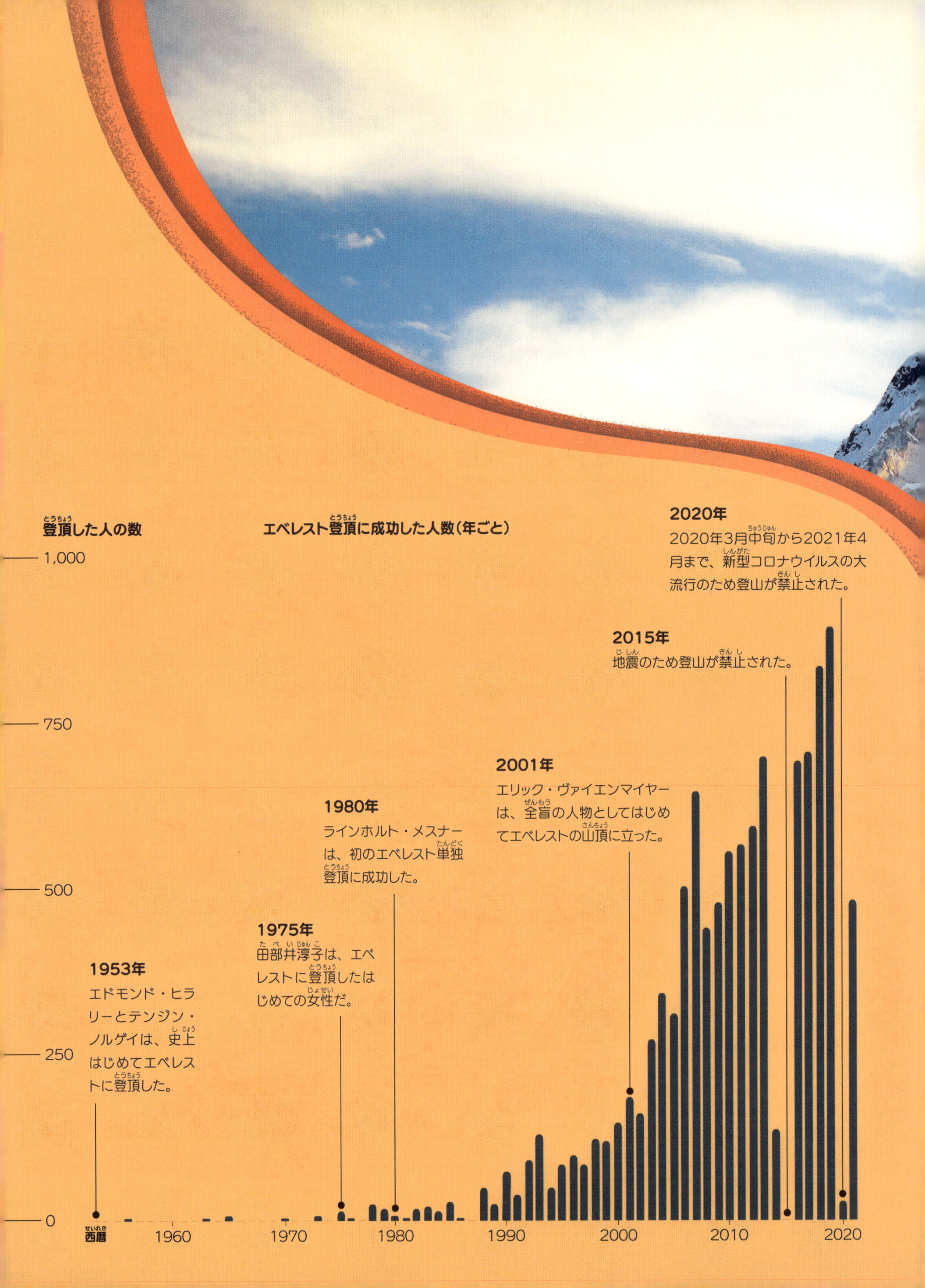

登頂した人の数
エベレスト登頂に成功した人数（年ごと）
1,000
750
500
250
0
2020年
2020年3月中旬から2021年4月まで、新型コロナウイルスの大流行のため登山が禁止された。
2015年
地震のため登山が禁止された。
2001年
エリック・ヴァイエンマイヤーは、全盲の人物としてはじめてエベレストの山頂に立った。
1980年
ラインホルト・メスナーは、初のエベレスト単独登頂に成功した。
1975年
田部井淳子は、エベレストに登頂したはじめての女性だ。
1953年
エドモンド・ヒラリーとテンジン・ノルゲイは、史上はじめてエベレストに登頂した。
西暦
1960
1970
1980
1990
2000
2010
2020

エベレスト

エベレストは、南アジアにあるヒマラヤ山脈の最高峰です。ヒマラヤ山脈の形成は、4,000万～5,000万年前に「インド・オーストラリアプレート」と「ユーラシアプレート」という2つのプレート(p.66参照)が衝突したときに始まりました。この衝突による圧力が山脈をつくりあげたのです。「ヒマラヤ」は、古代の言語であるサンスクリット語で「雪の家」という意味です。

水深
m
0
−2,000
−4,000
−6,000
−8,000
−10,000

−900 m
ダイオウイカ
記録された
最大の水深

石油の採掘

石油は地下にたまっているので、人間は燃料や石油製品を求めて地面や海底を掘り下げている。浮遊型リグ(石油やガスを掘るための装置のうち、海に浮かせるタイプのもの)から掘られた世界でいちばん深い石油の井戸は、メキシコ湾にある。

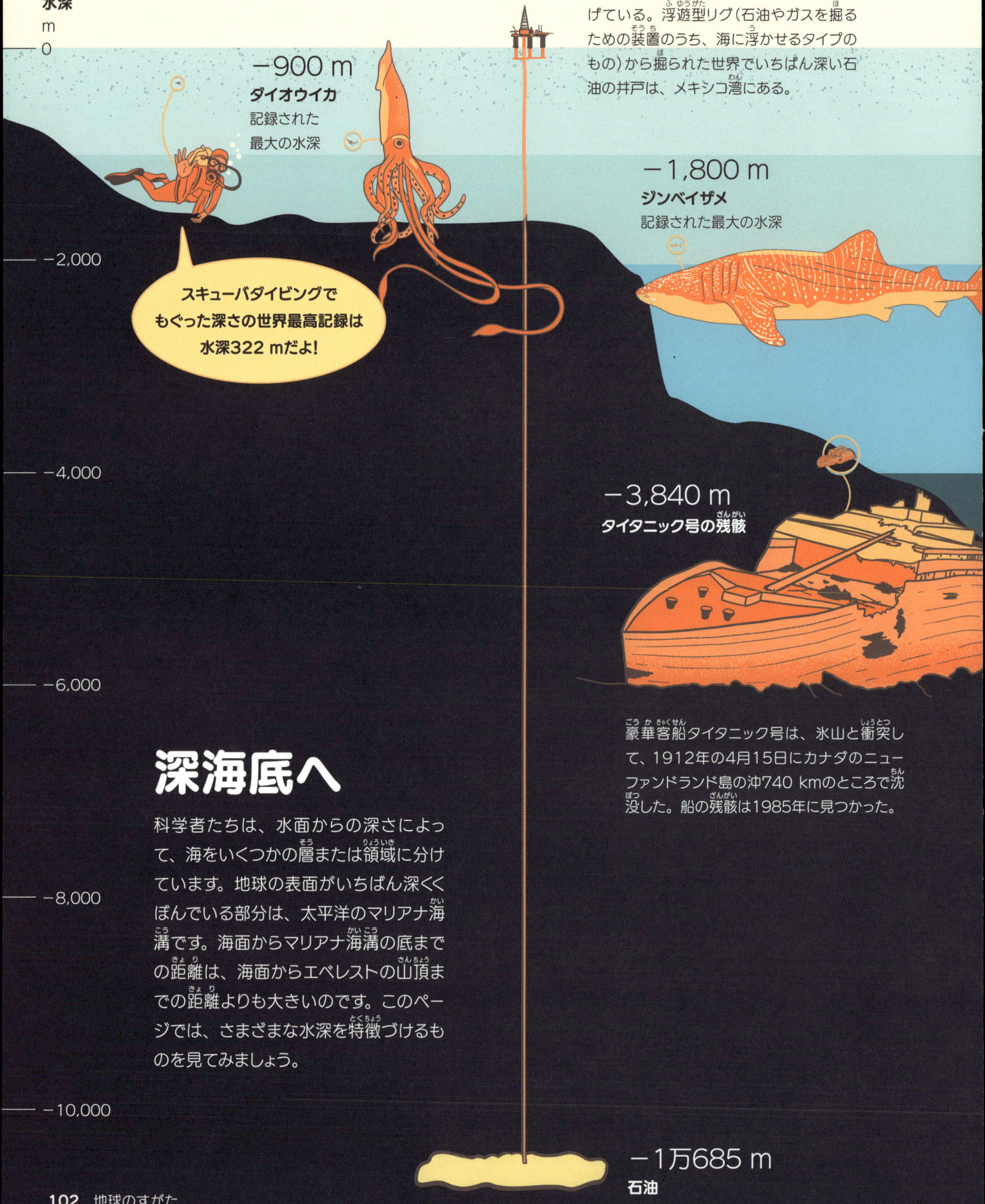

−1,800 m
ジンベイザメ
記録された最大の水深

スキューバダイビングでもぐった深さの世界最高記録は水深322 mだよ!

−3,840 m
タイタニック号の残骸

豪華客船タイタニック号は、氷山と衝突して、1912年の4月15日にカナダのニューファンドランド島の沖740 kmのところで沈没した。船の残骸は1985年に見つかった。

深海底へ

科学者たちは、水面からの深さによって、海をいくつかの層または領域に分けています。地球の表面がいちばん深くくぼんでいる部分は、太平洋のマリアナ海溝です。海面からマリアナ海溝の底までの距離は、海面からエベレストの山頂までの距離よりも大きいのです。このページでは、さまざまな水深を特徴づけるものを見てみましょう。

−1万685 m
石油

チャレンジャー号

チャレンジャーⅡ号

チャレンジャー号は1872～76年の3年半にわたり、世界中を航海した。この航海によって新しく発見され、命名された海の生物は数千種類にものぼる。乗船していた科学者たちは、長いロープにとりつけた鉛の重りと科学的な機器を海底まで降ろして水深を測った。

1951年、チャレンジャーⅡ号に乗船していた科学者たちは、これまでに知られている海の最も深い場所、マリアナ海溝を発見した。海溝の深さを測るために使われた音響測深機が音波を発射すると、その音波は海底ではね返って船へと戻ってくる。戻ってきた音波の波形や周波数によって、海面から海底までどれくらい離れているか知ることができる。

表層～中深層

−1,000 m
太陽光がとどく深さ

−2,992 m
アカボウクジラ
哺乳類がもぐった深さの最高記録

音波

漸深層

深海層

−8,178 m
マリアナスネイルフィッシュ
最も深いところにいる魚

鉛の重り

マリアナ海溝

プエルトリコ海溝

超深海層（海溝内）

−8,376 m
プエルトリコ海溝
カリブ海のプエルトリコ島沖にあるプエルトリコ海溝は、大西洋の最も深い場所だ。

−1万934 m
マリアナ海溝
太平洋西部のマリアナ海溝は、地殻に深くきざまれた三日月形の傷だ。長さは2,550 km、幅は69 kmある。最も深い部分はチャレンジャー海淵だ。

−1万925 m
有人潜水艇がもぐった最大の深さ
2019年4月28日、ヴィクター・ヴェスコヴォは潜水艇のリミティング・ファクター号で、マリアナ海溝の1万1,000 m近い深さまでもぐった。

専門家に聞いてみよう！

クリストファー・ジャクソン教授

地球科学者

地球科学を研究したいと思ったのはいつですか？

わたしは何年もかけて、地球科学は魅力的で、かつとても大切なものだということに気づかされました。地球の岩石には、わたしたちの惑星の過去や、地球の気候が地質学的な長い時間の中でどのように変化してきたかについての手がかりが残されています。岩石を研究すれば、現在の気候変動をもっとよく理解できるでしょう。

地球についての好きな話は何ですか？

地球が完全な球ではないということですね！　実際には極の方向に少しつぶれているんです。

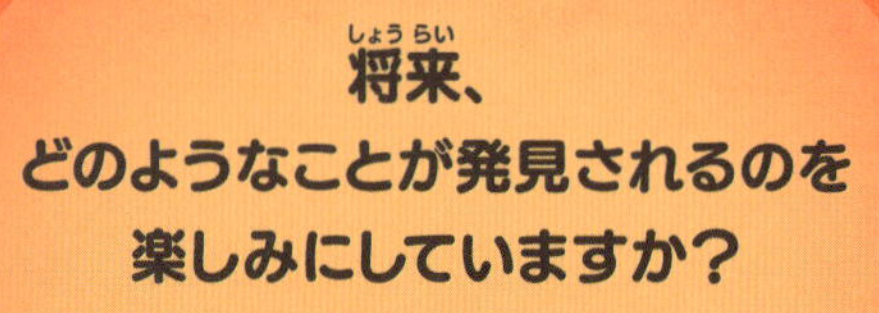

将来、どのようなことが発見されるのを楽しみにしていますか？

地球科学の知識、工学的な技術、社会正義についての理念を組み合わせて、気候危機の問題にとり組んでいきたいと強く願っています。そして、みんなに安全で安く、信頼できるエネルギー源をとどけたいですね。

どんな仕事をしていますか？

わたしは地球科学の知識を使って、放射性廃棄物や二酸化炭素といった有害な物質を地下深くに永久に保存する方法や、地熱や水素などの有用な資源を地下にためたり、地下からとり出したりする方法を研究しているんですよ。

クイズに挑戦(ちょうせん)！

問題の答えをこの章から見つけだそう。
正解(せいかい)はp.315にあるよ。

1. 地球の表面のうち、水でおおわれているのは何%？

2. ゆで卵(たまご)は、この本の何ページで見つかるかな？

3. これは地球の大気のどの層(そう)にあるもの？

4. 地球の最低気温が記録された場所があるのはどの大陸？

5. これは何という種類の雲かな？

6. ダイヤモンドのモース硬度(こうど)はいくつ？

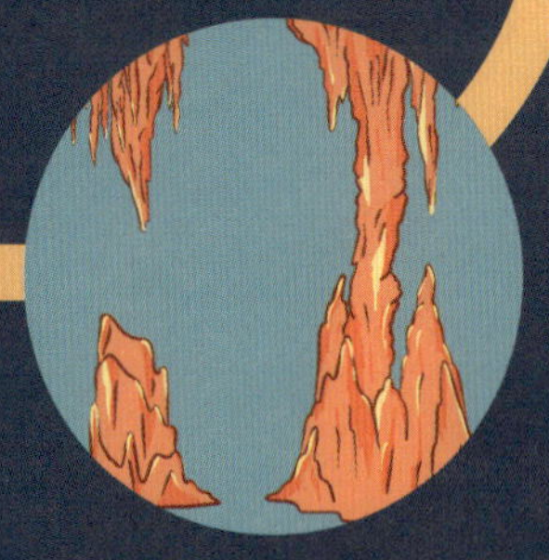

7. 鍾乳石(しょうにゅうせき)（つらら石）は上向き？下向き？

8. この深海魚の名前は何かな？

生きている地球

種の生き残りと絶滅

地球上に最初の生命が現れたのは35〜37億年前。最初は「微生物」と呼ばれる単純な単細胞生物でした。その後20億年をかけて複雑な多細胞生物へと進化し、さらに10億年をかけて最初の植物や動物へと進化しました。下の年表はそのあとの出来事を表したもので、一部の種が栄えたり、絶滅したり、新たな種へと進化したりしていきました。恐竜と人類の登場が待ちきれなかったら、ページをめくりましょう。

大陸があった場所

大陸の形と位置は、地球の歴史を通じて変化している。

五大大量絶滅

大量絶滅とは、わずか数百万年のあいだに地球上の種の75%以上が絶滅すること。

絶滅した種の割合

%

代
古生代以前
紀
先カンブリア時代
(以前は「先カンブリア紀」とされていたが、現在は「先カンブリア時代」と呼ばれている)
カンブリア紀
オルドビス紀
〜年前
5億4,100万年前
4億8,500万年前
生き物
ディッキンソニア
カギムシ
初期の陸生植物
カブトガニ
クロウディナ
オパビニア
オウムガイ
クラゲ
藻類
コノドント
5億4,100万年前
4億8,500万年前
4億4,400万年前
4億1,900万年前
わしらクラゲはおよそ5億年前に現れた。つまり、きみら人間の1,500倍以上長く地球にすんでいるのだ！

ページをめくろう!

4億4,400万年前

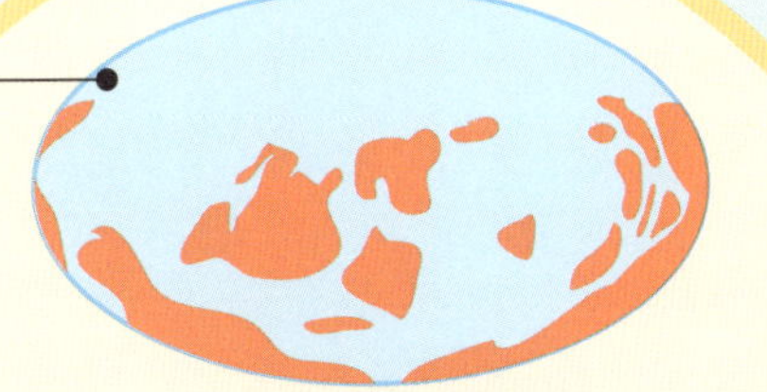

1回目の大量絶滅

「オルドビス紀」と「シルル紀」の境界となる大量絶滅は、地球の寒冷化が原因。巨大な氷河が形成されたため、海水面が低下した。そのあと急速な温暖化の時期が訪れた。

全生物種の85%が絶滅

3億5,900万年前

2回目の大量絶滅

「デボン紀」の大量絶滅は、いくつかの環境の変化が原因だと考えられる。地球全体の温暖化と寒冷化によって、海水面の高さや海水中の酸素の量が変化したこともその1つだ。

全生物種の75%が絶滅

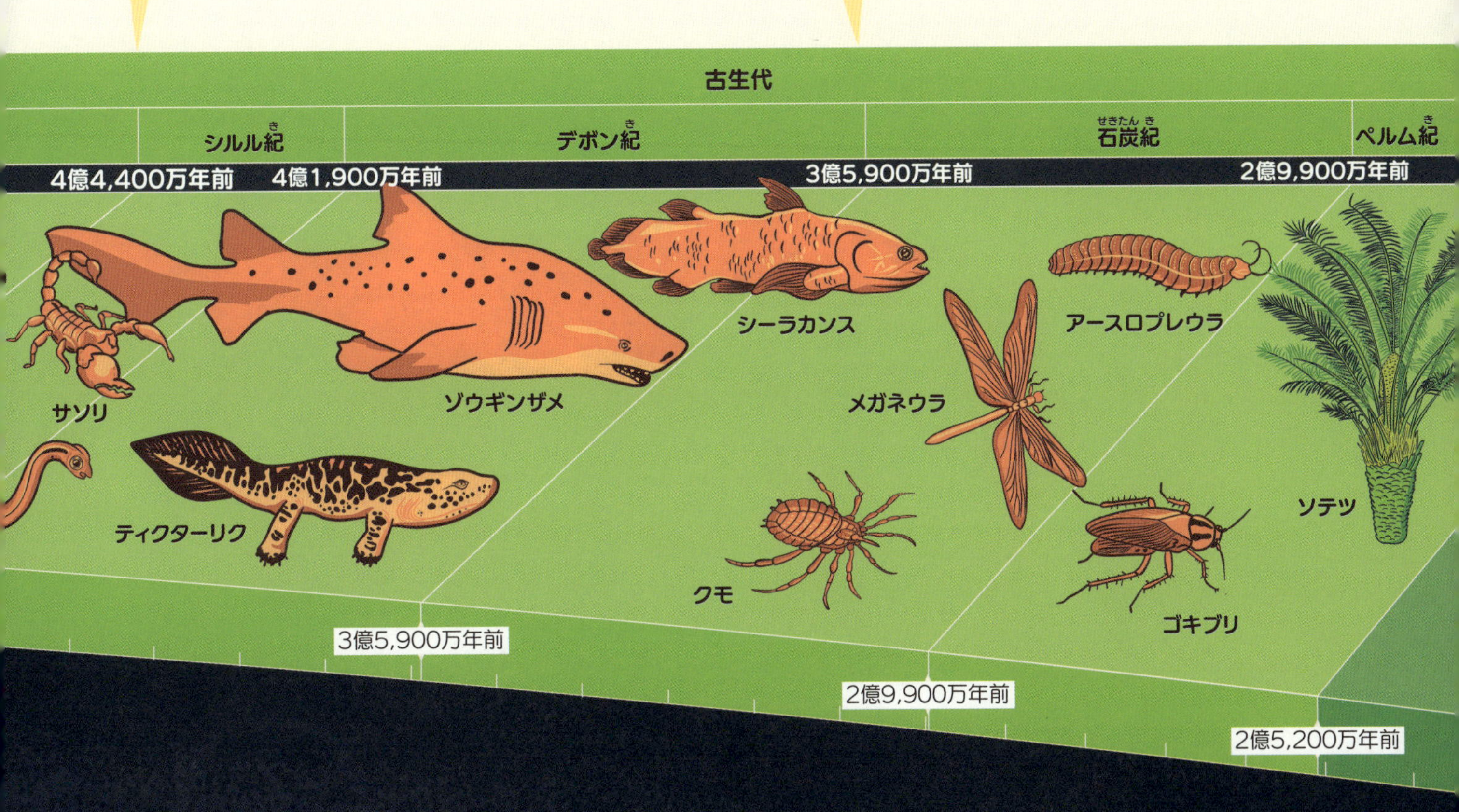
古生代
シルル紀
デボン紀
石炭紀
ペルム紀
4億4,400万年前
4億1,900万年前
3億5,900万年前
2億9,900万年前
サソリ
ゾウギンザメ
シーラカンス
アースロプレウラ
メガネウラ
ティクターリク
クモ
ゴキブリ
ソテツ
3億5,900万年前
2億9,900万年前
2億5,200万年前

2億5,200万年前

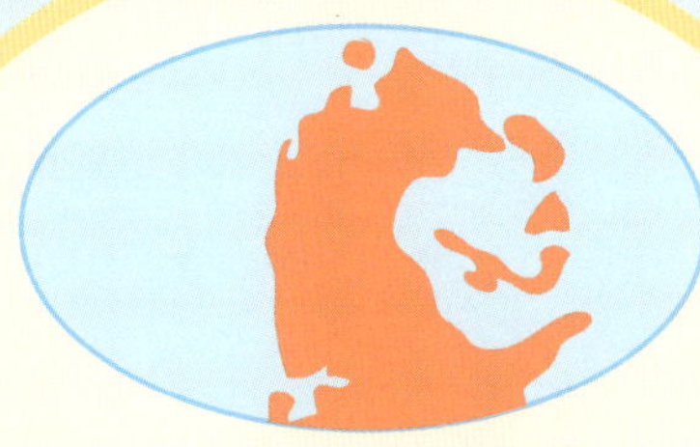

3回目の大量絶滅

「ペルム紀」と「三畳紀」の境界となる大量絶滅は、地球の生命が最も大きな危険にさらされた出来事だといえる。原因は大規模な火山噴火だった可能性がある。海生生物の96%と陸生生物の70%が絶滅した。

全生物種の90%が絶滅

2億100万年前

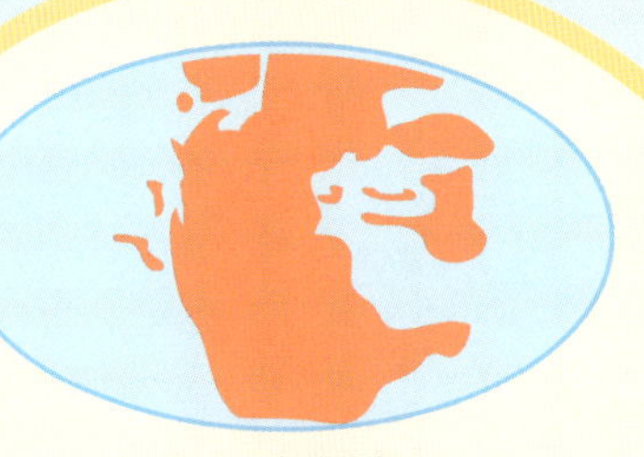

4回目の大量絶滅

「三畳紀」と「ジュラ紀」の境界となる大量絶滅は、1,800万年続いたと考えられている。原因は地球温暖化と大気中の二酸化炭素濃度の上昇だった。

全生物種の80%が絶滅

中生代
ペルム紀
三畳紀
ジュラ紀
白亜紀
2億5,200万年前
2億100万年前
1億4,500万年前
ヘノドゥス
エオラプトル
始祖鳥
ハナバチ
ヘビ
ワニの祖先
ゴビコノドン
アルカエフルクトゥス
（最古の被子植物）
2億100万年前
1億4,500万年前
オレみたいな
ワニの祖先は、
恐竜と同じころに
地球に現れた！

6,600万年前

5回目の大量絶滅

「白亜紀」と「古第三紀」の境界となる大量絶滅は、巨大な小惑星が地球に衝突したことが主な原因。その結果、すべての恐竜をふくめ（鳥はのぞく）、全生物種の4分の3が絶滅した。

全生物種の76％が絶滅

新生代

古第三紀　新第三紀　第四紀

6,600万年前　2,300万年前

トリケラトプス

ヒラコテリウム

ヒト

スミロドン

ブタ

カリコテリウム

6,600万年前

2,300万年前

6回目の大量絶滅が進行中？

地球上のどんな生物種も、いつか必ず絶滅するでしょう。じつは、これまでに存在したすべての生物種の99％以上が絶滅しています。ただし、現在の絶滅は、化石燃料の燃焼や森林破壊などの人間活動が原因で、自然に起こるものよりもはるかに急速に進行しています。絶滅のペースを落とすために、わたしたちは今、行動しなければなりません。

過去500年間に絶滅した生物種の例　**5回目の大量絶滅とくらべた絶滅の速さ**

チリキ・ハーレクイン・フロッグ

両生類
165倍の速さ

ドードー

鳥類
103倍の速さ

ロングジョー・シスコ

硬骨魚類
65倍の速さ

フクロオオカミ

哺乳類
48倍の速さ

ピンタゾウガメ

爬虫類
16倍の速さ

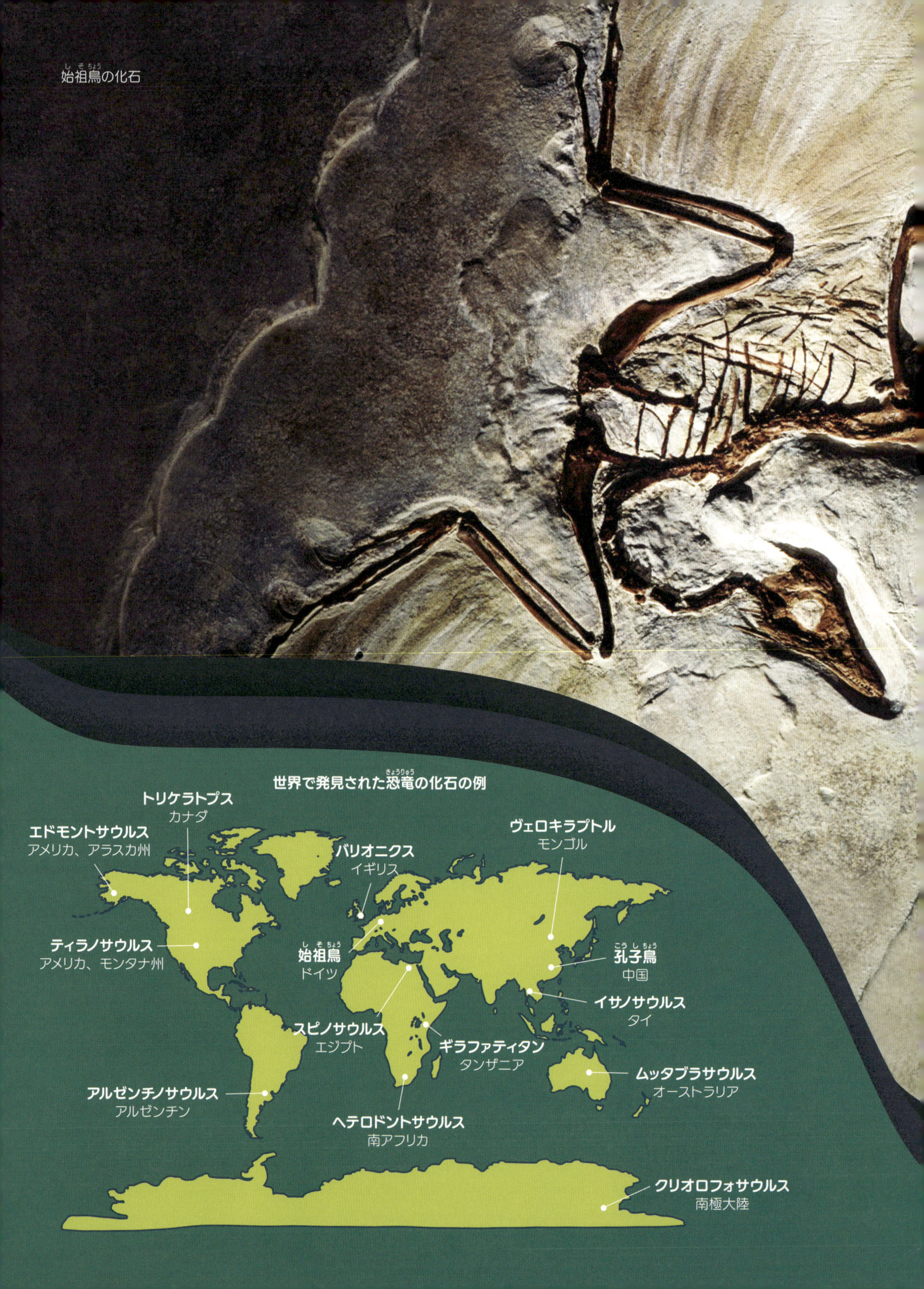
トリケラトプス
カナダ
エドモントサウルス
アメリカ、アラスカ州
ティラノサウルス
アメリカ、モンタナ州
パリオニクス
イギリス
始祖鳥
ドイツ
ヴェロキラプトル
モンゴル
孔子鳥
中国
イサノサウルス
タイ
スピノサウルス
エジプト
ギラファティタン
タンザニア
ムッタブラサウルス
オーストラリア
アルゼンチノサウルス
アルゼンチン
ヘテロドントサウルス
南アフリカ
クリオロフォサウルス
南極大陸

始祖鳥の化石

世界で発見された恐竜の化石の例

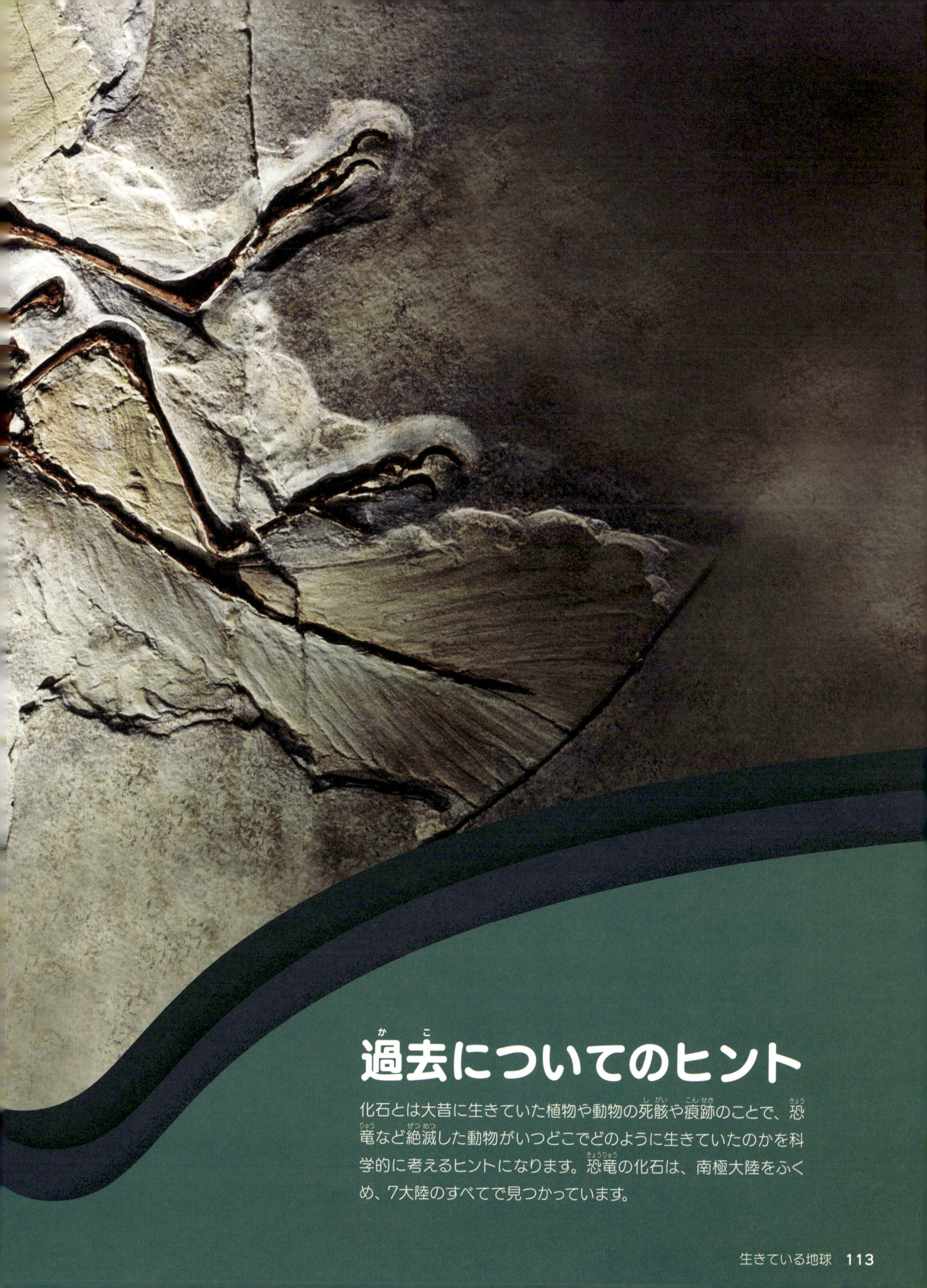

過去についてのヒント

化石とは大昔に生きていた植物や動物の死骸や痕跡のことで、恐竜など絶滅した動物がいつどこでどのように生きていたのかを科学的に考えるヒントになります。恐竜の化石は、南極大陸をふくめ、7大陸のすべてで見つかっています。

現在の地球の生物

この図は地球上のさまざまな生物の分類を表したものです。それぞれの分類の生物をすべて集めたとしたら、ふくまれる炭素はどれくらいの重さになるかを葉の大きさで示しています。*

真正細菌界
膨大な量の細菌は、土や岩石、海の中にすんでいる。すべての細菌を合わせた重さをはかったら、すべての人間の総体重の35倍になるだろう。
植物界
すべての植物の総質量は、すべての人間の総質量の7,500倍だ。植物の質量のほとんどは木の幹、茎、根、葉からなる。
菌界
菌類にはキノコ、酵母、カビがふくまれ、そのほとんどは土の中で育つ。
古細菌界
これらの単細胞生物は、深海の熱水噴出孔など、地球上の最も厳しい環境にたえられる。
原生生物界
藻類や粘菌類などがふくまれる。
動物界
*地球上のあらゆる生物は体の約18%が炭素でできているため、炭素の重さはさまざまな種類の生物の重さをくらべるのに都合がよい。
この大きさで
1ギガトンの炭素
（1ギガトン＝10億 t）
生物の分類
（「真正細菌界」と「古細菌界」を合わせて「モネラ界」に分類する説もある。また、ウイルスが生物か生物でないかについて意見が分かれている）
ウイルス
ウイルスは病気の原因となる小さな粒子だ。

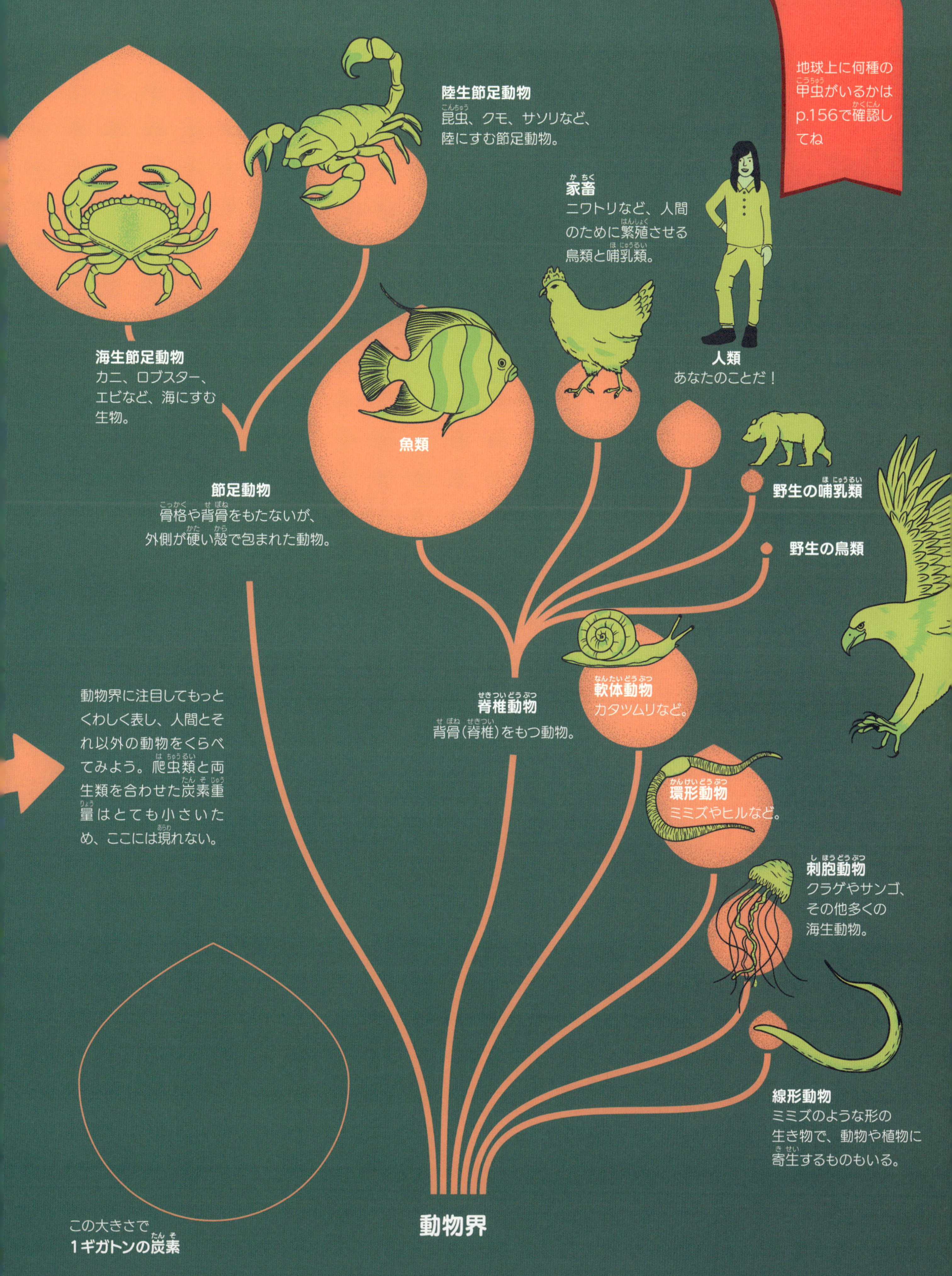
陸生節足動物
昆虫、クモ、サソリなど、
陸にすむ節足動物。
地球上に何種の
甲虫がいるかは
p.156で確認し
てね
家畜
ニワトリなど、人間
のために繁殖させる
鳥類と哺乳類。
海生節足動物
カニ、ロブスター、
エビなど、海にすむ
生物。
人類
あなたのことだ！
魚類
野生の哺乳類
節足動物
骨格や背骨をもたないが、
外側が硬い殻で包まれた動物。
野生の鳥類
動物界に注目してもっと
くわしく表し、人間とそ
れ以外の動物をくらべ
てみよう。爬虫類と両
生類を合わせた炭素重
量はとても小さいた
め、ここには現れない。
脊椎動物
背骨（脊椎）をもつ動物。
軟体動物
カタツムリなど。
環形動物
ミミズやヒルなど。
刺胞動物
クラゲやサンゴ、
その他多くの
海生動物。
線形動物
ミミズのような形の
生き物で、動物や植物に
寄生するものもいる。
この大きさで
1ギガトンの炭素
動物界

大気中の酸素の2%は**その他のもの**がつくり出す
大気中の酸素の28%は**森林**がつくり出す
大気中の酸素の70%は**海生植物と藻類**がつくり出す

酸素はどこから来るのだろう？

ほぼすべての動物は酸素がないと生きられません。でも、大気中の酸素はいったいどこから来るのでしょう？酸素のほとんどは植物プランクトンという海にすむ小さな植物が、光合成（右ページ参照）を通じてつくり出しています。植物プランクトンが大量に発生すると水面付近が変色し、宇宙から人工衛星によって「水の華」と呼ばれる現象を観測できます。

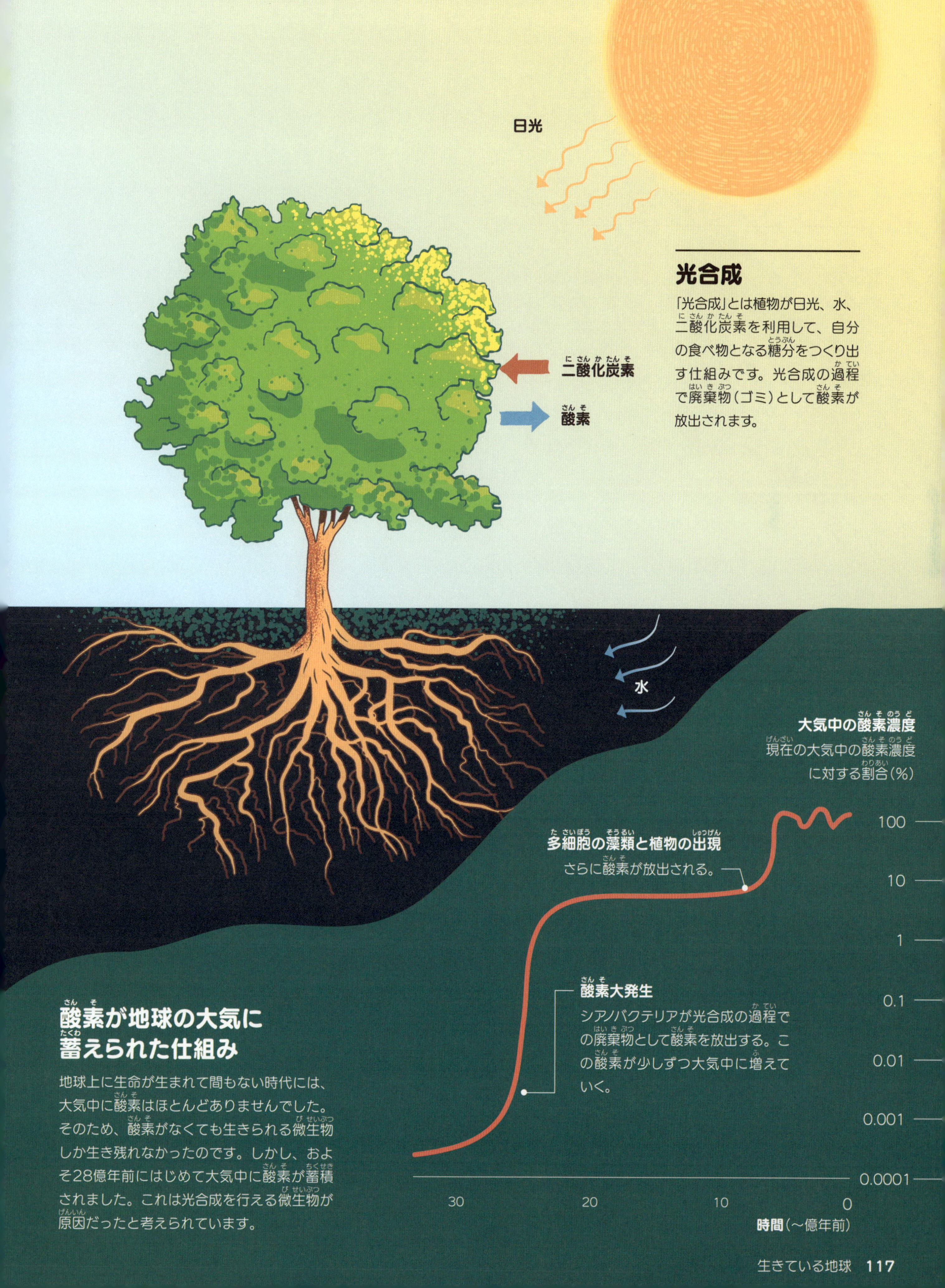
日光
二酸化炭素
酸素
水
大気中の酸素濃度
現在の大気中の酸素濃度に対する割合（%）
100
10
1
0.1
0.01
0.001
0.0001
多細胞の藻類と植物の出現
さらに酸素が放出される。
酸素大発生
シアノバクテリアが光合成の過程での廃棄物として酸素を放出する。この酸素が少しずつ大気中に増えていく。
30
20
10
0
時間（〜億年前）

光合成

「光合成」とは植物が日光、水、二酸化炭素を利用して、自分の食べ物となる糖分をつくり出す仕組みです。光合成の過程で廃棄物（ゴミ）として酸素が放出されます。

酸素が地球の大気に蓄えられた仕組み

地球上に生命が生まれて間もない時代には、大気中に酸素はほとんどありませんでした。そのため、酸素がなくても生きられる微生物しか生き残れなかったのです。しかし、およそ28億年前にはじめて大気中に酸素が蓄積されました。これは光合成を行える微生物が原因だったと考えられています。

巨大な木

科学者の見積もりによると、地球上には3兆本以上の木があります。つまり、天の川の星の数よりも多くの木があるのです。ここでは、いちばん太い木といちばん高い木を見ていきましょう。

世界一太い木

木の幅(太さ)は直径を使ってはかります。木の直径とは、幹の片側から木の中心を通って反対側までを結ぶ直線の長さのことです。ここでは、木の幹は一定の縮尺にしたがってえがかれています。それぞれの幹周(幹を一周する長さ)は、周りをぐるりとかこむために必要な、手をつないだ子どもの数で表しています。

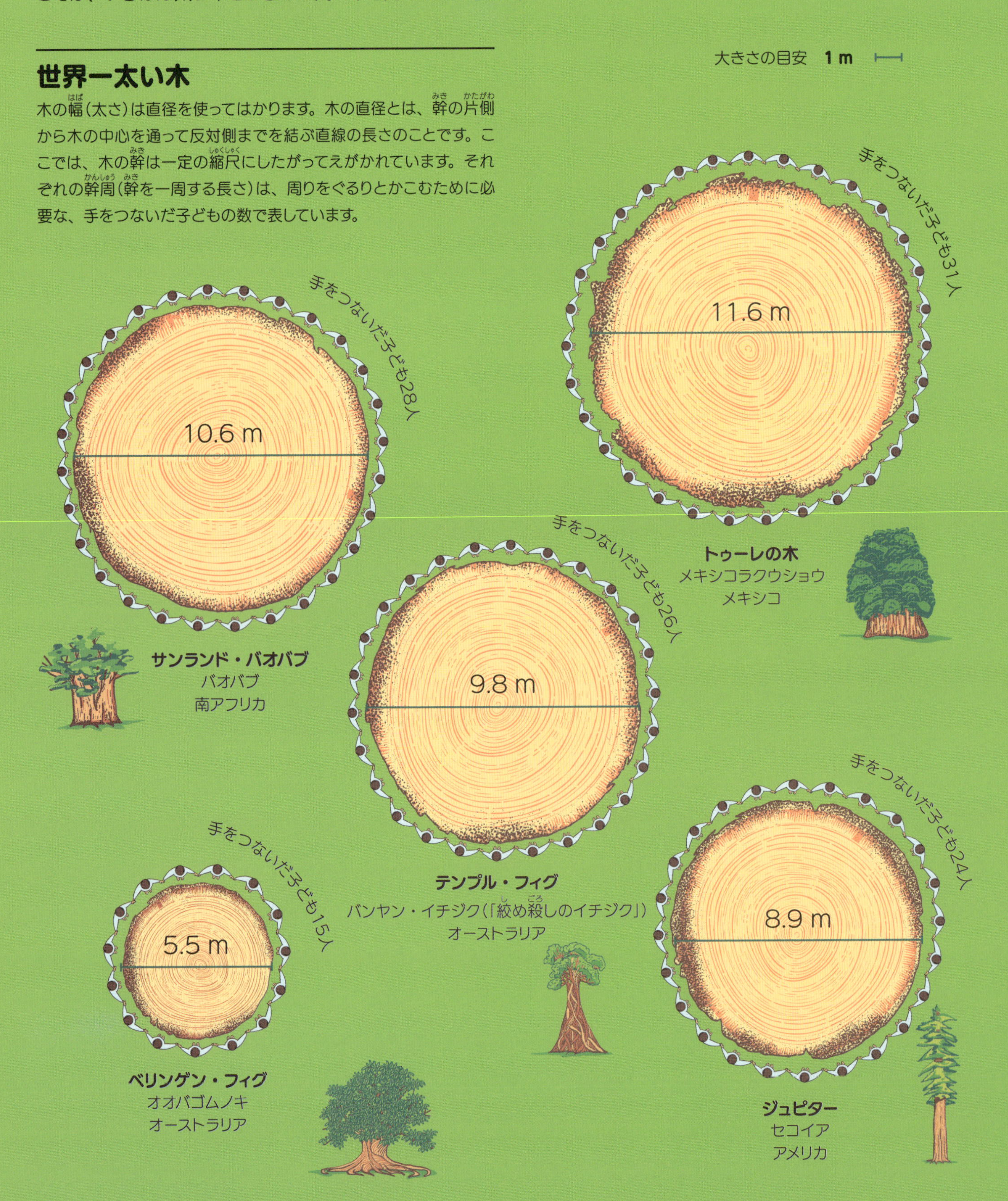

大きさの目安 1 m
手をつないだ子ども31人
11.6 m
トゥーレの木
メキシコラクウショウ
メキシコ
手をつないだ子ども28人
10.6 m
サンランド・バオバブ
バオバブ
南アフリカ
手をつないだ子ども26人
9.8 m
テンプル・フィグ
バンヤン・イチジク(「絞め殺しのイチジク」)
オーストラリア
手をつないだ子ども24人
8.9 m
ジュピター
セコイア
アメリカ
手をつないだ子ども15人
5.5 m
ベリンゲン・フィグ
オオバゴムノキ
オーストラリア

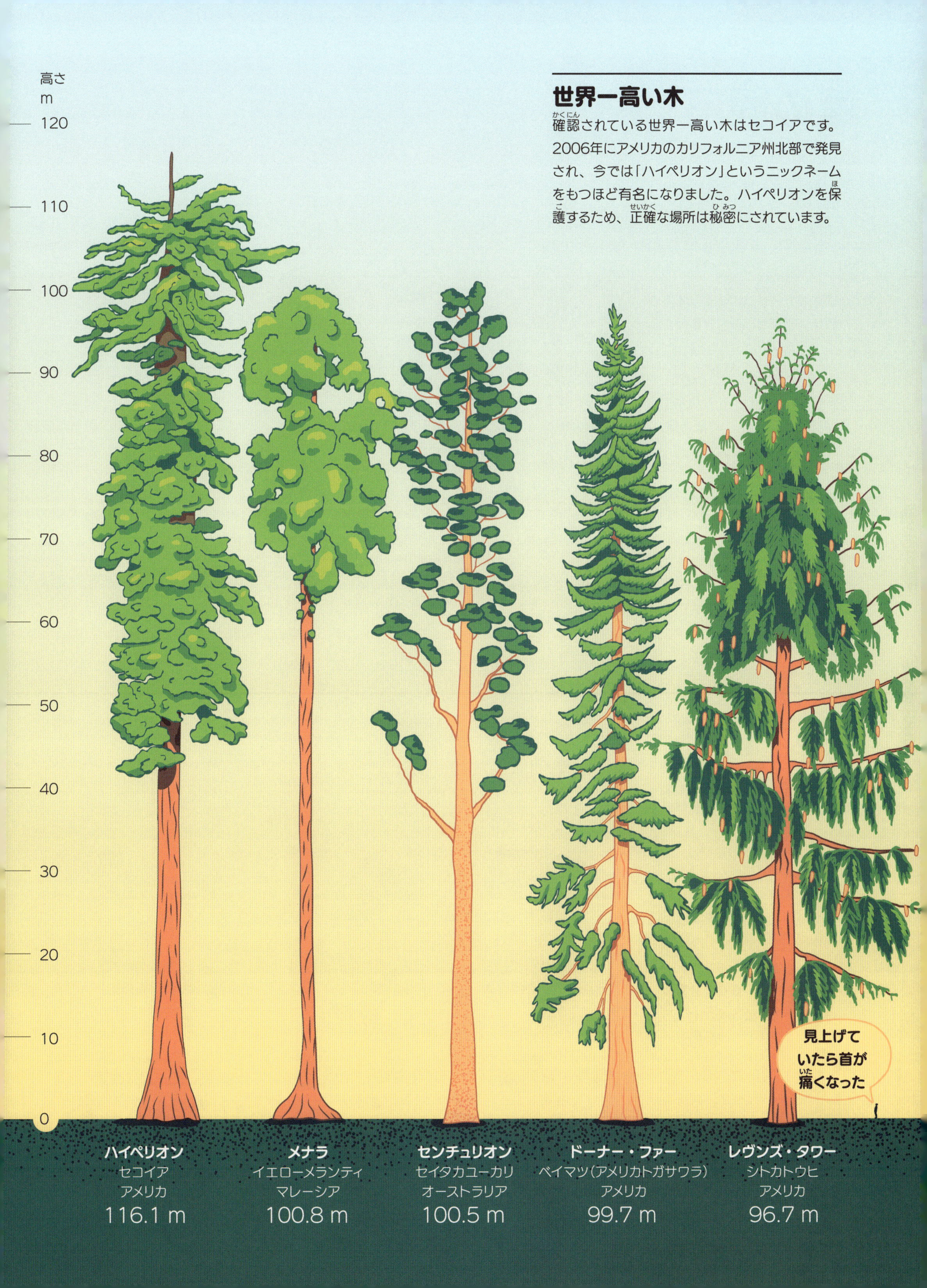

世界一高い木

確認されている世界一高い木はセコイアです。2006年にアメリカのカリフォルニア州北部で発見され、今では「ハイペリオン」というニックネームをもつほど有名になりました。ハイペリオンを保護するため、正確な場所は秘密にされています。

高さ
m
120
110
100
90
80
70
60
50
40
30
20
10
0
見上げて
いたら首が
痛くなった
ハイペリオン
セコイア
アメリカ
116.1 m
メナラ
イエローメランティ
マレーシア
100.8 m
センチュリオン
セイタカユーカリ
オーストラリア
100.5 m
ドーナー・ファー
ベイマツ（アメリカトガサワラ）
アメリカ
99.7 m
レヴンズ・タワー
シトカトウヒ
アメリカ
96.7 m

葉の観察

雪の結晶のように、葉はじっくり見れば見るほどいろいろなことに気づきます。ここに挙げた、よく見られる葉の特徴と観察のポイントを参考にしましょう。

形

葉を観察するときは、まず全体の形を見分けましょう。よく見られるのは次のような形です。

針形
針の形

鋭尖頭
先端が細長くとがっている

のぎ状
先端がトゲのような形

心形
ハート形でくぼんだところに葉柄（茎につながる細い部分）がつく

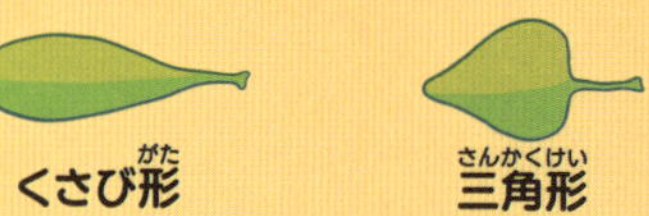

くさび形
くさび形で、基部（根元）がすぼまっている

三角形
楽器のトライアングルのような形

掌状全裂
指のような切れこみが入る

楕円形
楕円形で、先端が小さくとがっているものとそうでないものがある

鎌形
フックまたは鎌の形

扇形
扇のような形

ほこ形
三角形で基部が左右に張り出す

披針形
両端がとがっている

線形
長く、葉の両縁が平行

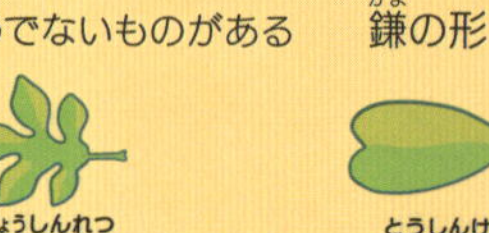

掌状深裂
葉縁が深く切れこんでいる

倒心形
ハート形でとがったほうに葉柄がつく

倒卵形
卵形で基部のほうが細い

鈍頭
先端がとがっていない（直角より広い）

円形
丸い形

卵形
卵の形で基部のほうが広い

掌状中裂
指を広げた手のひらのような形

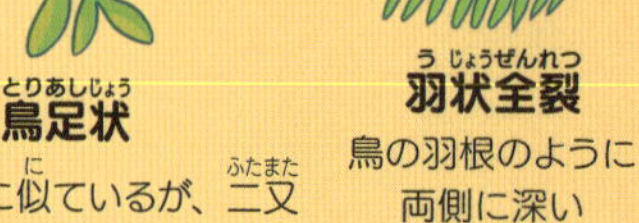

鳥足状
掌状中裂に似ているが、二又に分かれた切れこみがある

羽状全裂
鳥の羽根のように両側に深い切れこみが入る

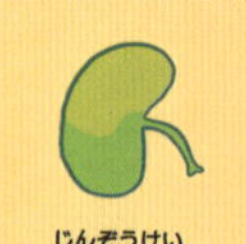

腎臓形
腎臓のような形

ひし形
トランプのダイヤマークのような形

へら形
スプーンのような形

やじり形
矢の先のようにとがった形

きり形
先端にいくほど幅がせまくなり、先端が長細い

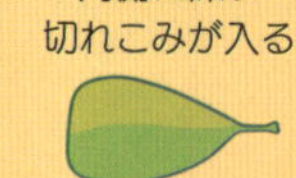

切形
先端または基部が切り落としたように平ら

葉縁

葉のへりを葉縁といい、滑らかなもの、波形のもの、歯のようにギザギザのものがあります。

毛縁
細かい毛がある

円鋸歯状
丸みを帯びたギザギザ

歯状
ギザギザの歯が左右対称の山形

細歯状
ギザギザの歯が細かい

重鋸歯状
ギザギザの歯にいろいろな大きさがある

全縁
滑らかでデコボコがない

近くの公園で葉を見つけよう。葉縁はどのタイプ？

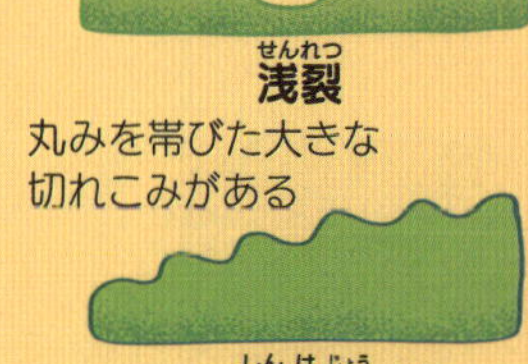

浅裂
丸みを帯びた大きな切れこみがある

鋸歯状
のこぎりの大きな歯のようなギザギザ

細鋸歯状
のこぎりの小さな歯のようなギザギザ

深波状
波のようにデコボコ

とげ状
硬くとがった部分がある

波状
波のようにデコボコしているが、それほど深くないか目立たない

葉脈

血管が体中に血液を運ぶのと同じように、植物の葉脈とは、水や栄養分を葉のすみずみまで行き渡らせ、葉でつくられた栄養分を運び出すための通路です。また、葉脈の構造が葉の形をつくり、葉を支える役目を果たします。葉脈のパターンを「脈系」と呼びます。

弧状脈

結合脈

二叉脈

縦脈

掌状脈

平行脈

羽状脈

網状脈

放射状脈

葉のつき方

一部の草木では、「小葉」と呼ばれる小さな葉がならんで葉(複葉)をつくります。

互生
小葉が交互にならぶ

二回羽状複葉
羽状の小葉が対になってならぶ

対生
小葉が向かい合ってならぶ

盾状
葉の中央に葉柄がつく

貫生
茎が葉をつらぬいているように見える

奇数羽状複葉
小葉が左右にならび、先端に1枚つく

偶数羽状複葉
小葉が左右にならび、先端に2枚つく

三出複葉
小葉が3枚つく

三回羽状複葉
小葉が3つのグループに分かれる

単葉
葉が1枚だけつく

輪生
3枚以上の小葉が輪をえがくようにならぶ

花の力

花をつける植物の大部分は子孫を残すために動物の助けを借ります。ミツバチやカリバチ、ハエ、ガ、チョウだけでなく、一部のトカゲやコウモリ、キツネザルも送粉者（花粉の運び役）です。このような動物が甘い蜜を求めて花を訪れるときに、花粉の粒が花から花へ運ばれるのです。植物が新しい種子をつけるために必要なこの仕組みを「受粉」と呼びます。

受粉の始まり

花にはオスの部分（おしべ）とメスの部分（めしべの柱頭）があります。ミツバチなどの送粉者は、1つの花のおしべから次の花の柱頭に花粉を運びます。その結果、受精して種子が育ちます。

❶ 花粉を集める

ミツバチは甘い蜜を集めるために花を訪れる（ミツバチは蜜から蜂蜜をつくる）。このとき、花のおしべの花粉がミツバチの体にこすりつけられたり、ミツバチの脚にある「花粉かご」にくっついたりする。そのあと、ミツバチは次の花に飛んでいく。

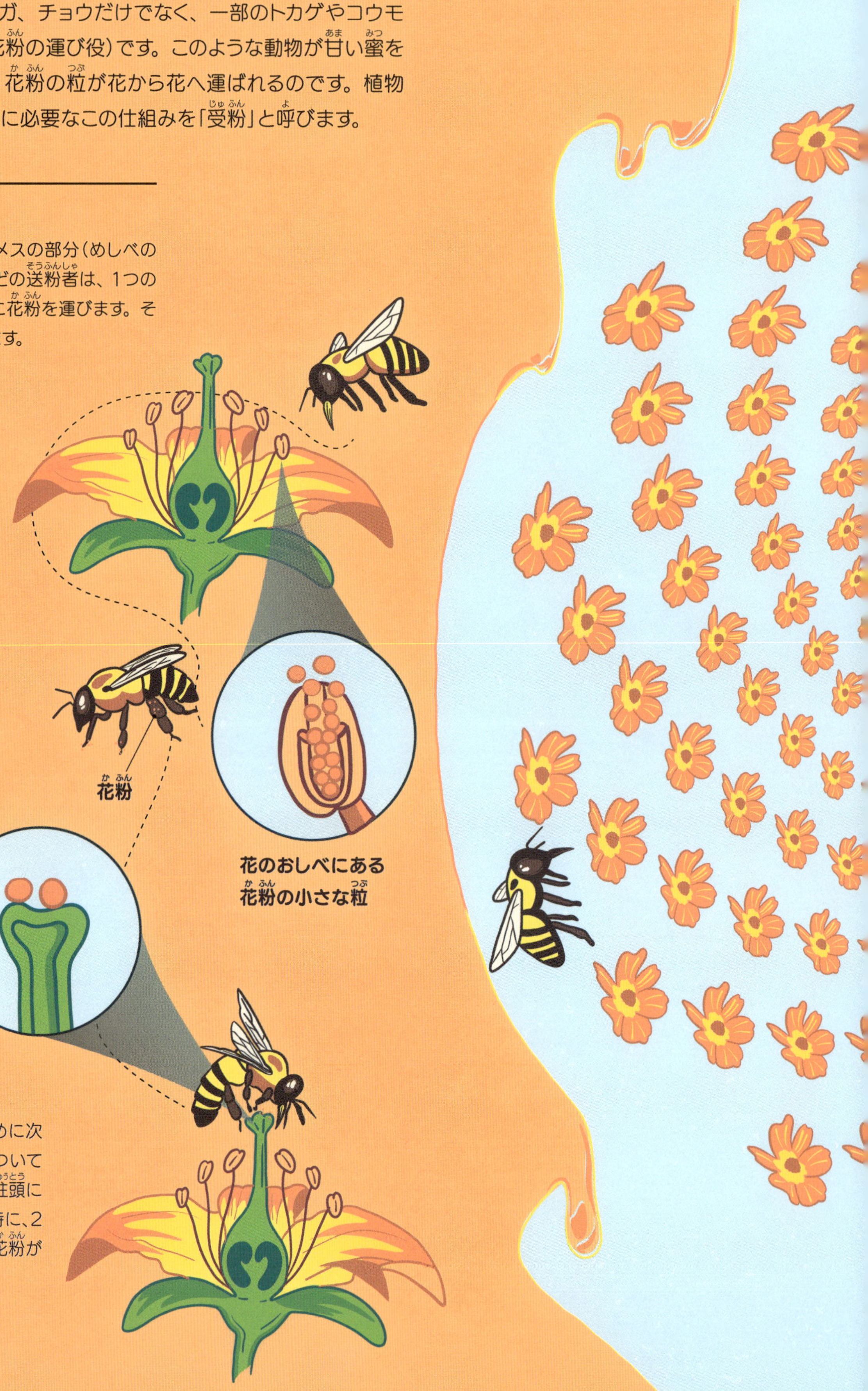

花粉
花のおしべにある
花粉の小さな粒
花粉の粒が
別の花の
柱頭につく

❷ 花粉を渡す

ミツバチが蜜を吸うために次の花にとまると、体についていた最初の花の花粉が柱頭にこすりつけられる。同時に、2番目の花のおしべから花粉がさらに体につく。

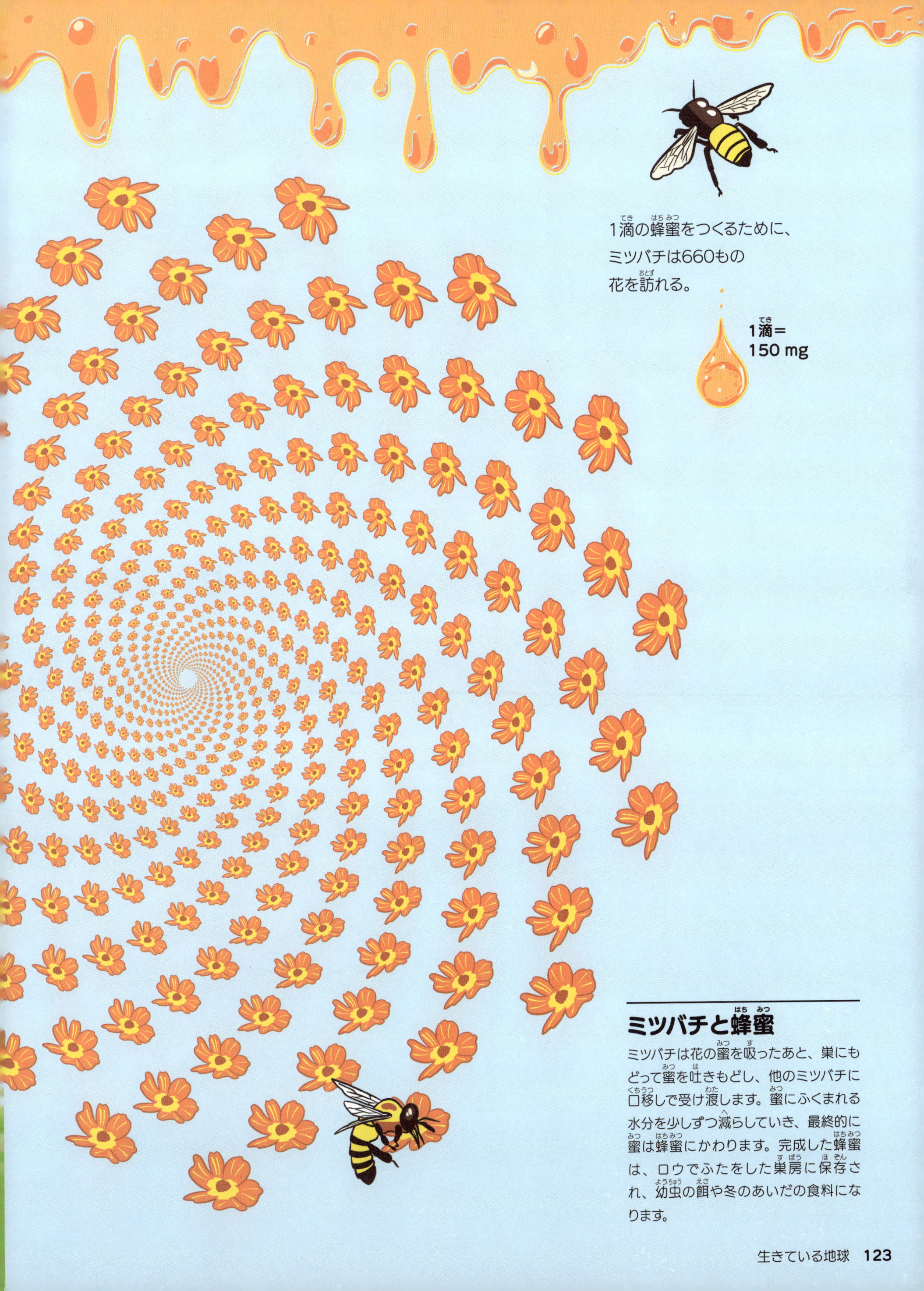

1滴の蜂蜜をつくるために、
ミツバチは660もの
花を訪れる。

1滴＝
150 mg

ミツバチと蜂蜜

ミツバチは花の蜜を吸ったあと、巣にもどって蜜を吐きもどし、他のミツバチに口移しで受け渡します。蜜にふくまれる水分を少しずつ減らしていき、最終的に蜜は蜂蜜にかわります。完成した蜂蜜は、ロウでふたをした巣房に保存され、幼虫の餌や冬のあいだの食料になります。

世界一大きな花

赤茶と白の植物*Rafflesia arnoldii*は、花の大きさが世界一の記録をもっています。いちばん小さくても直径25 cm前後のディナー皿の大きさで、これまでに記録された最大の花は直径1 m以上! また、花のにおいが強烈で、腐った肉のような悪臭を放ちます。こうしてハエや甲虫などの昆虫を引きよせ、受粉してもらうのです。

ラフレシア
大きなバラ
大きさの目安として
約1 m
約17.5 cm

大きな種子、小さな種子

ほとんどの植物は種子から命が始まります。種子の1つ1つに「胚」と呼ばれる幼体が入っていて、胚が成長して親と同じ植物になります。種子にはいろいろな形や大きさがあり、どれも親の植物から遠く離れたところへ移動しやすくなっています。ただし、オオミヤシはまったく移動しません！

1 cm

タンポポ

タンポポの茎1本あたりに約150〜200個の種子がつく。
羽毛のような綿毛がパラシュートのように作用して、
種子を空中に浮きやすくする。
風に乗って運ばれる距離は最長100 km!

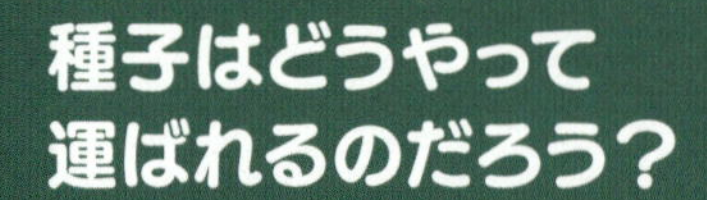

種子はどうやって運ばれるのだろう？

ほとんどの種子にとって重要なのは、親の植物から遠くへ運ばれることです。親の近くに落ちて成長すると、親と子が日光や水を奪い合い、生き残る確率がどちらも下がってしまうからです。種子はさまざまな方法で運ばれますが、その中でも主な方法を5つ紹介しましょう。

動物

動物が種子を飲みこんだり、種子が動物の羽や毛皮にくっついたりする。すると、種子はふんに混じってどこかに落ちるか、動物が動き回るうちに体から落ちる。

農業と園芸

農家や園芸家は、新しい花や果物、その他の作物を育てるために、いろいろな種類の種子を集めて植える。

風

風はタンポポ（上を参照）などの種子を空中に吹きとばす。

さやが弾ける

一部の植物は爆発するような力で種子を弾きとばす。

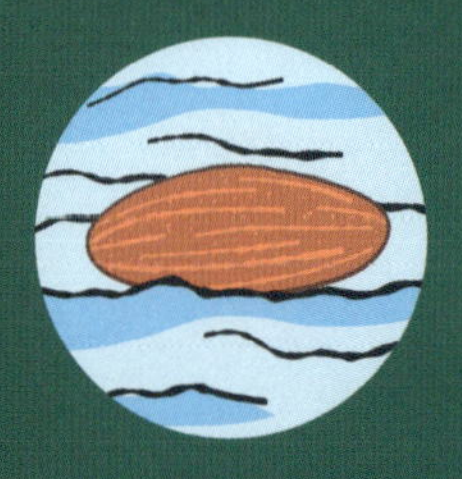

水

ココナツなどの種子は川や海の流れに乗って運ばれる。

30.5 cm

この特大の種子はどんな植物に育つのだろう?

オオミヤシは、インド洋のセイシェル諸島だけで見られるめずらしいヤシです。種子から完全に成熟した木になるまで最長で50年かかり、最長で800年間も花をつけ果実を実らせることができます。数年がかりで熟す果実は、世界最大級の大きさです。

オオミヤシ
(これが実際の大きさ!)

オオミヤシの種子は大きさも重さも世界一。種子1個の重さは最大25 kgで、このイラストは実物大だ。この種子は水に漂うことも空中に浮くこともできないので、遠くに移動することはない。自然の種子としてはめずらしく、親の植物の陰で成長することが利点になるようだ。

大きさの目安 **1 cm**

タンポポの種子と
オオミヤシの種子は実物大

世界最大の菌類

アメリカのオレゴン州にある菌糸体のネットワークは、10 km^2近くにわたって広がり、これまでに発見された最大の菌類となっています。ニューヨークのマンハッタンにあるセントラルパークのおよそ3倍の広さです。ニックネームは「ヒューモンガス・ファンガス（でっかい菌類）」！

病気の木や枯れかけた木を菌類が分解する。すると、生きている木は地下のネットワークを通じてその栄養分をとり入れることができる。

ウッド・ワイド・ウェブ

草木には、秘密の連絡網があることを知っていますか？　それはすべて菌類のおかげだということも？　菌類は地中の木の根の表面に育ち、糸のような菌糸を張りめぐらせて「菌糸体」と呼ばれるネットワークを形成します。菌糸体は、複雑な地下ネットワークを通じて水や栄養分、化学信号を植物から植物へ運びます。

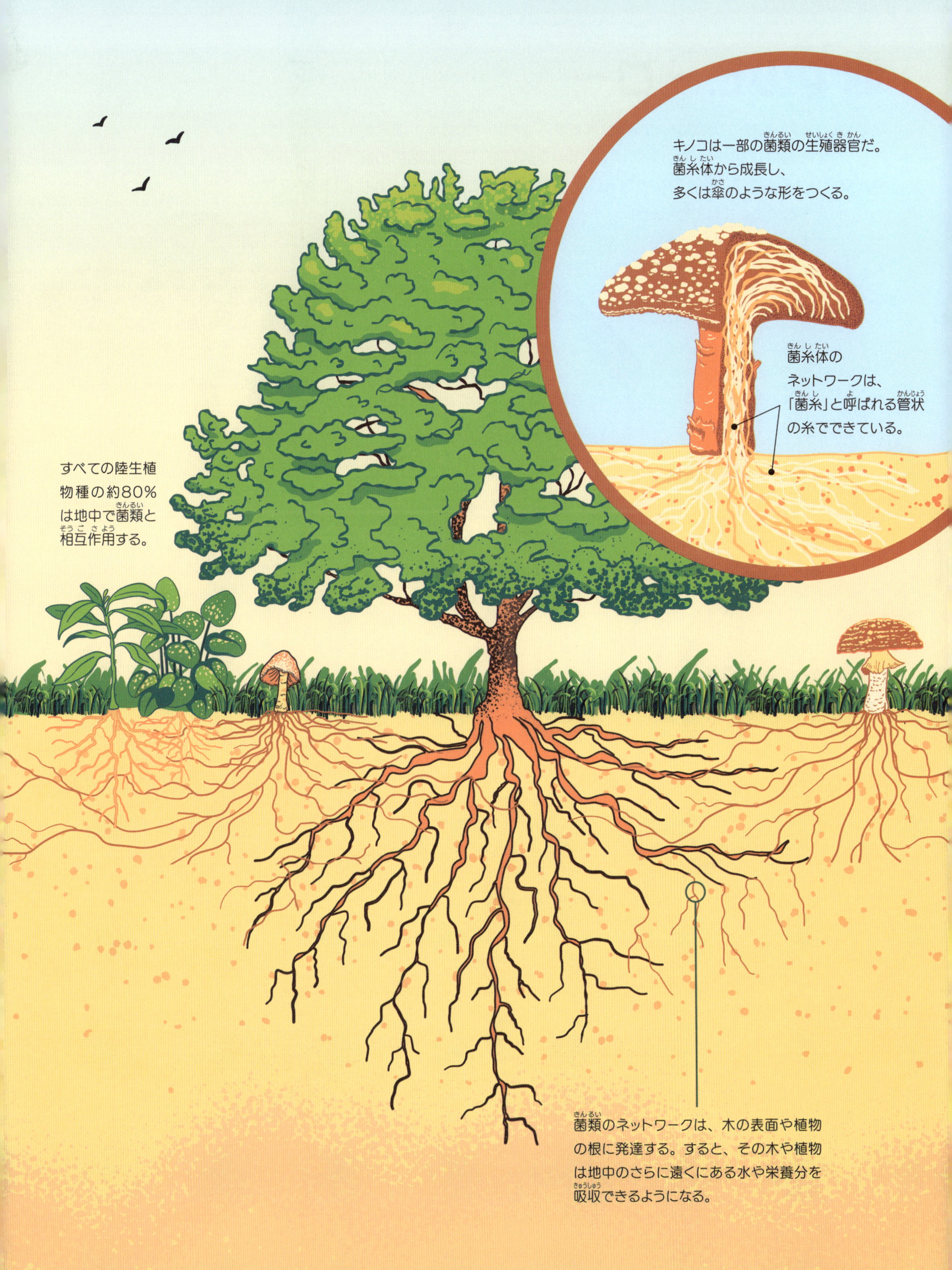
キノコは一部の菌類の生殖器官だ。
菌糸体から成長し、
多くは傘のような形をつくる。
菌糸体の
ネットワークは、
「菌糸」と呼ばれる管状
の糸でできている。
すべての陸生植
物種の約80%
は地中で菌類と
相互作用する。
菌類のネットワークは、木の表面や植物
の根に発達する。すると、その木や植物
は地中のさらに遠くにある水や栄養分を
吸収できるようになる。

地中のヒーロー

地球でいちばん重要な動物は、ちっぽけなミミズかもしれません。地面の中でミミズがこっそり土を健康に保ってくれるおかげで、ヒトをはじめ、多くの動物の食べ物となる植物が成長できるのです。膨大な数のミミズをすべてまとめて巨大なボールにしたら、すべてのヒトの8倍の重さになるでしょう!

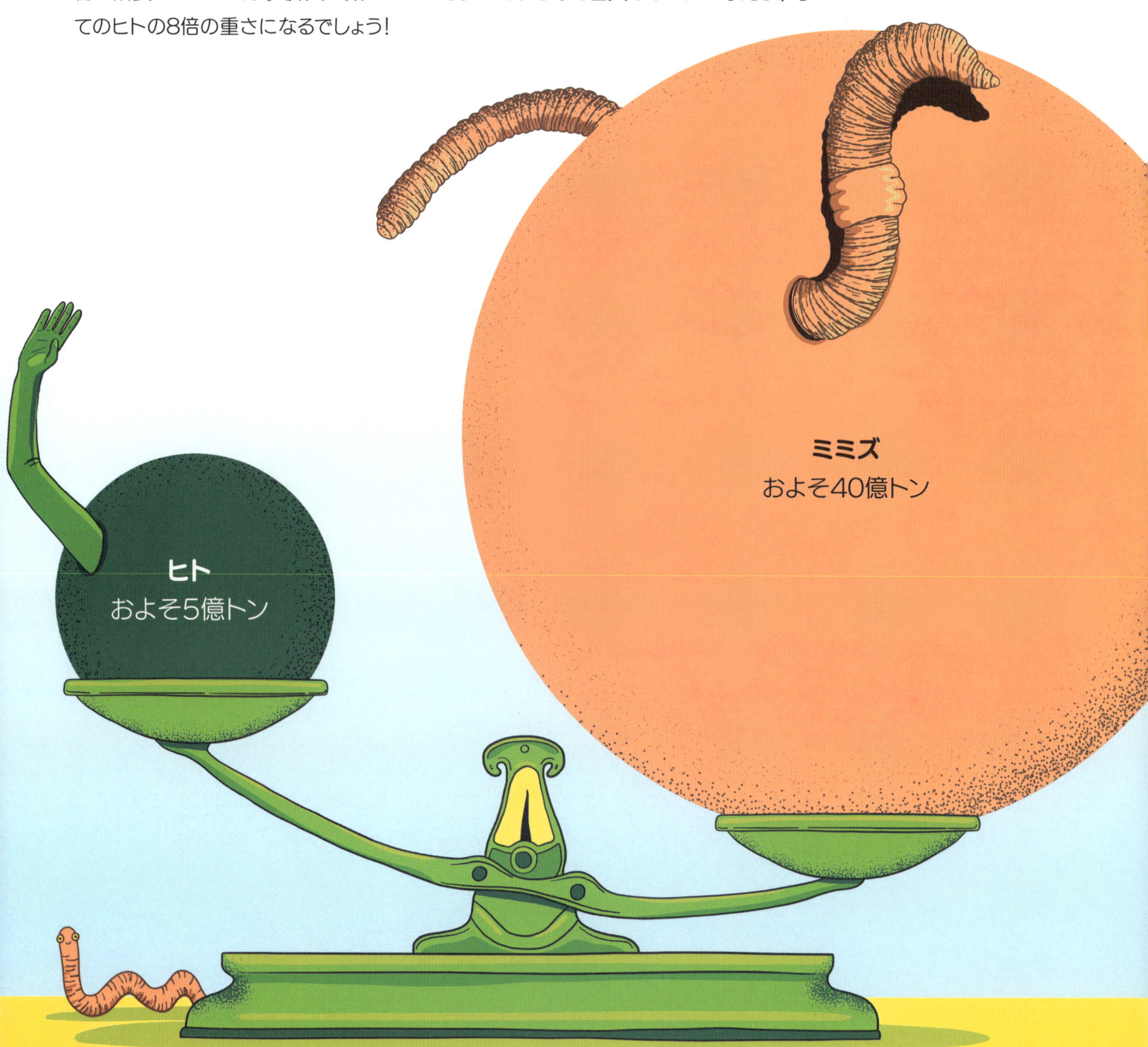
ミミズ
およそ40億トン
ヒト
およそ5億トン

なぜミミズはそれほど重要なのだろう?

ミミズはいろいろな方法で、植物が育ちやすい健康な土をつくります。まず、落ち葉などの枯れた有機物を分解します。また、巣穴をつくったり、穴を掘ることによって、土がより多くの水を蓄えられ、植物がより深く根をのばせるようになります。さらに、土を混ぜることにより、栄養分を均等に行き渡らせます。ミミズは多くの生き物にとって、優れた食料源にもなっています。

ミミズの世界

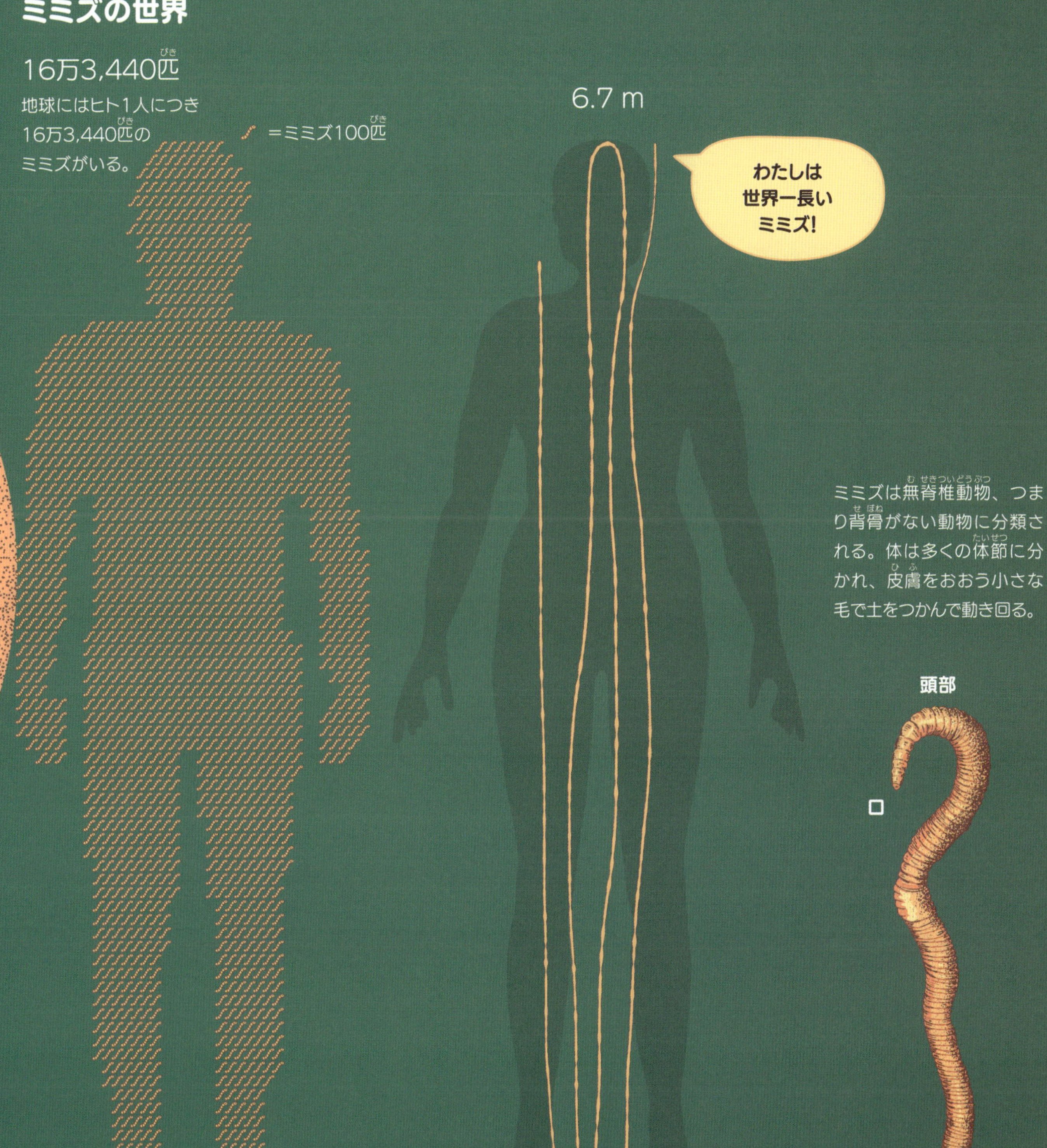
16万3,440匹
地球にはヒト1人につき
16万3,440匹の
ミミズがいる。
=ミミズ100匹
6.7 m
わたしは
世界一長い
ミミズ!
ミミズは無脊椎動物、つまり背骨がない動物に分類される。体は多くの体節に分かれ、皮膚をおおう小さな毛で土をつかんで動き回る。
頭部
尾部

個体数

地球上にはおよそ1,300,000,000,000,000(1,300兆)匹のミミズがくらしている。畑には、すき1杯分の土に平均約9匹のミミズがいる。

サイズ

世界最長のミミズはアフリカン・ジャイアント・アースウォーム。大きなものではヒトの平均身長の約4倍に当たる6.7mにも成長する。

体のつくり

ミミズの消化器官は体の全長にわたっている。ミミズは1日に自分の体重と同じほどの重さ分を食べ、体重の半分ほどの重さのふんをする。

人類と地球

人類は他の種類の動物より圧倒的に数が少ないのに、数千年のうちに地球上のあらゆるもののバランスを変えました。そもそも人類はどのように世界中に広がったのでしょうか？　多くの科学者によると、最初の人類はおよそ30万年前にアフリカに住んでいました。初期の人類がその後どのように移動、拡散し、世界各地に定住するようになったのか、そして人口はどのように急増したのか、その歴史をたどってみましょう。

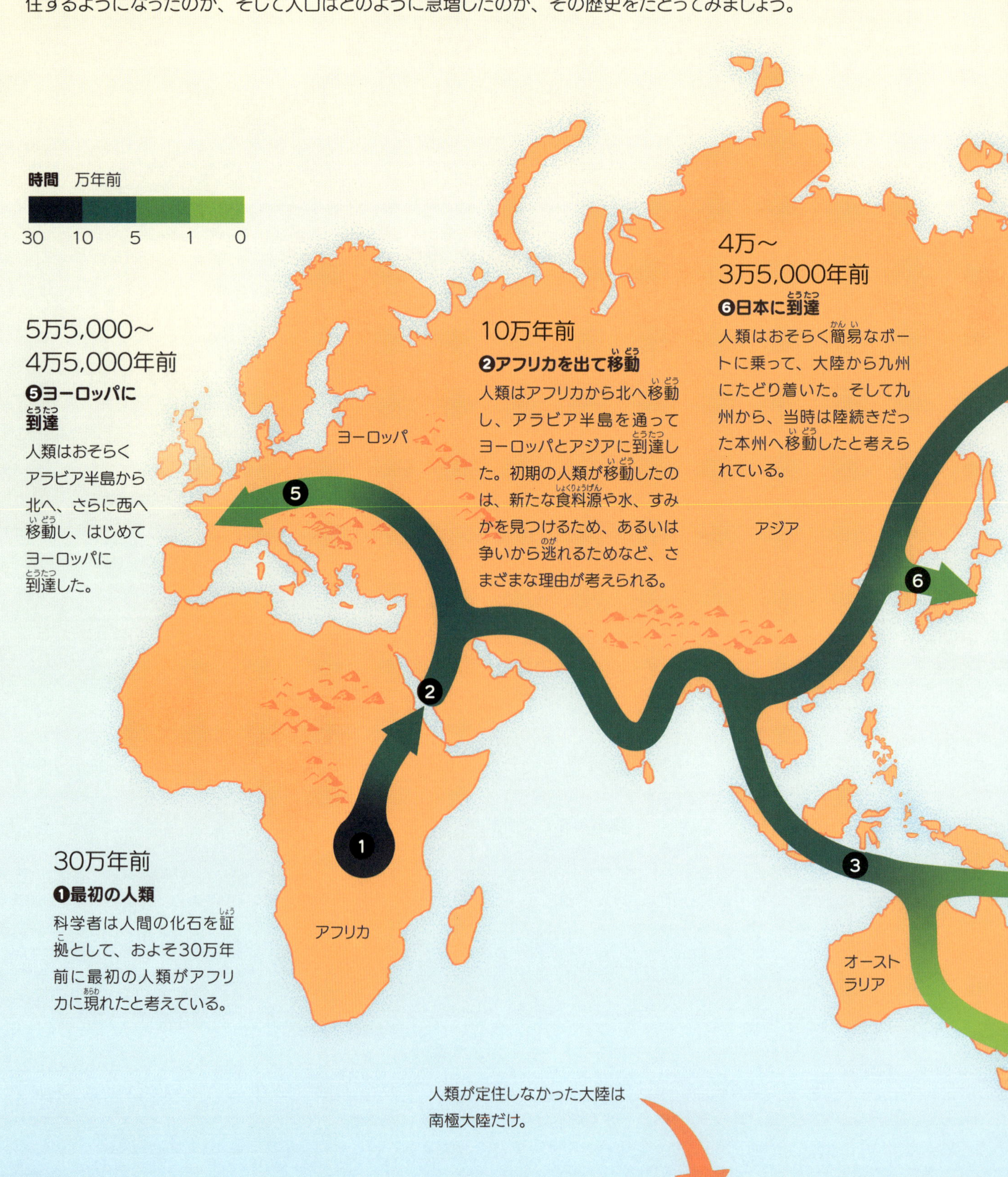

時間　万年前
30 10 5 1 0
5万5,000～4万5,000年前
❺ヨーロッパに到達
人類はおそらくアラビア半島から北へ、さらに西へ移動し、はじめてヨーロッパに到達した。
10万年前
❷アフリカを出て移動
人類はアフリカから北へ移動し、アラビア半島を通ってヨーロッパとアジアに到達した。初期の人類が移動したのは、新たな食料源や水、すみかを見つけるため、あるいは争いから逃れるためなど、さまざまな理由が考えられる。
4万～3万5,000年前
❻日本に到達
人類はおそらく簡易なボートに乗って、大陸から九州にたどり着いた。そして九州から、当時は陸続きだった本州へ移動したと考えられている。
ヨーロッパ
アジア
アフリカ
オーストラリア
1
2
3
5
6
30万年前
❶最初の人類
科学者は人間の化石を証拠として、およそ30万年前に最初の人類がアフリカに現れたと考えている。
人類が定住しなかった大陸は南極大陸だけ。

現在の世界人口は？

地球の総人口は数十万年をかけて10億人に達しました。これは1804年のことだったと推定されています。そして、わずか123年後の1927年には20億人になりました。この急速な世界人口の増加は、20世紀を通じてますますスピードを増していきました。現在、地球上にはおよそ80億人がくらしています。

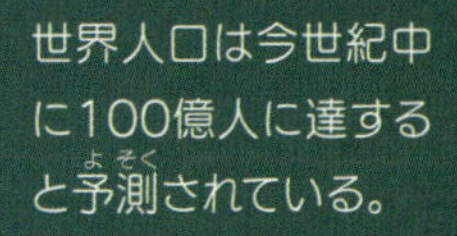
世界人口は今世紀中に100億人に達すると予測されている。

人口
億人
100
80
60
40
20
0

時間　年

紀元前1万　紀元前9,000　紀元前8,000　紀元前7,000　紀元前6,000　紀元前5,000　紀元前4,000　紀元前3,000　紀元前2,000　紀元前1,000　0　紀元1,000　紀元2,000　現在

ベーリング海

北アメリカ

6〜2万年前

❹北アメリカに移住

まとまった数の人類が何度かに分かれてアジアから北アメリカへ移住した。その一部は氷の多い海をボートで渡ったのかもしれない。また、3万8,000年前からはアジアと北アメリカのあいだが陸続きになっていたので、大陸から大陸へ歩いて渡ったとも考えられる。今ではこの陸地はベーリング海におおわれている。

1万6,000〜8,000年前

❼南アメリカに移住

人類は中央アメリカから南アメリカへと少しずつ南下した。

7〜5万年前

❸東南アジアとオーストラリアに到達

先史時代の人類はボートでアジアを出発し、およそ5万年前にオーストラリアに到達。最終的に太平洋の大きな島々のすべてに移住した。

南アメリカ

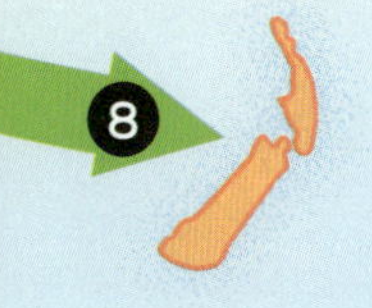
8

1,200年前

❽ニュージーランドに到達

およそ1,200年前に人類が移住したニュージーランドは、最後の主な移住先の1つだ。

今、人類はどこに住んでいるのだろう？

地球上にいるおよそ80億人は、この地図のスパイク（つき出している部分）が示す場所に住んでいます。スパイクが長い場所ほど、より多くの人がくらしています。インドや中国にくらべると、北アメリカとアフリカ、ロシアには空っぽの部分が多いので意外に思うかもしれません。また、多くの人が海岸近くに住んでいることがわかります。だから、多くの国や大陸の見覚えのある輪郭がこの地図でも浮かびあがってくるのです。

アラスデア・レイが作成したこの地図は
2020年の世界人口を表している。

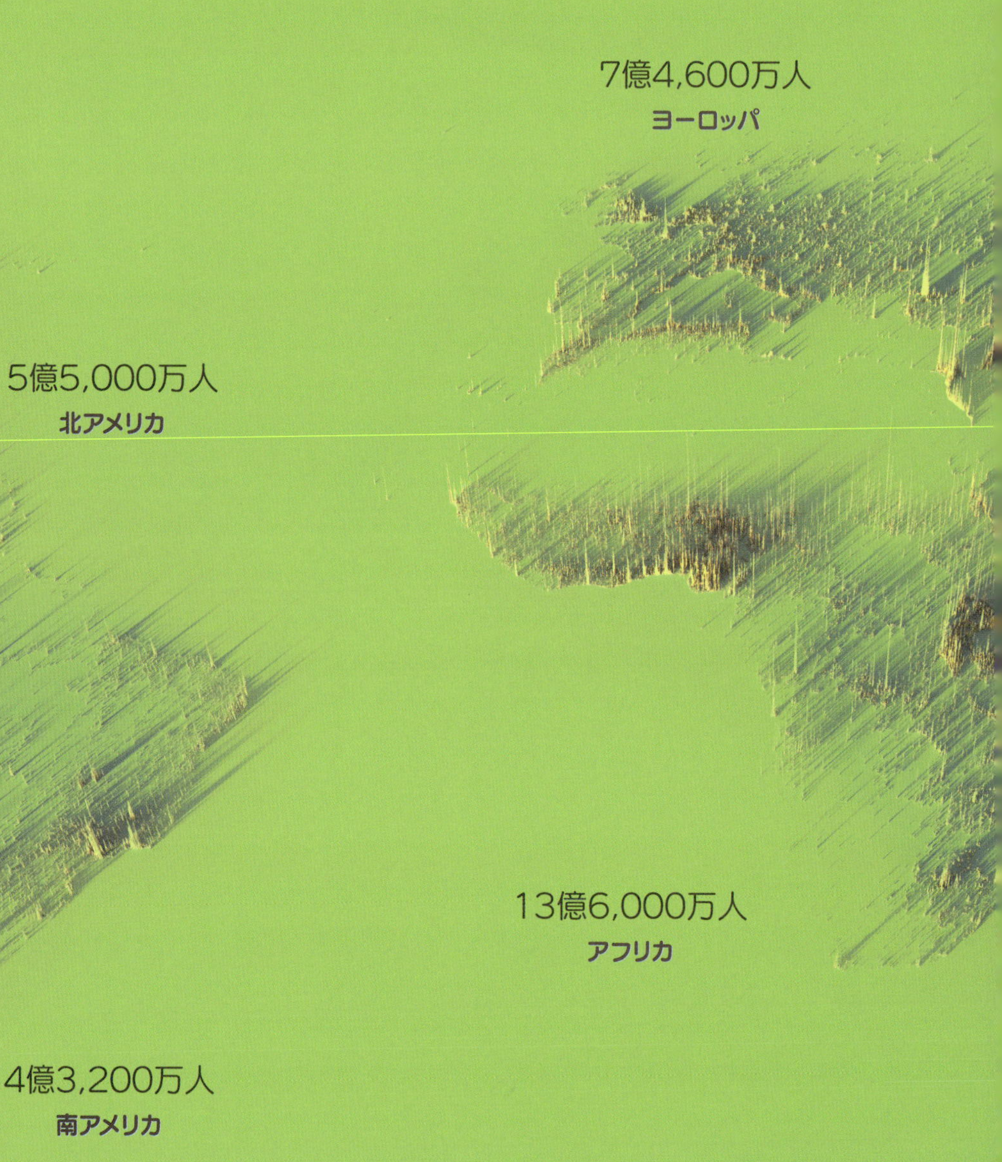
7億4,600万人
ヨーロッパ
5億5,000万人
北アメリカ
13億6,000万人
アフリカ
4億3,200万人
南アメリカ

もし世界が8人だったら

世界人口のように大きな数は、少数のまとまりに減らして考えるとわかりやすいでしょう。世界人口が80億人ではなく、たった8人だと仮定します。すると、南北アメリカに住む人は1人で、ヨーロッパとアフリカにも1人ずつ。残りの5人はアジアとオセアニアに住んでいることになります。

北アメリカ
南アメリカ
ヨーロッパ
アフリカ
アジア
オセアニア

1体が10億人を表す

上の地図を参考にして、左の図の大陸の輪郭を確かめよう。

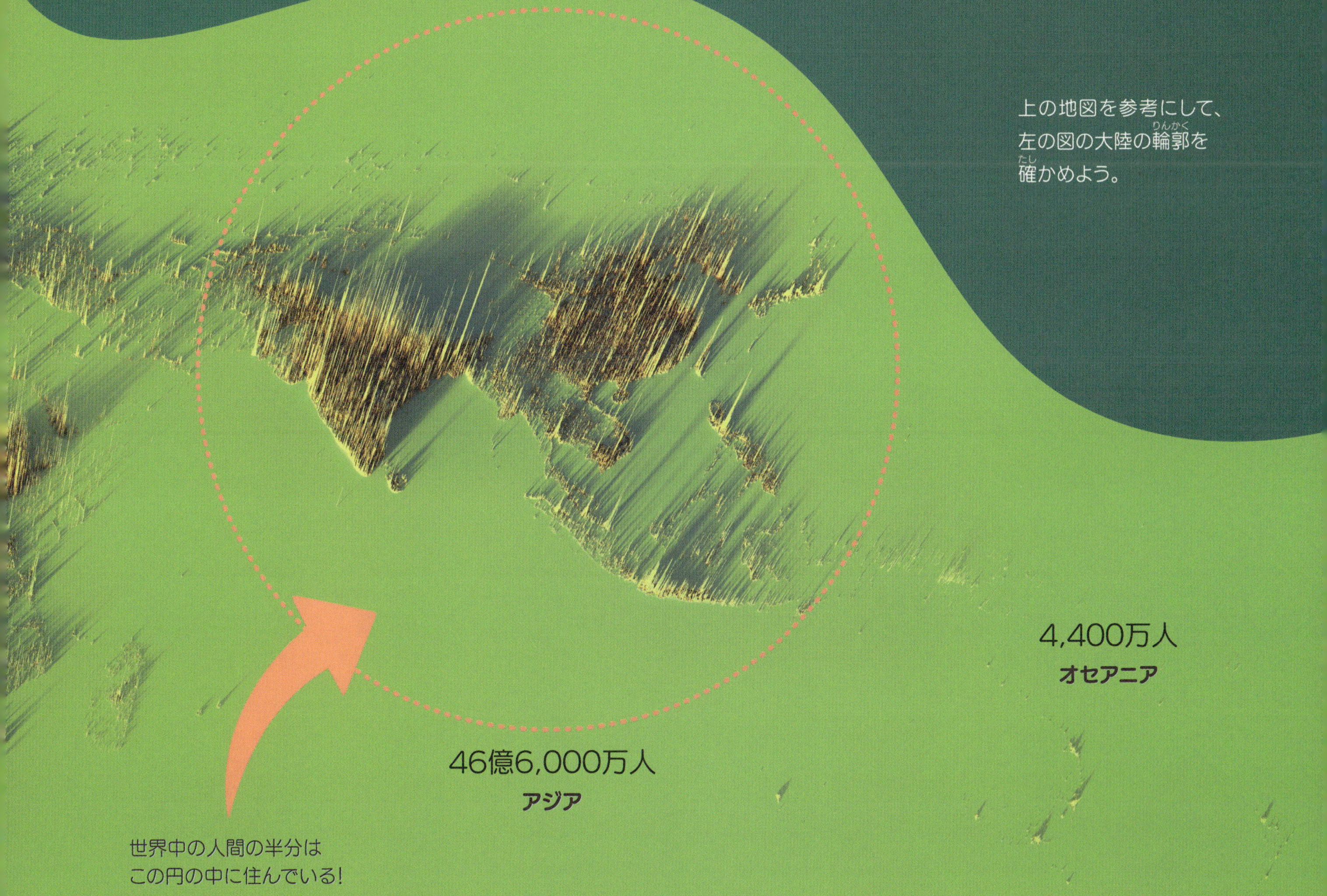

4,400万人
オセアニア

46億6,000万人
アジア

世界中の人間の半分は
この円の中に住んでいる!

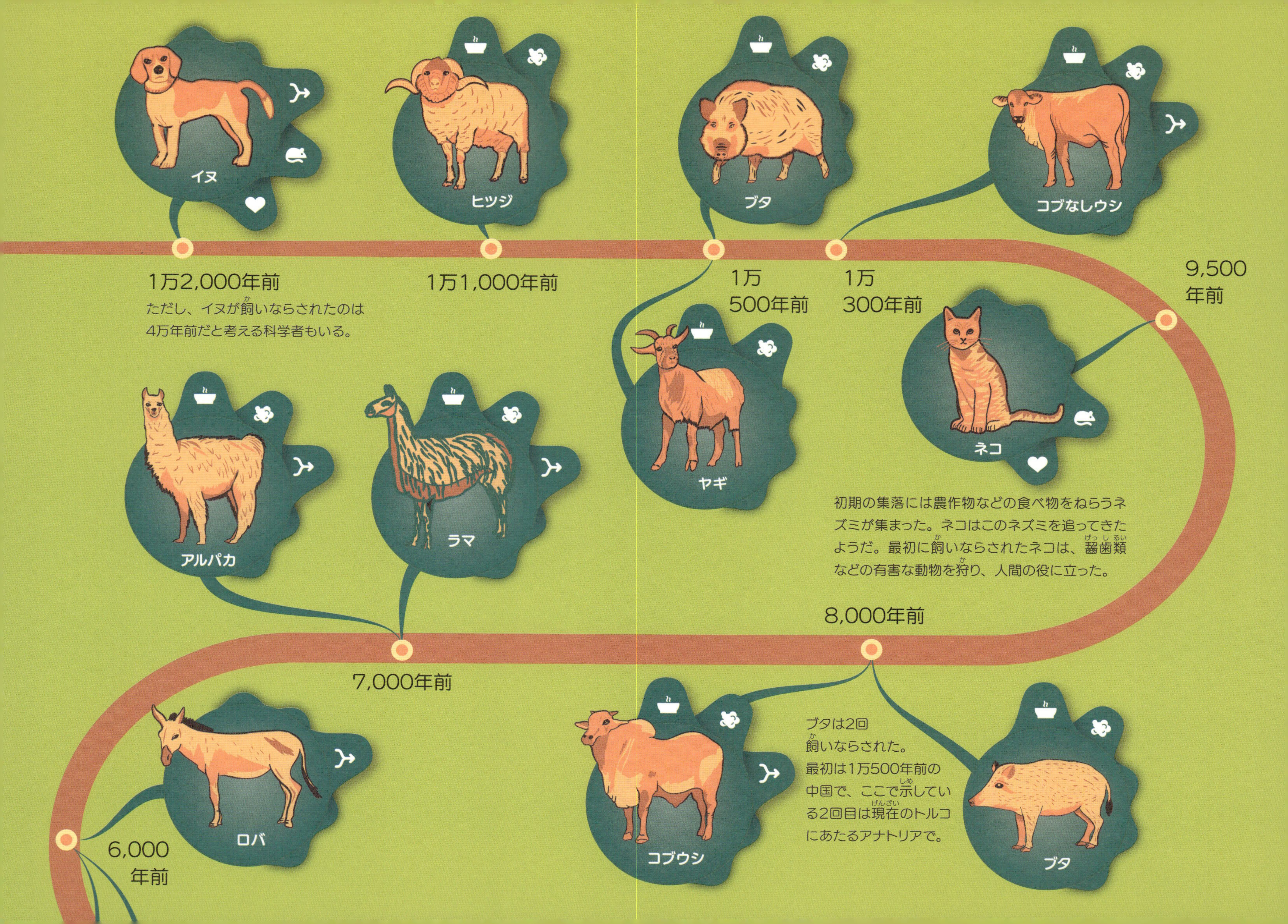
イヌ
ヒツジ
ブタ
コブなしウシ
1万2,000年前
ただし、イヌが飼いならされたのは4万年前だと考える科学者もいる。
1万1,000年前
1万500年前
1万300年前
9,500年前
ヤギ
ネコ
アルパカ
ラマ
初期の集落には農作物などの食べ物をねらうネズミが集まった。ネコはこのネズミを追ってきたようだ。最初に飼いならされたネコは、齧歯類などの有害な動物を狩り、人間の役に立った。
7,000年前
8,000年前
ロバ
6,000年前
コブウシ
ブタは2回飼いならされた。最初は1万500年前の中国で、ここで示している2回目は現在のトルコにあたるアナトリアで。
ブタ

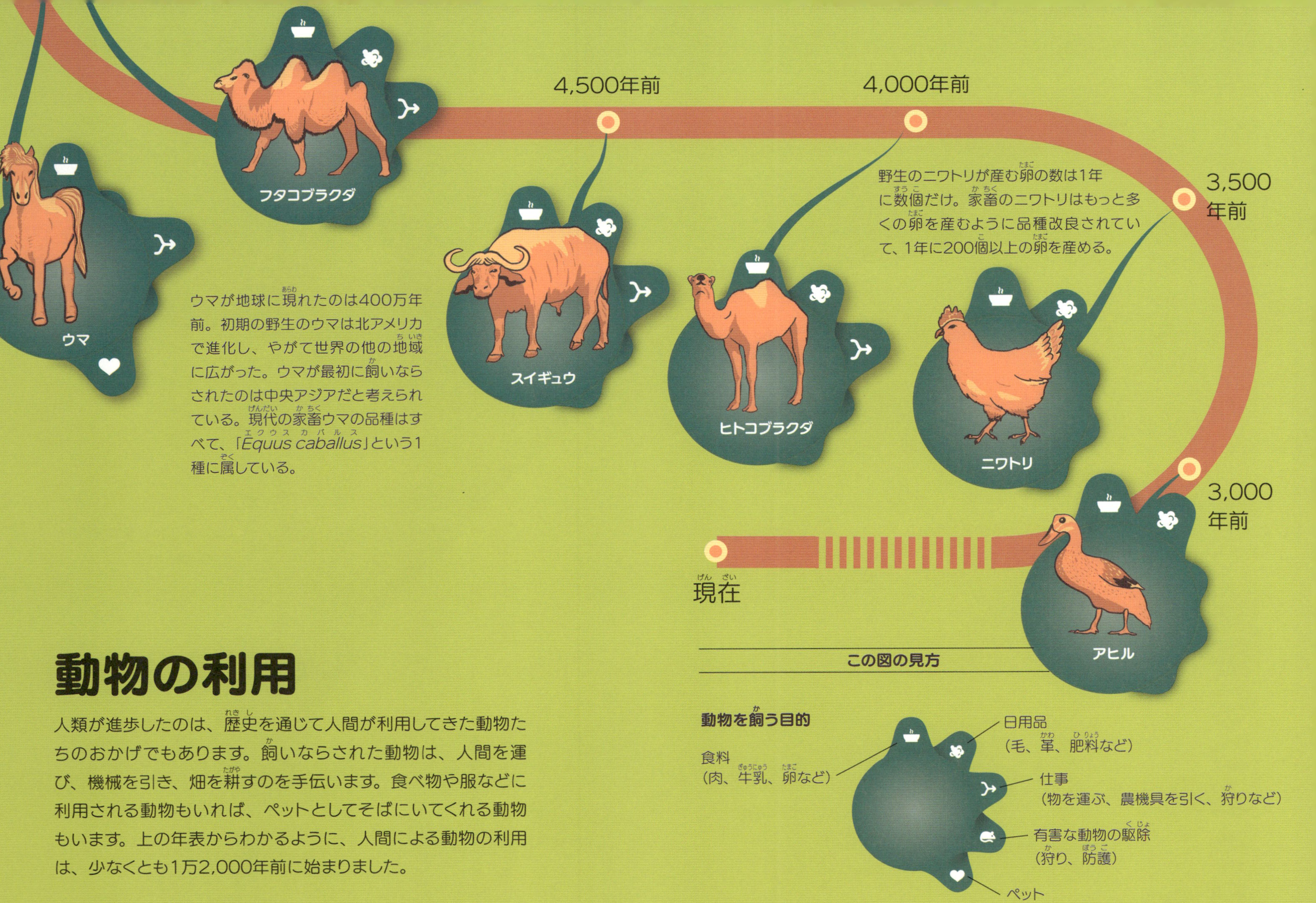

4,500年前
4,000年前
3,500年前
3,000年前
現在
ウマ
フタコブラクダ
スイギュウ
ヒトコブラクダ
ニワトリ
アヒル
ウマが地球に現れたのは400万年前。初期の野生のウマは北アメリカで進化し、やがて世界の他の地域に広がった。ウマが最初に飼いならされたのは中央アジアだと考えられている。現代の家畜ウマの品種はすべて、「Equus caballus」という1種に属している。
野生のニワトリが産む卵の数は1年に数個だけ。家畜のニワトリはもっと多くの卵を産むように品種改良されていて、1年に200個以上の卵を産める。
この図の見方
動物を飼う目的
食料
（肉、牛乳、卵など）
日用品
（毛、革、肥料など）
仕事
（物を運ぶ、農機具を引く、狩りなど）
有害な動物の駆除
（狩り、防護）
ペット

動物の利用

人類が進歩したのは、歴史を通じて人間が利用してきた動物たちのおかげでもあります。飼いならされた動物は、人間を運び、機械を引き、畑を耕すのを手伝います。食べ物や服などに利用される動物もいれば、ペットとしてそばにいてくれる動物もいます。上の年表からわかるように、人間による動物の利用は、少なくとも1万2,000年前に始まりました。

ニワトリの増加

世界人口がおよそ80億人まで増えるにつれ、家畜の数も増えました。現在地球上にはおよそ400億匹、人間1人当たり5匹の家畜がいます。ウシやヒツジなど家畜化された哺乳類は、今では野生の哺乳類の数をはるかに上回ります。このように、人間活動は地球上の生命のバランスに重大な影響をあたえているのです。

ニワトリの数

アメリカ人は1年間に平均23羽のニワトリ（とブタ3分の1頭とウシ10分の1頭）を食べます。よりたくさんの食肉がとれるように、多くのニワトリは野生のニワトリよりも大きく早く育つように品種改良されています。

この図の見方

このグラフは、過去60年間に世界の家畜がどのように増えたかを表している。すべてのグループのうち、**家禽**（ニワトリ、アヒル、シチメンチョウ）の数が最も増え、現在の数は1960年代の8倍だ。

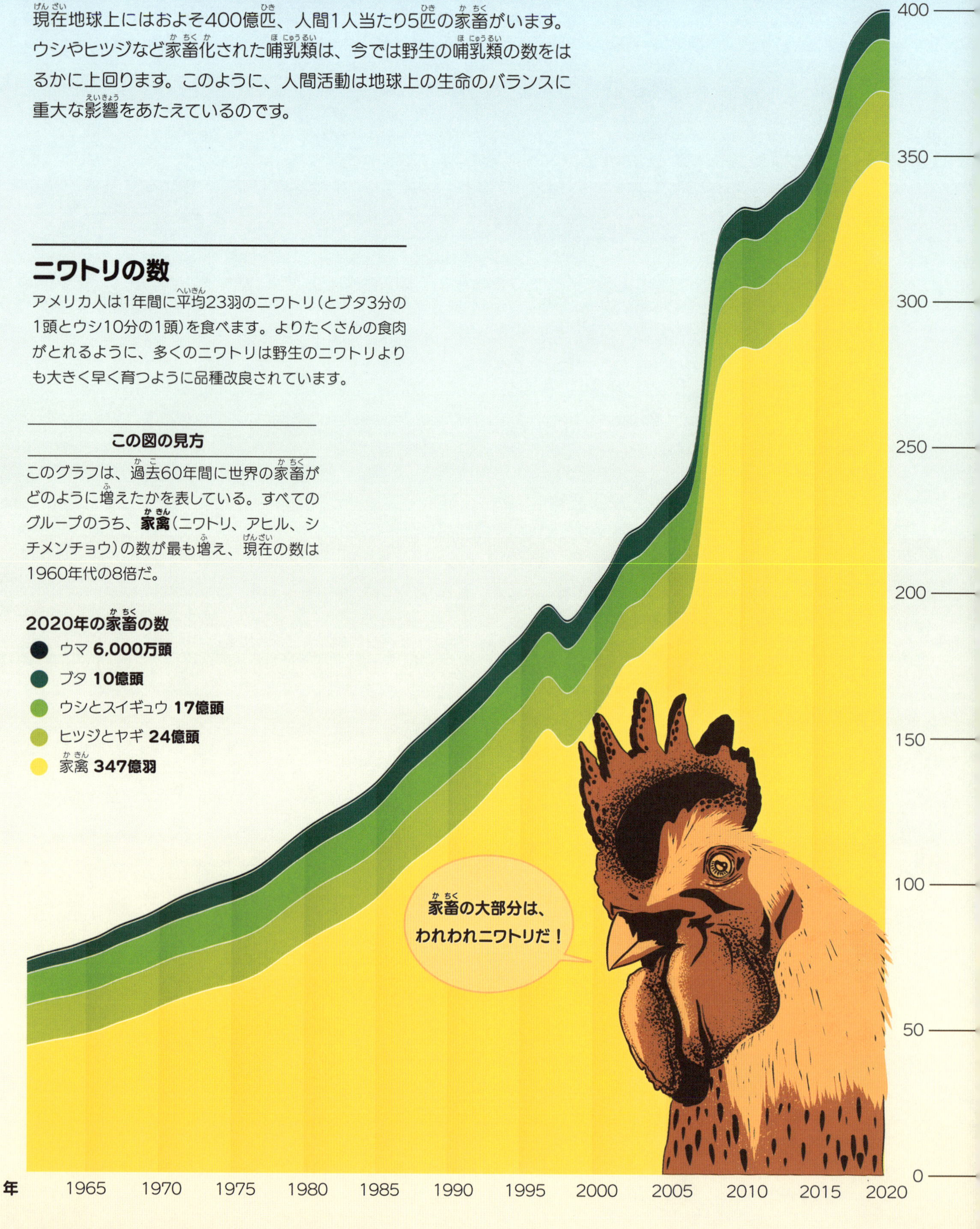

2020年の家畜の数

- ウマ **6,000万頭**
- ブタ **10億頭**
- ウシとスイギュウ **17億頭**
- ヒツジとヤギ **24億頭**
- 家禽 **347億羽**

世界の家畜の数

億頭／億羽

400
350
300
250
200
150
100
50
0

年 1965 1970 1975 1980 1985 1990 1995 2000 2005 2010 2015 2020

家畜の大部分は、
われわれニワトリだ！

食用の肉

より豊かで発展した国では特に、人口が増えるにつれ食肉の需要が高まります。右のイラストは、世界中の農場で1年間に生産される食肉のおおよその量を表したもの。ウシなど大型の家畜は、ニワトリなどの小さな動物よりも、1頭当たりの生産量が多くなります。

世界の食肉の生産量

t(トン)

ウマ
100万 t

ヒツジとヤギ
1,600万 t

ウシとスイギュウ
7,200万 t

ブタ
1億1,000万 t

家禽
(ニワトリ、アヒル、シチメンチョウ)
1億3,300万 t

体重

地球上の家畜化された哺乳類(ペットをふくむ)の総体重は、野生の哺乳類の総体重の15倍です。

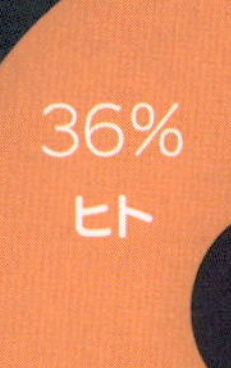
4%
野生の哺乳類
36%
ヒト
60%
家畜化された哺乳類

すべての哺乳類に対する割合
%

オウギワシ
巨木層
オナガサイチョウ
アカガオ
クロクモザル
林冠
クロミズカキ
トビアオガエル
オニオオハシ
モルフォ
チョウ
低木層
マレーグマ
ジャガー
林床
ピラニア・
ナッテリー

多くの科学者は熱帯雨林を「巨木層」「林冠」「低木層」「林床」の4つの層に分ける。利用できる日光と水の量がちがうため、異なる層ができるのだ。熱帯雨林ではこんな動物たちに出会うかもしれない。

熱帯雨林の生き物

驚くほど多様な生物がくらす熱帯雨林は、地球のかけがえのない、重要な生息地の1つです。地球の陸地のわずか6%であるにもかかわらず、動植物の半分以上の種が熱帯雨林でくらしています。

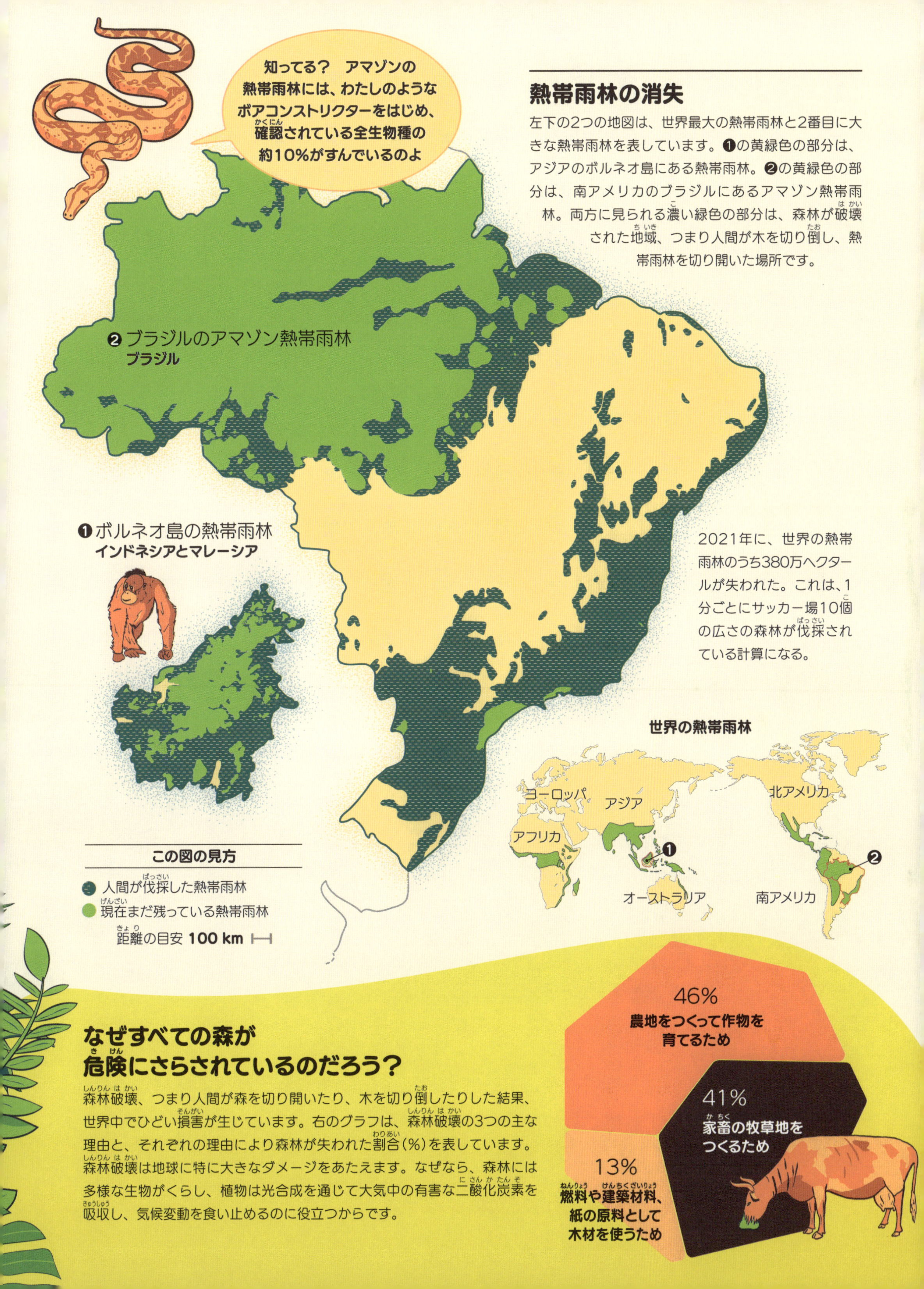

知ってる？ アマゾンの熱帯雨林には、わたしのようなボアコンストリクターをはじめ、確認されている全生物種の約10％がすんでいるのよ
❷ブラジルのアマゾン熱帯雨林
ブラジル
❶ボルネオ島の熱帯雨林
インドネシアとマレーシア
この図の見方
人間が伐採した熱帯雨林
現在まだ残っている熱帯雨林
距離の目安 100 km
世界の熱帯雨林
ヨーロッパ
アジア
北アメリカ
アフリカ
オーストラリア
南アメリカ
46%
農地をつくって作物を育てるため
41%
家畜の牧草地をつくるため
13%
燃料や建築材料、紙の原料として木材を使うため

熱帯雨林の消失

左下の2つの地図は、世界最大の熱帯雨林と2番目に大きな熱帯雨林を表しています。❶の黄緑色の部分は、アジアのボルネオ島にある熱帯雨林。❷の黄緑色の部分は、南アメリカのブラジルにあるアマゾン熱帯雨林。両方に見られる濃い緑色の部分は、森林が破壊された地域、つまり人間が木を切り倒し、熱帯雨林を切り開いた場所です。

2021年に、世界の熱帯雨林のうち380万ヘクタールが失われた。これは、1分ごとにサッカー場10個の広さの森林が伐採されている計算になる。

なぜすべての森が危険にさらされているのだろう？

森林破壊、つまり人間が森を切り開いたり、木を切り倒したりした結果、世界中でひどい損害が生じています。右のグラフは、森林破壊の3つの主な理由と、それぞれの理由により森林が失われた割合（％）を表しています。森林破壊は地球に特に大きなダメージをあたえます。なぜなら、森林には多様な生物がくらし、植物は光合成を通じて大気中の有害な二酸化炭素を吸収し、気候変動を食い止めるのに役立つからです。

エネルギー資源

数百年にわたり、人間は石油、石炭、ガスなどの化石燃料を燃やして熱と電気を生み出してきました。しかし、化石燃料はいつか使い果たされてしまうだけでなく、化石燃料を燃やすと、有害な物質の放出によって大気が汚染され、地球が温まって気候変動の原因になります。そのため、このような燃料に頼ることをやめなければなりません。幸いなことに、太陽光や風力その他の再生可能なエネルギー資源は、大気に有害な影響をあたえずに、電気をつくることができます。

石炭
4万4,473 TWh
くだけやすい黒い石で、
燃やして電気をつくることができる。

石油
5万1,170 TWh
地下深くで見つかる液体。
熱源として使われる他、
石油を精製してつくったガソリンは
自動車や飛行機などの
乗り物の動力源になる。

再生不能エネルギー資源

6万 5万 4万 3万 2万 1万 0

再生可能エネルギー資源

世界のエネルギー生産量
TWh(テラワット時)

在来型バイオマス
1万1,111 TWh
木材、穀物の他、動物のふんでさえ、
燃やして熱や電気をつくることができる。
この過程で代表的な温室効果ガスである
二酸化炭素が排出されるが、
新しいバイオマス植物が成長し、
大気中の二酸化炭素を吸収するため、
全体として見れば二酸化炭素量は増えない。

水力
1万1,183 TWh
川をダムでせき止めたり、
海の波や潮の満ち干の
エネルギーを利用したりして、
水の自然な運動から電気を
つくり出す。

ネットゼロ

気候変動による最悪の影響からわたしたちの住む地球を守るため、温室効果ガスの排出量「ネットゼロ」の実現を約束する国が増えています。「ネットゼロ」とは、人間活動によって排出される温室効果ガスの量と、大気中からとりのぞかれる温室効果ガスの量がちょうどバランスがとれ、差し引きゼロになるという意味です。

ガス

4万375 TWh

地下からとり出される燃料で、
燃やして熱源としたり
電気をつくったりできる。

原子力

7,031 TWh

燃料中の放射性元素(ウラニウムなど)が
放出する熱エネルギーを利用して、
電気をつくる。
原子力エネルギーは温室効果ガスを
排出しないが、再生不能な燃料を
動力としているため、
再生不能エネルギーに分類されている。
また、電力を生産する過程で、
副産物として危険な放射性廃棄物を
排出する。

風力

4,872 TWh

大きな風力発電機を
建てることにより、
風のエネルギーを
利用する。

太陽光

2,702 TWh

ソーラーパネルは太陽光の
エネルギーから直接電気を
つくることができる。

未来の燃料

「ネットゼロ」の目標を達成するためには、石炭、ガス、石油から得られるエネルギーの割合を減らし、その代わりに太陽光、風力、水力を利用したエネルギーの割合を増やしていく必要があります。

発電の割合

%

再生不能エネルギー資源

71%
39%
16%
12%
2020
2030
2040
2050

石炭、ガス、石油の
利用は減ると
予測され……

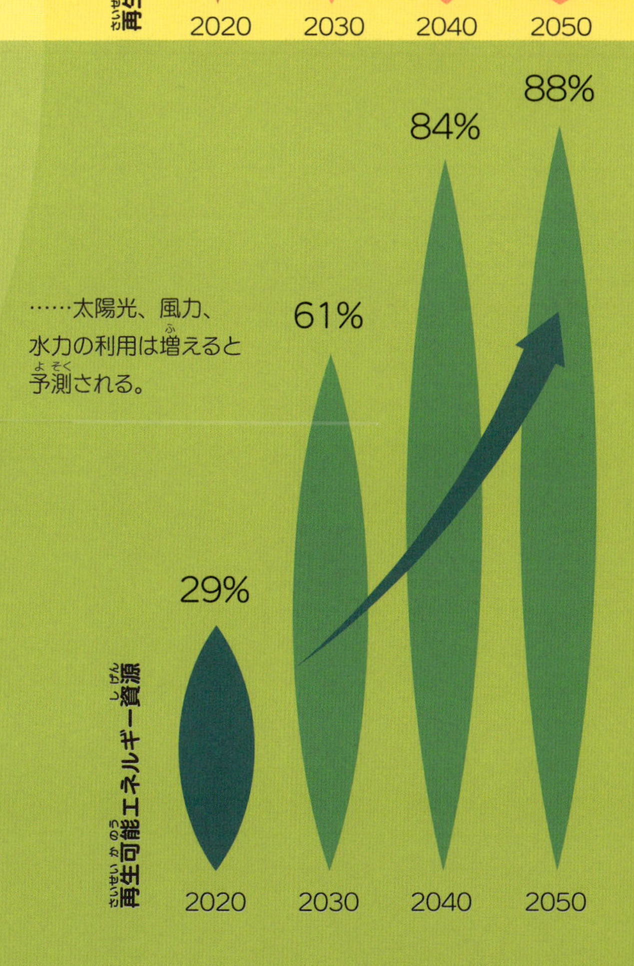
……太陽光、風力、
水力の利用は増えると
予測される。
88%
84%
61%
29%
再生可能エネルギー資源
2020
2030
2040
2050

1950 1980 2010

地球の気温の変化

これはエド・ホーキンス教授が作成した有名な図で、1850年以降の地球の気温の変化を表したものです。各年の気温を1971年から2000年の地球の平均気温とくらべ、縞模様の1本1本で表しています。青系の縞は平均より涼しかった年、赤系の縞は平均より暖かかった年。明らかにここ20年間で赤い縞に移り変わっていて、心配されている近年の地球の平均気温の上昇が見てとれます。

縮小する氷

北極では地球上で最も速く温暖化が進み、世界の他の地域の4倍近いスピードで気温が上昇しています。北極の海氷は、毎年夏になるととけて「年最小値」と呼ばれる大きさになり、寒い季節に海が凍るとふたたび大きくなります。この地図は、現在の北極の海氷の年最小値が、40年前（地図の赤線で示された部分）とくらべてどれほど小さくなっているかを表しています。

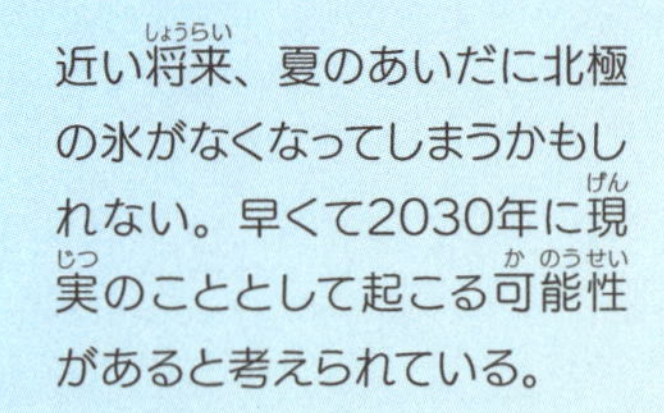

近い将来、夏のあいだに北極の氷がなくなってしまうかもしれない。早くて2030年に現実のこととして起こる可能性があると考えられている。

氷がとけたら、
食べ物をさがすために
遠くまで泳いでいかない
といけないわ

太平洋

縮小する北極の海氷

上の段の地図は、1979年以降の北極の海氷の年最小値を示したものです。下の段の白いグラフは、同じ時期に北極の海氷におおわれていた総面積を表しています。

各年の北極の海氷の年最小値

1979

1984

1989

1994

690　643　691　696

1979年に北極の海氷におおわれていた面積はほぼ700万 km^2。

1979　1984　1989　1994

地球上で氷に広くおおわれているところは2か所ある。北極は海氷に、南極は氷床(ひょうしょう)におおわれている。

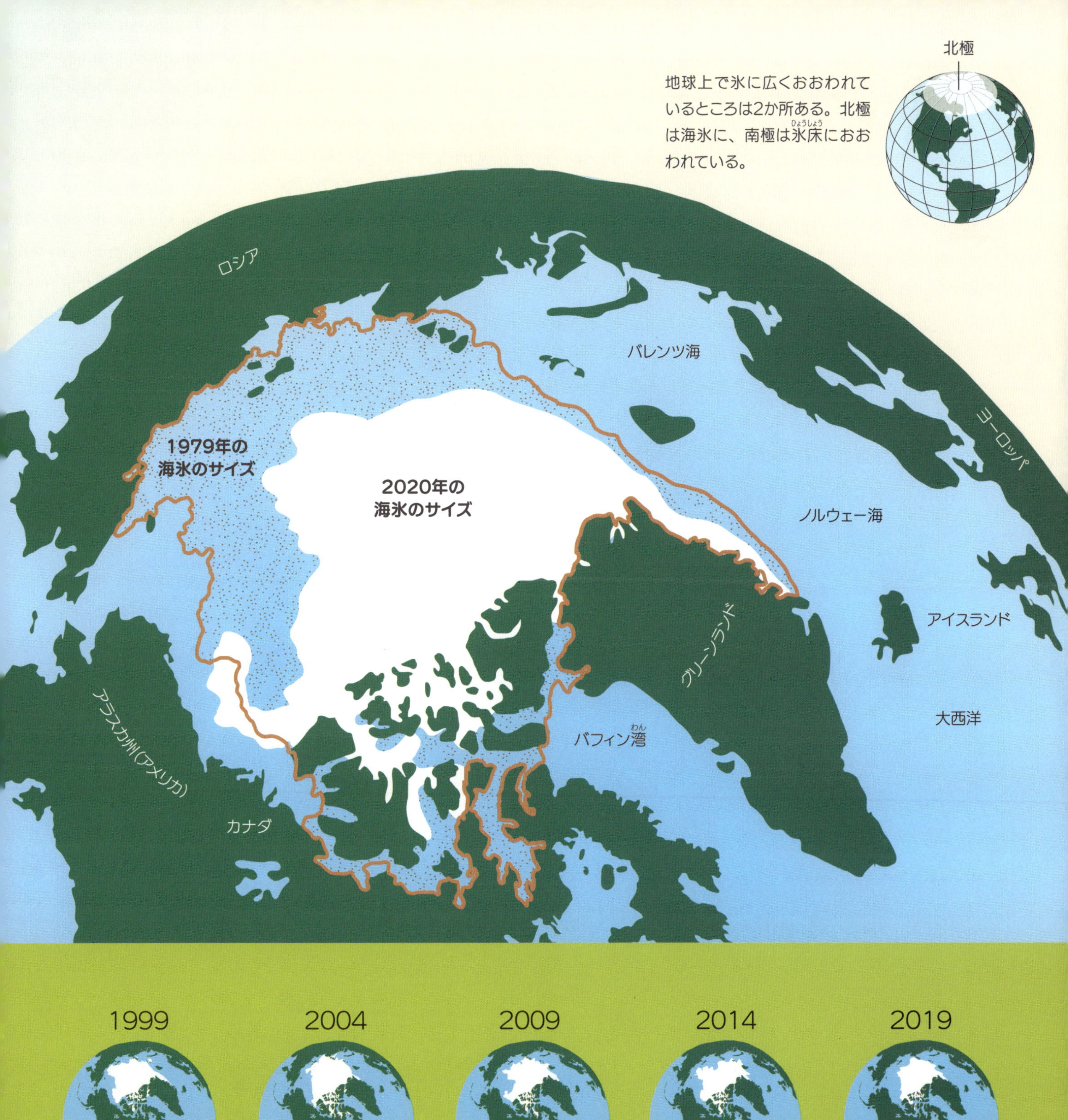
北極
ロシア
バレンツ海
ヨーロッパ
1979年の
海氷のサイズ
2020年の
海氷のサイズ
ノルウェー海
グリーンランド
アイスランド
アラスカ州(アメリカ)
大西洋
バフィン湾(わん)
カナダ

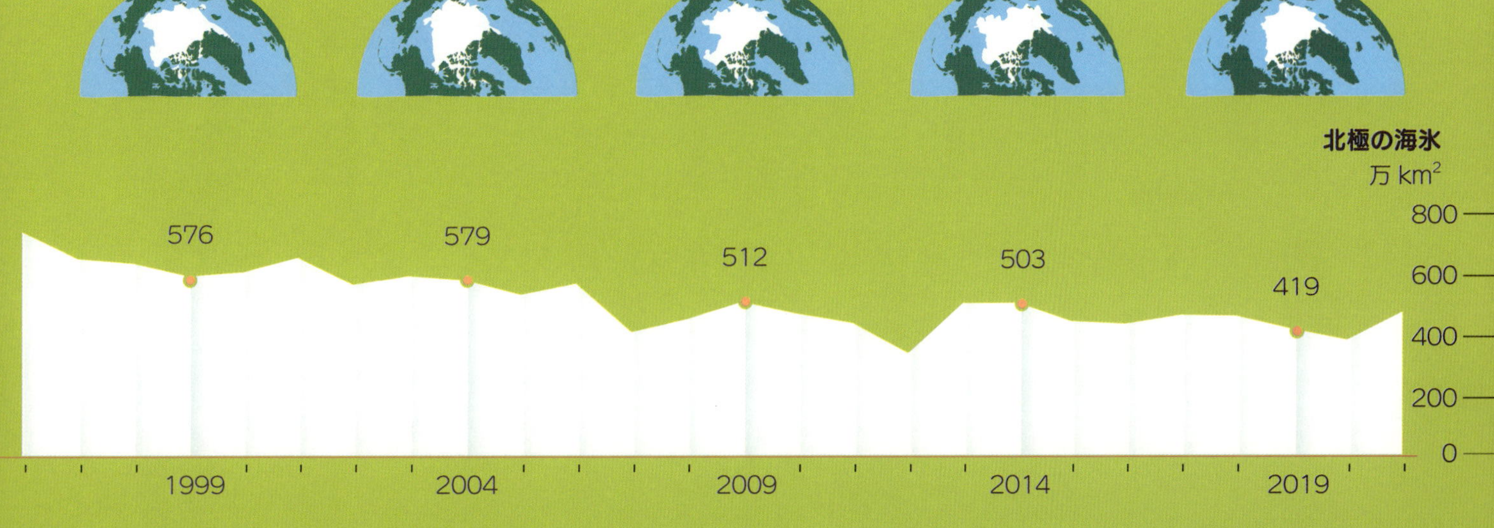
1999
2004
2009
2014
2019
北極の海氷
万 km²
800
600
400
200
0
576
579
512
503
419
1999
2004
2009
2014
2019

危機にある動物たち

気候変動と人間活動が原因で、現在2万5,000種以上の動物が絶滅の危機にさらされています。このような種を「絶滅危惧種」と呼びます。幸いなことに、保護活動のおかげで個体数が回復に向かっているものもあります。

絶滅危惧種

この図は、さまざまな野生動物の推定個体数と、その数が減少しているのか、あるいは増加しているのかを表しています。小さくえがかれているほど、残っている数が少ない動物です。個体数だけでなく、個体数の減少が複数の世代にわたっているか、生育地が失われているかなど、科学者はいくつかの要因を考慮して絶滅危惧種のカテゴリーを判定します。

31万6,000
ニシゴリラ
ニシゴリラは3世代（66年）のあいだに個体数が80%以上も減少した。

絶滅寸前

1,000
メキシコサンショウウオ

1万4,000
スマトラオランウータン

絶滅危惧

3,200
トラ

41万5,000
アフリカゾウ
（マルミミゾウをふくむ）
アフリカのサバンナと森林におけるゾウの個体数は3世代（75年）のあいだに60%減少した。

危急

3万9,000
ライオン

6万8,000
キリン

準絶滅危惧

1万
シロサイ

51万3,000
コウテイペンギン
コウテイペンギンは、南極の海の氷が急速にとけているため、繁殖地が失われる恐れがあり、準絶滅危惧種に指定されている。

低危険

減少
このページの動物の個体数は**減少中**。

生物のグループ別のリスク

右の図はそれぞれの分類ごとに、現在絶滅の危機にある動物の割合を表しています。たとえば、カエルなどの両生類全体では、現在41％が絶滅の危機にあります。両生類は指標生物なので、この状況は特に心配です。指標生物は、環境汚染などの環境の変化による影響を非常に受けやすく、その個体数の減少は、生態系がダメージを受けていることを早い段階で知らせる合図だからです。

両生類
41%

サメとエイ
37%

サンゴ礁
33%

哺乳類
26%

爬虫類
21%

鳥類
13%

この図の見方

絶滅危惧種のカテゴリー

絶滅寸前
絶滅危惧

危急

準絶滅危惧
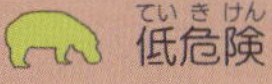
低危険

個体数は増加中か減少中か

減少
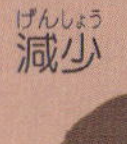
増加

安定

推定個体数

1,000
1万
10万
(四捨五入した数字)

次のページにぼくの写真があるよ

443
ブルーイグアナ

1,000
ジャイアントパンダ

1,000
キミミインコ

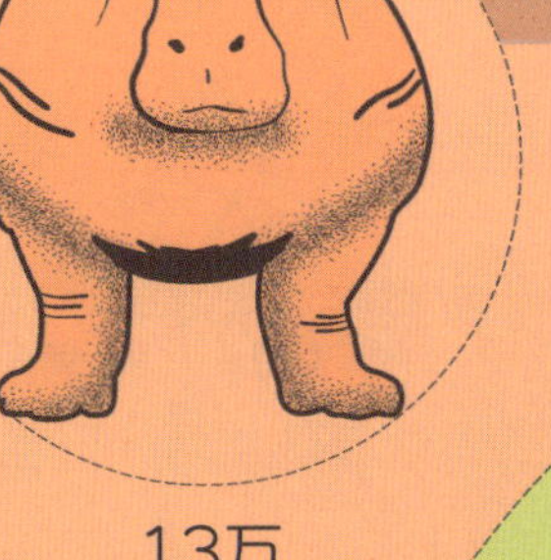
13万
カバ

8万1,000
トド

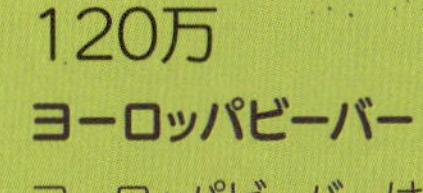
120万
ヨーロッパビーバー
ヨーロッパビーバーは、20世紀のはじめには1,200頭ほどしかいなかった。保護活動のおかげで今では120万頭くらいいる。

増加
このページの動物の個体数は安定または**増加中。**

保護活動の成果

ブルーイグアナは保護活動の成功例。この見事なイグアナはまだ絶滅危惧種ではあるものの、2000年代のはじめにわずか10～25匹だった個体数は、適切な保護活動のおかげで現在443匹まで回復しています。

約20
2000年の個体数

443
現在の個体数

=イグアナ10匹

専門家に聞いてみよう！

クリストファー・フェルナンデス博士

生態学者

生態学を研究したいと思ったのはいつですか？

わたしは昔からアウトドアが大好きで、気候や植物が驚くほど多様なカリフォルニア州で育ちました。植物と菌類のあいだに重要な関係があり、互いに助け合って栄養分を手に入れることを知って夢中になり、菌根菌を専門に研究することにしました。

生物についての好きな話は何ですか？

植物は空気中の炭素を利用して自分の食べ物をつくります。植物はこの炭素をすべて自分で使うのではなく、最大で20%まで、自分とつながっている菌類にあげることを知ってびっくりしました。このすばらしい例が示すように、地球上のあらゆる生き物は、複雑につながった仕組みの一部をつくり上げているのです。

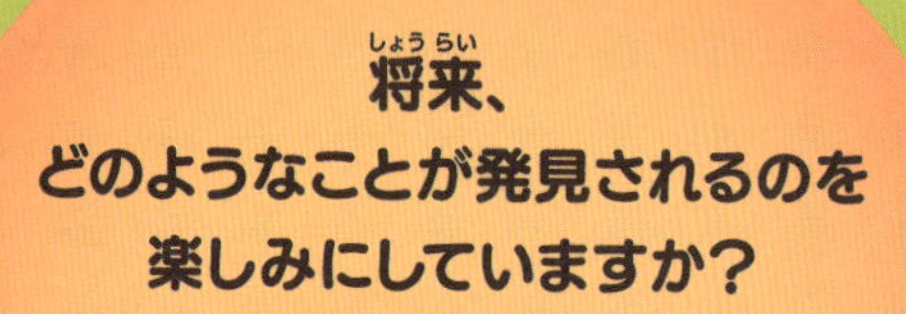

将来、どのようなことが発見されるのを楽しみにしていますか？

特にDNAシークエンシング（DNA塩基配列決定）の技術を使って、土の中にすむ小さな微生物を研究する方法が発達することに期待しています。こういうなぞに満ちた微生物が何をしているのかがわかれば、自然保護活動に大いに役立つでしょう。

あなたの仕事のいちばんの魅力は？

わたしの研究が自然界に関する知識を増やし、この知識と情熱を若い世代の科学者と毎日分かち合えることです。

クイズに挑戦！

問題の答えをこの章から見つけだそう。
正解はp.315にあるよ。

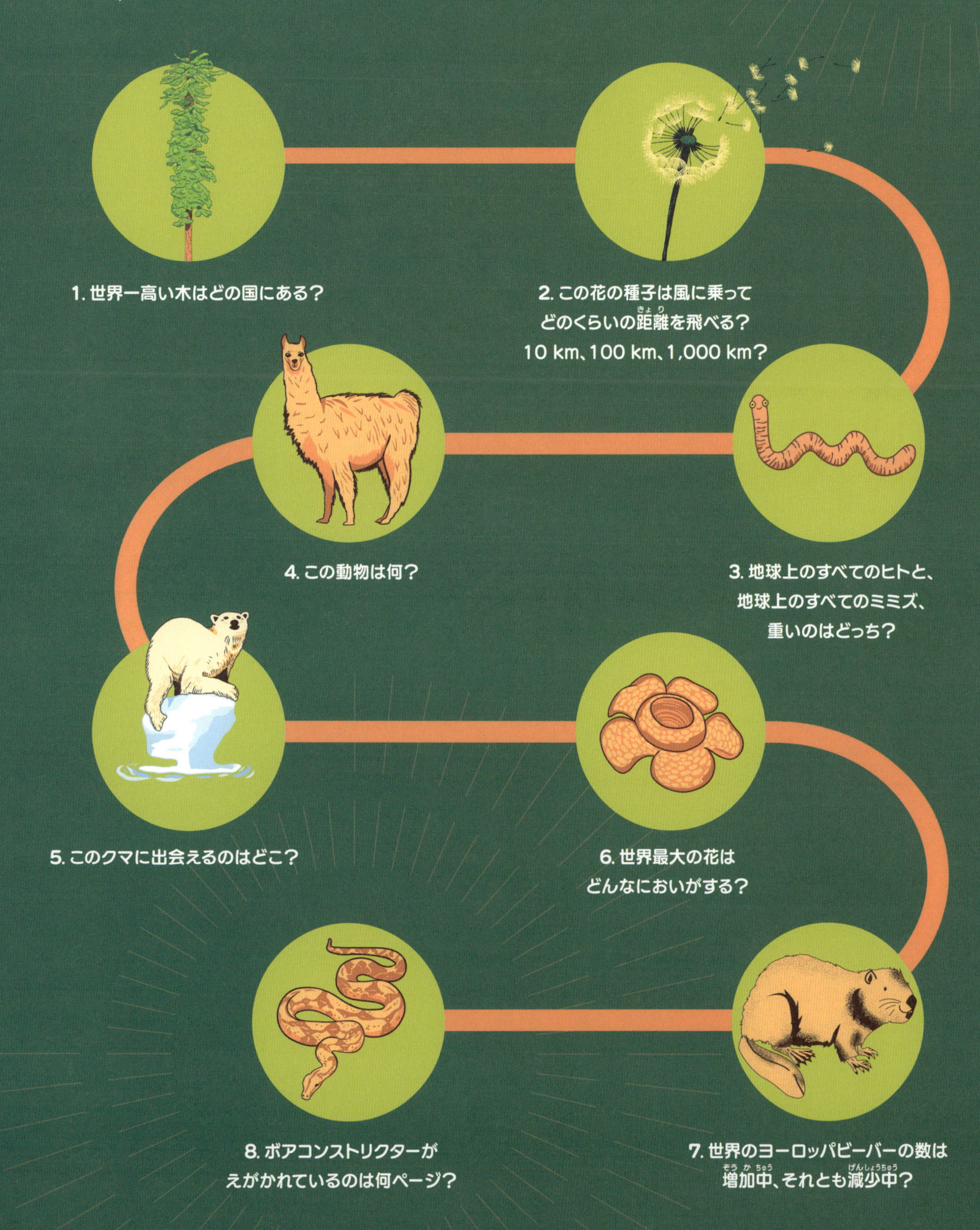
1. 世界一高い木はどの国にある？
2. この花の種子は風に乗って
どのくらいの距離を飛べる？
10 km、100 km、1,000 km？
3. 地球上のすべてのヒトと、
地球上のすべてのミミズ、
重いのはどっち？
4. この動物は何？
5. このクマに出会えるのはどこ？
6. 世界最大の花は
どんなにおいがする？
7. 世界のヨーロッパビーバーの数は
増加中、それとも減少中？
8. ボアコンストリクターが
えがかれているのは何ページ？

動物のいとなみ

地球上には35万から40万種の甲虫がいる。ということは、確認されている動物の4種に1種は甲虫なのだ！

存在が知られている動物は何種いるだろう？

これまでに科学者が特定し、命名した動物はおよそ160万種。その一方、全部でおよそ800万種の動物が存在すると推定されています。つまり地球のどこかにまだ確認されていない動物が数百万種もいて、発見されるのを待っているのです！

800万種

動物の推定総種数

地球上にはいったい何種の動物がいるのか、その総数はまだ科学的に解明されていない。800万種は1つの推定であり、もっと多いという説もある。科学者が命名する前に絶滅してしまう種があることが、総種数を確定できない理由の1つになっている。

800万種のうち、科学者が命名し記録した種は20%に満たない。

160万種

確認されている動物種

ほぼ150万種

無脊椎動物

「無脊椎動物」とは、背骨をもたない動物のこと。地球の動物のほとんどは無脊椎動物で、無脊椎動物のほとんど(ほぼ70%!)は昆虫だ。

ほぼ7万4,000種

脊椎動物

「脊椎動物」とは、背骨をもつ動物のこと。ヒトをふくむ哺乳類も脊椎動物だ。

小さな動物たち

あなたが今までに見たいちばん小さな動物は何でしょう？　たとえその動物がどんなに小さくても、このページの動物にくらべたら巨大なはず。かれらは地球で最小級の動物たちなのです。

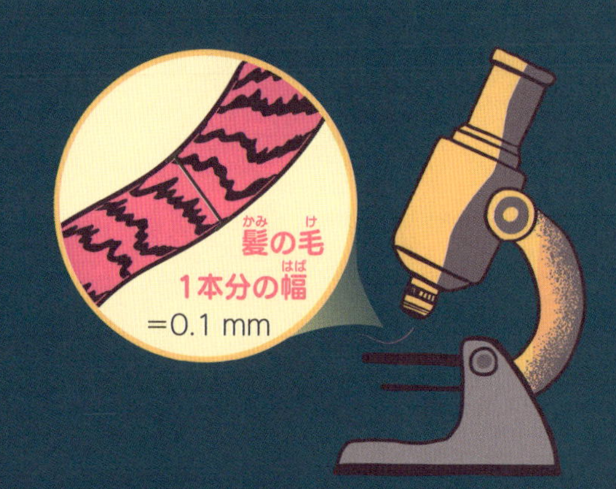

髪の毛
1本分の幅
=0.1 mm

大きさの目安　**0.1 mm**
イラストは100倍の拡大図

微小動物

もしこの動物たちが実物大でえがかれていたら、顕微鏡がないと見えません。そこで実物大ではなく、100倍に拡大しました。

寄生性のカリバチ

Dicopomorpha echmepterygis

0.14 mm
体長

確認されている昆虫の成虫としては最小。幼虫は他の昆虫の卵の中で餌を食べる。

髪の毛1本分の幅より少し大きい

海貝

Ammonicera minortalis

0.3 mm
直径

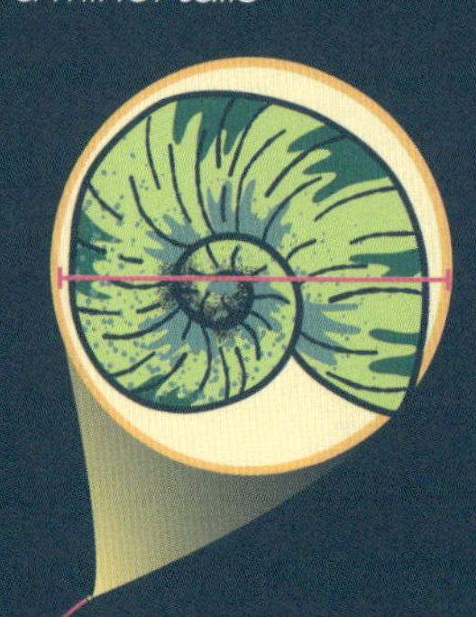

髪の毛3本分の幅

ウスイロユアギグモの仲間

Anapistula ataecina

0.43 mm
体長

ポルトガルのある一部の洞窟だけにすむ、ヨーロッパで最小のクモ。

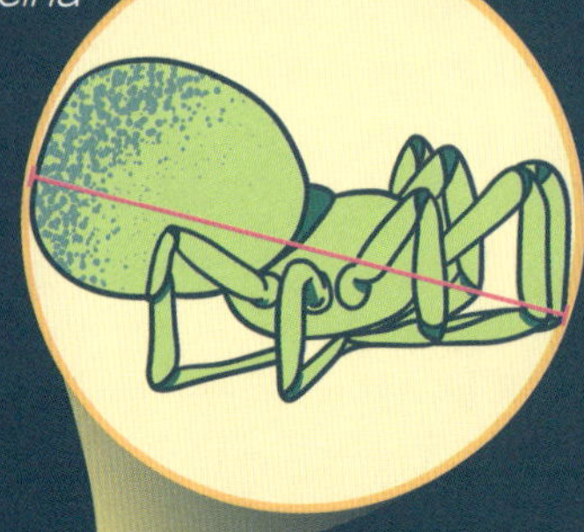

髪の毛4本分の幅より少し大きい

ベトナミーズ・ケイヴ・スネイル

Angustopila psammion

0.6 mm
直径

世界最小のカタツムリで、ベトナムの1つの洞窟だけで見つかっている。

髪の毛6本分の幅

クマムシ

緩歩動物門

1 mm
体長

この微小な動物は、砂漠から深海の熱水噴出孔まで、極端に厳しい環境でも生きられる。

髪の毛10本分の幅

確認されている最小の……

顕微鏡がなくても見える、とびっきり小さな動物を紹介しましょう。これらの動物は実物大でえがかれています。

大きさの目安 **1 cm**
イラストは実物大

最小の両生類
ヒメアマガエルの仲間
Paedophryne amauensis

0.8 cm
体長

このカエルはあまりにも小さい。科学者が熱帯雨林の地面の落ち葉と土を拾って袋につめ、その中身を注意深く確認したところ、袋の中で跳ねている小さなカエルが見つかった!

最小の魚
ドワーフ・ミノー(コイの仲間)
Paedocypris progenetica

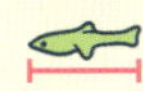

0.8 cm
体長

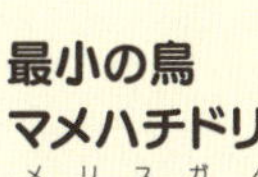

最小の鳥
マメハチドリ
Mellisuga helenae

5.5 cm
体長

最小の爬虫類
ナノ・カメレオン
Brookesia nana

1.4 cm
体長(尾をのぞく)

最小のヘビ
バルバドス・スレッドスネーク
(ホソメクラヘビの仲間)
Tetracheilostoma carlae

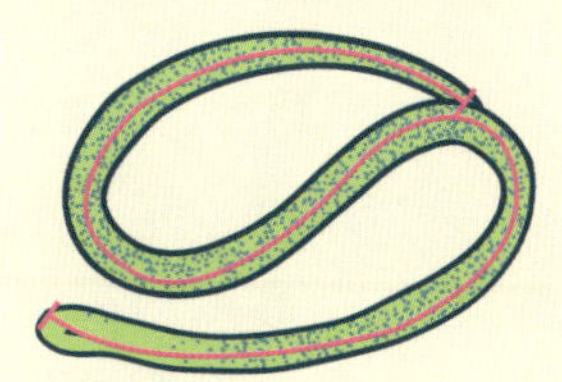

10 cm
のばしたときの長さ

最小の陸生哺乳類
コビトジャコウネズミ
Suncus etruscus

6 cm
体長(尾をふくむ)

13 cm
翼開長

最小の
飛行性哺乳類
キティブタバナコウモリ
Craseonycteris thonglongyai

このミニチュアのコウモリは、タイとミャンマーの限られた石灰洞だけで見られ、体重は2 g以下。

このページの動物の大きさをバナナとくらべてみよう!

陸と空の最大の動物

今日生きている動物の中で、世界一重い陸生動物はゾウ、世界一背の高い動物はキリンです。しかし、先史時代にはもっと大きな動物が地球上を歩き回り、空を飛んでいました。今生きているものも、大昔に絶滅したものもふくめて、巨大な動物たちがどれほど大きいかを、4ページにわたって見ていきましょう。

この図の見方

ピンクの線は体長または体高または翼開長を表す

大きさの目安　**1 m**

ピンクの円は体重を表す

体重 kg　100　1,000　10,000

現在生きている動物は緑と青でえがかれている。絶滅した動物は紫と茶でえがかれ、⊗の印がついている

現生する種

絶滅した種

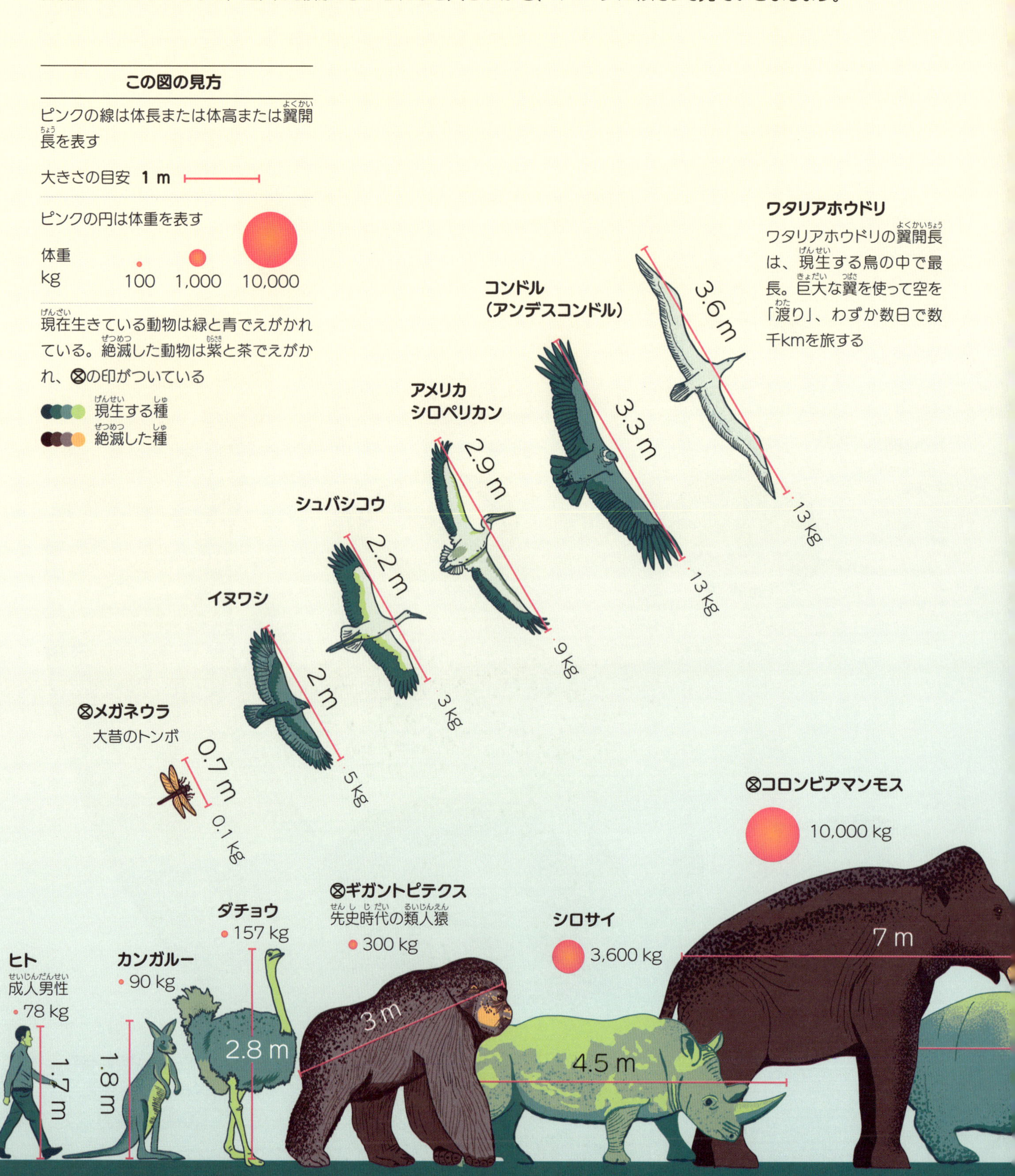

ワタリアホウドリ
ワタリアホウドリの翼開長は、現生する鳥の中で最長。巨大な翼を使って空を「渡り」、わずか数日で数千kmを旅する
3.6 m
13 kg
コンドル（アンデスコンドル）
3.3 m
13 kg
アメリカシロペリカン
2.9 m
9 kg
シュバシコウ
2.2 m
3 kg
イヌワシ
2 m
5 kg
⊗メガネウラ
大昔のトンボ
0.7 m
0.1 kg
⊗コロンビアマンモス
10,000 kg
7 m
シロサイ
3,600 kg
4.5 m
⊗ギガントピテクス
先史時代の類人猿
300 kg
3 m
ダチョウ
157 kg
2.8 m
カンガルー
90 kg
1.8 m
ヒト
成人男性
78 kg
1.7 m

ページをめくろう
⊗アルゲンタヴィス
先史時代の鳥で、これまでに
発見された飛行性の鳥で最大
⊗ケツァルコアトルス
翼竜類
⊗ペラゴルニス
先史時代の鳥
6.4 m
7 m
10 m
72 kg
40 kg
150 kg
キリン
1,930 kg
アフリカゾウ
6,048 kg
⊗パラケラテリウム
角はないがサイの親戚
20,000 kg
カバ
3,200 kg
5.5 m
7.4 m
7.3 m
5.1 m

⊗ハツェゴプテリクス
翼竜類
250 kg
12 m
39.7 m
⊗ティラノサウルス・レックス
獣脚類の恐竜
8,800 kg
13 m
⊗トリケラトプス
角竜類の恐竜
7,100 kg
8.5 m
12 m
オオアナコンダ
227 kg

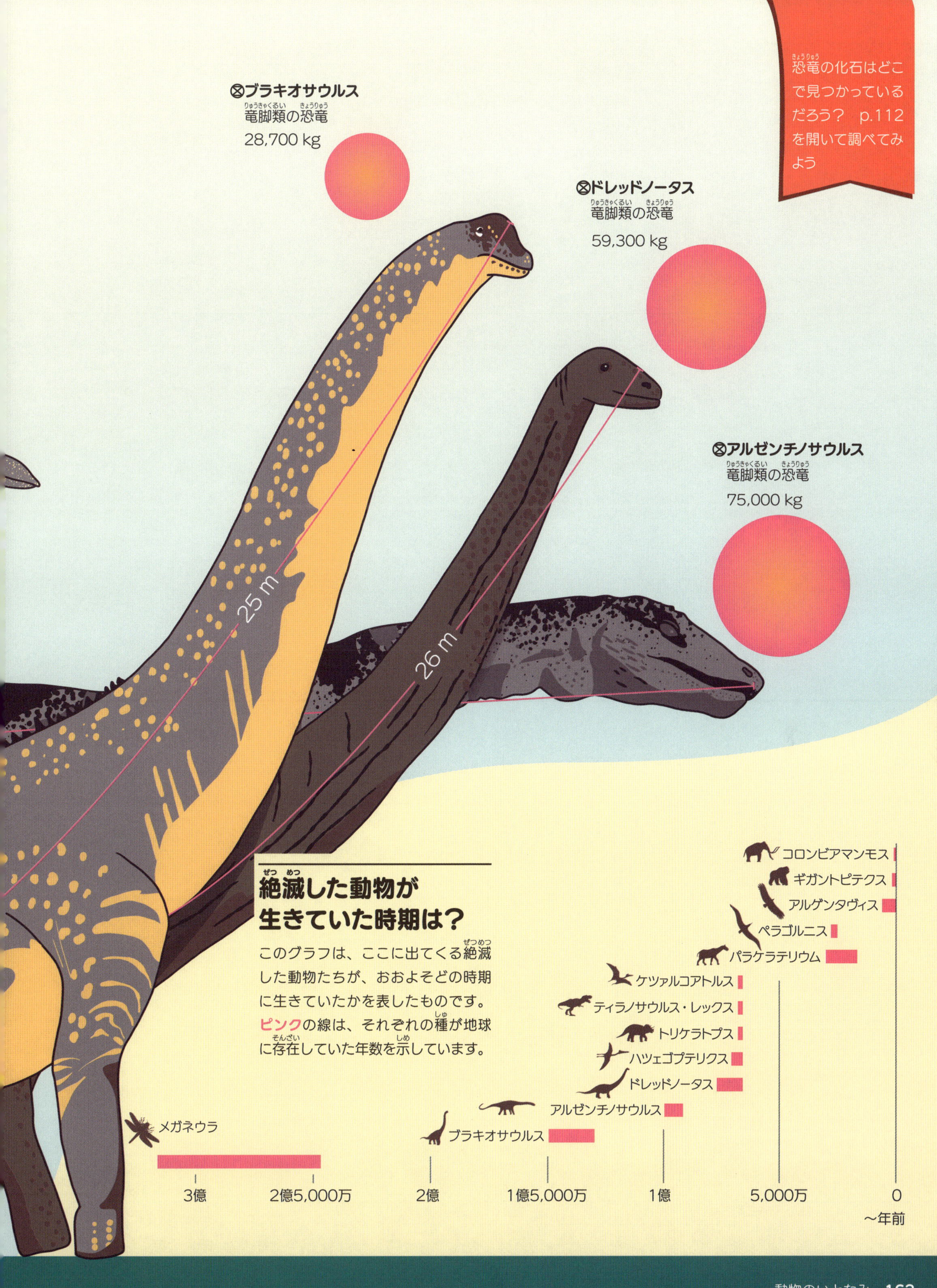

恐竜の化石はどこで見つかっているだろう？ p.112を開いて調べてみよう
⊗ブラキオサウルス
竜脚類の恐竜
28,700 kg
⊗ドレッドノータス
竜脚類の恐竜
59,300 kg
⊗アルゼンチノサウルス
竜脚類の恐竜
75,000 kg
25 m
26 m
絶滅した動物が生きていた時期は？
このグラフは、ここに出てくる絶滅した動物たちが、おおよそどの時期に生きていたかを表したものです。ピンクの線は、それぞれの種が地球に存在していた年数を示しています。
コロンビアマンモス
ギガントピテクス
アルゲンタヴィス
ペラゴルニス
パラケラテリウム
ケツァルコアトルス
ティラノサウルス・レックス
トリケラトプス
ハツェゴプテリクス
ドレッドノータス
アルゼンチノサウルス
ブラキオサウルス
メガネウラ
3億
2億5,000万
2億
1億5,000万
1億
5,000万
0
～年前

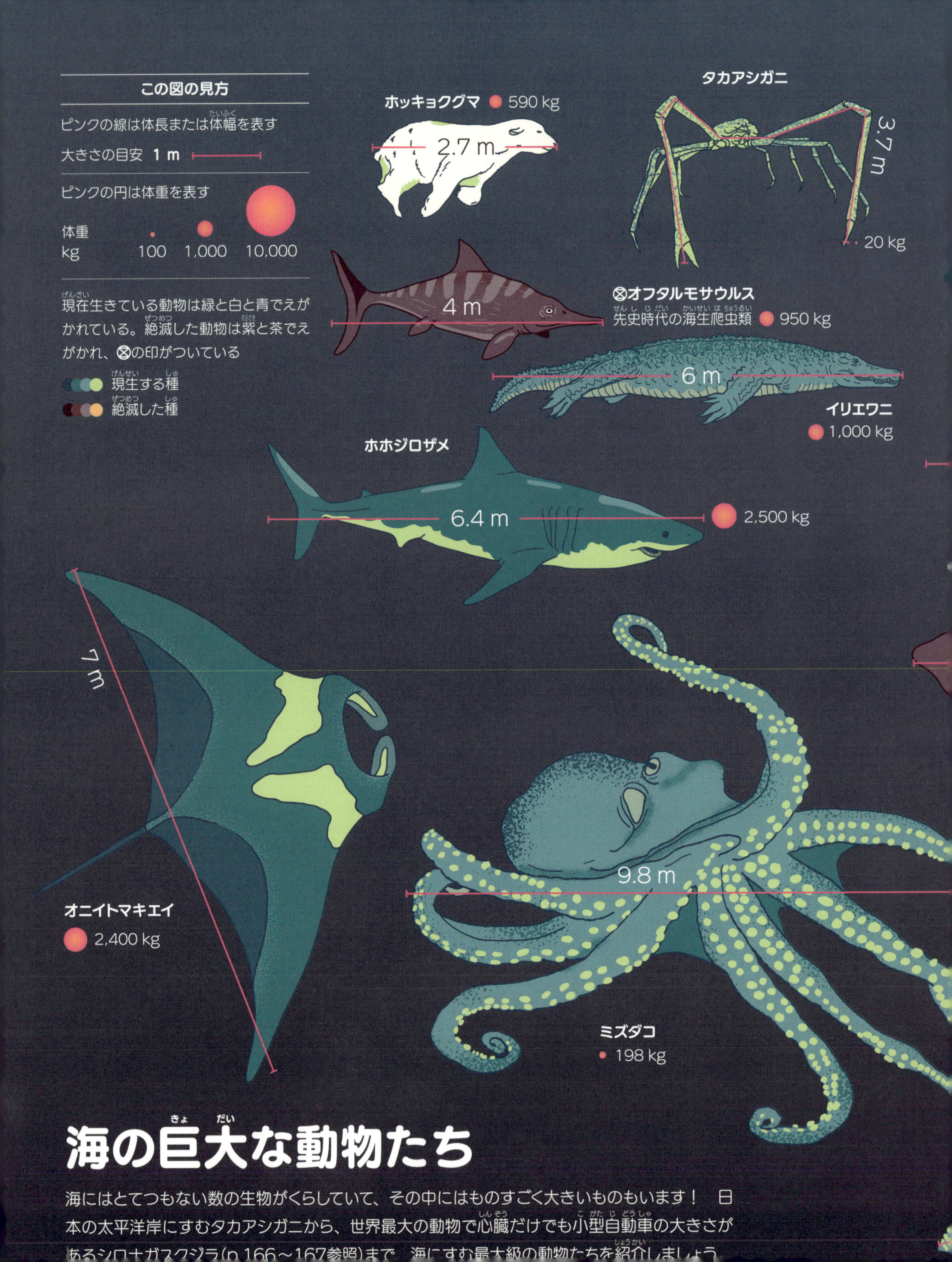
この図の見方
ピンクの線は体長または体幅を表す
大きさの目安 1 m
ピンクの円は体重を表す
体重
kg
100
1,000
10,000
現在生きている動物は緑と白と青でえがかれている。絶滅した動物は紫と茶でえがかれ、⊗の印がついている
現生する種
絶滅した種
ホッキョクグマ 590 kg
2.7 m
タカアシガニ
3.7 m
20 kg
4 m
⊗オフタルモサウルス
先史時代の海生爬虫類 950 kg
6 m
イリエワニ
1,000 kg
ホホジロザメ
6.4 m
2,500 kg
7 m
オニイトマキエイ
2,400 kg
9.8 m
ミズダコ
198 kg

海の巨大な動物たち

海にはとてつもない数の生物がくらしていて、その中にはものすごく大きいものもいます！　日本の太平洋岸にすむタカアシガニから、世界最大の動物で心臓だけでも小型自動車の大きさがあるシロナガスクジラ(p.166～167参照)まで、海にすむ最大級の動物たちを紹介しましょう。

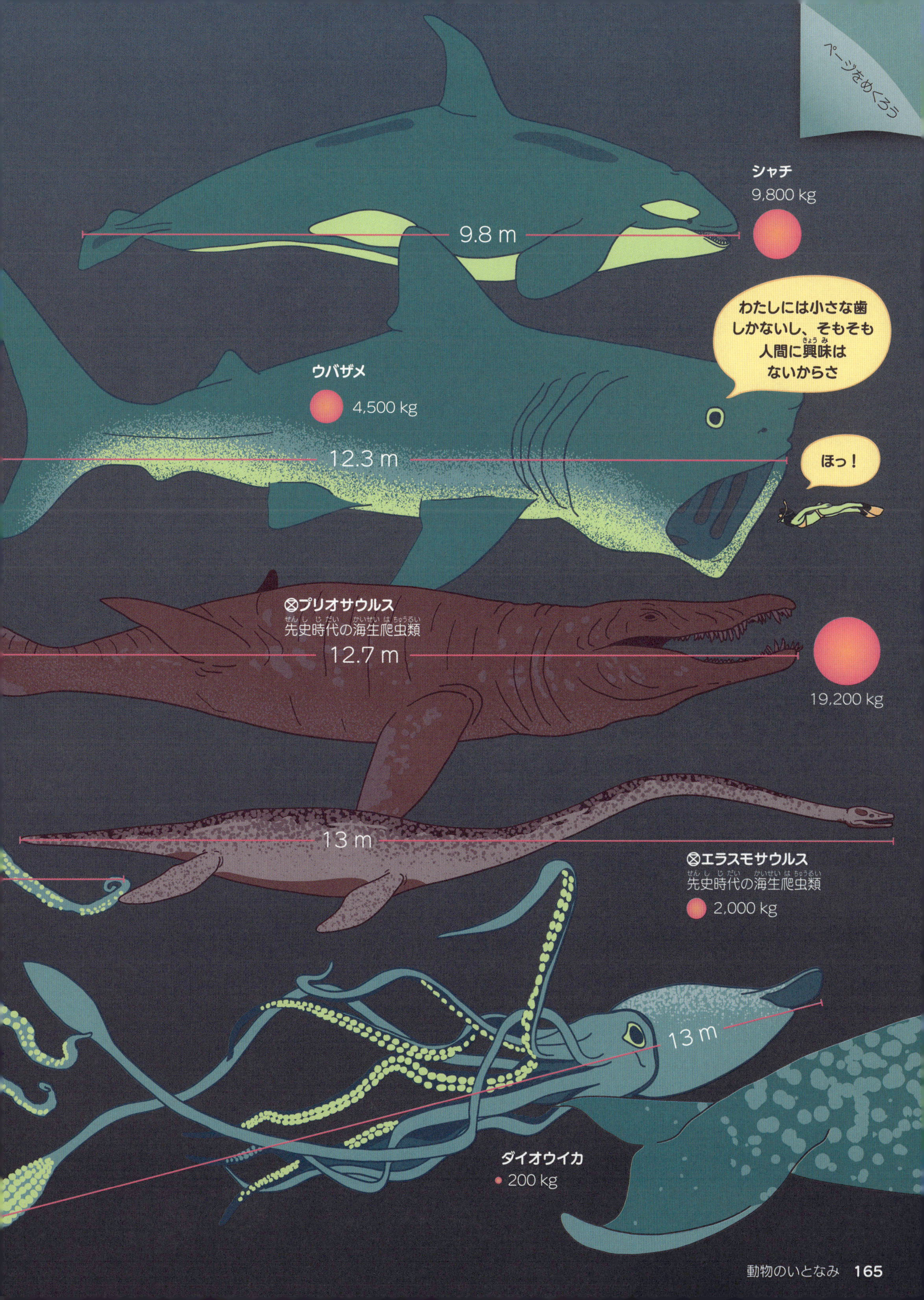
ページをめくろう
シャチ
9,800 kg
9.8 m
わたしには小さな歯
しかないし、そもそも
人間に興味は
ないからさ
ウバザメ
4,500 kg
12.3 m
ほっ！
⊗プリオサウルス
先史時代の海生爬虫類
12.7 m
19,200 kg
13 m
⊗エラスモサウルス
先史時代の海生爬虫類
2,000 kg
13 m
ダイオウイカ
200 kg

18.8 m
21 m
24 m
25 m
33 m

ジンベイザメ
14,000 kg
⊗シャスタサウルス
先史時代の海生爬虫類
80,000 kg
マッコウクジラ
40,000 kg
⊗メガロドン
先史時代のサメ
65,000 kg
シロナガスクジラ
150,000 kg

ほとんどの肉食動物は「裂肉歯」と呼ばれる歯をもち、上下の裂肉歯がハサミのように肉を切りさいたり、硬い腱を切ったりする。

夕飯のメニューは？

動物は食べ物によって3つに分類できます。他の動物の肉しか食べない動物を「肉食動物」といい、トラやサメ、猛禽類（タカ・トビ・フクロウなど）などがふくまれます。植物や藻類しか食べない動物を「草食動物」といい、ゾウ、リクガメ、チョウなどがふくまれます。肉と植物の両方を食べる動物を「雑食動物」といい、クマ、サル、リス、ブタ、ヒトなどがふくまれます。

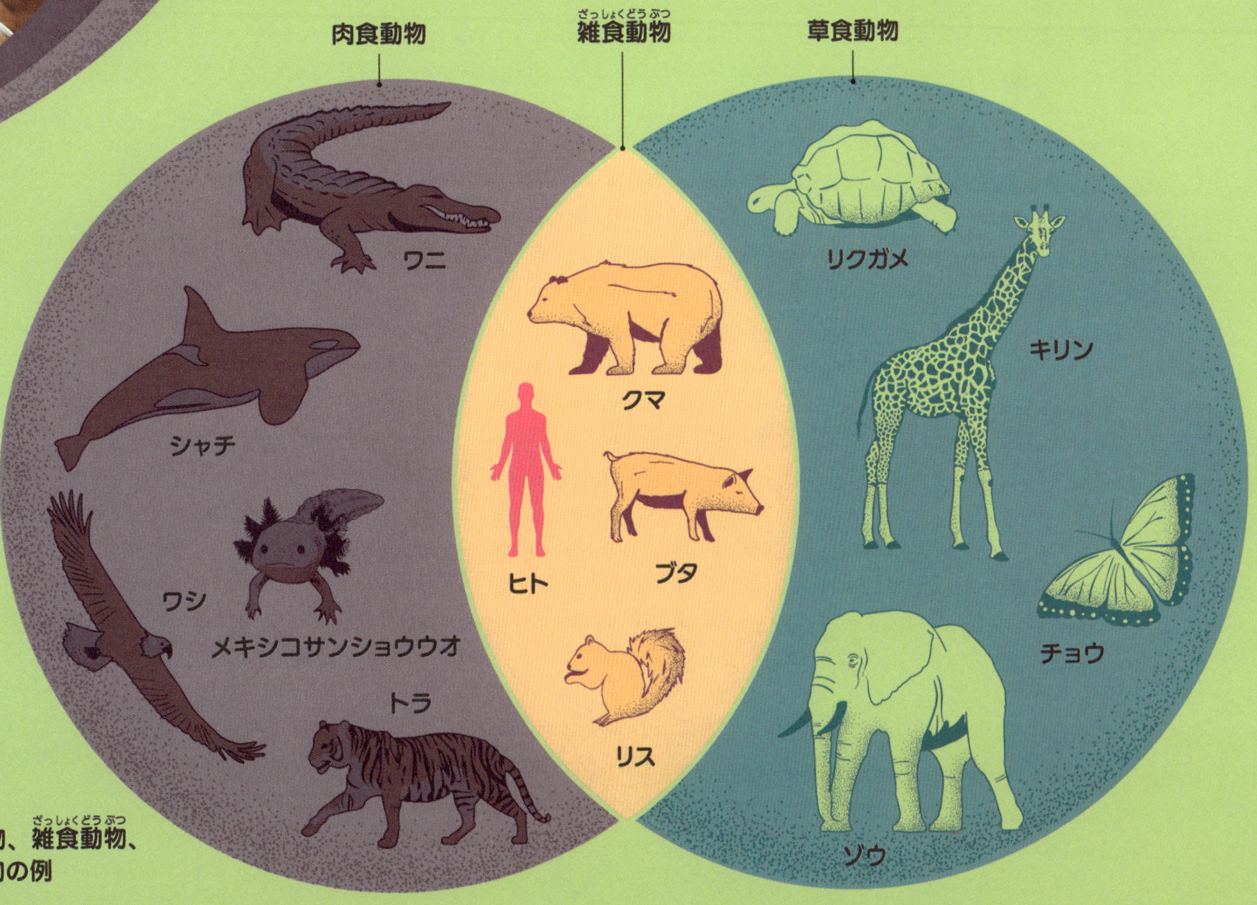

肉食動物
雑食動物
草食動物

ワニ
シャチ
ワシ
メキシコサンショウウオ
トラ

クマ
ヒト
ブタ
リス

リクガメ
キリン
チョウ
ゾウ

肉食動物、雑食動物、草食動物の例

入れたものは……出さなくちゃ！

すべての動物は、食べたものからたんぱく質や炭水化物、脂肪、ビタミンを吸収します。しかし、食べ物には役に立たないものもふくまれているため、ふんをしていらないものを体の外に出すのです。大きな動物は小さな動物よりも、生きるために多くのエネルギーと栄養分が必要なので、たくさん食べます。だから、ふんも大きいのです！

ふんの法則

ふんの大きさや形、量はさまざまですが、ネコからゾウまで、ほとんどの哺乳類がふんを出すのにかかる時間は、平均12秒です。

わたしたちウサギは
干し草や葉っぱの他に、
自分のふんも食べるのよ！
つまり、食べ物を2回消化して、
さらに栄養分を吸収できる
ってこと！

90 g 食べ物　ウサギ　100 g ふん

ヒト

1日に食べる食べ物の重さ 1.3 kg

1日に排出するふんの重さ 128 g

この図の見方

左側の黄色い山は、1日に平均してどれだけ**食べる**か、右側のピンクの山はどれだけ**ふんをする**かを表す

5 kg　ライオン　650 g

10 kg
1 kg
100 g
10 g

世界最大のふん！

世界最大の動物であるシロナガスクジラは、ふんも最大。シロナガスクジラがふんをするところを運よく観察できた科学者によると、イヌのふんに似たにおいがして、パンくずみたいな硬さだったそうです。

シロナガスクジラは1日に**3,600 kg**以上のオキアミを食べる。

オキアミ

ぼくの食べ物は
99%が竹で、
いちばん多いときで
1日40回
ふんをするよ！
23 kg
ジャイアントパンダ
23 kg
アフリカゾウ
150 kg
150 kg
ウサギやパンダ、ゾウなど、繊維質が豊富なものを食べる動物は、たくさん消化するのがむずかしいので、食べたもののほとんどが他の不要物といっしょにふんになって出てくる！
シロナガスクジラは、一度に**200 L**のふんを排出できる。そのふんは飛行機から目視できるほど大きい。

50 cm
キリン
0.1倍＝舌の長さは
体長の10分の1
カバ
0.1倍
36 cm
マレーグマ
0.2倍
25 cm
オオセンザンコウ
0.2倍
25 cm
ヨーロッパアオゲラ
0.3倍
10 cm
オオアリクイ
0.3倍
60 cm
1日に3万匹の
シロアリを
たいらげるよ！
ハナナガヘラコウモリの仲間
1.5倍
8.5 cm
ロゼット・ノーズド・カメレオン
2.5倍
11.6 cm
体長に対する舌の長さ
舌の長さ cm
この図の見方
体長に対する舌またはしっぽの長さ：
1倍＝体長（しっぽをのぞく）の1倍
大きさの目安 10cm

舌としっぽ

サルみたいにくるっとカールしたしっぽがあったら？ アリクイみたいに長い舌をもっていたら？ 多くの動物は、獲物を捕まえる、バランスをとるといった動きを舌やしっぽを使って行います。このページでは、動物界で最大・最長の舌としっぽを見ていきましょう。

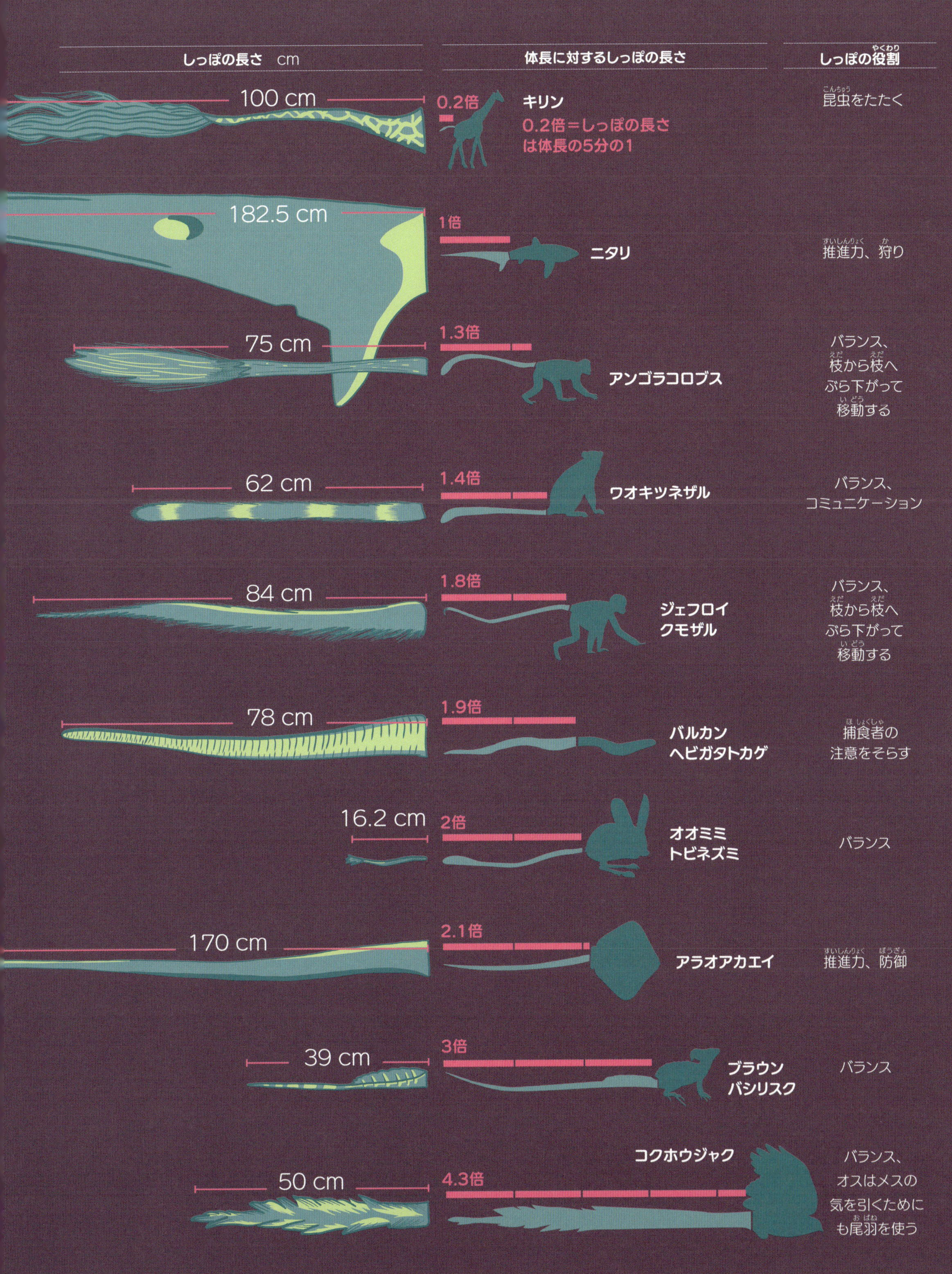

しっぽの長さ cm
体長に対するしっぽの長さ
しっぽの役割
100 cm
0.2倍
キリン
0.2倍＝しっぽの長さは体長の5分の1
昆虫をたたく
182.5 cm
1倍
ニタリ
推進力、狩り
75 cm
1.3倍
アンゴラコロブス
バランス、枝から枝へぶら下がって移動する
62 cm
1.4倍
ワオキツネザル
バランス、コミュニケーション
84 cm
1.8倍
ジェフロイクモザル
バランス、枝から枝へぶら下がって移動する
78 cm
1.9倍
バルカンヘビガタトカゲ
捕食者の注意をそらす
16.2 cm
2倍
オオミミトビネズミ
バランス
170 cm
2.1倍
アラオアカエイ
推進力、防御
39 cm
3倍
ブラウンバシリスク
バランス
コクホウジャク
50 cm
4.3倍
バランス、オスはメスの気を引くためにも尾羽を使う

チョウとヒトデの対称軸
左右相称
放射相称

対称性

ほぼすべての動物は、体に何らかの対称要素があり、見かけが同じ2つ以上の部分に分かれています。たとえば、チョウは左右相称動物で、体の左側と右側が互いに鏡にうつした像のようです。ヒトデは放射相称動物。これは体の中心を軸に、同じ形が3個以上ならぶものを指します。非対称形に分類されるただ1つの動物はカイメンで、体にまったく対称性が見られません。

地球上で最強の動物たち

ゾウとアリ、強いのはどっち？　もちろんゾウは重い物を運べます。でも、自分の体重の何倍の物を運べるかをくらべたほうが、公平ではないでしょうか。この方法だと、アリや甲虫（こうちゅう）など、小さいながらも力持ちの動物は、ゴリラやクマ、ゾウよりも強いのです！

1倍

オウギワシ
自分の体重と同じ（**1倍**）
7.5 kgの物を運べる。

1倍

ヒグマ（グリズリー）
自分の体重と同じ（**1倍**）
250 kgの物を運べる。

1.5倍

アフリカゾウ
自分の体重（6,000 kg）の**1.5倍**にあたる
9,000 kgの物を運べる。

2倍

トラ
自分の体重（200 kg）の**2倍**に
あたる400 kgの物を運べる。

2倍

ジャコウウシ
自分の体重（285 kg）の**2倍**に
あたる570 kgの物を運べる。

4倍

ゴリラ
自分の体重（160 kg）の**4倍**にあたる
640 kgの物を運べる。

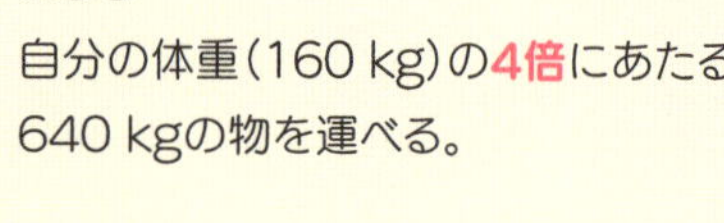

ヒトはどれくらい強いのだろう？

パワーリフティングで女子の世界記録をもつ**タマラ・ウォルコット**選手は、自分の体重（134 kg）の約**2倍**に当たる291 kgを持ち上げます。

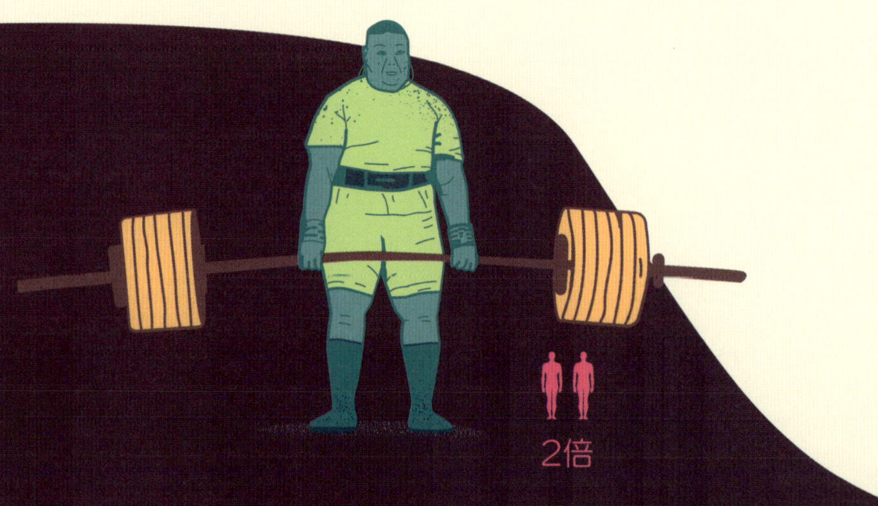
2倍

8.8倍

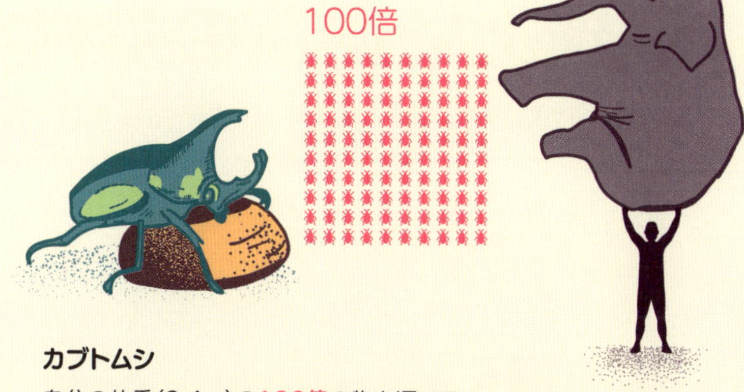
100倍

ハキリアリ
なんと自分の体重(0.02 g)の**ほぼ9倍**の物を運べる。
これは**ヒトがウシを持ち上げる**のと同じ！

カブトムシ
自分の体重(2.4 g)の**100倍**の物を運べる。
これは**ヒトがゾウを持ち上げる**のと同じ！

530倍

ササラダニ
自分の体重(0.0001 g)の**530倍**の物を引っぱれる。
これは**ヒトがブラキオサウルスを引っぱる**のと同じ！

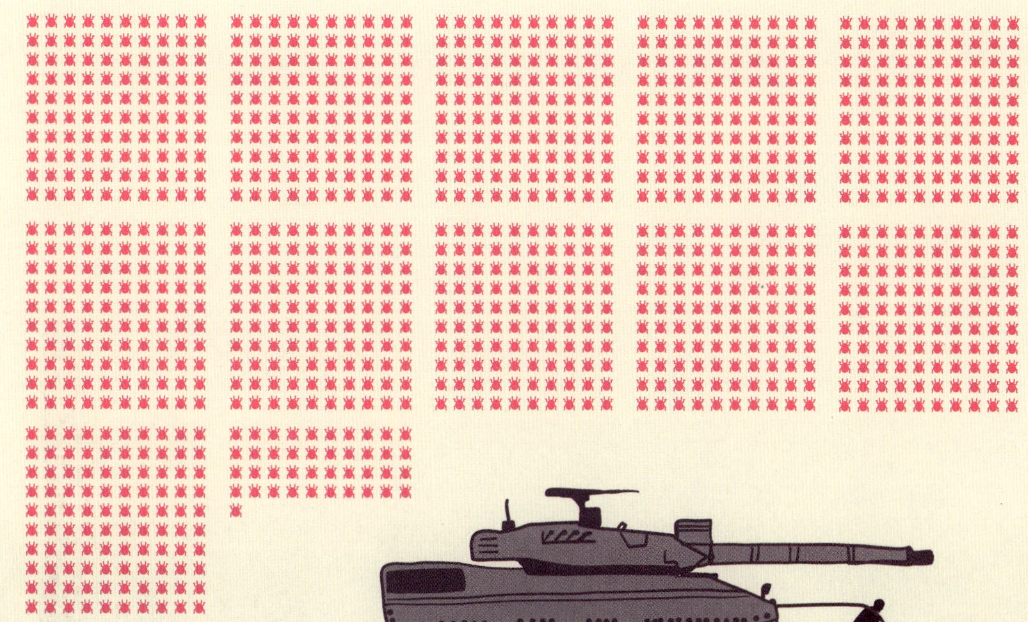
1,141倍

フンコロガシ
自分の体重(0.09 g)の**1,100倍以上**の物を動かせる。これは**ヒトが戦車を動かす**のと同じ！

地球上で最速の動物たち

ジャマイカの陸上選手ウサイン・ボルトは世界最速のヒトで、100 mをわずか9秒で走ります。しかし、ヒトの中では世界記録保持者でも、他の動物たちの走りや泳ぎ、飛行にはかないません。このページに登場するのは動物界で最速の生き物たちです。

最高飛行速度

km/h（時速〜km）

0 km/h　20　40　60　80　100　120　140

ハヤブサ（急降下時）
時速300 km

イヌワシ（急降下時）
時速241.4 km

ヨーロッパアマツバメ（水平飛行時）
時速111.6 km

最高遊泳速度

シロカジキなどのカジキ類は世界最速クラスの泳ぎ手です。

0 km/h　20　40　60　80　100　120　140

シロカジキ
時速129 km

バショウカジキ
時速109.4 km

メカジキ
時速96 km

シイラ
時速93 km

ヒトで最速の水泳選手
時速7.6 km

ブラジルの水泳選手セーザル・シエロ・フィーリョは50 m自由形の世界記録をもつ、史上最速の水泳選手。

スピードの出る人工の物体については、p.274で確かめよう
160
180
200
220
240
260
300
0 km/h
20
40
60
80
100
120
チーター
時速98 km
スプリングボック
時速88 km
プロングホーン
時速88 km
ダチョウ
時速72.5 km
待ってくれー！
ヒトで最速のランナー
時速44.7 km

最高走行速度

2012年に、サラという名前の11歳のチーターが100 mを5.95秒で走り、最高時速98 kmに達しました。

ウサイン・ボルトの最高時速は、2009年に100 mを9.58秒で走ったときに測定された。

ジャンプのチャンピオン！

ジャンプといえば、チャンピオンはノミ。カンガルーは一度のジャンプで体長の5倍にあたる9 mの距離をとびこえられます。「ノミは50 cmとべる」と聞くと、「たったそれだけ？」と思うかもしれませんが、じつは体長の200倍もとべるのです！

ノミにこれほどのジャンプ力があるのは、脚の筋肉のおかげだけじゃない。ノミの胸部には、「レジリン」というゴムのような物質が入っている。ノミがジャンプに備えて後ろ脚を曲げるとき、胸部の筋肉が収縮し、この動きがレジリンを圧縮する。踏み切るとき、レジリンがバネのように跳ね返り、ノミは最大で50 cm先までとぶことができるのだ。

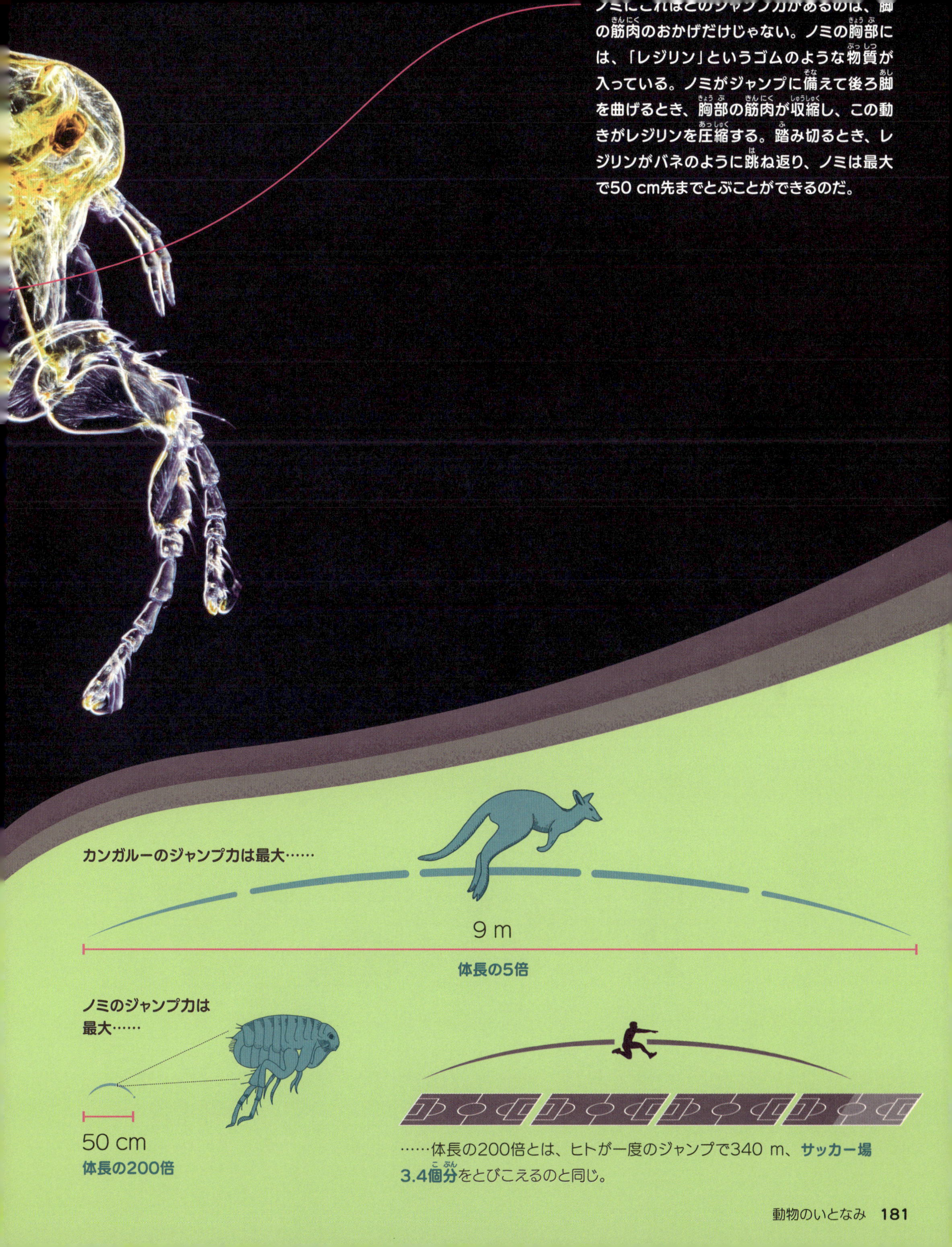

カンガルーのジャンプ力は最大……
9 m
体長の5倍
ノミのジャンプ力は最大……
50 cm
体長の200倍
……体長の200倍とは、ヒトが一度のジャンプで340 m、サッカー場3.4個分をとびこえるのと同じ。

タフな動物たち

焼けつくような暑さのサハラ砂漠から、凍えるような寒さの南極大陸まで、極端に厳しい環境でくらし、子孫を増やせる動物がいます。このページでは、地球でいちばん暑い場所、寒い場所、高い場所、深い場所で生き残れる動物を紹介しましょう。

暑さと寒さ

この図の上半分の動物は、極度に気温が高いところでも生きていくことができます。下半分の動物は、凍りつくような寒い場所でくらしています。クマムシはどちらの環境でもだいじょうぶ！

気温
℃

暑い

クマムシ
砂漠や深海の海溝をふくむ地球のどこでも
151°C

フェネック
北アフリカの砂漠
40°C

ラクダ
アフリカとアジアの乾燥した地域
49°C

サバクアリ
アフリカのサハラ砂漠
54°C

ポンペイ・ワーム
海底火山近くの熱水噴出孔
79°C

160
120
80
40
0

真水の氷点（水が氷になる温度）

−40
−80
−120
−160
−200

−20°C
カナダアカガエル
北アメリカ

カナダアカガエルは、冬眠するとき7か月のあいだ体がカチカチに凍っても平気！

−47°C
コウテイペンギン
南極大陸

−70°C
ホッキョクグマ
北極

−70°C
イザベラ・タイガー・モス（ガ）の幼虫
北極

−200°C

寒い

高さと深さ

この図の上半分の動物は標高の高い場所にすんでいます。下半分の動物は地下深くまたは海底でくらしています。

マダラハゲワシ
東アフリカ
11,300 m

高さと深さ
m
高い

12,000
10,000
8,000
6,000
4,000
2,000
海水面
−2,000
−4,000
−6,000
−8,000
−10,000
深い

ユキヒョウ
アジアの山地
5,800 m

ヤク
アジアのヒマラヤ山脈
6,100 m

キジリオオミミマウス
南米のアンデス山脈
6,700 m

クマムシ
6,000 m

−1,100 m
ツチムカデの仲間
ヨーロッパのクロアチアの洞窟

−1,300 m
デビル・ワーム
南アフリカ

−3,600 m
最も地下深くにすむ陸生ワーム
未確認のワームの1種が南アフリカのトナ金鉱で見つかった

−4,700 m

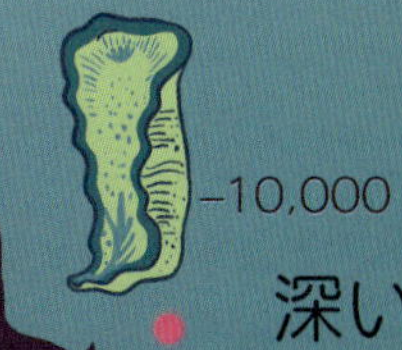

−11,000 m
ナマコ
太平洋のマリアナ海溝

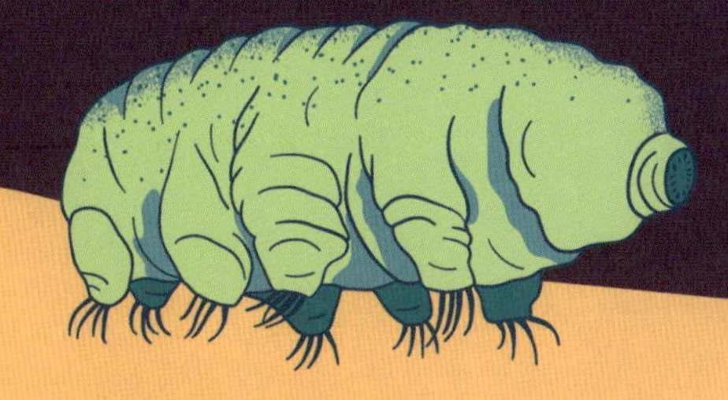

最強のサバイバー、クマムシ

クマムシは体長約1 mmの微小動物で、地球で最もタフな生き物の1つ。沸騰する温度でも、凍りつく寒さでも、極端な圧力の中でも、水や酸素がなくても、宇宙の真空状態でさえも生きのびることができます。クマムシはストレスを受けると、「クリプトビオシス」と呼ばれる休眠状態に入り、脱水して特別なタンパク質と糖で細胞を守ります。

ペンギンはどれくらいの大きさだろう？

現生するペンギンの中で最大の種はコウテイペンギンで、体高は最大で1.3 m。ただし、およそ4,000万年前には、もっと大きなペンギンの種が南極大陸の凍った平原でくらしていました。今では絶滅している*Palaeeudyptes klekowskii*（パラエエウディプテス クレコウスキイ）は体高約1.6 m、体重はヒトの大人の平均体重の2倍近い約115 kgだったと考えられています!

ペンギンの体高　m
パラエエウディプテス
1.6 m
イカディプテス
1.5 m
ペルディプテス
0.9 m
ワイマヌ
0.9 m
コウテイペンギン
1.3 m
オウサマ
ペンギン
0.95 m
ジェンツー
ペンギン
0.75 m
フンボルト
ペンギン
0.7 m
ガラパゴス
ペンギン
0.53 m
12歳のヒト
大きさの目安として
（1.5 m）
1.5
1
0.5
0
絶滅した種
現生する種

ジェンツーペンギンは、現生するペンギンの種で3番目に大きい。この写真は、南極大陸の厚い氷に飛び乗る瞬間を捉えている。

壮大な渡り

「渡り」とは動物が季節によって、1つの生息地から遠くはなれた生息地へと移動することです。哺乳類、爬虫類、鳥類、昆虫類、魚類のどれにも、さまざまな理由から渡りを行う種がいます。渡りの理由として、食べ物をさがすため、つがいになるため、子や卵を産むためなどが挙げられます。この地図からわかるように、毎年何万 kmもの旅をする動物もいます。

コククジラ
ザトウクジラ
ザトウクジラ
ザトウクジラ
ザトウクジラ
ザトウクジラ
ザトウクジラ
北アメリカ
オオカバマダラ
アジア
オサガメ
オオソリハシシギ
オオソリハシシギ
オセアニア

コククジラ

コククジラは、夏に食べ物を得る北極から、メスが出産する暖かいメキシコ沿岸沖まで、毎年往復2万2,500 kmの旅をする。哺乳類として確認されている中では最も長い渡りを行う。

オサガメ

オサガメは現生する最大のウミガメであり、太平洋と大西洋に別々の渡りのルートがある。毎年食べ物となるクラゲをさがして数千～1万数千 kmを旅する。

オオソリハシシギ

2022年に1羽のオオソリハシシギが11日と1時間、止まらずに飛び続け、鳥によるノンストップの渡りの最長記録をぬりかえた。

オオカバマダラ
北アメリカのオオカバマダラは、2つの大きなグループに分けられる。1つは毎年ロッキー山脈とカリフォルニア州南部のあいだで渡りをし、もう1つはカナダとメキシコ中部のあいだで渡りをする。オオカバマダラは太陽を利用して進路を決めるが、体内に磁気コンパスがあるので曇りの日でもコースからはずれない。
ザトウクジラ
ザトウクジラは地球上のどの大洋にもすんでいる。夏には極地（北極と南極の両方）で食料をとり、冬には赤道近くに移動する。
ザトウクジラ
ヨーロッパ
オサガメ
ザトウクジラ
ザトウクジラ
オオカバマダラ
ヨーロッパジシギ
ヨーロッパジシギ
ヨーロッパジシギは非常に長い距離を最速で飛ぶ鳥だと考えられている。1羽のヨーロッパジシギが、北ヨーロッパからサハラ以南のアフリカまでの6,800 kmをわずか3.5日で飛んだことが研究により記録された。
アフリカ
ドラド・キャットフィッシュ
キョクアジサシ
キョクアジサシ
キョクアジサシ
南アメリカ
ドラド・キャットフィッシュ（ナマズの仲間）
体長2 mのドラド・キャットフィッシュは、アンデス山脈とアマゾン川河口を往復し、淡水魚の中で最長距離を移動する。
キョクアジサシ
キョクアジサシは動物の渡りの最長記録をもつ。毎年、地球の端から端まで、北極圏と南極大陸を往復する9万6,000 kmの旅をする。
ザトウクジラ
この図の見方
飛行ルート
オオソリハシシギ
オオカバマダラ
キョクアジサシ
ヨーロッパジシギ
回遊ルート
オサガメ
ザトウクジラ
コククジラ
ドラド・キャットフィッシュ

スーパー高感度

動物は感覚を通じて周りの世界を認識し、食べ物や水を見つけたり、進路を決めたり、捕食者から逃げたりするのに役立てています。しかし、動物が備えている感覚は、ヒトと同じ種類のものだけではありません。並外れた感覚器を備えた一部の動物が、どんなふうに周りの世界を感じとるのか、わたしたちは想像するしかありません。

エコーロケーション(反響定位)

コウモリ、イルカ、クジラなどの動物は、高周波数の鳴き声が反響する様子を知覚することにより、暗闇で物体を探知する。

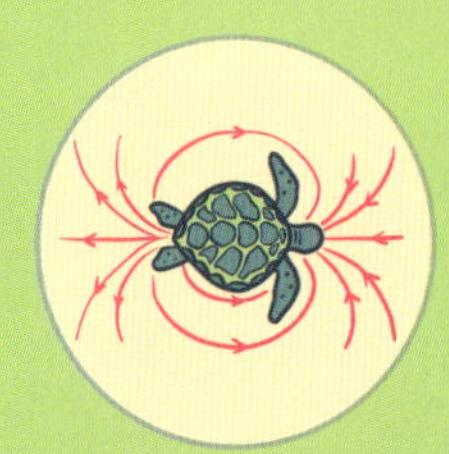

磁覚

サケ、ウナギ、ウミガメなど渡りを行う動物は、地球の磁場(磁力が作用する空間)を利用して、長距離におよぶ渡りのルートを迷わずにたどることができる。

電気受容感覚

サメ、エイ、カモノハシなどの捕食者は、獲物の筋肉が発する電気信号を探知して、暗闇で狩りをする。

紫外線視覚

多くの鳥やハナバチ、クモには、ヒトの目にはほとんど見えない紫外線が見える。このため、周りの世界のよりくわしいすがたを見ることができる。

嵐の予測

ドジョウは、頭の特別な骨のおかげで、嵐の前などに気圧の変化を探知する優れた能力を備えている。

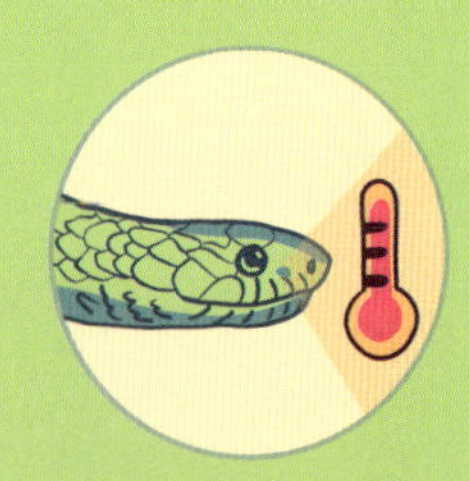

温度受容感覚

一部のヘビは、目の下にある穴状のピット器官を使って、暗闇で狩りをする。ピット器官は最大で1 m離れたところから恒温動物の熱を感知できる。

このシュモクザメは電気受容感覚を使って、海底に隠れている魚が発する電気信号を感知している。シュモクザメの特徴的な頭の形は、泳ぎながら海底の広い範囲にわたり獲物をさがすのに役立つ。

変身する動物たち

危険から逃げる、狩りのときに見つかりにくくする、体温を調節する、オスまたはメスのパートナーに印象づける、あるいは単にコミュニケーションをとるために、見かけをガラリと変える動物がいます。ミミックオクトパスはびっくりするほど変身上手で、他のさまざまな動物に似たすがたに一瞬にして変わることができます。

理由 **なぜ見た目を変えるのだろう？**	**変身** **何が変わるのだろう？**	**時間** **どれくらい時間がかかるのだろう？**

ミミックオクトパス
このタコは身を隠すために体色を変えたり、捕食者をだますためにミノカサゴやクラゲ、ウミヘビなどの他の海の動物になりすましたりする。

色
皮膚の質感
形

ウミヘビのふりをしているんだ
わたしが本物のウミヘビよ！

一瞬

カメレオン
体温を調節したり（暗い色はより多くの光と熱を吸収する）、他のカメレオンとコミュニケーションをとったりするために、皮膚の色を変える。

色
模様

一瞬

コウイカ
周りの環境にまぎれるために、色や模様、皮膚の質感を変える。また、オスはメスの気を引いたり、ライバルのオスと競争するためにも色を変える。

色
模様
皮膚の質感

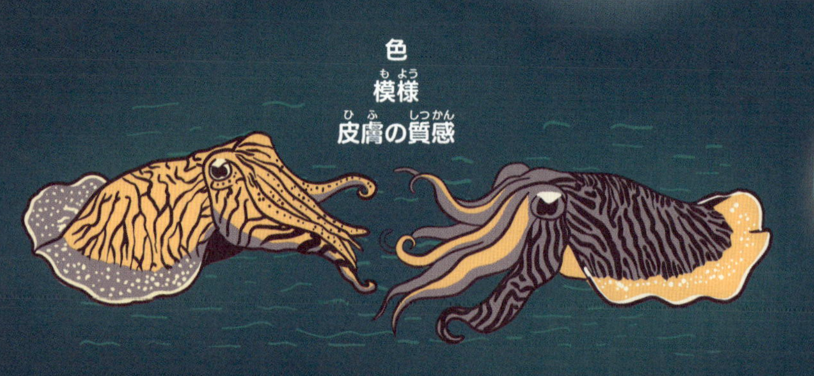

一瞬

フグ

胃に水をつめこみ、ビーチボールのように膨らんで2倍以上の大きさになれる。このようにしてパッと膨らむことで、捕食者に食べられないようにする。

もうだれも
ボクに手出し
できないぞ！
大きさ

数秒

ゴールデン・トータス・ビートル（ハムシの仲間）

普段は外殻の中の液体に光が反射して金色に見えるが、危険を感じると液体を排出し、内側の鮮やかな色が現れる。すると、捕食者には毒のある昆虫のように見える。

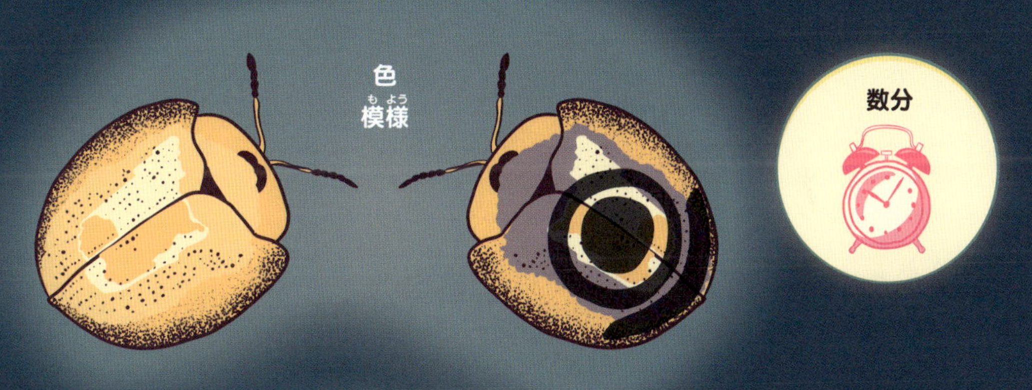

色
模様

数分

ミュータブル・レイン・フロッグ

このめずらしいカエルは指の爪くらいの大きさで、わずか数分のうちに皮膚の質感をツルツルからトゲトゲに変えられる。外見のこのような変化は、熱帯雨林の地表面のコケにおおわれた環境にとけこむのに役立つと考えられている。

皮膚の質感

数分

ホッキョクギツネ

ホッキョクギツネの毛皮は、夏のあいだは茶色や灰色で毛の量が少ない。冬になると、雪の多い生息地にとけこめるように、真っ白な厚い毛皮に変わる。そうすると狩りのときにこっそり動き回れて、捕食者からも見つかりにくい。

色

数週間

最も多くのヒトの命を奪う動物は？

ヒトにとっていちばん危険な動物は何でしょう？　もし、はらぺこのサメや毒グモと答えたなら……
大ハズレ！　じつは、最も多くの死者を出している動物は小さなカ（蚊）なのです。

なぜカはそんなに危険なのだろう？

カは直接ヒトを殺すわけではありません。しかし、動物の血を吸ったカがヒトを刺すことで、動物からヒトへ危険な病気がうつるのです。最も多くの死者を出す病気はマラリアで、世界の一部の地域だけでしか見られないものの、歴史を通じて数えきれないほどの人命を奪っています。

ヒトカイチュウ
6万人
この寄生虫がヒトの小腸の内部で成長すると、「回虫症」という病気の原因となり、ヒトは死に至る場合がある。

ヘビ
5万人

イヌ
2万5,000人
ほとんどの死者はイヌによって狂犬病に感染したことが原因。

ツェツェバエ
1万人
ほとんどの死者はツェツェバエによって眠り病に感染したことが原因。

カバ
1,750人

ワニ（クロコダイル）
1,000人

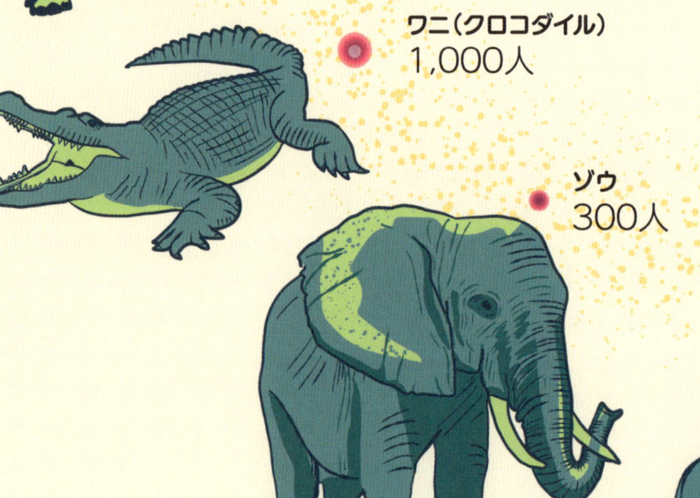

ゾウ
300人

ライオン
100人

この図の見方

ピンクの円の大きさは、それぞれの動物種を原因とする1年間の推定死者数を表す。

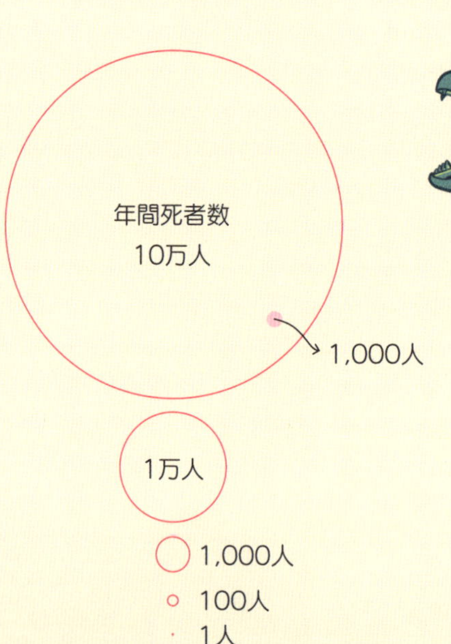
年間死者数
10万人
1,000人
1万人
1,000人
100人
1人

ヒト

50万人

戦争をはじめとする暴力によって、毎年ヒトは何十万人も殺している。だからヒトはダントツで危険な哺乳類なのだ。

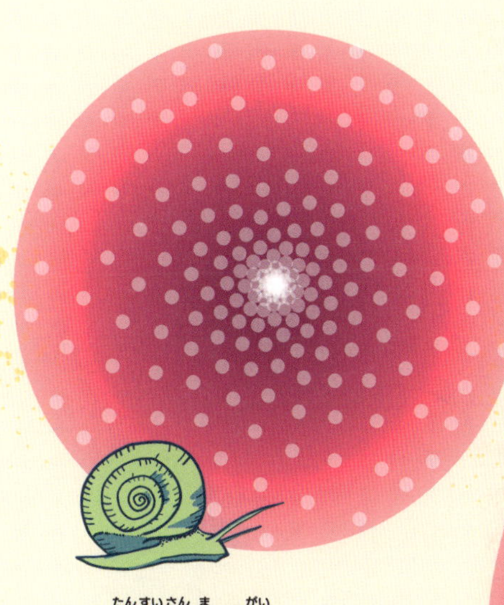

淡水産巻き貝

20万人

淡水産巻き貝が運ぶ寄生虫に感染すると、「住血吸虫症」という命に関わる病気を発症する。毎年世界中で2億5,000万人近くが住血吸虫症に感染している。

オレ様のようなカは、
マラリアや黄熱、ジカ熱など、
15種類もの病気を
感染させられるぞ

カ

72万5,000人

ほとんどの死者はカによってマラリアに感染したことが原因。

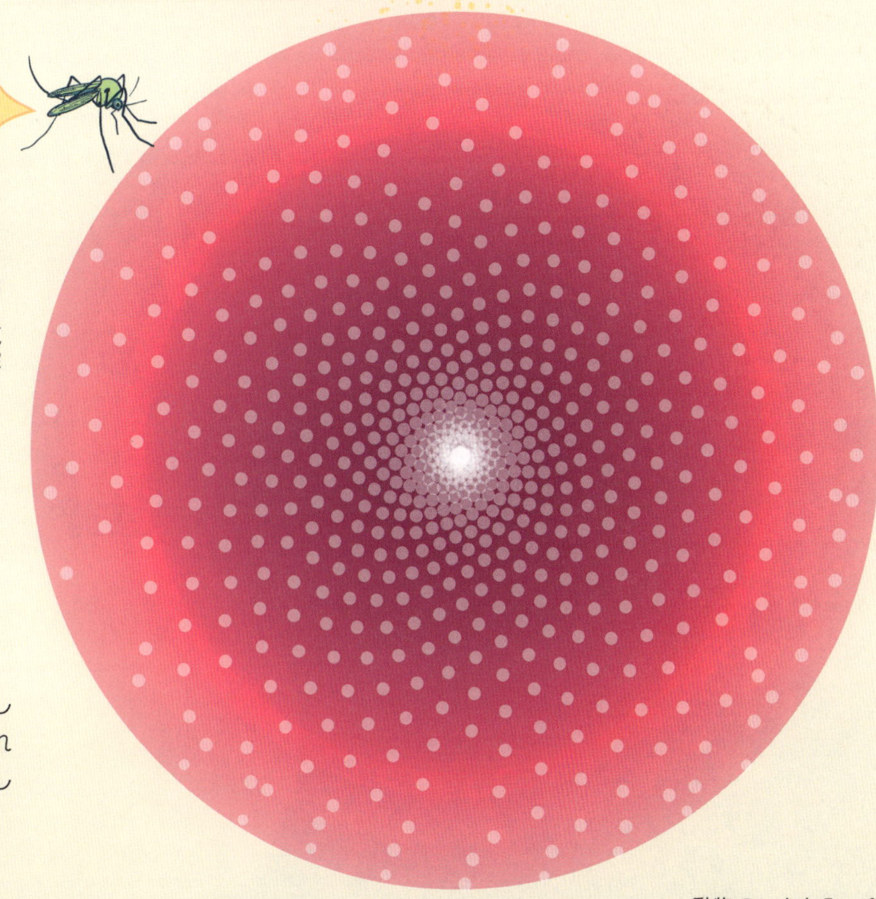

サメ

5人

サメに殺されるヒトは、1年間に平均5人しかいない。それに対し、ヒトはサメのひれや歯をとるために、あるいはスポーツとして、毎年1億頭以上ものサメを殺している。

大きな卵、小さな卵

鳥の卵は、殻の中に命のもとになるものがすべて入っていて、「この世で最も完璧なもの」といわれます。でも、卵を産むのは鳥類だけではありません。爬虫類、両生類、魚類、昆虫類の他、哺乳類にも卵を産むものがいます！

大きさ別に見る代表的な鳥の卵

鳥は、硬いけれど壊れやすい殻の中で成長します。殻の色は赤茶色と緑色の2つの色素だけで決まります。

カナリア
Serinus canaria domestica

マメハチドリ
Mellisuga helenae

クロウタドリ
Turdus merula

ホシムクドリ
Sturnus vulgaris

ハシボソガラス
Corvus corone

ニワトリ
Gallus gallus domesticus

イヌワシ
Aquila chrysaetos

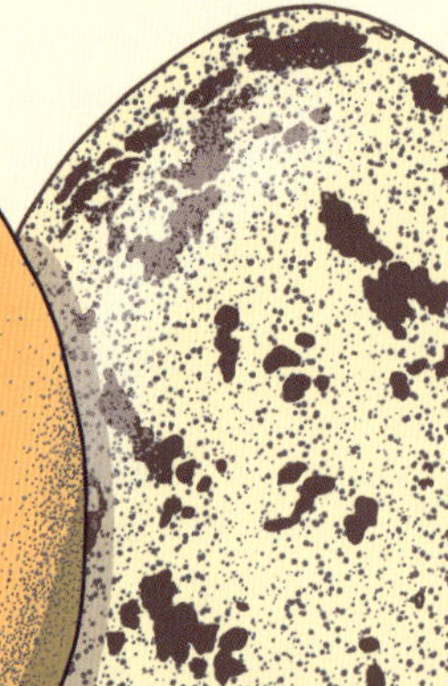

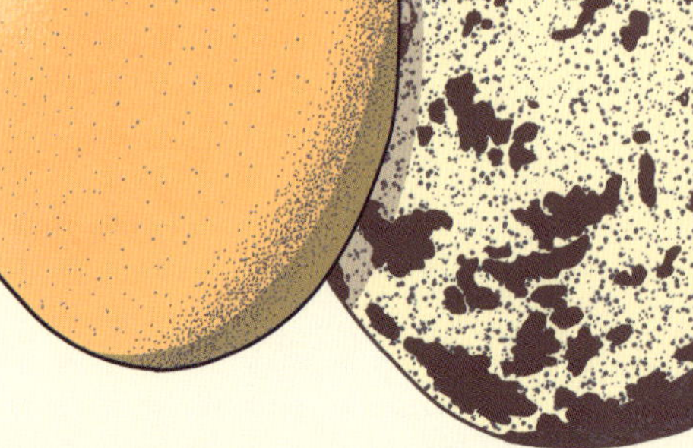

大きさの目安 **1 cm**
卵は実物大

鳥以外の卵

爬虫類の卵はじょうぶで弾力性があり、多くの魚とカエルの卵は、卵を保護するゼリー状の物質におおわれていて水に浮きます。

カクレクマノミ
Amphiprion ocellaris
水槽で飼育される人気の海水魚で、メスは一度に最大1,500個の卵を産む。

マダコの仲間
Octopus vulgaris
メスは米粒大の卵を最大50万個産み、卵がかえるまで最長5か月間、卵といっしょに海中を漂う。メスは普通、最後の卵がかえった直後に死ぬ。

ゴライアスガエル
Conraua goliath
ゴライアスガエルは現生する最大のカエル。卵は直径4 mmほどで他のカエルの卵とほぼ同じ大きさ。一度に数千個の卵を産む。

大きさの目安 **1 cm**
卵は実物大

ナナフシ
Haaniella echinata
このナナフシの卵はとても大きいので、生息地のマレーシアでは食べる人がいる。

クマバチ
Xylocopa auripennis
昆虫の卵の中で最大級。

カモノハシ
Ornithorhynchus anatinus
卵を産む哺乳類は、世界にカモノハシとハリモグラ類の2種類しかいない。

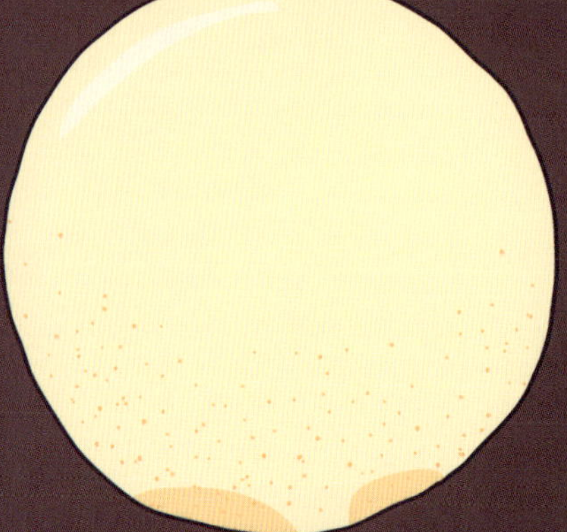

オサガメ
Dermochelys coriacea
メスのオサガメは産卵のために長距離の渡りを行い、特定の砂浜で夜に卵を産む。一生涯、同じ砂浜にくりかえしもどってくる。

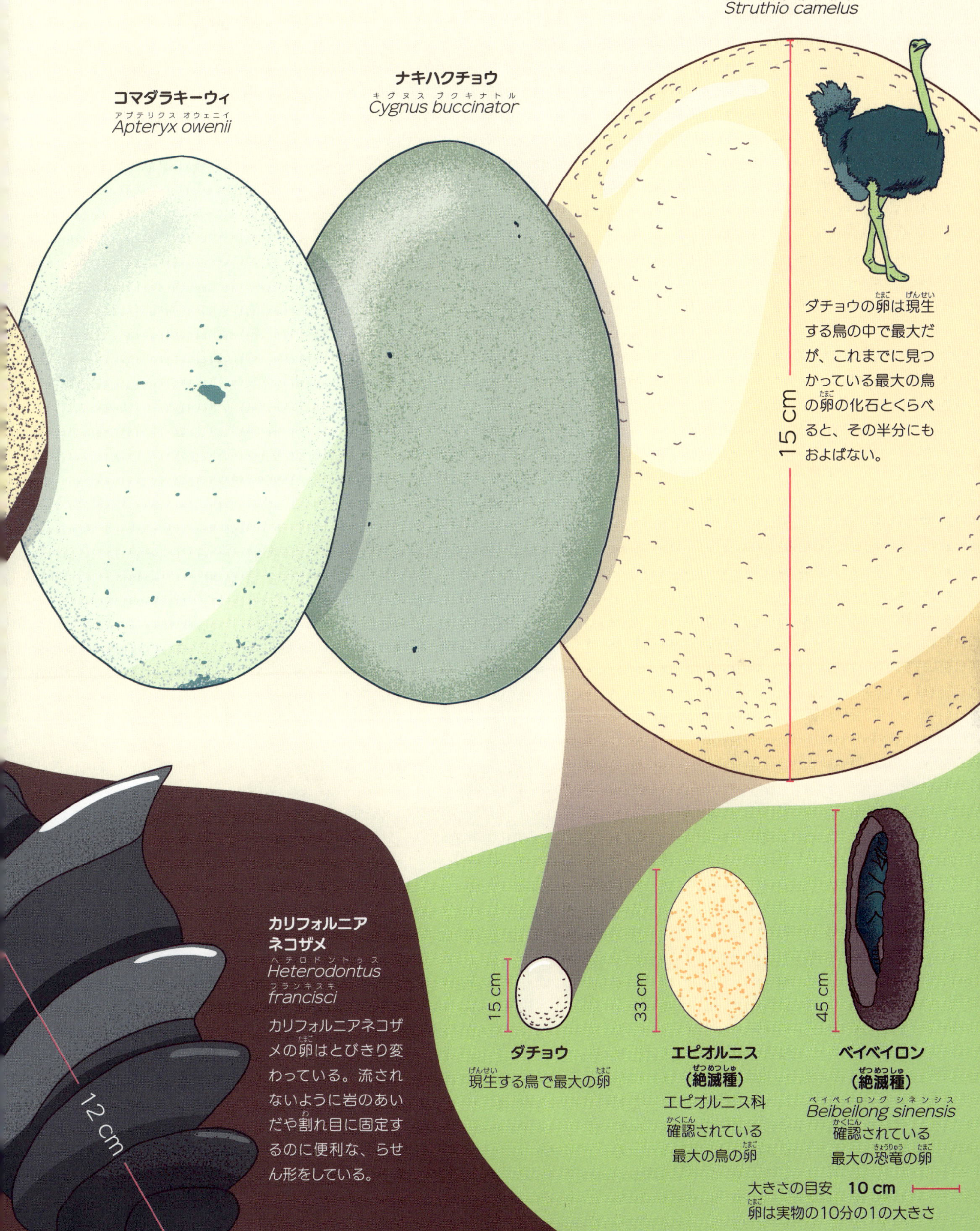

ダチョウ
Struthio camelus
ナキハクチョウ
Cygnus buccinator
コマダラキーウィ
Apteryx owenii
ダチョウの卵は現生する鳥の中で最大だが、これまでに見つかっている最大の鳥の卵の化石とくらべると、その半分にもおよばない。
15 cm
カリフォルニアネコザメ
Heterodontus francisci
カリフォルニアネコザメの卵はとびきり変わっている。流されないように岩のあいだや割れ目に固定するのに便利な、らせん形をしている。
12 cm
15 cm
ダチョウ
現生する鳥で最大の卵
33 cm
エピオルニス
（絶滅種）
エピオルニス科
確認されている最大の鳥の卵
45 cm
ベイベイロン
（絶滅種）
Beibeilong sinensis
確認されている最大の恐竜の卵
大きさの目安　10 cm
卵は実物の10分の1の大きさ

動物はどれくらい眠るのだろう？

ヒトはだれでも眠る必要があり、他の多くの動物にとっても、睡眠は生活の重要な一部です。ただし、ほとんど眠らない動物から居眠りチャンピオンまで、睡眠時間はじつにさまざまです！

この図の見方

時計には2個の円があり、それぞれ12時間、合わせて24時間（1日）を表す。**ピンクの部分**は、それぞれの動物の1日の平均睡眠時間を表す。

キリンは立ったまま、ほとんど目を閉じずに1回約10分の睡眠を1日数回とる。木や他のキリンに寄りかかって支えにすることもある。

キリン
40分

アフリカゾウ
2時間

ウマ
3時間

ウシ
4時間

ヤギ
5時間

クジラや他の水生哺乳類と同様に、イルカの睡眠はヒトとは異なる。ヒトのように脳全体が眠るのではなく、イルカの脳は半分が休み、もう半分は目覚めた状態のまま呼吸を続ける。だからイルカが眠るときは片目を開けたまま！

ハンドウイルカ
8時間

チンパンジー
9時間30分

イヌ
12時間

リス
14時間40分

ネコ
15時間

トラ
16時間

ライオン
18時間

ニシキヘビ
18時間

ぐうぐう

トビイロホオヒゲコウモリ
20時間

コアラ
20時間

コアラは毎日1kg以上の葉を食べる。これほどの量を食べ、消化するには多くのエネルギーが必要なので、回復するためにたっぷり眠る。

ヒトの眠り

ヒトは人生の時期によって必要な睡眠時間が変わります。赤ちゃんの睡眠時間は1日16時間ほどですが、大人に必要な睡眠時間は1日約8時間です。

赤ちゃん
16時間

大人
8時間

寿命

平均寿命は動物の種類によってまるっきり異なり、体の大きさなど多くの要因に左右されます。昆虫や齧歯類など小型の動物の多くは、その寿命が数日、数週間、数か月、または数年です。大型の哺乳類や爬虫類、魚類には数十年、あるいは数世紀にわたって生きられるものがいます！

動物はどれくらい生きられるのだろう？

下の図は、さまざまな動物の平均寿命を表す。

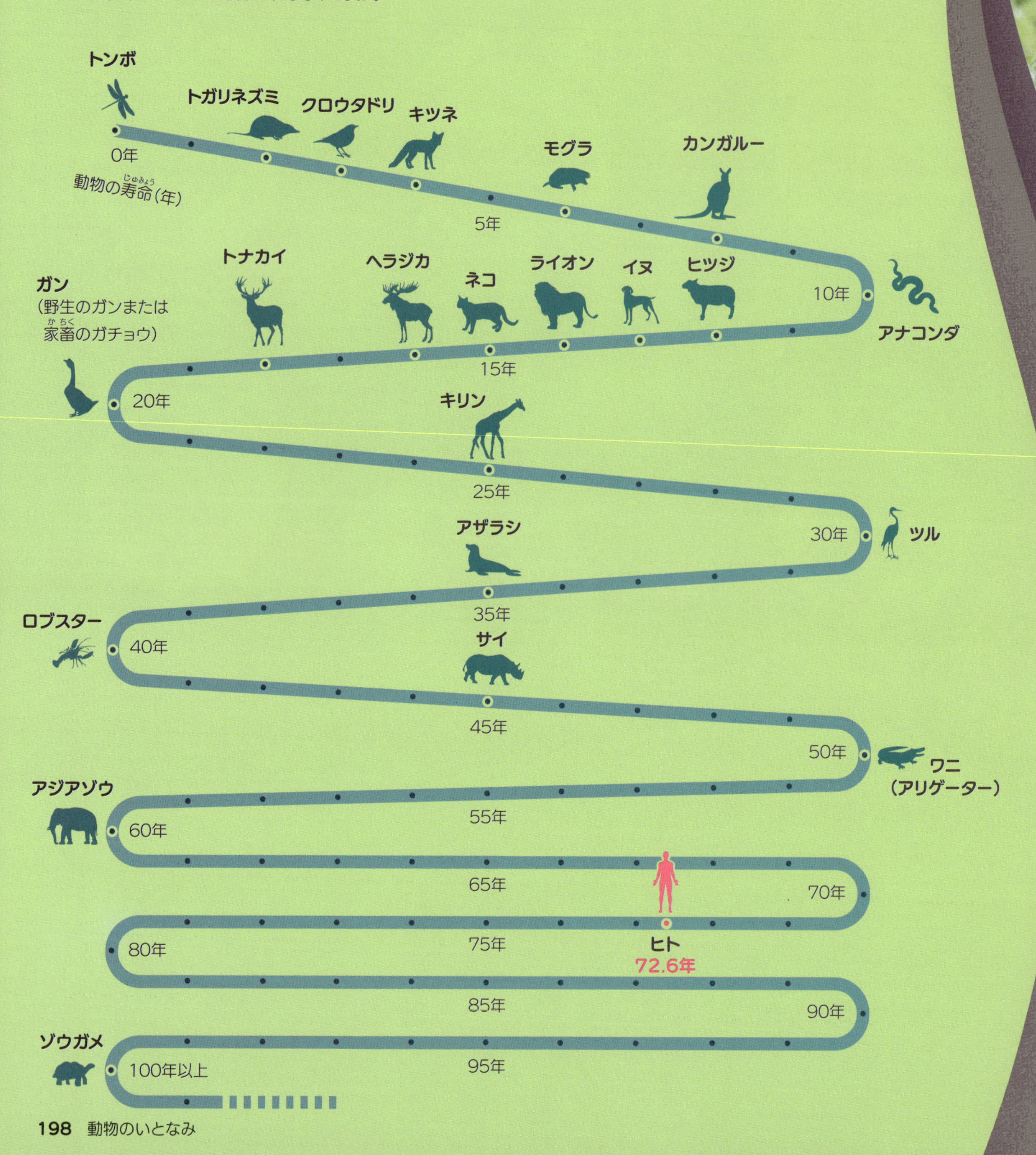

トンボ
0年
動物の寿命(年)
トガリネズミ
クロウタドリ
キツネ
モグラ
5年
カンガルー
10年
アナコンダ
トナカイ
ヘラジカ
ネコ
ライオン
イヌ
ヒツジ
15年
ガン
(野生のガンまたは
家畜のガチョウ)
20年
キリン
25年
30年
ツル
アザラシ
35年
ロブスター
40年
サイ
45年
50年
ワニ
(アリゲーター)
アジアゾウ
55年
60年
65年
70年
ヒト
72.6年
75年
80年
85年
90年
ゾウガメ
95年
100年以上

どの動物が絶滅の危機にあるか、p.148で確かめよう

リクガメ類は地球でいちばん長生きの陸生動物だ。記録に残っている最年長のリクガメの個体は、2006年にインドのコルカタで225歳で死んだアルダブラゾウガメのアドワイチャ。名前は「ただ1つ」という意味だ。

専門家に聞いてみよう！

ミランダ・ロウ

CBE（大英帝国勲章コマンダー受章者）
学芸員・科学者

動物に興味をもったきっかけは？

子どものとき、野生生物や動物、自然、写真が大好きだったので、博物館や緑豊かな場所を家族で訪れるたびに、科学の仕事に対する興味をかき立てられました。ハンプシャーのニュー・フォレスト国立公園やロンドンのキュー王立植物園にカメラを持って訪れ、花や鳥、馬の写真をたくさんとりました。カメラのレンズを通して、自然を詳細に観察することができました。

どのような仕事をしていますか？

ロンドン自然史博物館の海生無脊椎動物（カニ、エビ、ロブスターなど）の歴史的コレクションを、100年以上先まで科学的研究に利用できるようにすることが、わたしの仕事です。顕微鏡を使って、非常に小さな海の動物のくわしい構造を調べます。そして、世界中の人たちが環境科学の理解を深められるように、サンゴから甲殻類まであらゆる動物について、科学的研究を行って論文を作成します。また一般の人たちが自然界とよい関係が築けるように、同僚や他の科学者、アーティストといっしょに、展覧会の企画を行います。

将来、どのようなことが発見されるのを楽しみにしていますか？

1950年代以降、気候変動が原因で、地球のサンゴ礁の半分が失われてしまいました。サンゴの再生のために、死滅しつつあるサンゴ礁に健康なサンゴを移植する研究が現在いくつか進められており、このような研究に大いに期待しています。非常に多様な動物がくらしているサンゴ礁を救うことにつながるはずです。

動物についての好きな話は何ですか？

クラゲが、脳も肺も心臓ももたず、およそ5億年間も世界の海を漂ってきたこと！　つまりクラゲは恐竜よりも長く生きているのです。

クイズに挑戦！

問題の答えをこの章から見つけだそう。
正解はp.315にあるよ。

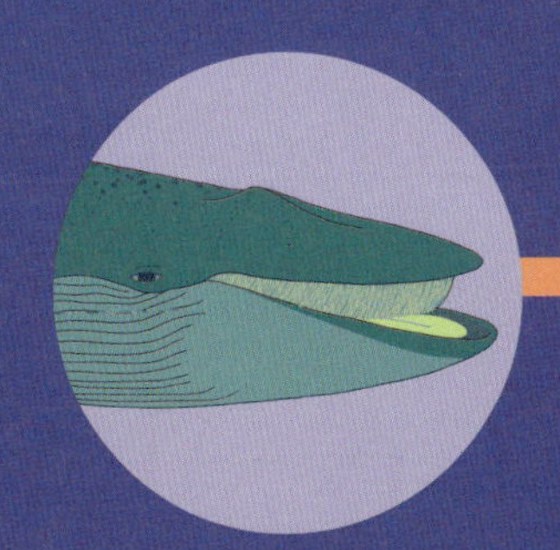

1. シロナガスクジラが一度に出すふんの量は、100 L、200 L、300 Lのうちどれ？

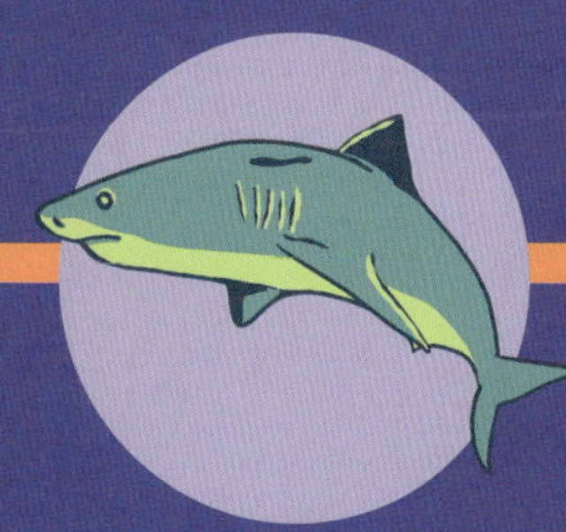

2. サメに殺されるヒトは毎年平均で何人？

3. メキシコサンショウウオは草食動物、雑食動物、肉食動物のどれ？

4. 2022年に渡りの新記録をつくったオオソリハシシギは、何日間ノンストップで飛び続けた？

5. らせん形の卵を産む動物は、カリフォルニアネコザメそれともオサガメ？

6. ノミは体長の何倍ジャンプできる？

7. ケツァルコアトルスの翼開長は何 m？

8. コアラは毎日、平均で何時間眠る？

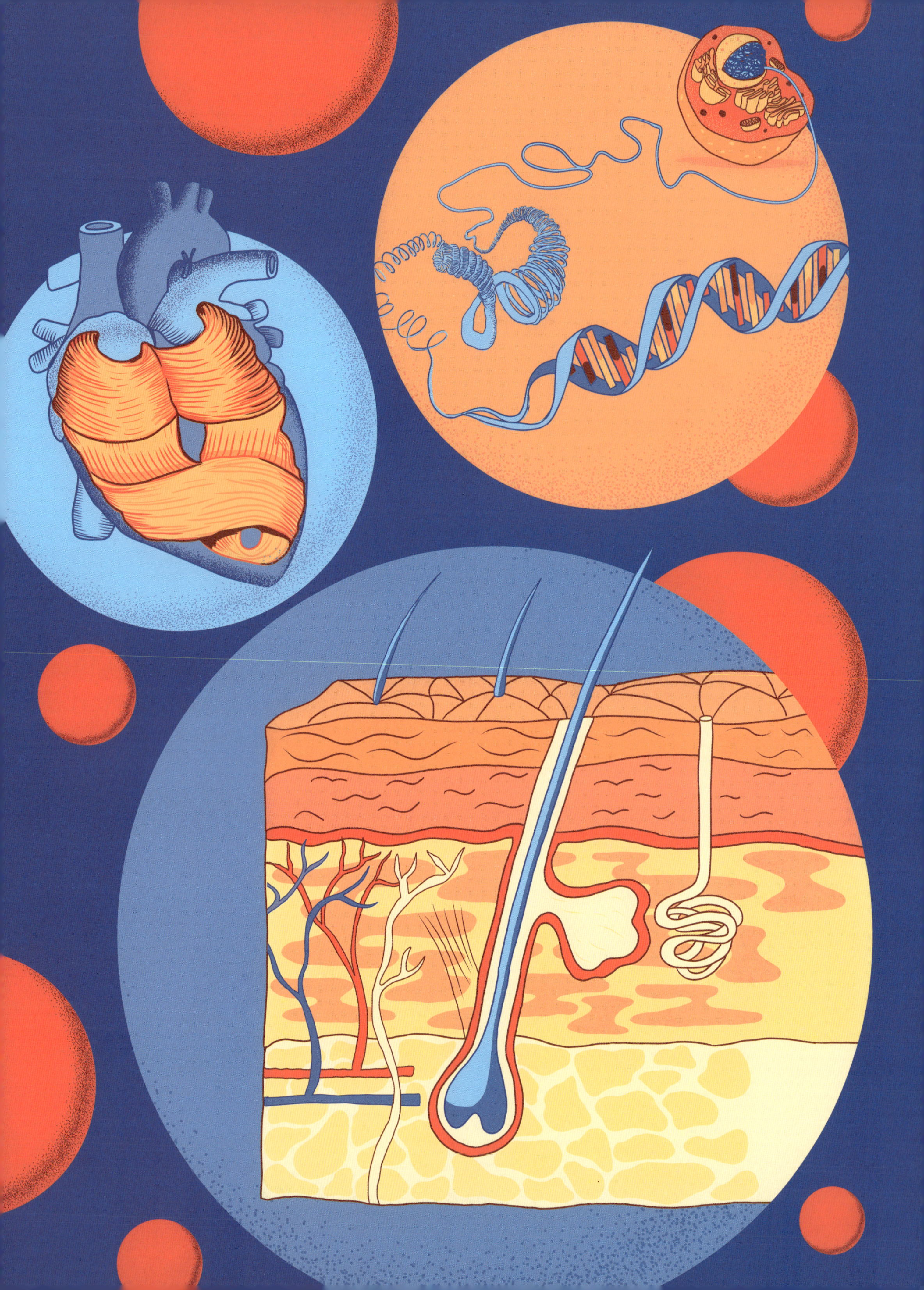

人体のふしぎ

人の体のつくり

人の体は30兆個をこえる小さな細胞の集まりで、おどろくほど精巧にできています。細胞は人体をつくり上げる積み木のようなもの。細胞が集まって「組織」と「器官」をつくり、それらがさらに集まって「器官系」を形成することにより、体は動き、食べ、眠り……、この本を読むといったはたらきをするようになります。ここでは、体のさまざまな部分がどのように関係し合って、生きている人間、つまり「あなた」をつくり出すのかを見ていきましょう。

細胞

すべての生き物は**細胞**でできている。ほとんどの細胞はとても小さく、人の細胞の場合、約1万個がまち針の頭におさまるほどだ。人の体には200種類以上の細胞がある。その役割は体の構造をつくって支えたり、エネルギーを生み出してたくわえたりするなど、じつにさまざま。左のイラストは「ニューロン(神経細胞)」と呼ばれるもので、この細胞は脳と脊髄にある(p.238参照)。

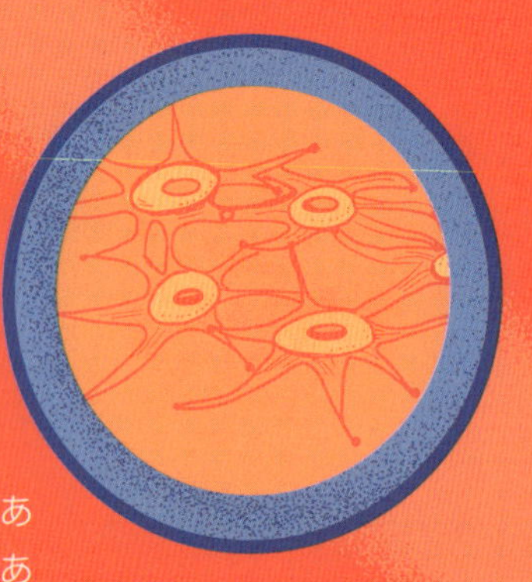

組織

細胞の中には単体ではたらくものもあれば、集まって**組織**を成すものもある。体は主に4つの基本的組織で構成されている。「結合組織」は、組織と組織を結びつけ、細胞を支える役割を果たす。「神経組織」(右上のイラスト)は体のある部分から他の部分へ情報を伝える。「筋組織」は動きを生み出す。「上皮組織」は皮膚のいちばん外側の層などの体の表面や器官の内面をおおう組織だ。

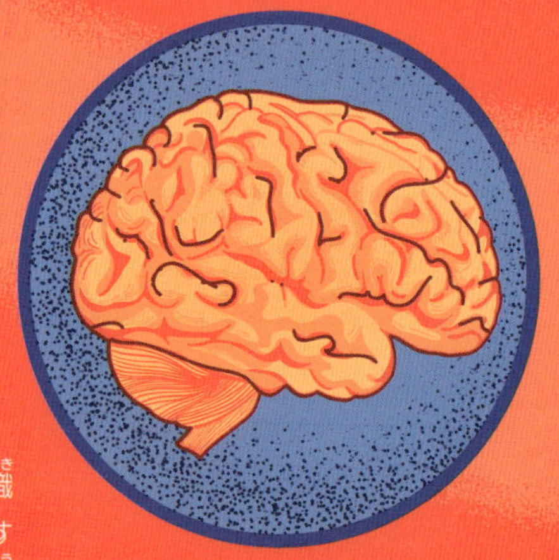

器官

器官は種類のちがういくつかの組織の集まりで、特定のはたらきをする。脳(右上のイラスト)、肺、心臓は体の中で特に重要な器官だ。たとえば、心臓は主に血液を全身に送り出す仕事をしている(p.218参照)。

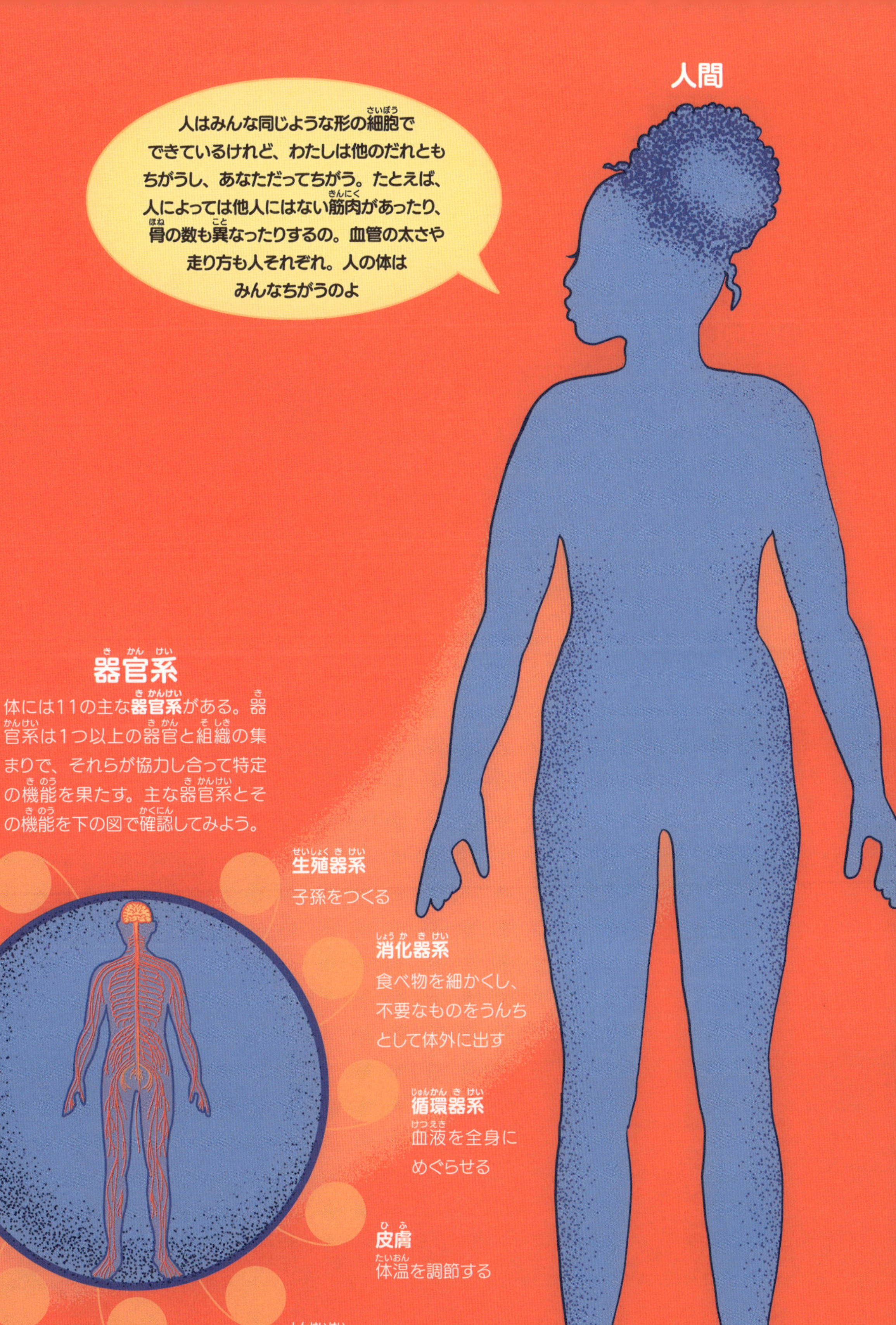
人間
人はみんな同じような形の細胞でできているけれど、わたしは他のだれともちがうし、あなただってちがう。たとえば、人によっては他人にはない筋肉があったり、骨の数も異なったりするの。血管の太さや走り方も人それぞれ。人の体はみんなちがうのよ

器官系

体には11の主な器官系がある。器官系は1つ以上の器官と組織の集まりで、それらが協力し合って特定の機能を果たす。主な器官系とその機能を下の図で確認してみよう。

呼吸器系
呼吸を制御する

生殖器系
子孫をつくる

骨格系
体を支え、守る

消化器系
食べ物を細かくし、不要なものをうんちとして体外に出す

泌尿器系
不要なものをおしっことして体外に出す

循環器系
血液を全身にめぐらせる

筋肉系
体の動きを助ける

皮膚
体温を調節する

神経系
体の内と外で何が起きているか情報を集め、体の反応を制御する

リンパ・免疫系
病気や感染症とたたかう

内分泌系
ホルモンによって体の機能を調節し、協調させる

人の骨はいくつあるの？

骨格には、体を支える、やわらかい内臓を守る、筋肉と協力して体を動かすなど、いくつもの大切な仕事があります。ここでは骨格を構成するすべての骨を数え、その中で特に注目すべきものをピックアップしてみました。

人の骨の数は？

大人には通常206～213個の骨があります。

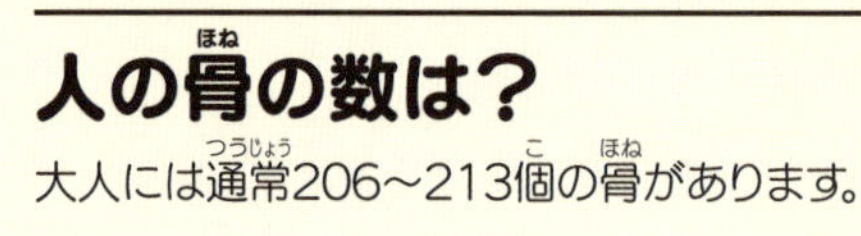

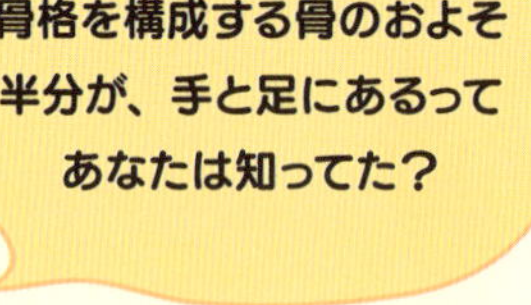
骨格を構成する骨のおよそ半分が、手と足にあるってあなたは知ってた？

54個
手

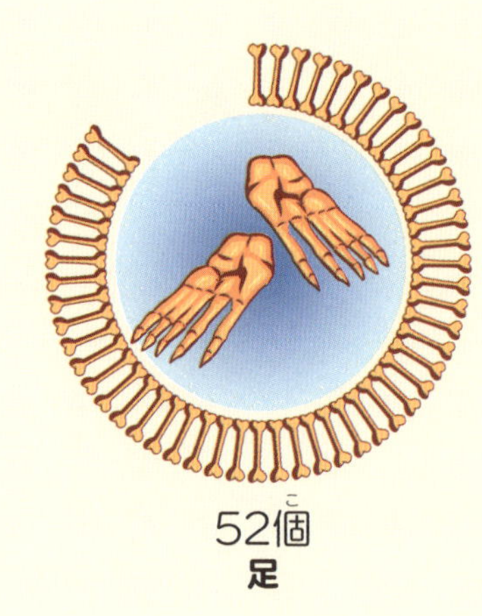

52個
足

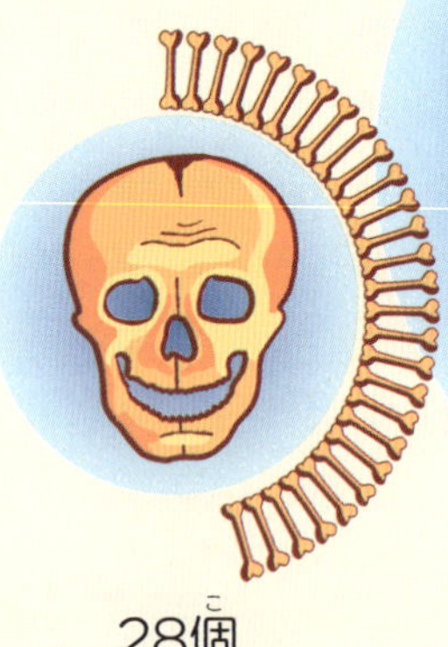

28個
頭とあご

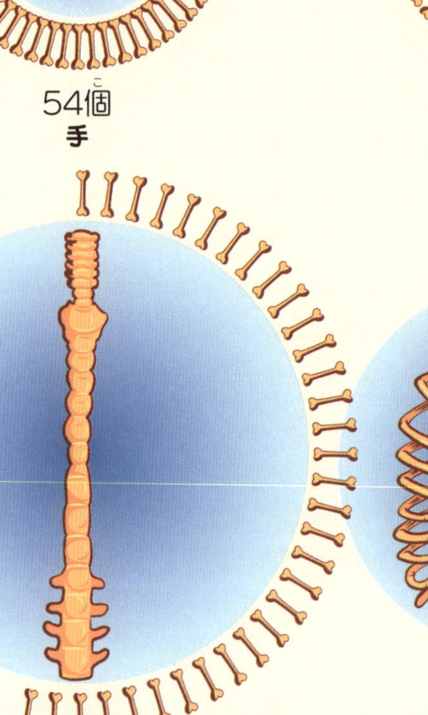

33個
首と背骨

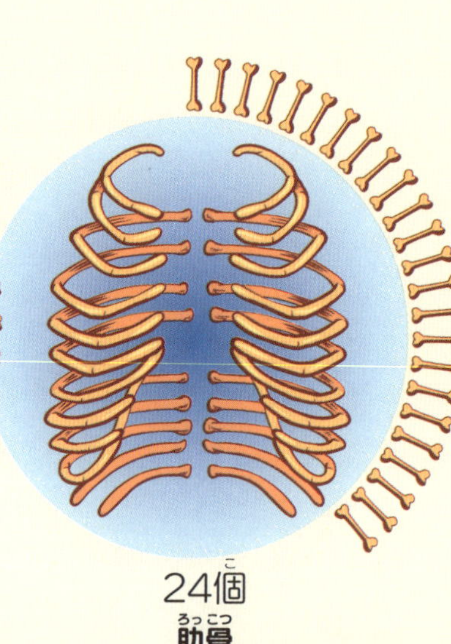

24個
肋骨

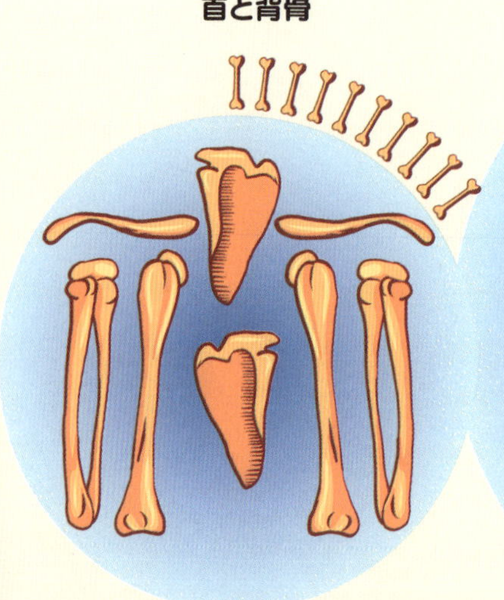

10個
腕と肩

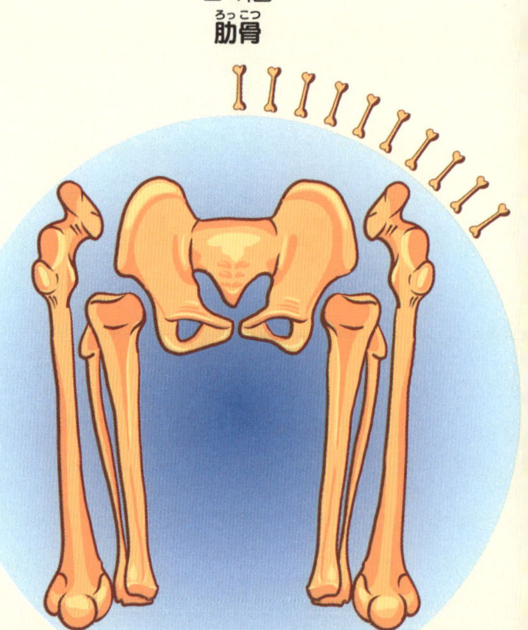

10個
脚と腰

歯は骨とはちがうの？

歯は骨格の一部ですが、骨ではありません。人には2種の歯があります。子どものころにぬける20本の「乳歯」と、乳歯に代わって生えてくる32本の「永久歯」です（p.208～209参照）。歯をおおって保護するエナメル質は、人体の中で最も硬い物質です。

すごい骨

骨にはいろいろな役割があります。そのため骨の形や大きさはさまざま。4種類の他とはちがうすごい骨を見てみましょう。

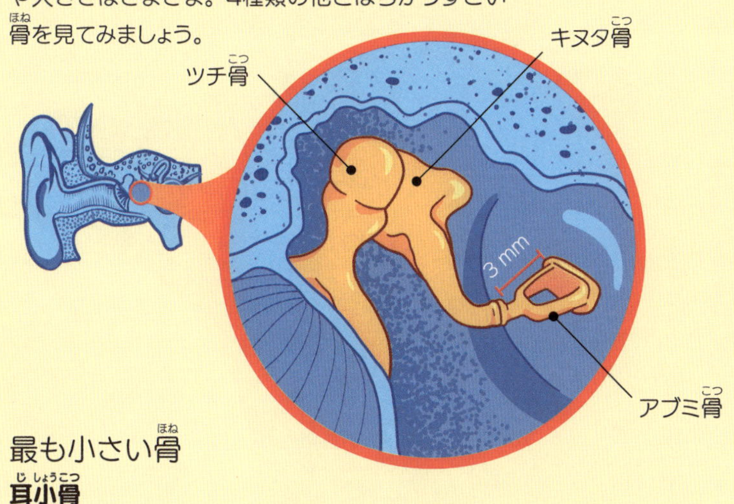
ツチ骨
キヌタ骨
3 mm
アブミ骨

最も小さい骨
耳小骨

ツチ骨、キヌタ骨、アブミ骨をまとめて「耳小骨」という。この3つは人の骨の中でとりわけ小さい骨だ。耳の中にあり、音の振動を伝える。最も小さいのはアブミ骨で、あなたの指先に簡単にのるだろう。

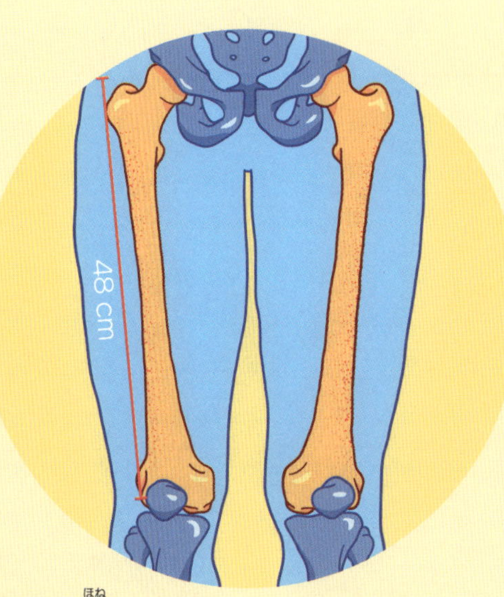
48 cm

最も長い骨
大腿骨

大腿骨は太ももの骨で、腰とひざをつないでいる。体の中で最も長く、最も強い骨。

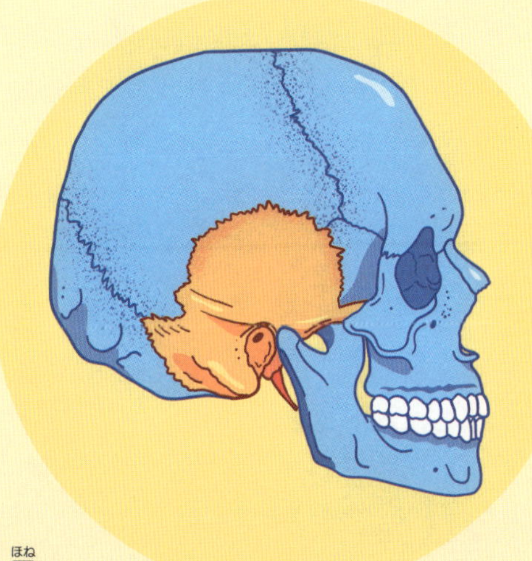

最も硬い骨
錐体骨

錐体骨は頭蓋骨の側面にある側頭骨の一部で、主に内耳を守るはたらきをする。錐体骨は体の中で最も硬い骨。

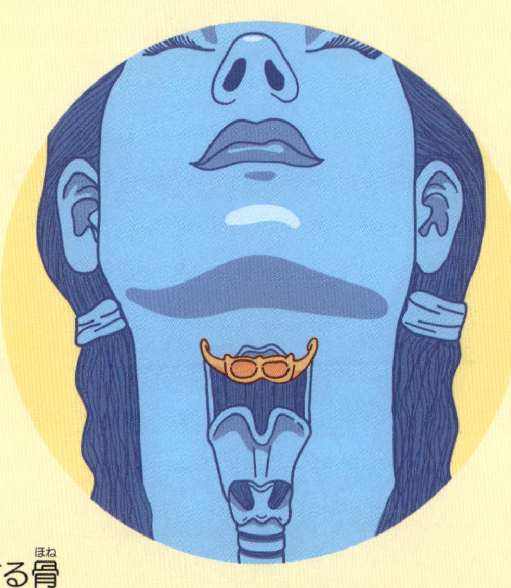

浮遊する骨
舌骨

舌骨は、舌の下のほうにあるU字形の小さな骨で、話したり、呼吸をしたり、ものを飲みこんだりするのに役立つ。舌骨は、筋肉と靭帯という強い帯状の組織によって位置をたもっている。体内のどの骨とも直接つながっていないめずらしい骨。

X線

X線撮影装置はX線を体に当てる機械です。X線は電磁波で、人の目には見えません。X線は皮膚や筋肉といった体のやわらかい部分は簡単に通過しますが、骨のような硬い部分は通りぬけることができません。そのため、X線を使って体の内部を撮影すると、骨の部分が白く明るく写るモノクロ写真がとれるのです。

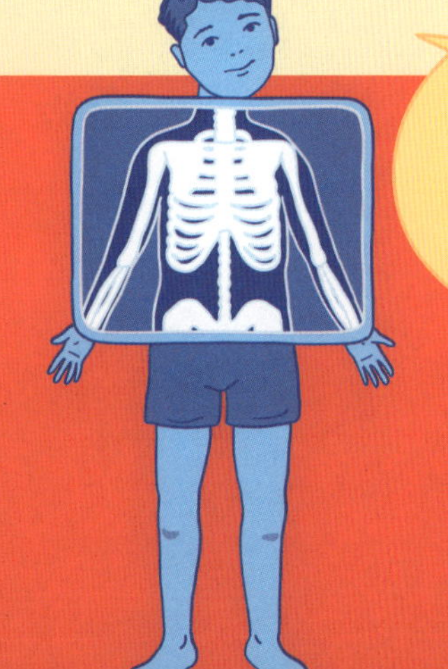

次のページでは、X線を使って人の頭を見てみよう！

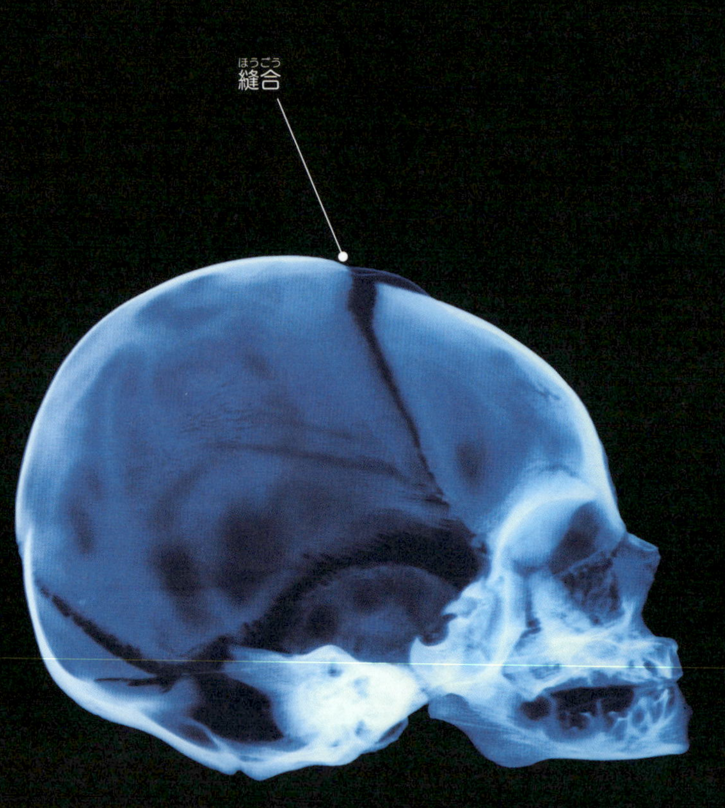
縫合
新生児の頭蓋骨

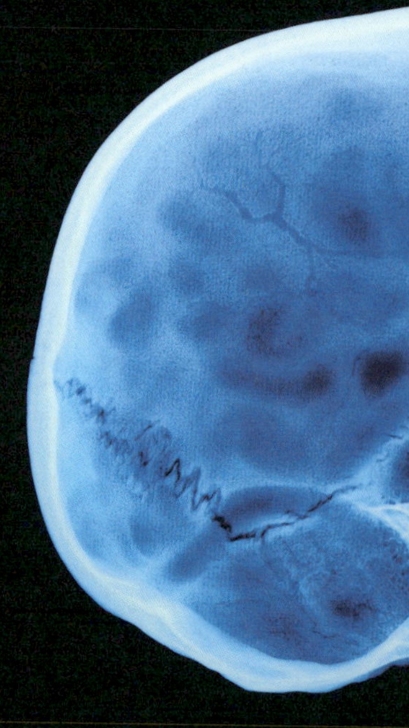
小学生の頭蓋骨

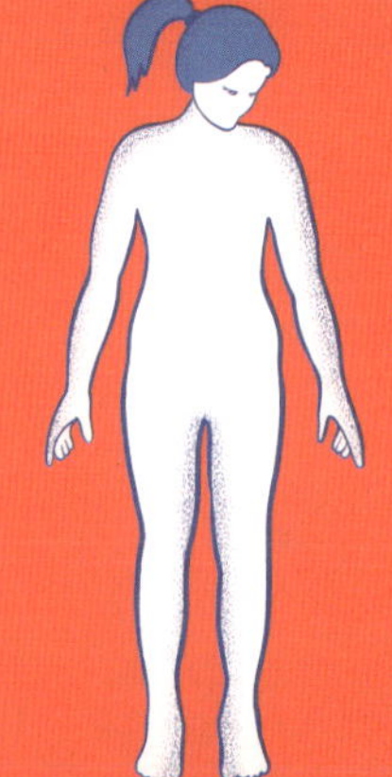
大人
全身の骨の数
206〜213個

赤ちゃん
全身の骨の数
約300個

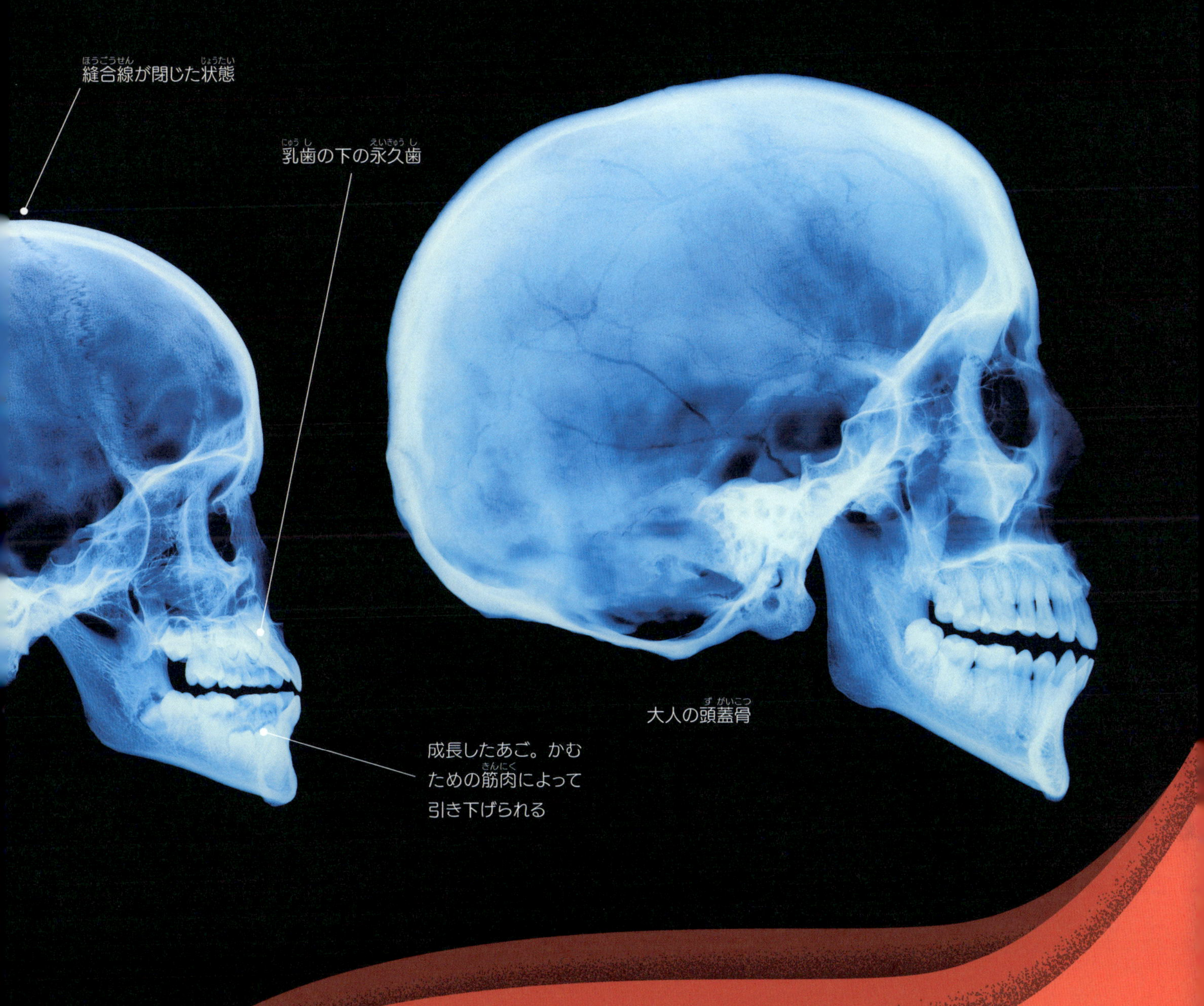
縫合線が閉じた状態
乳歯の下の永久歯
大人の頭蓋骨
成長したあご。かむ
ための筋肉によって
引き下げられる

成長する頭蓋骨

これらのX線写真は人の誕生から成人期までの頭蓋骨（解剖用語では「とうがいこつ」と読む）の成長、発達の様子を示しています。生まれたばかりの赤ちゃんの頭蓋骨には「縫合」というすき間があります。このすき間があることで、頭蓋骨は脳の成長に合わせて拡大します。縫合は子どもが2歳になるころには閉じます。また、体の中の多くの骨が成長とともにくっついていきます。大人の骨の数が子どもより少ないのはこのためです。

最大の筋肉は……おしりに！

筋肉は走る、跳ぶ、呼吸をする、食べ物を消化するなど、体のすべての重要なはたらきに関わっています。人の体には600をこえる筋肉がありますが、大きさ、形、強さは、その筋肉が果たす役割によってさまざまです。体の中で特に注目すべき筋肉を選んでみました。

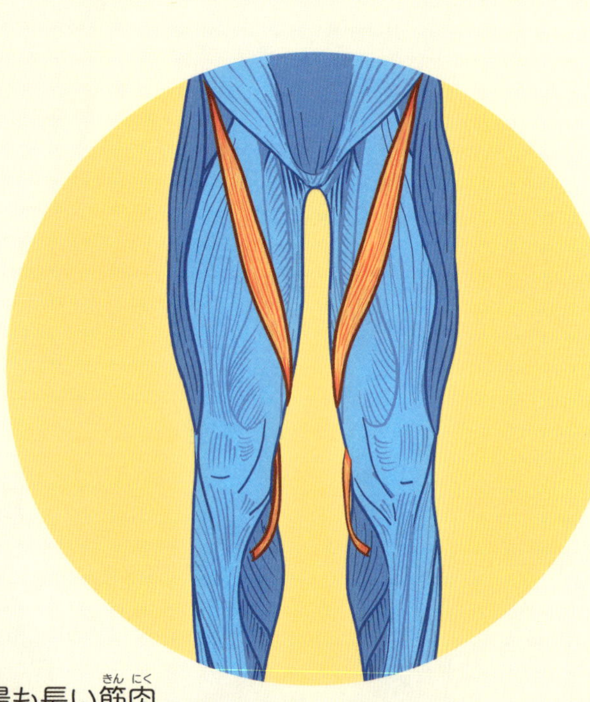

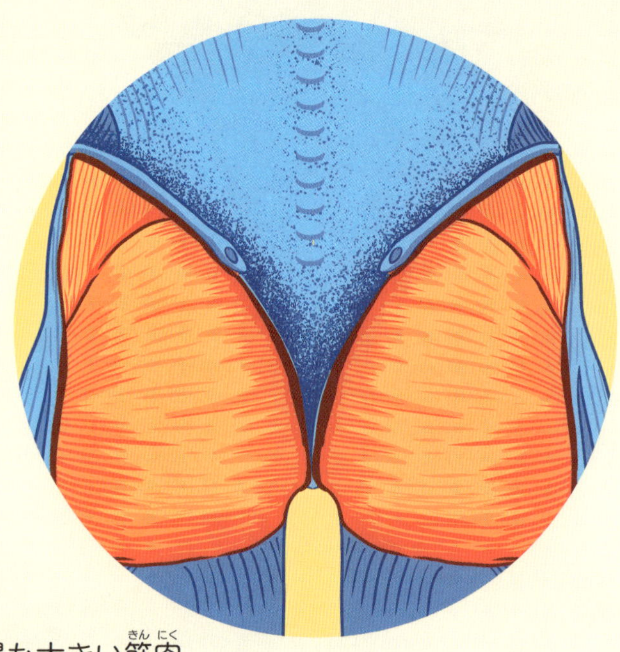

最も大きい筋肉

大殿筋

人体で最大の筋肉を専門用語で大殿筋という。これはおしりにある筋肉で、直立姿勢をたもつには、この筋肉が必要。階段を上るとき、この筋肉がはたらいているのを感じることができる。

最も長い筋肉

縫工筋

縫工筋は太ももの前面にある筋肉で、最長60cmにもなる。縫工筋は股関節とひざ関節の動きの調整に役立つ。

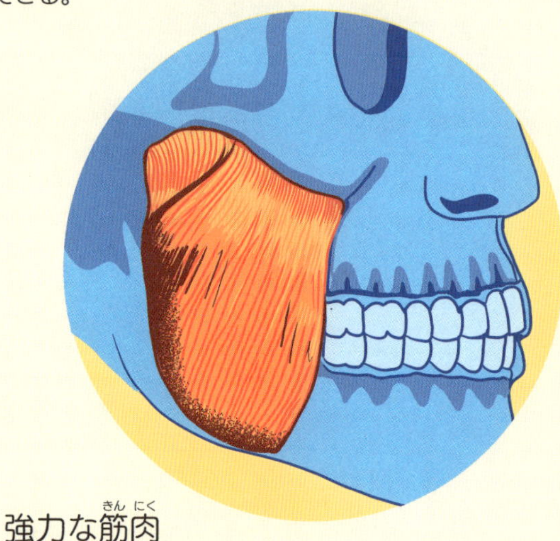

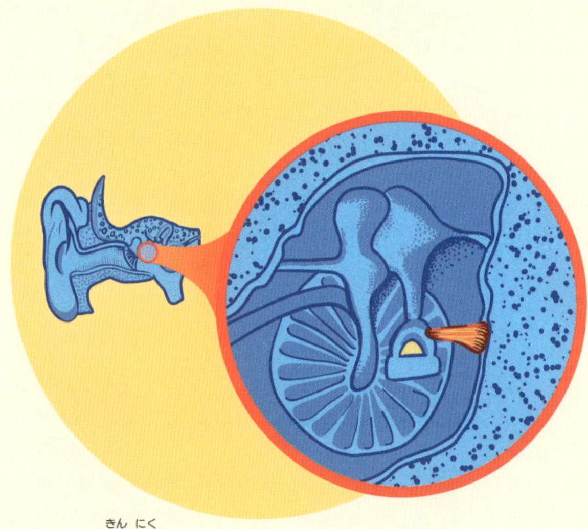

強力な筋肉

咬筋

食べ物をかむとき、あごを閉じるはたらきをするのが咬筋。小さいのにきわめて強力な筋肉で、強いかむ力を生み出す。

最も小さい筋肉

アブミ骨筋

中耳の中にあるアブミ骨筋は人体で最も小さい筋肉で、長さは1～9mm。人体で最小の骨であるアブミ骨の振動を調整する（p.207参照）。

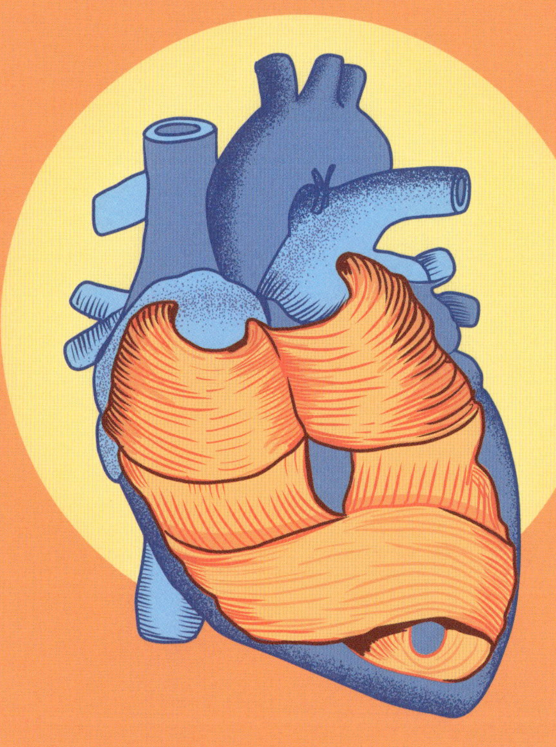

回復力のある
心筋
心臓の筋肉は体の中で一番のはたらき者。毎日7,000 L以上の血液を全身に送り出すことができる。平均的な生涯の心拍数は30億回に達するだろう。

速い動きをする
外眼筋
眼の動きをコントロールする6つの筋肉を「外眼筋」という。この本を1時間読むあいだに、これらの筋肉は約1万回協調運動をする。

人とちがって、ぼくたちフクロウは眼球を動かすことができないんだ。周囲の様子を見るときに頭の向きを変えるのはそのためだよ
わたしには筋肉でできた8本の腕があるの。わたしの体はとても柔軟なのよ!

高い柔軟性をもつ
舌筋
舌は8つの筋肉でできている。そのため、舌にはほぼすべての方向に動くという他にはない能力が備わっている。舌筋は、ゾウの鼻やタコの腕と構造が似ている。

大きく息を吸って！

体は、何をするときにも酸素を必要とします。筋肉を動かす、食べ物を消化する、成長する、考えるときさえも必要です。人は酸素を空気からとり入れます。その酸素は肺で血液中にとりこまれ、血流に乗って必要なところに運ばれます。その仕組みは次のとおりです。

息を吸う……

酸素が体にとり入れられる過程には、主に4つの段階があります。❶～❹の順で空気をとりこむ様子をイラストに示しました。息を吸うことで、体は空気から酸素をとり入れます。

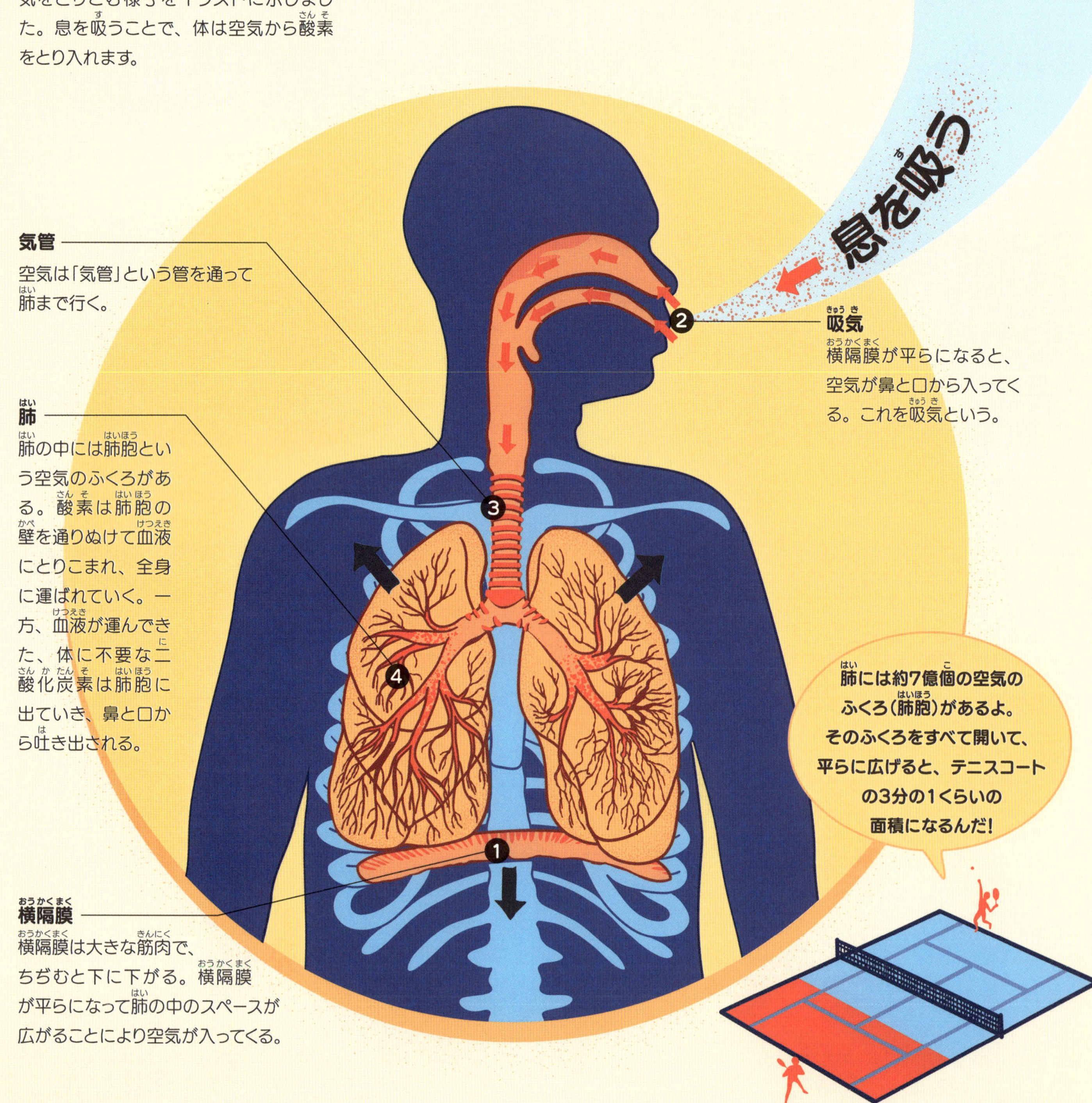

息を吸う
気管
空気は「気管」という管を通って肺まで行く。
肺
肺の中には肺胞という空気のふくろがある。酸素は肺胞の壁を通りぬけて血液にとりこまれ、全身に運ばれていく。一方、血液が運んできた、体に不要な二酸化炭素は肺胞に出ていき、鼻と口から吐き出される。
吸気
横隔膜が平らになると、空気が鼻と口から入ってくる。これを吸気という。
横隔膜
横隔膜は大きな筋肉で、ちぢむと下に下がる。横隔膜が平らになって肺の中のスペースが広がることにより空気が入ってくる。
肺には約7億個の空気のふくろ（肺胞）があるよ。そのふくろをすべて開いて、平らに広げると、テニスコートの3分の1くらいの面積になるんだ！

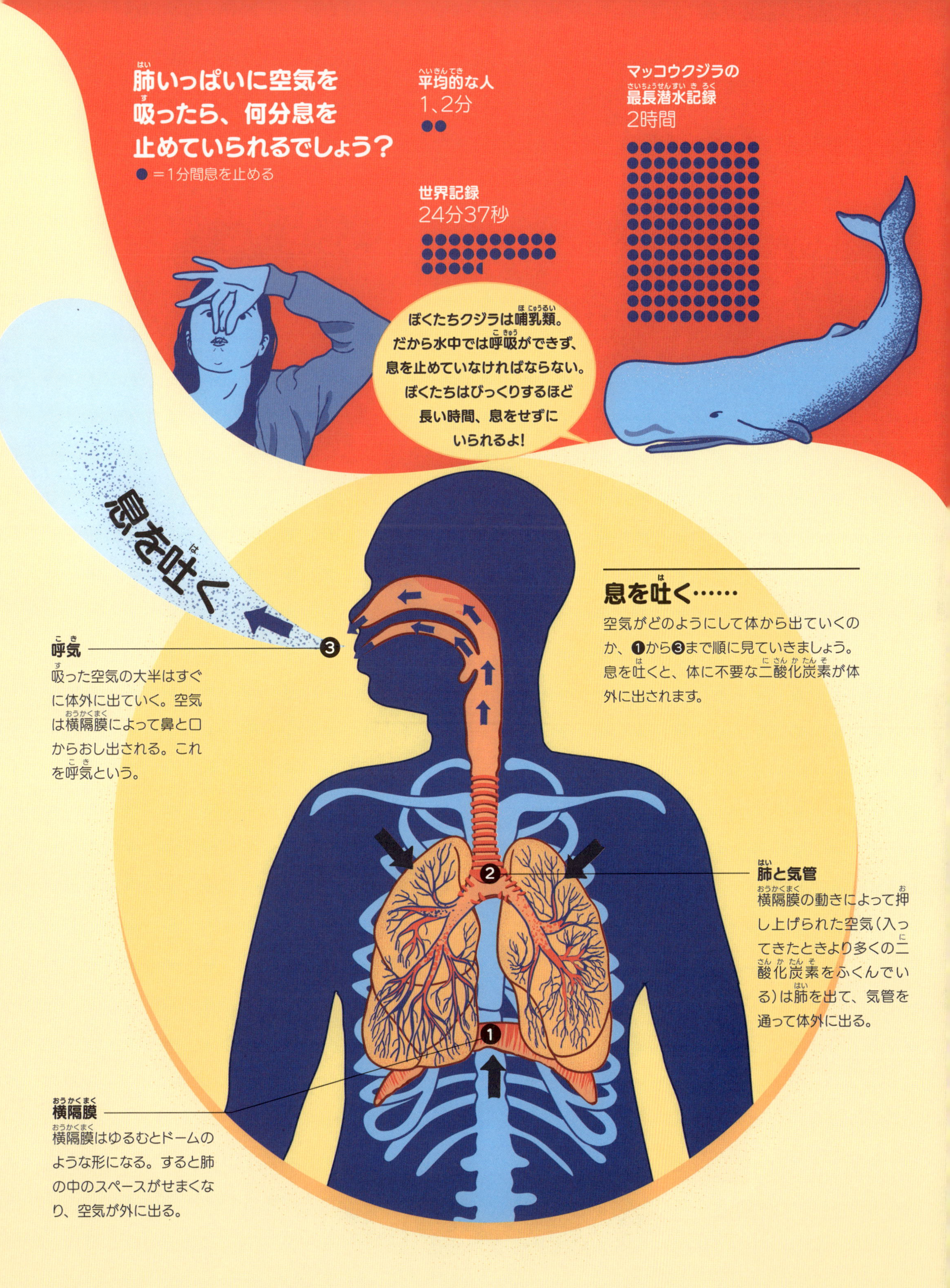

肺いっぱいに空気を吸ったら、何分息を止めていられるでしょう？
● ＝1分間息を止める
平均的な人
1、2分
世界記録
24分37秒
マッコウクジラの最長潜水記録
2時間
ぼくたちクジラは哺乳類。だから水中では呼吸ができず、息を止めていなければならない。ぼくたちはびっくりするほど長い時間、息をせずにいられるよ!
息を吐く
息を吐く……
空気がどのようにして体から出ていくのか、❶から❸まで順に見ていきましょう。息を吐くと、体に不要な二酸化炭素が体外に出されます。
❸
呼気
吸った空気の大半はすぐに体外に出ていく。空気は横隔膜によって鼻と口からおし出される。これを呼気という。
❷
肺と気管
横隔膜の動きによって押し上げられた空気（入ってきたときより多くの二酸化炭素をふくんでいる）は肺を出て、気管を通って体外に出る。
❶
横隔膜
横隔膜はゆるむとドームのような形になる。すると肺の中のスペースがせまくなり、空気が外に出る。

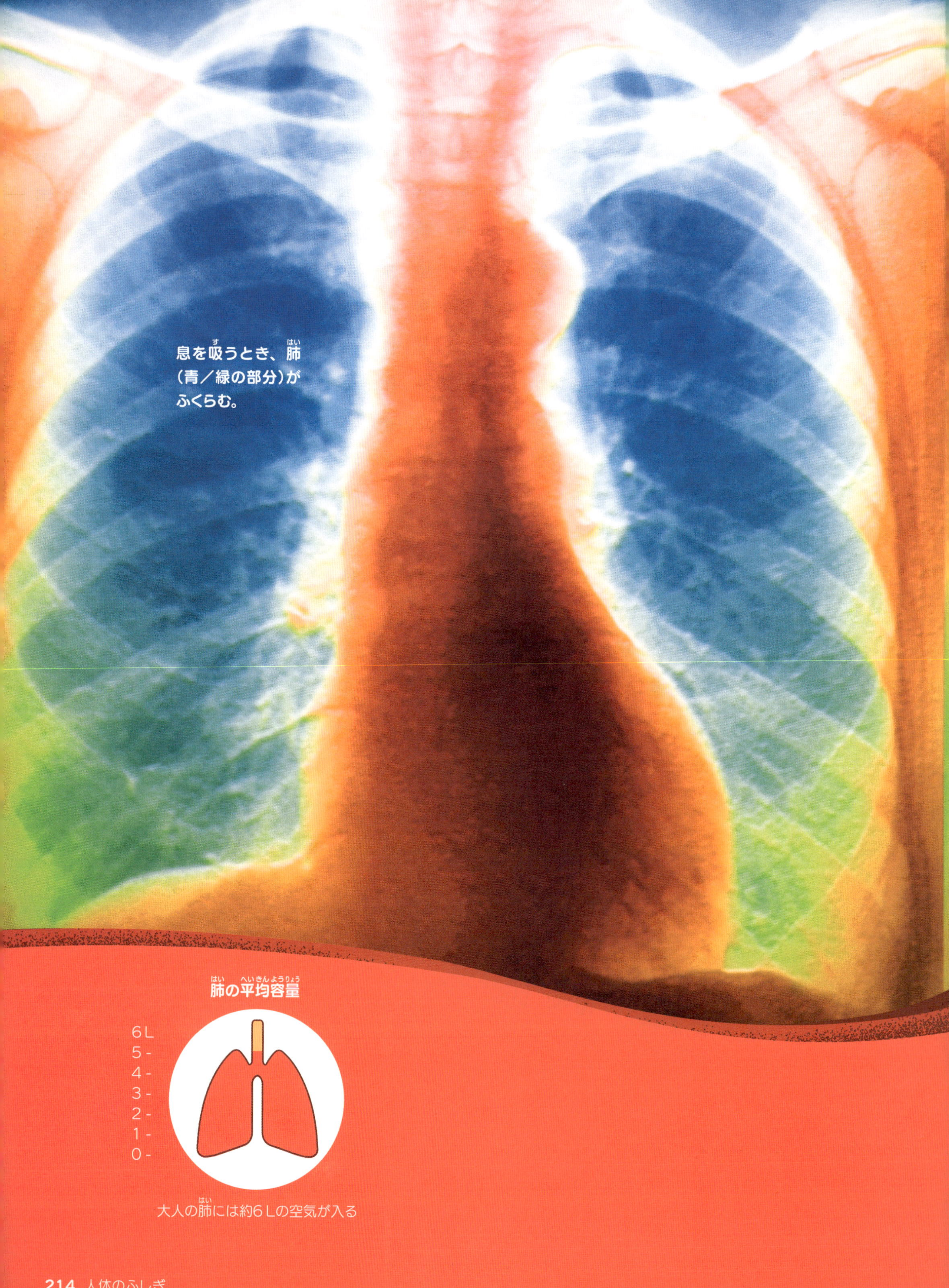

息を吸うとき、肺（青／緑の部分）がふくらむ。
肺の平均容量
6L
5-
4-
3-
2-
1-
0-
大人の肺には約6Lの空気が入る

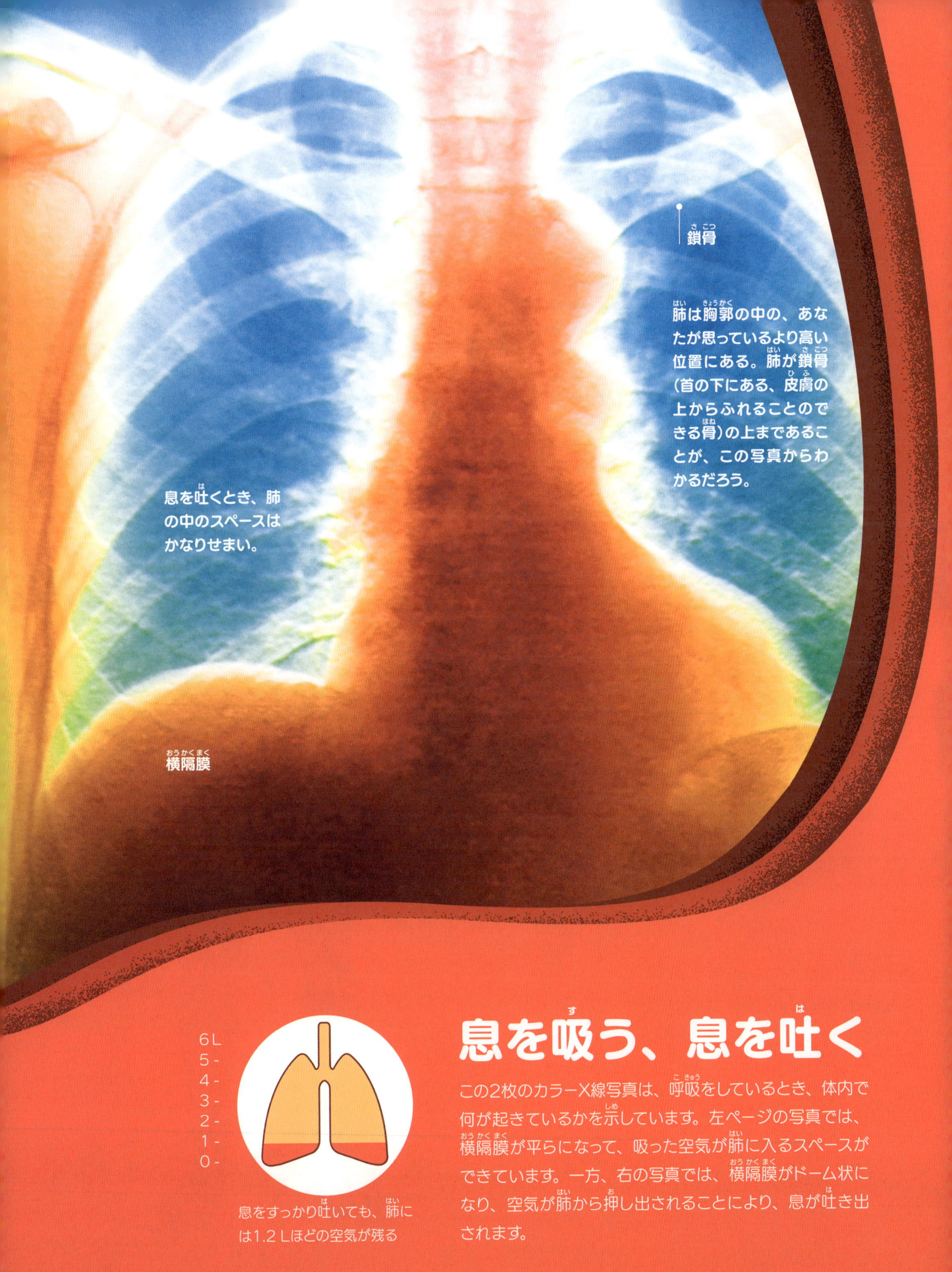
鎖骨
肺は胸郭の中の、あなたが思っているより高い位置にある。肺が鎖骨（首の下にある、皮膚の上からふれることのできる骨）の上まであることが、この写真からわかるだろう。
息を吐くとき、肺の中のスペースはかなりせまい。
横隔膜
6L
5 -
4 -
3 -
2 -
1 -
0 -
息をすっかり吐いても、肺には1.2 Lほどの空気が残る

息を吸う、息を吐く

この2枚のカラーX線写真は、呼吸をしているとき、体内で何が起きているかを示しています。左ページの写真では、横隔膜が平らになって、吸った空気が肺に入るスペースができています。一方、右の写真では、横隔膜がドーム状になり、空気が肺から押し出されることにより、息が吐き出されます。

血液はどのようにして全身をめぐるの？

循環器系は心臓と体内のすべての血管で構成されています。複雑にはりめぐらされた道路網のような循環器系は、体のあらゆる部分に血液を運んで酸素と栄養をとどけ、不要なものを回収するはたらきをします。

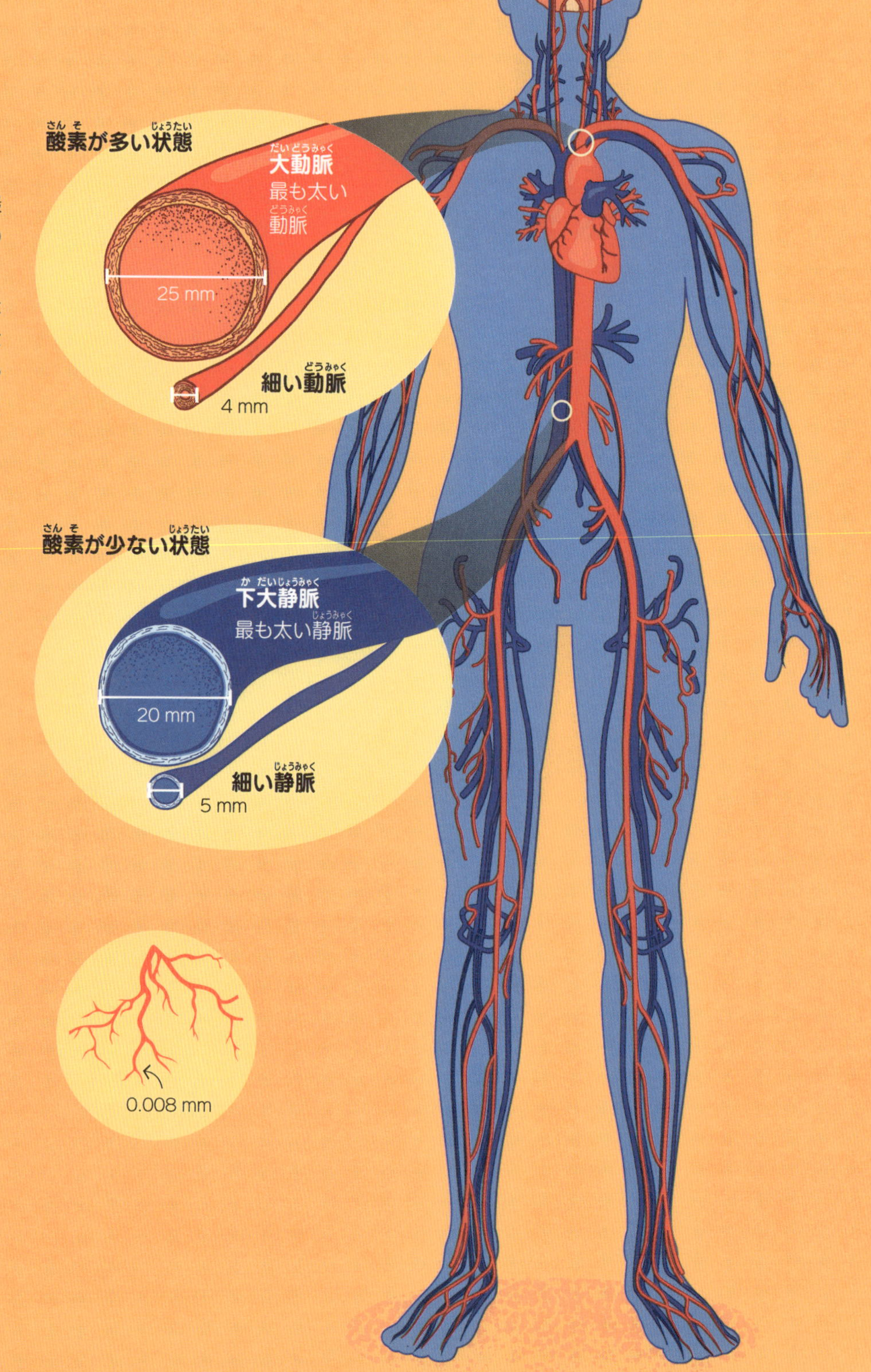

酸素が多い状態
大動脈
最も太い動脈
25 mm
細い動脈
4 mm
酸素が少ない状態
下大静脈
最も太い静脈
20 mm
細い静脈
5 mm
0.008 mm

動脈

心臓から出る動脈は、人体の中で最も太い血管だ。動脈は心臓から送り出される血液を全身に運ぶ血管で、勢いよく流れる血液の圧力にたえるため、壁が厚く、じょうぶでなければならない。動脈を流れる血液があざやかな赤い色をしているのは、肺でたくさんの酸素を得たばかりだから。

静脈

静脈には、内臓や筋肉に酸素をとどけたあと、心臓にもどっていく血液が流れている。静脈は内部の血圧が低いので動脈よりたいてい壁が薄く、それほどじょうぶではない。この中を流れる血液は青色ではなく、実際は暗い赤色をしている。静脈は光の影響で青く見えるだけ。

毛細血管

血管の中で最も細くて繊細なのが毛細血管。毛細血管は動脈と静脈をつなぐとても細い管で、体の細胞に血液や酸素、栄養をとどける。

血液は何でできているの？

平均すると、血液は人の体重の約10%をしめています。循環器系を流れる血液の正確な量は体重によって決まります。大人の血液量は約5L。血液の成分は次のとおりです。

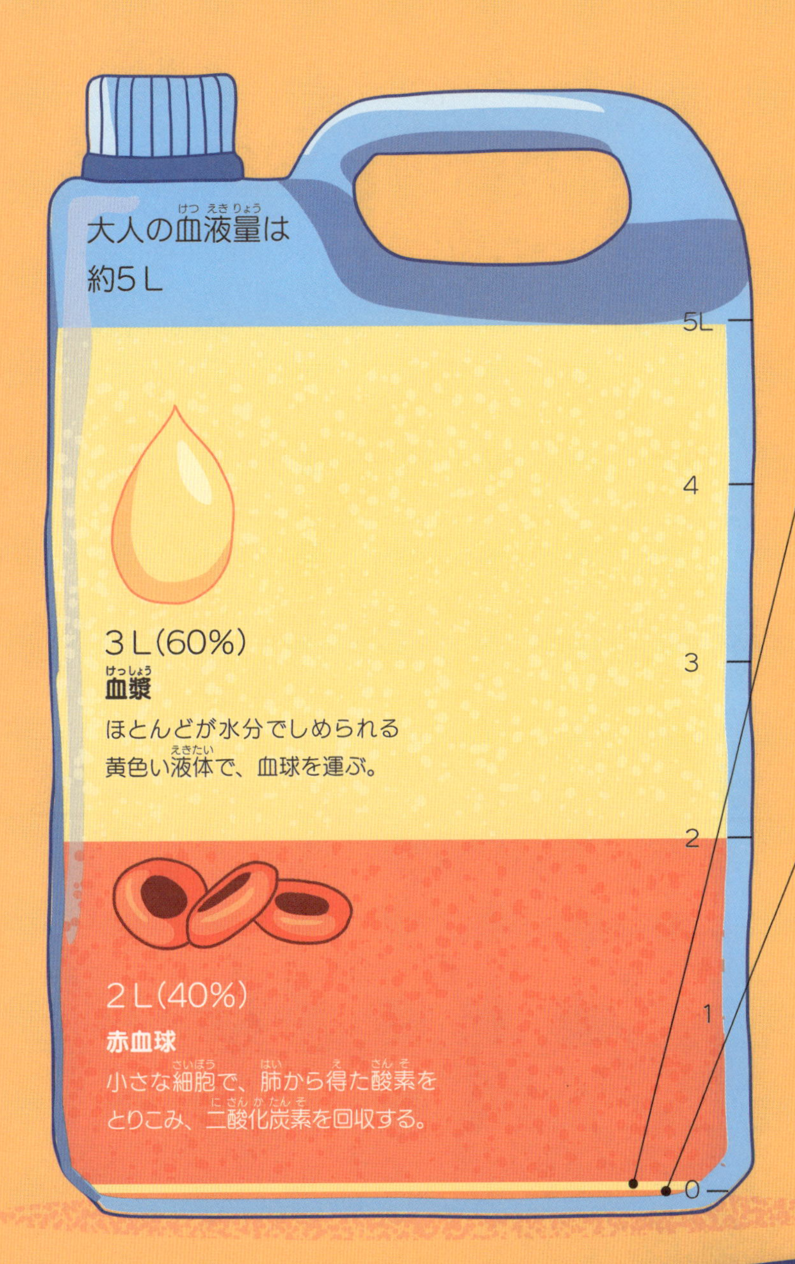
大人の血液量は
約5L
5L
4
3
2
1
0
3L(60%)
血漿
ほとんどが水分でしめられる
黄色い液体で、血球を運ぶ。
2L(40%)
赤血球
小さな細胞で、肺から得た酸素を
とりこみ、二酸化炭素を回収する。

<0.02 L(0.5%未満)

白血球

体を守る細胞。有害な細菌やウイルスとたたかって病気になるのをふせぐ。

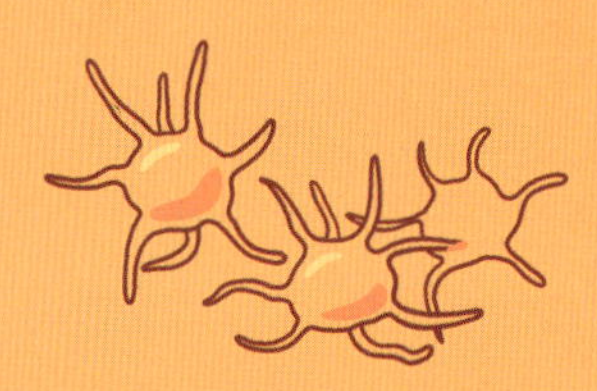

<0.02 L(0.5%未満)

血小板

血を固める役割を果たす。たとえば、けがで出血をし、それを止めたいときに血小板がはたらく。

体にあるすべての血管をつなぎ合わせると、10万 kmをこえる長さになる。これは地球を2周半する長さだよ！

長さ10万～15万 km

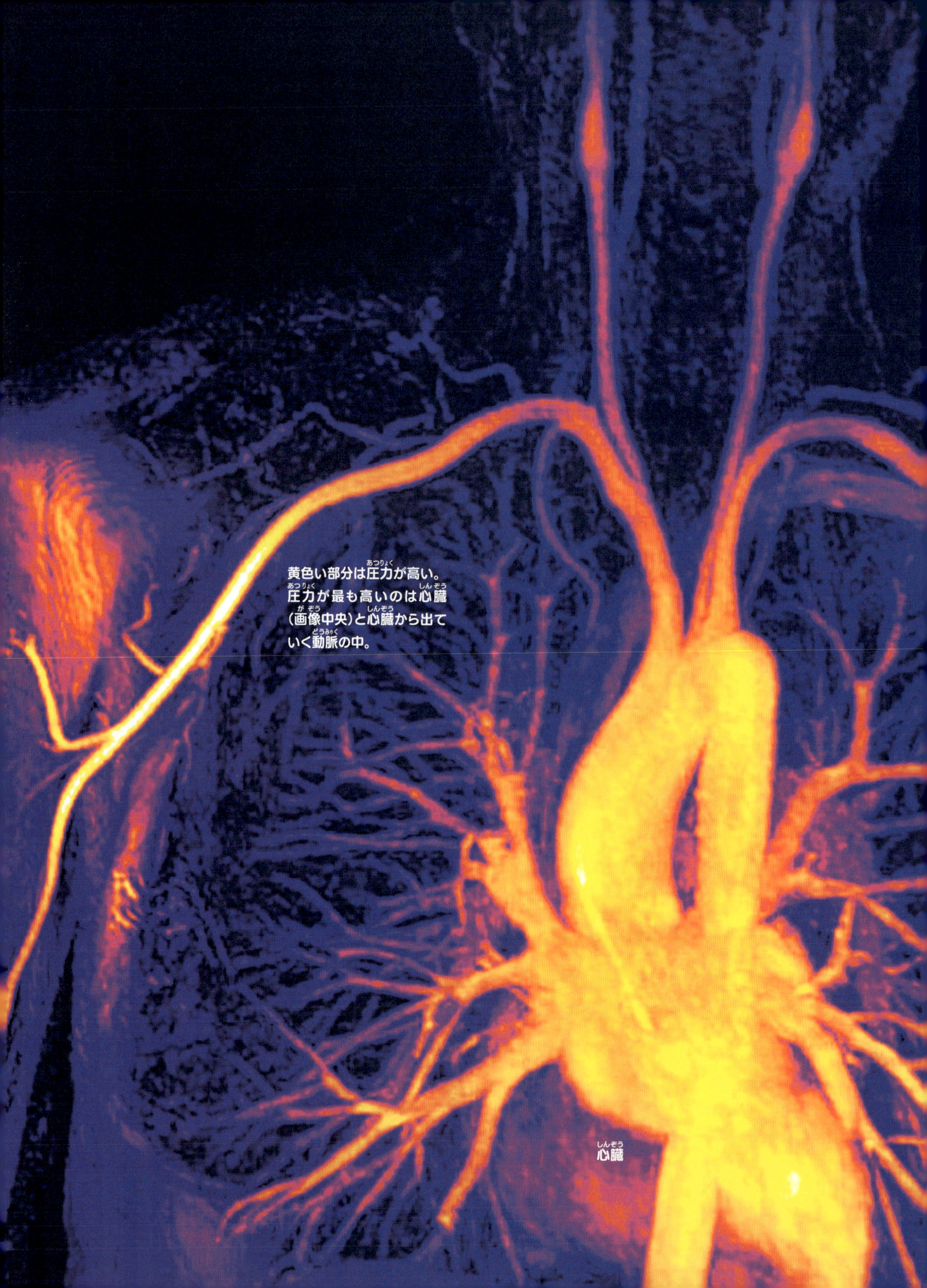
心臓

黄色い部分は圧力が高い。圧力が最も高いのは心臓（画像中央）と心臓から出ていく動脈の中。

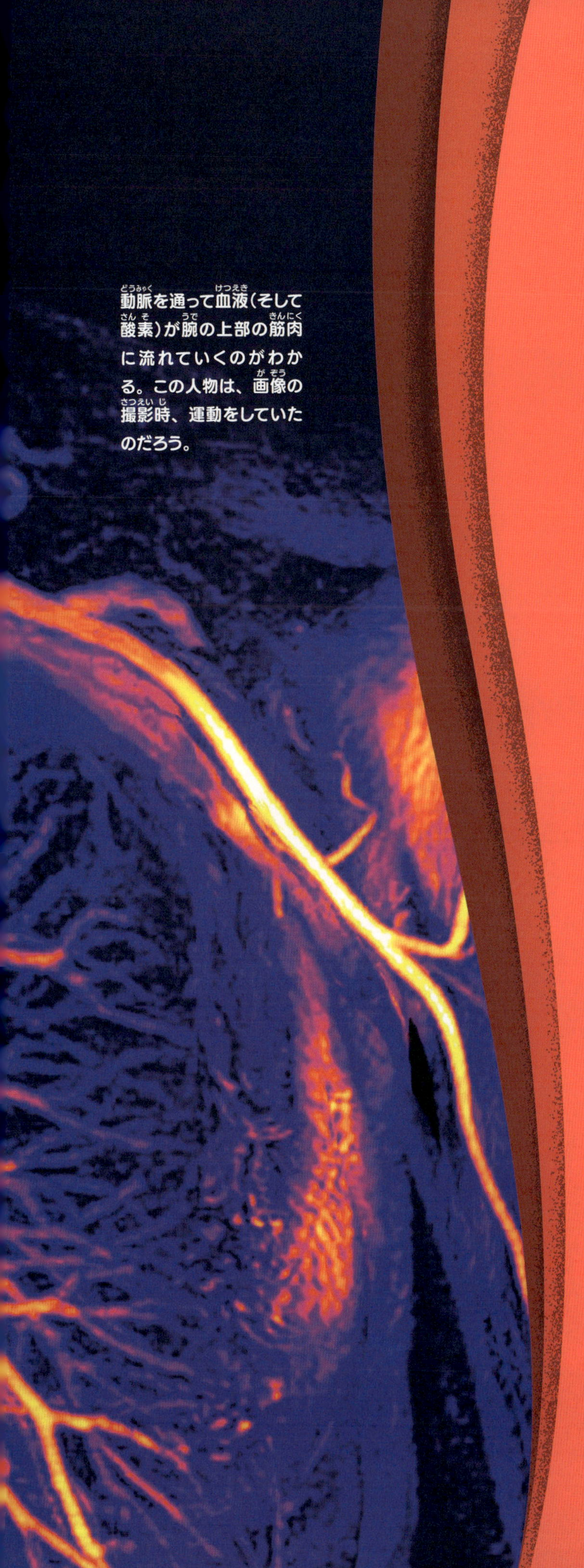

動脈を通って血液(そして酸素)が腕の上部の筋肉に流れていくのがわかる。この人物は、画像の撮影時、運動をしていたのだろう。

ドク、ドク、ドク

左の画像は心臓を出て枝分かれしていく血管の画像です。体を動かすと、心臓はより強く、より速く鼓動します。なぜなら、筋肉が血液中の酸素を多くとりこもうとするからです。運動をしているときに心拍数(一定の時間内に心臓が鼓動する回数)が増えるのはこのためです。

大人の安静時の心拍数は通常、1分間に60～100回

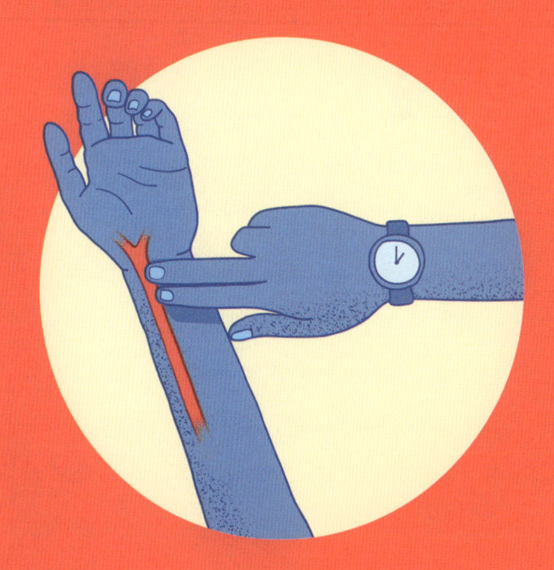

心拍数を知るためには、手首に指を2本置いて、1分間に打つ脈を数える。

食べて、出す！

食事をして、食べたものが消化管をすべて通過するには約24時間かかります。消化管は口から肛門まで続く、長く曲がりくねった管です。体の中を進んでいく食べ物の大旅行にわたしたちもついていきましょう。そして、そのあとに何が起きるかを知りたい人はp.224を見てね。

食べ物の消化

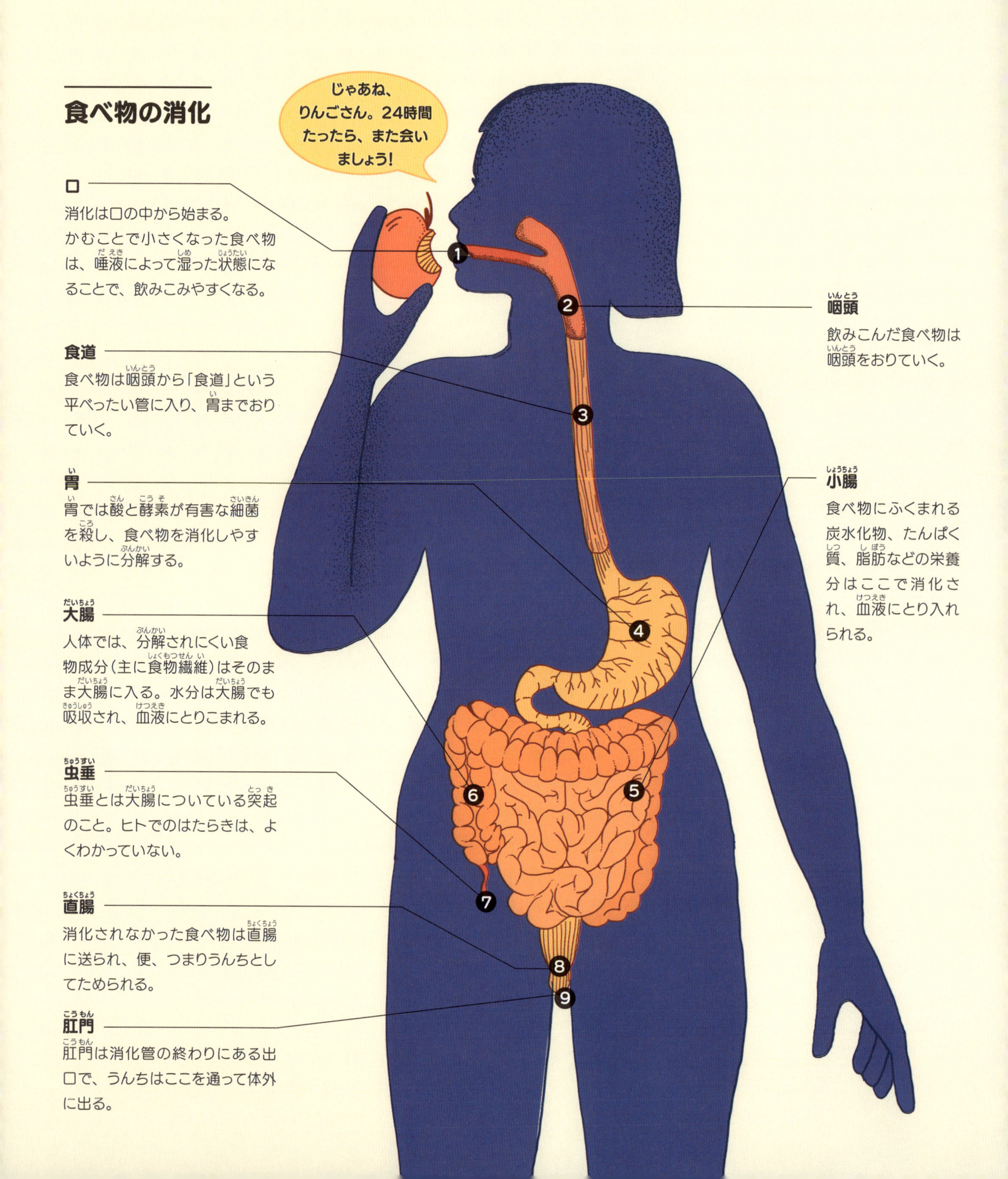
じゃあね、りんごさん。24時間たったら、また会いましょう！
1
2
3
4
5
6
7
8
9
口
消化は口の中から始まる。かむことで小さくなった食べ物は、唾液によって湿った状態になることで、飲みこみやすくなる。
咽頭
飲みこんだ食べ物は咽頭をおりていく。
食道
食べ物は咽頭から「食道」という平べったい管に入り、胃までおりていく。
胃
胃では酸と酵素が有害な細菌を殺し、食べ物を消化しやすいように分解する。
小腸
食べ物にふくまれる炭水化物、たんぱく質、脂肪などの栄養分はここで消化され、血液にとり入れられる。
大腸
人体では、分解されにくい食物成分（主に食物繊維）はそのまま大腸に入る。水分は大腸でも吸収され、血液にとりこまれる。
虫垂
虫垂とは大腸についている突起のこと。ヒトでのはたらきは、よくわかっていない。
直腸
消化されなかった食べ物は直腸に送られ、便、つまりうんちとしてためられる。
肛門
肛門は消化管の終わりにある出口で、うんちはここを通って体外に出る。

消化管の長さはどれくらい？

消化管はあまりスペースをとらないよう、ほとんどの部分が細長いスパゲッティを大きなボールにまとめたような形で体内におさまっています。しかし、大人の消化管を無理矢理のばしてみると、9 mをこえる長さになるでしょう。**建物の3階の高さと同じくらい**にまでなります！

口 10 cm
咽頭 13 cm
食道 25 cm
胃 34 cm
小腸 670 cm
虫垂 9 cm
大腸 150 cm
直腸 14 cm
肛門 4 cm

929 cm

170 cm

鼻水はどのくらいつくられるの？

鼻水はとても不快なものですが、わたしたちにとってとても重要で、有益なものなのです。鼻水は鼻腺でつくられる粘液の一種で、鼻水に付着したほこりや有害な細菌を体外に出したり、におい成分をとらえ、においをかいだりするのに役立ちます。粘液は口の中でもつくられ、唾液の一部となります。唾液は食べ物を湿らせて、食べたり飲みこんだりしやすくします。胃も粘液をつくります。胃の粘液は、胃の内側を酸から守ります。鼻水をすべて1か所に集めたらこんなふうになるでしょう。

1日の鼻水の量

体は毎日コップ約5杯の鼻水をつくります。

鼻でつくられた
鼻水の多くは、喉に
おりていくわ。
ごくり
コップの容量
0.3 L

一生の鼻水の量

体は一生のあいだにバスタブ約209杯分の鼻水をつくります。

バスタブの容量
180 L

体はいつも鼻水をつくっているの。あなたが眠っているときだって!

うんちとおなら

「食べ物の消化の旅」の終わりに残されたのは、いやなにおいのする茶色い不要なもののかたまり。これは最終的に体外に押し出されます。このかたまりを医学用語では「大便」といいますが、あなたは多分こう呼ぶでしょう……「うんち」！

うんちは何でできているの？

平均すると、大人は1日100〜250 gのうんちをします。うんちの大半は水分で、そのためうんちはやわらかいのです。残りは固形物で、死んだ細菌や細胞、体が消化できなかったもの（たとえば、トウモロコシの粒を包んでいる皮にふくまれるセルロースなど）、たんぱく質、脂肪、その他の不要なものがふくまれています。

25%
固形物

75%
水分

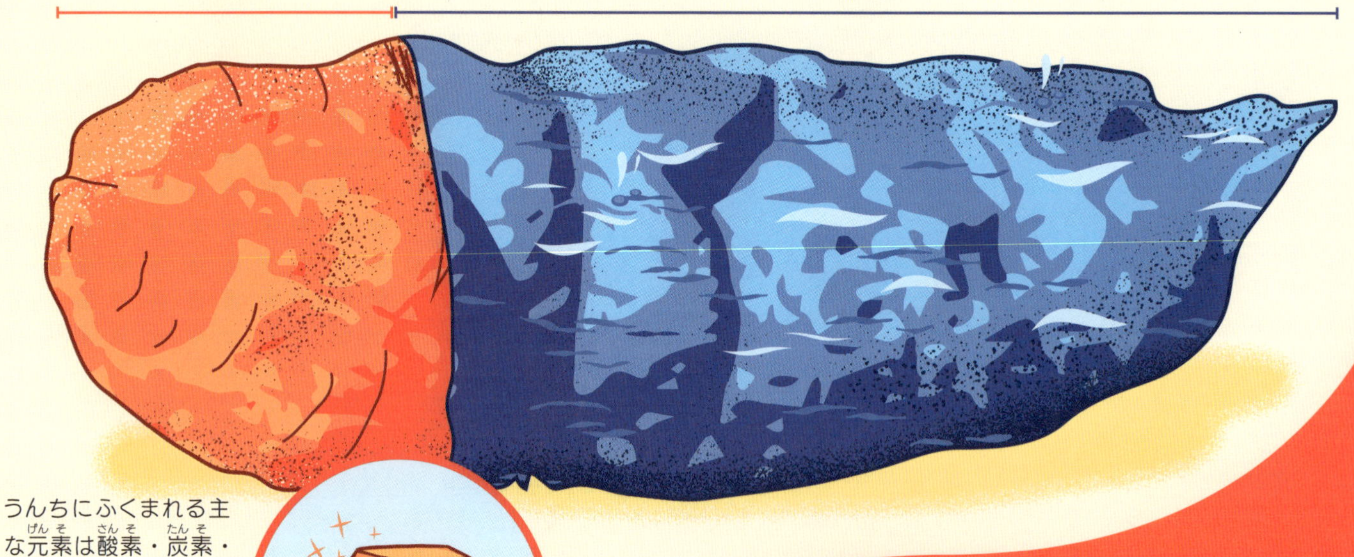

うんちにふくまれる主な元素は酸素・炭素・水素。うんちには、わずかながら金のような貴重な鉱物もふくまれているが、それもうんちとしてトイレで流される。

どうしておならが出るの？

おならが出るのは、消化管の中にガスが少しずつたまっていくからです。ガスの一部は食事のときなどに飲みこんだ空気です。それ以外のガスは、消化器系の中の有用な細菌のはたらきで食べ物が発酵するときに発生します。こうしたガスが肛門を通って体外に出るとき、「括約筋」という輪のような形をした筋肉をふるわせます。これがおかしなおならの音になるのです。

1日のおならの量

mL（ミリリットル）

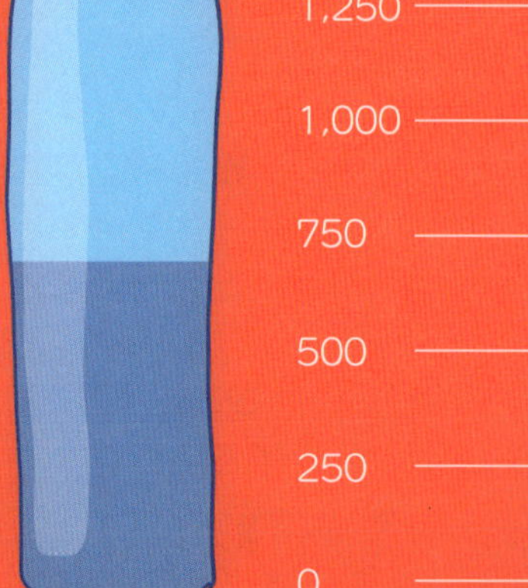

1,500
1,250
1,000
750
500
250
0

平均すると、人は1日に約700 mLのおならをつくり出す。

自分のうんちを食べる動物について知りたい人は、p.170を見てね

7タイプのうんち

イギリスのブリストル大学の研究者が、うんちを形と硬さにもとづいて7つのタイプに分ける指標を考案しました。「ブリストル便形状スケール」です。

タイプ1
硬くて
コロコロの便
ウサギのふんのよう

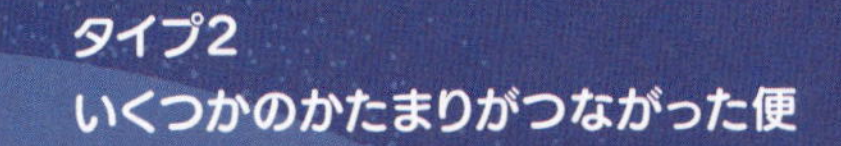

タイプ2
いくつかのかたまりがつながった便

ブドウの房のよう

ブリストル便形状スケール

タイプ3
ひびの入った管のような便
とうもろこしのよう

タイプ4
表面がなめらかで、
やわらかい便
ソーセージのよう

タイプ5
形のはっきりとした、やわらかい
小さなかたまりのような便
チキンナゲットのよう

タイプ6
形がはっきりしない
どろどろの便
おかゆのよう

タイプ7
液体状の便
グレービーソース
(肉汁からつくるソース)のよう

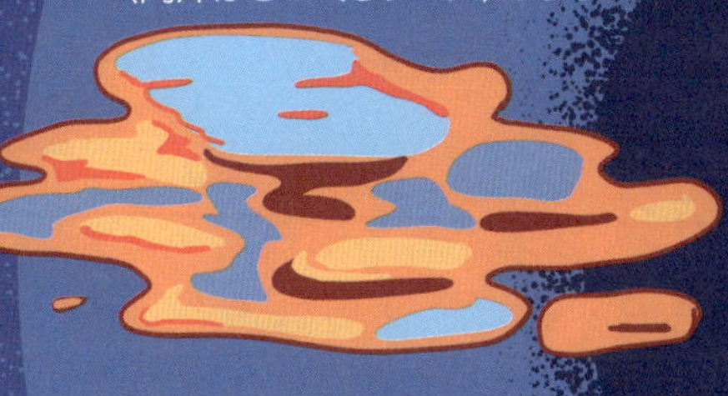

おしっこのふしぎ

おしっこをすることで、体から余分な水分や毒素がとりのぞかれます。「尿」とも呼ばれるおしっこは消化器系でつくられるのではなく、血液からつくり出されます。下の図のように、腎臓を出たおしっこは膀胱に集まり、トイレへと旅立ちます。

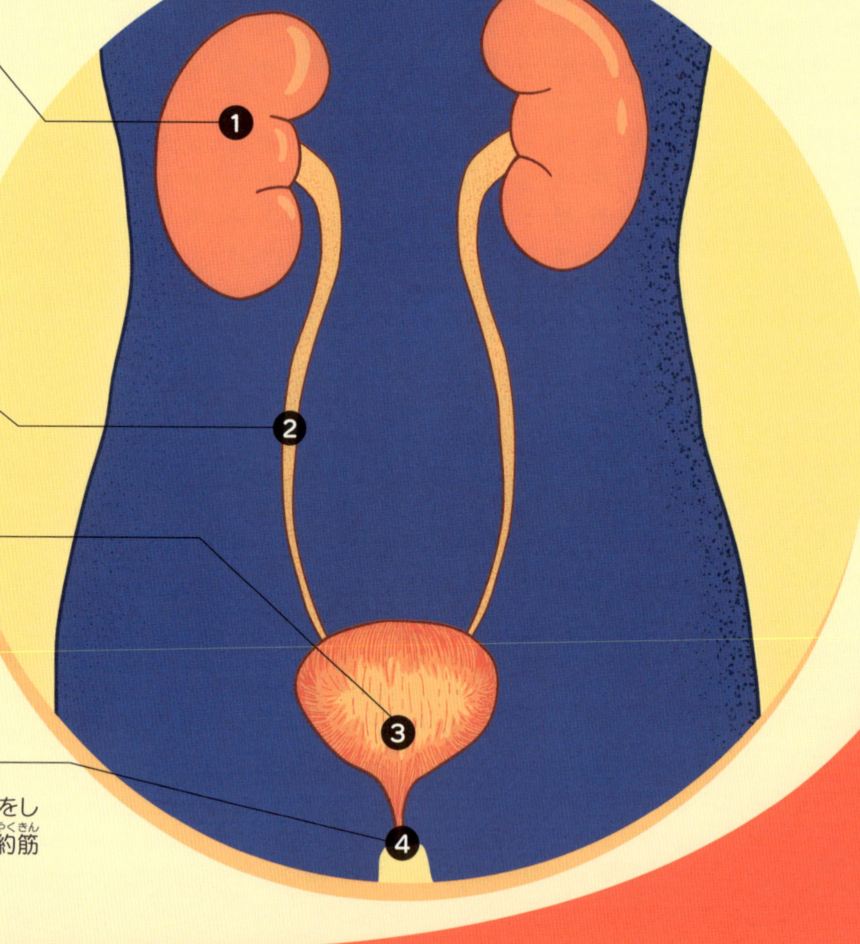
1
2
3
4

腎臓

水を飲むと、その水は消化器系で血液にとりこまれる。腎臓には血液をきれいにするはたらきがあり、血中の有害なものや体が必要としない余分な水分をろ過する。そして、それがおしっこに変わる。

尿管

おしっこは腎臓から尿管を通って膀胱に行く。尿管は左右の腎臓に1本ずつある。

膀胱

膀胱はおしっこをためておく袋状の器官。膀胱がいっぱいになると、トイレに行ったほうがいいよというサインが脳に送られる。

尿道

おしっこはこの管を通って体外に出る。おしっこをし始めるとき、し終えるときは、尿道をかこむ括約筋がはたらいて尿道が開閉する。

おしっこの量は?

1日のおしっこの量

平均的な1日のおしっこの量は、大きなペットボトル1本分。約1.4 L。

一生の量

一生のあいだにつくられるおしっこの量は大型のタンクローリー1台分。約3万8,000 L!

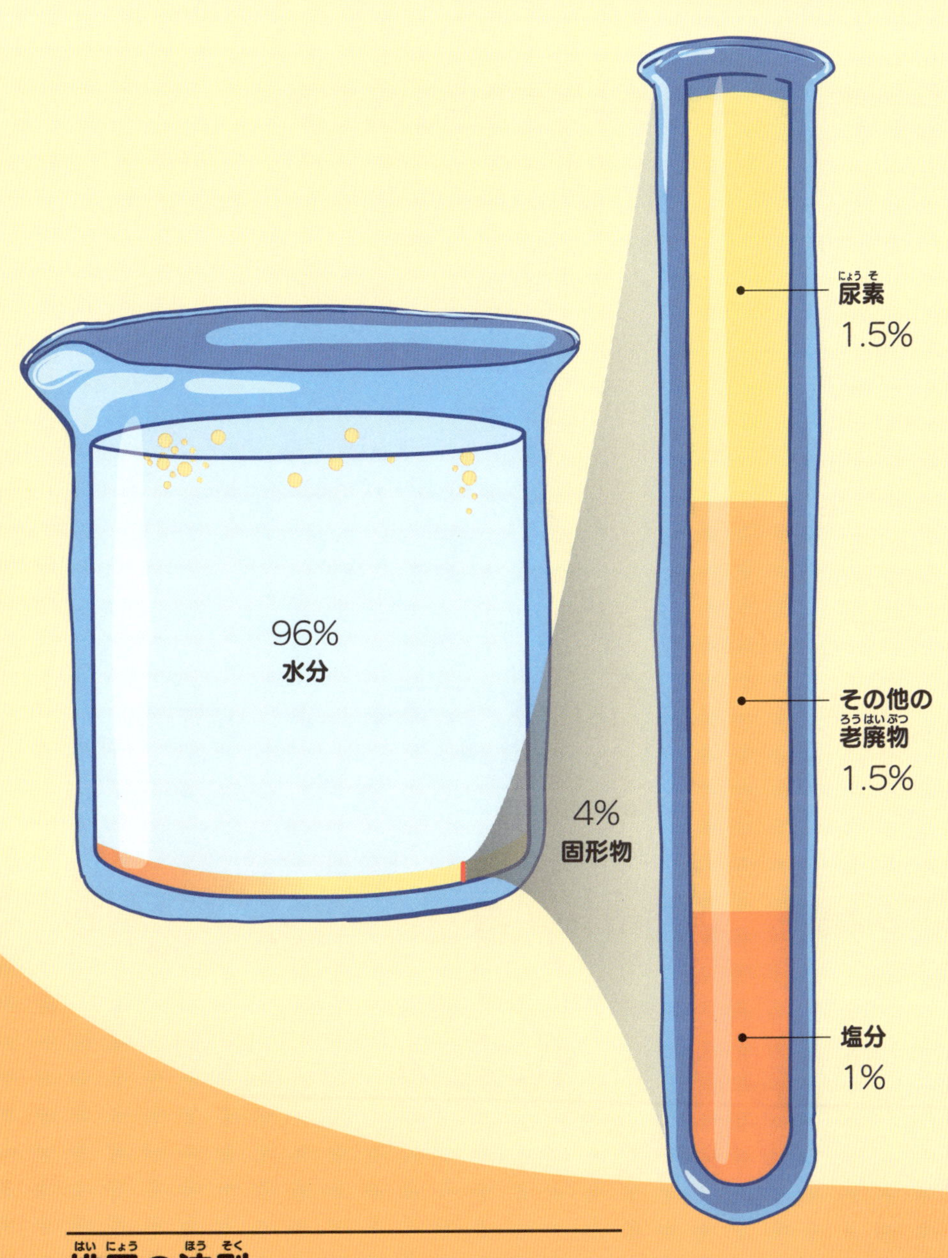
尿素
1.5%
96%
水分
4%
固形物
その他の老廃物
1.5%
塩分
1%

おしっこは何でできているの？

おしっこの約96%が水分です。残りの4%は試験管のイラストのとおり、尿素（消化器系でできる老廃物）、塩分やその他の老廃物です。その他の老廃物には、血液が分解されてできた「ウロクローム」という黄色の色素がふくまれています。おしっこが黄色いのは、この色素のためです。また、その他の老廃物の中にはアンモニアもふくまれているため、これがおしっこのにおいの原因になります。

排尿の法則

人がおしっこをするのに必要な時間は、普通20～30秒。ゾウをはじめとする哺乳動物の多くが、人と同じくらいの時間をかけておしっこをします。ゾウの膀胱の大きさは人の100倍もあるのに！

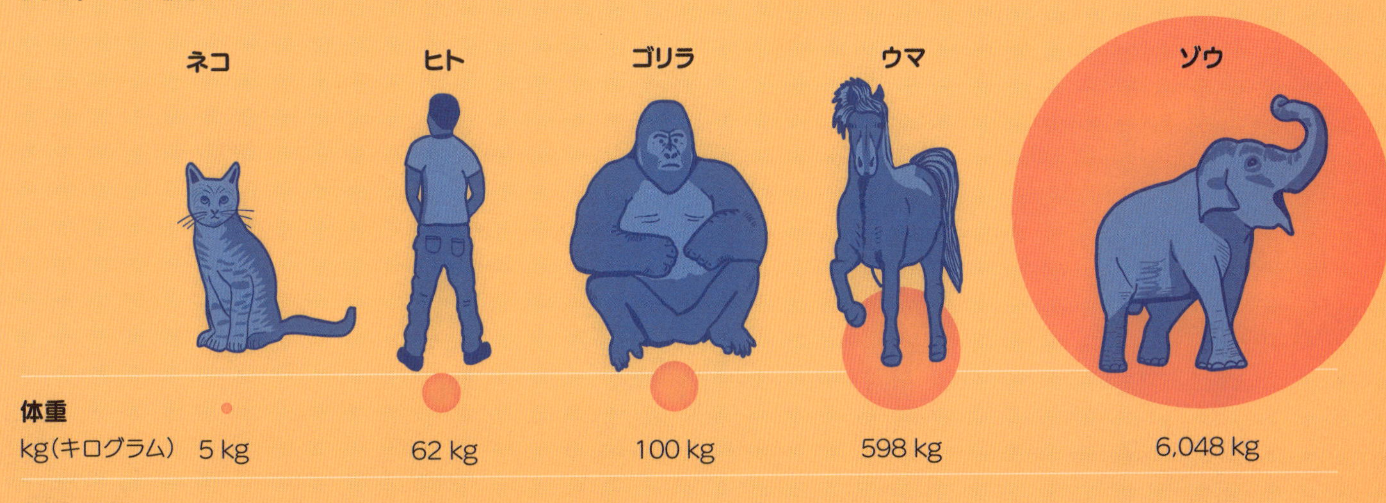
ネコ
ヒト
ゴリラ
ウマ
ゾウ

	ネコ	ヒト	ゴリラ	ウマ	ゾウ
体重 kg（キログラム）	5 kg	62 kg	100 kg	598 kg	6,048 kg
おしっこに要する時間	約20～30秒				

皮膚はどんなはたらきをするの？

皮膚は触覚を通じて体と外の世界をつなぎます。また、体を外界の危険から守る役目も果たします。皮膚を拡大して深いところまで見ると、体を助けるために皮膚がいかによくできているかがわかるでしょう。

皮膚の構造

下の図は、人の皮膚の表面から最も深い層までを表した断面図です。各層の仕組みがよくわかるように拡大してみました。

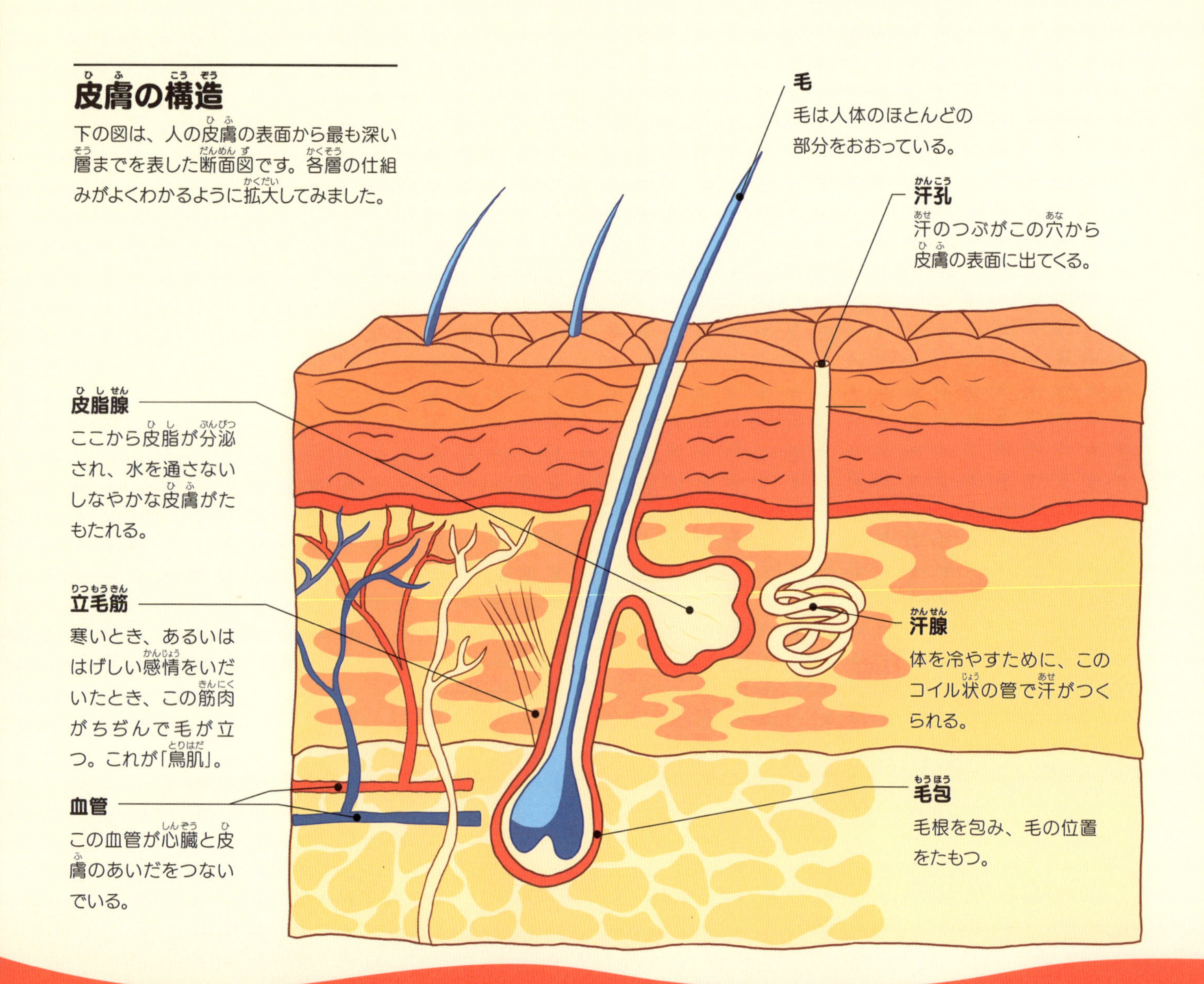

毛
毛は人体のほとんどの部分をおおっている。
汗孔
汗のつぶがこの穴から皮膚の表面に出てくる。
皮脂腺
ここから皮脂が分泌され、水を通さないしなやかな皮膚がたもたれる。
立毛筋
寒いとき、あるいははげしい感情をいだいたとき、この筋肉がちぢんで毛が立つ。これが「鳥肌」。
血管
この血管が心臓と皮膚のあいだをつないでいる。
汗腺
体を冷やすために、このコイル状の管で汗がつくられる。
毛包
毛根を包み、毛の位置をたもつ。

皮膚のはたらき

皮膚にはたくさんの役割があります。ここでは有害な細菌から体を守る作用から、他人とのコミュニケーションを助ける作用まで、特に重要なものを6つ紹介します。

保護する

皮膚は体を細菌やけがから守る。また、水を通さない役目をもつ。

体温調節をする

皮膚から出る汗は体を冷やし、体毛は皮膚を温かく、かわいた状態に保つ。

皮膚の大きさは？

皮膚は体の中でいちばん大きな器官で、重さも表面積も最大です。大人の皮膚と子どもの皮膚を平らに広げたら、どれくらいの大きさになるかを図で表しました。

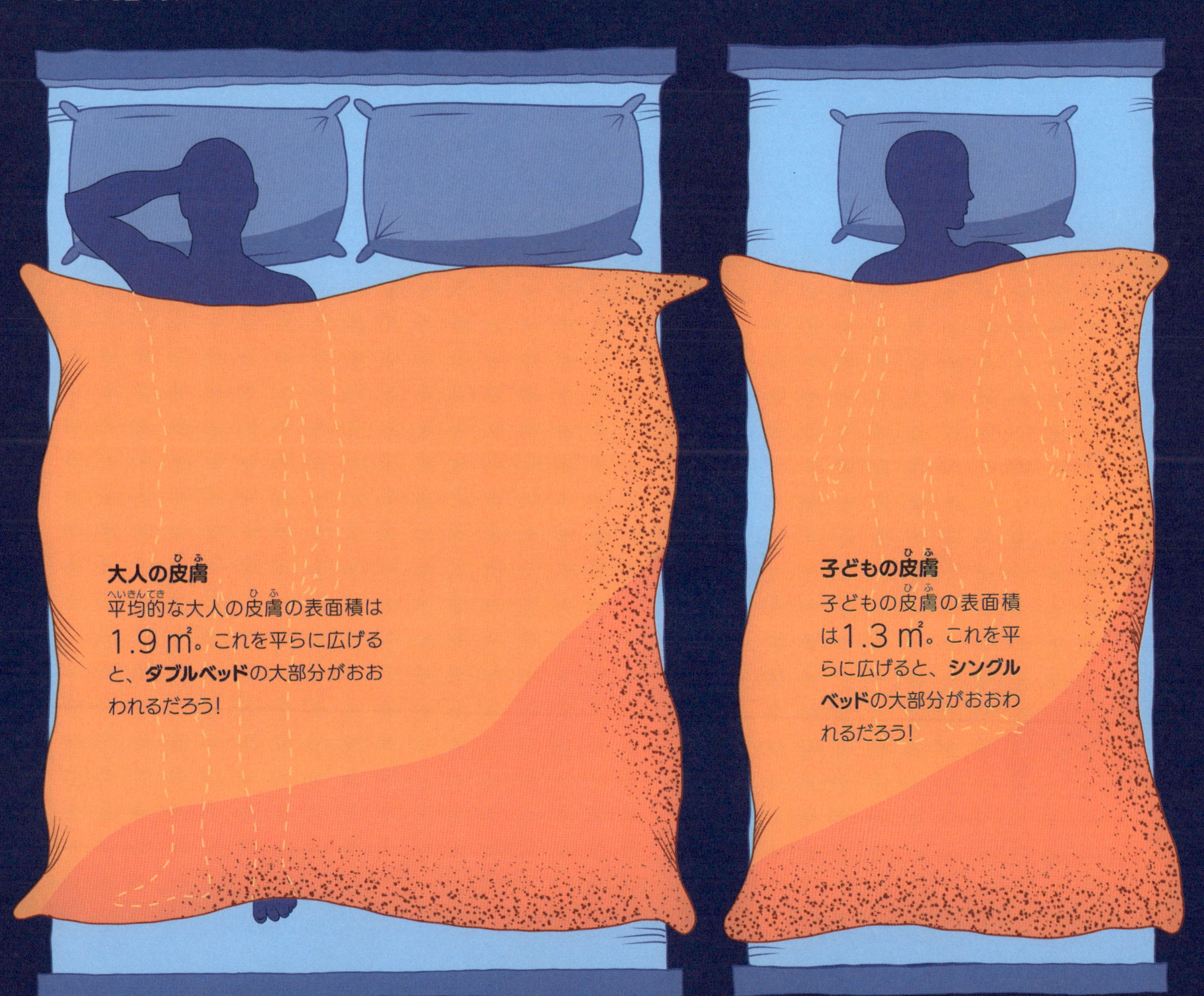
大人の皮膚
平均的な大人の皮膚の表面積は
1.9 ㎡。これを平らに広げる
と、**ダブルベッド**の大部分がおお
われるだろう!
子どもの皮膚
子どもの皮膚の表面積
は1.3 ㎡。これを平
らに広げると、**シングル**
ベッドの大部分がおおわ
れるだろう!

感情を伝える

顔が真っ赤になることなど、皮膚は感情を表すことができる。

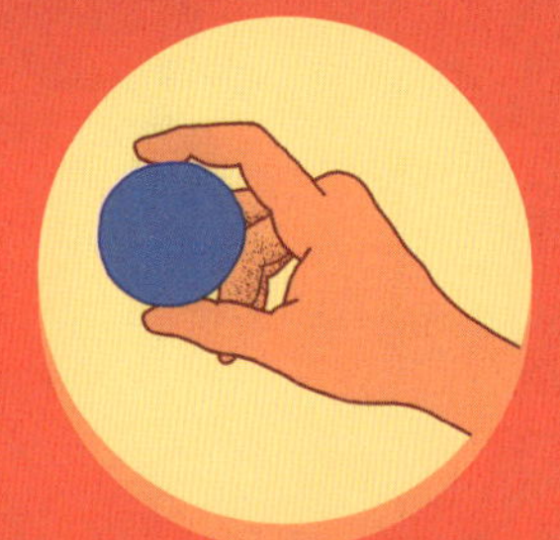

つかむ

指先の湿りけと指紋によって、物をうまくつかむことができる。

ビタミンDを生成する

皮膚が日光を浴びるとビタミンDがつくられる。

知覚する

ふれたときに生じる感覚をとおして、皮膚は周囲の様子を脳に伝える。

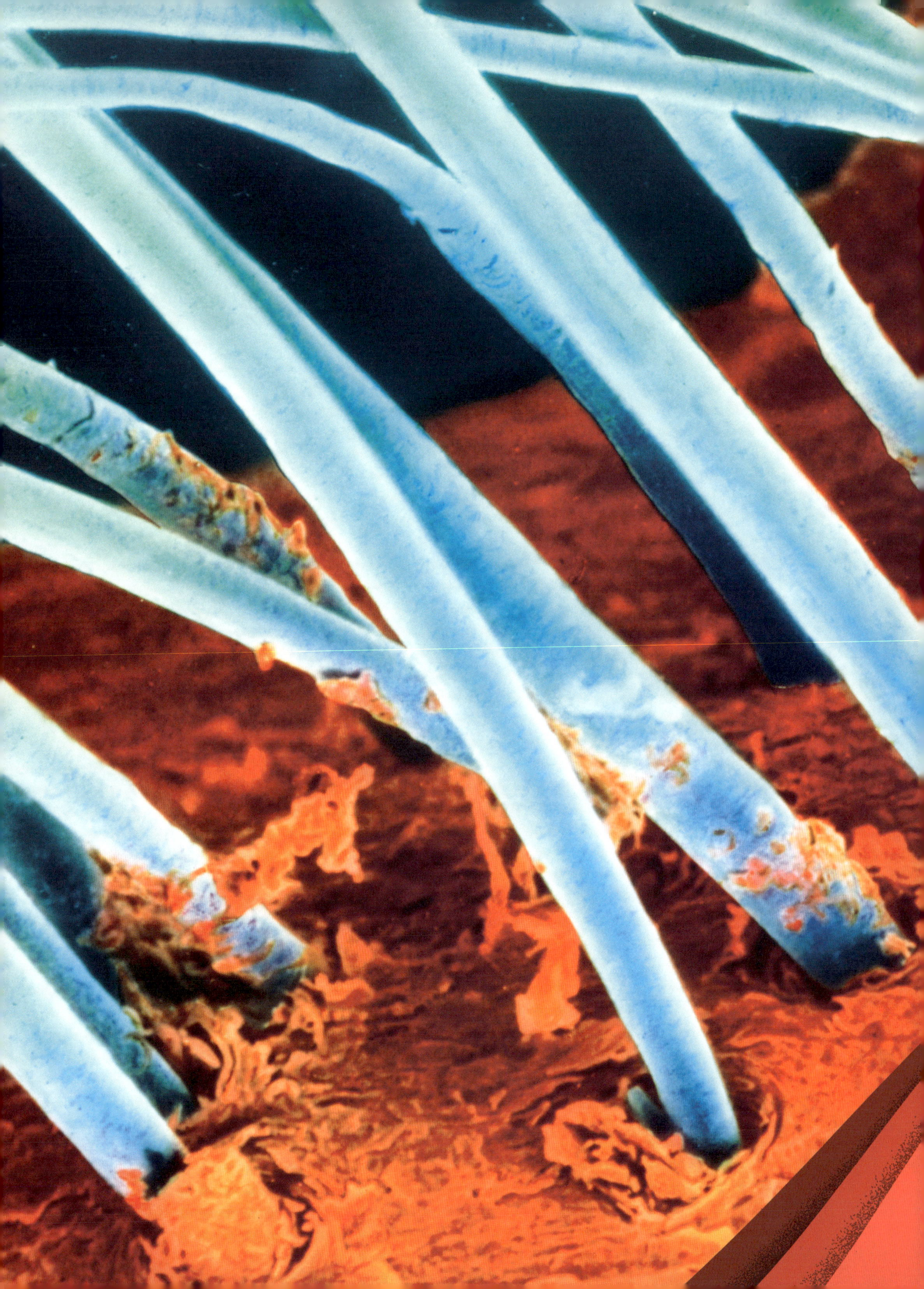

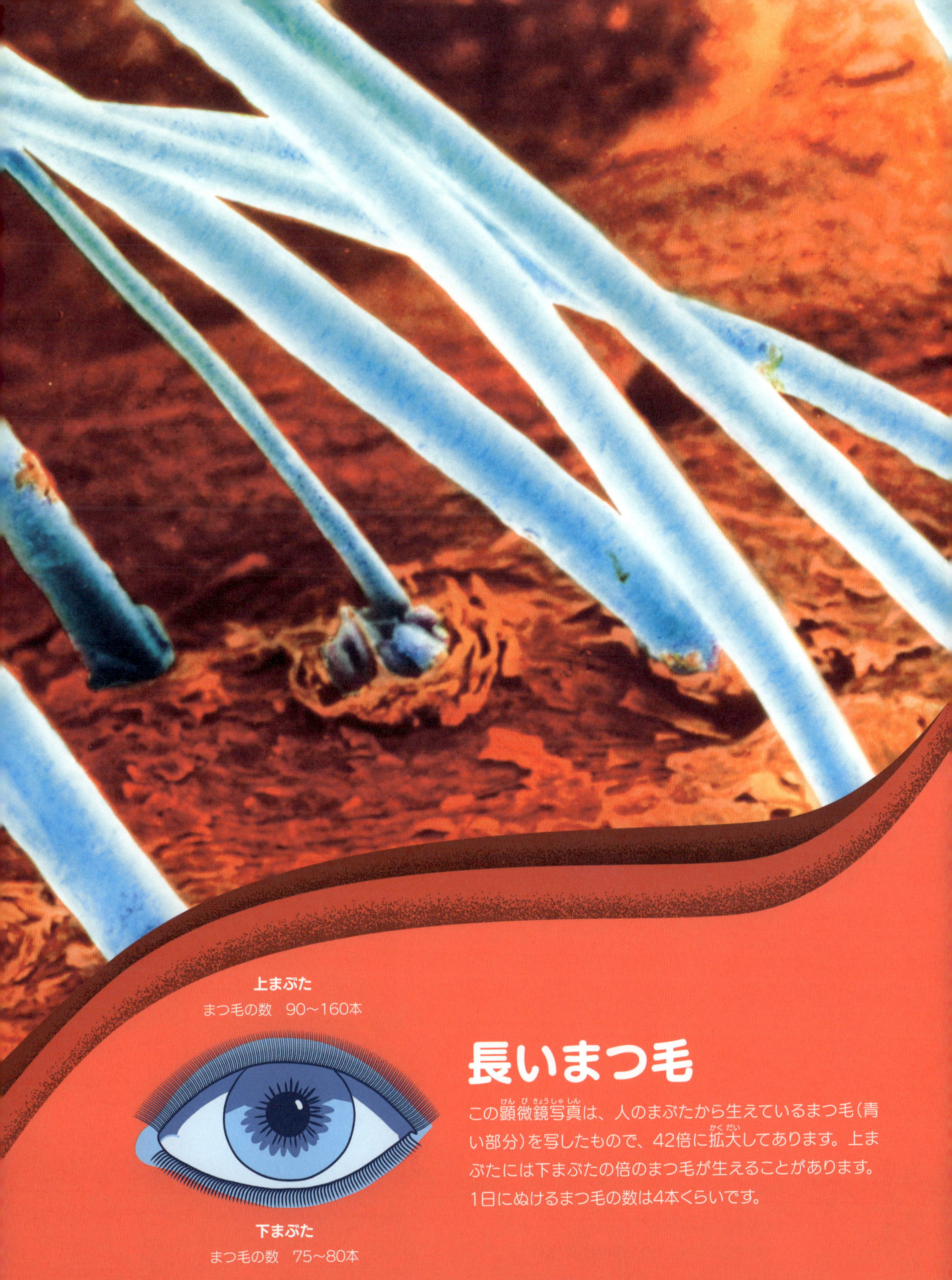
上まぶた
まつ毛の数　90～160本
下まぶた
まつ毛の数　75～80本

長いまつ毛

この顕微鏡写真は、人のまぶたから生えているまつ毛（青い部分）を写したもので、42倍に拡大してあります。上まぶたには下まぶたの倍のまつ毛が生えることがあります。1日にぬけるまつ毛の数は4本くらいです。

ねえ、聞こえる？

耳は振動をとらえます。空気の振動が耳にとどくと、それが音として感じられます。振動の速さ、つまり「周波数」は音によってさまざまです。口笛のような高い音は周波数が高く、電車が通るときのような低い音は周波数が低くなります。

1,000,000
100,000
10,000
1,000
100
10
0 Hz
非常に高い音
人に聞こえる範囲
非常に低い音
可聴域
Hz（ヘルツ）
ヒト
20,000 Hz
20 Hz
ヘビ
1,000 Hz
80 Hz
魚
7,000 Hz
16 Hz
鳥
12,900 Hz
30 Hz
アジアゾウ
16,000 Hz
16 Hz
ガ
60,000 Hz
20,000 Hz

音の周波数（振動数）は「ヘルツ」という単位で表される。
1ヘルツなら、1秒当たりの周波数は1回。

わたしにはネズミの
甲高い声が聞こえるから、
ネズミをつかまえられるの

飼いネコ
85,000 Hz
48 Hz

コオロギ
100,000 Hz
2,000 Hz

シロイルカ
150,000 Hz
4,000 Hz

ネズミイルカ
160,000 Hz
250 Hz

コウモリ
182,000 Hz
5,000 Hz

さまざまな音

犬笛

とても高い音が出る犬笛は、人やヒツジには聞こえないが、イヌには聞こえる。牧羊犬の訓練をするとき、ヒツジを驚かさないように犬笛が使われる。

23,000–50,000 Hz

救急車のサイレン

救急車やパトカーのサイレンの周波数は、人が聞きとれる音の範囲の真ん中に定められている。そのためわたしたちははっきりとその音をとらえ、道をゆずることができる。

500–1,500 Hz

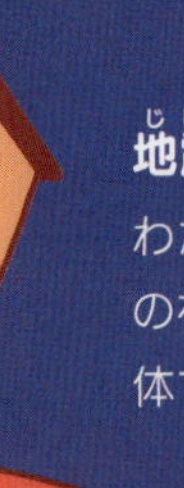

地震

わたしたちは地震が来るのを音でとらえられない。体で振動を感じる。

0.01–10 Hz

眼の細胞

眼の中の網膜には先端が細い「桿体細胞」と、先端が花のような「錐体細胞」といわれる特化した細胞があります。桿体細胞は暗いところで物を見るのに役立ち、錐体細胞は色を見分けるのに役立ちます。この2種類の細胞は協力し、神経系の一部としてとらえた情報を脳に伝えます。人の眼には約1億3,000万個の桿体細胞と約700万個の錐体細胞があります。

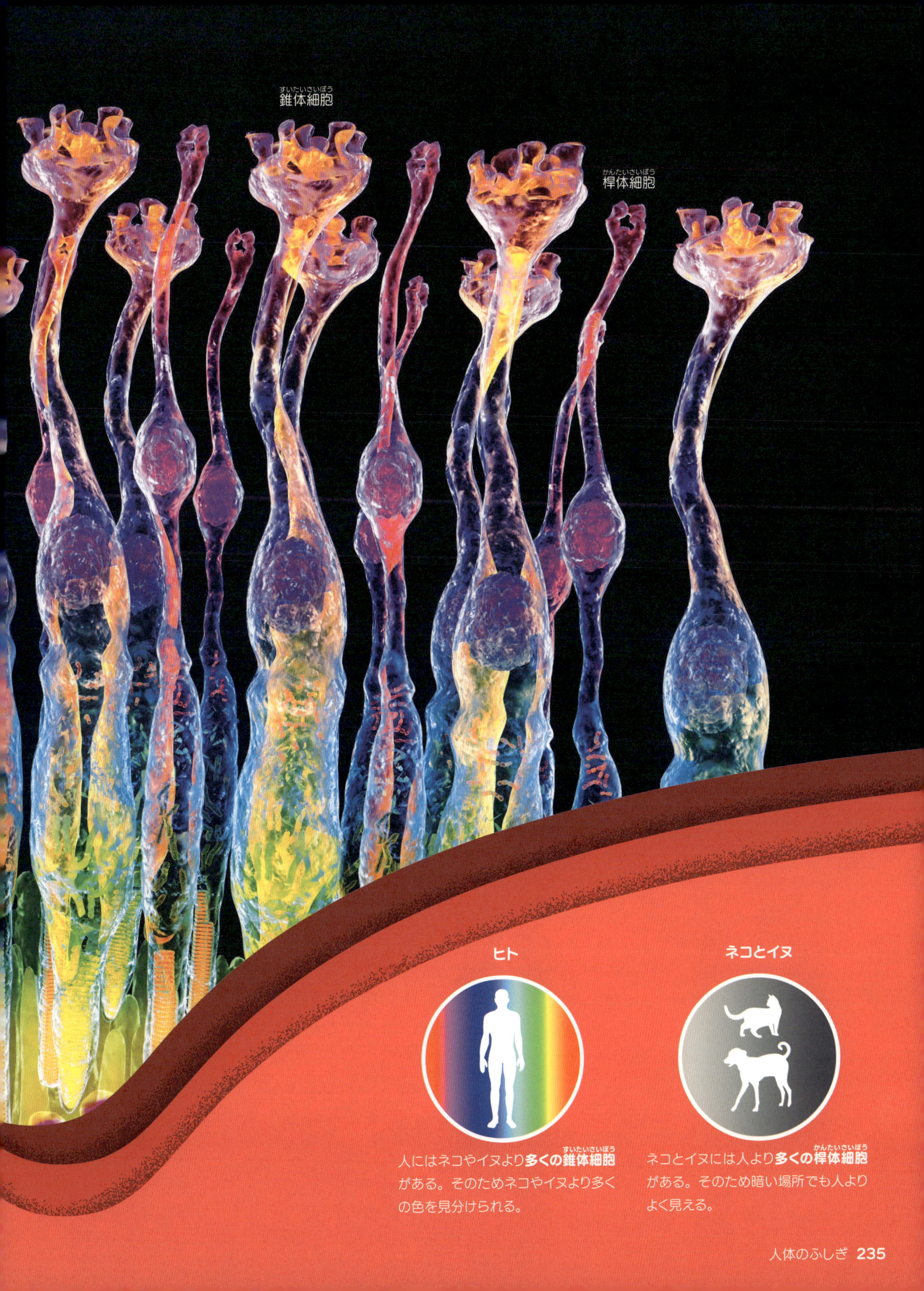
錐体細胞
桿体細胞
ヒト
ネコとイヌ

人にはネコやイヌより**多くの錐体細胞**がある。そのためネコやイヌより多くの色を見分けられる。

ネコとイヌには人より**多くの桿体細胞**がある。そのため暗い場所でも人よりよく見える。

体の管理センター

脳は体のさまざまな感覚器官からすべての情報を受けとり、それを処理します。そうして人は、あらゆることについてどうすべきかを判断し、行動することが可能になります。何世紀ものあいだ、脳の仕組みは人類にとって大きななぞでした。しかし、今は脳のさまざまな部分がそれぞれの役割を果たしていることがわかっています。脳の各部がどのような仕事をしているのか、その一部を図に示しました。

前頭葉
問題解決
発言
嗅覚
→においをかぐ
→食べる
←言葉を話す

脳の構造

脳は大きく3つの部分に分けられます。脳の前部にある「前脳」、中ほどにある「中脳」、後部にある「後脳」。下のイラストはその略図です。脳全体をおおうように存在する大脳はさらに「葉」と呼ばれる領域に分けられます。右のイラストは前脳と後脳にある葉を示したもので、葉ごとに色分けしてあります。各葉のはたらきの一部を表しました。

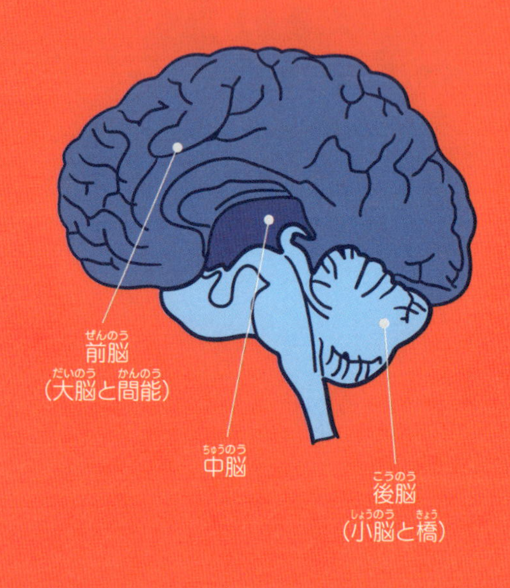

前脳
（大脳と間脳）
中脳
後脳
（小脳と橋）

運動
触覚、圧覚
体をとりまく
環境を認識
頭頂葉
味覚
言語
YES
SI
OUI
視覚情報を処理
聴覚
読み
後頭葉
側頭葉
顔の認識
バランスや協調運動
小脳

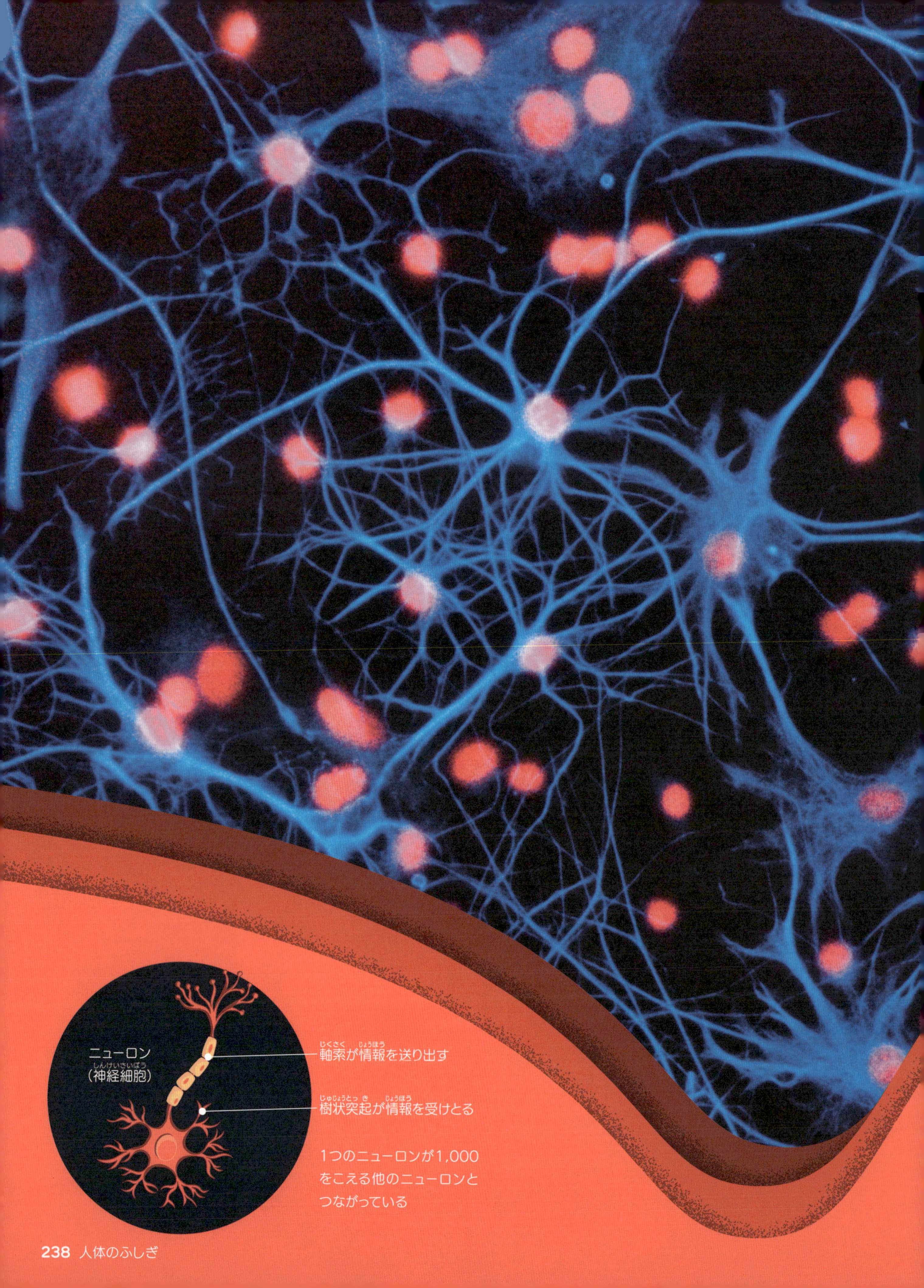
ニューロン
（神経細胞）
軸索が情報を送り出す
樹状突起が情報を受けとる
1つのニューロンが1,000
をこえる他のニューロンと
つながっている

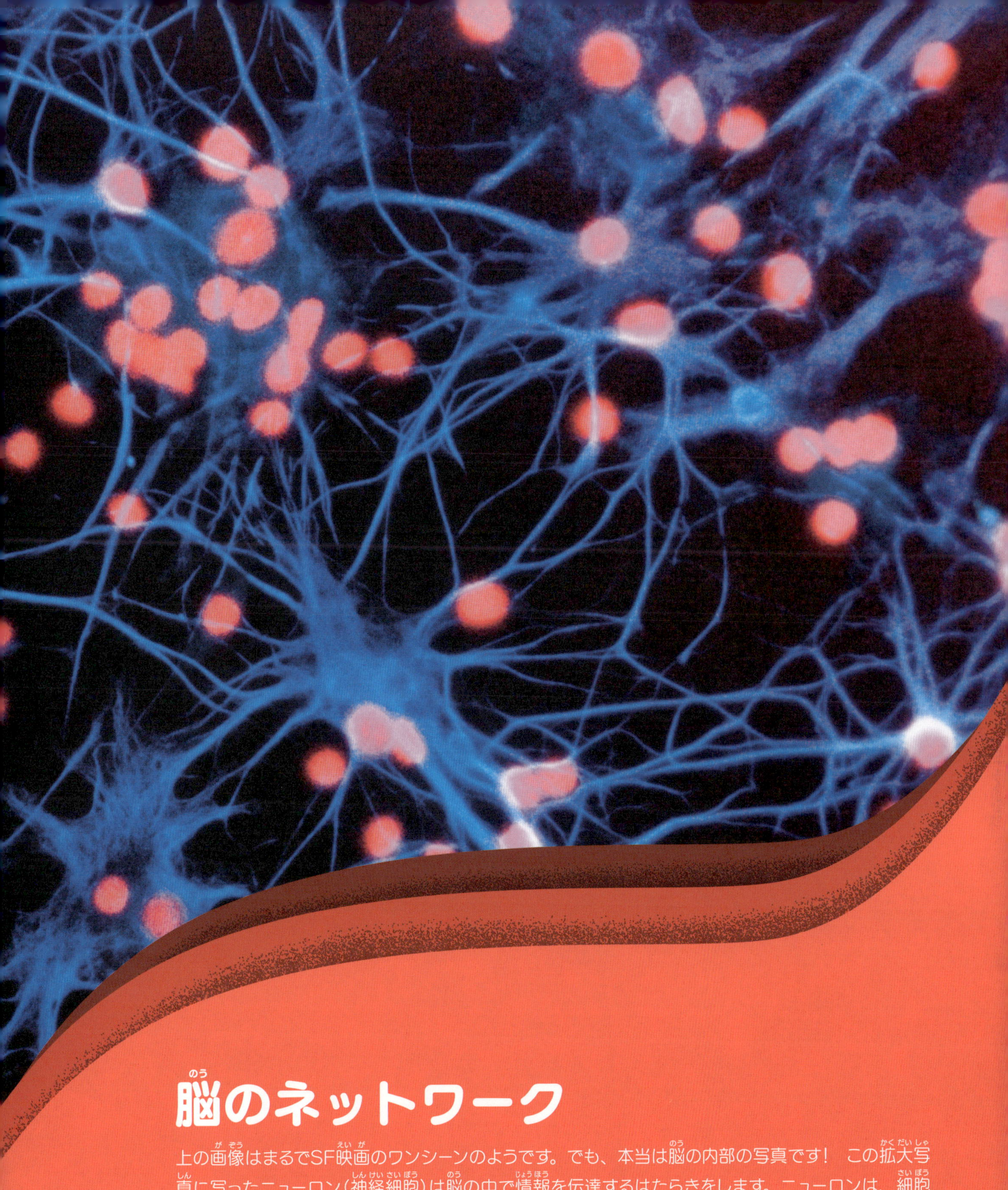

脳のネットワーク

上の画像はまるでSF映画のワンシーンのようです。でも、本当は脳の内部の写真です！ この拡大写真に写ったニューロン（神経細胞）は脳の中で情報を伝達するはたらきをします。ニューロンは、細胞体から突起が木の枝のように出ている構造になっています。軸索と樹状突起をのばしてつくる複雑なネットワークを通じて、1つのニューロンが普通1,000以上のニューロンとつながっています。軸索と樹状突起は情報の受け渡しをします。脳の中にあるこの情報伝達の回路は、その人の成長と学習にともなって常に変化しています。

人はどれくらい頭がいいの？

人は体の大きさのわりに脳がとても大きく、体が人と同じくらいの大きさの哺乳動物の脳とくらべると、それがよくわかります。人は本を読んだりチェスをしたりできるのに他の動物はできないのは、脳の大きさがちがうからではないかと研究者は考えています。
しかし、ある動物が他の動物より賢い理由は、脳の大きさだけではないようです。

研究者は、体重にしめる脳の重さの割合をくらべるための特別な計算式を使ってEQ（脳化指数）を出します。人のEQは7で、哺乳類の中で最高です。体重との関係で見ると、人の脳は哺乳類の平均的な脳の大きさの7倍にあたります。

EQの数値
0.5
ネズミ

1
ネコ

1.3
ゾウ

大きさの目安 **5 cm**

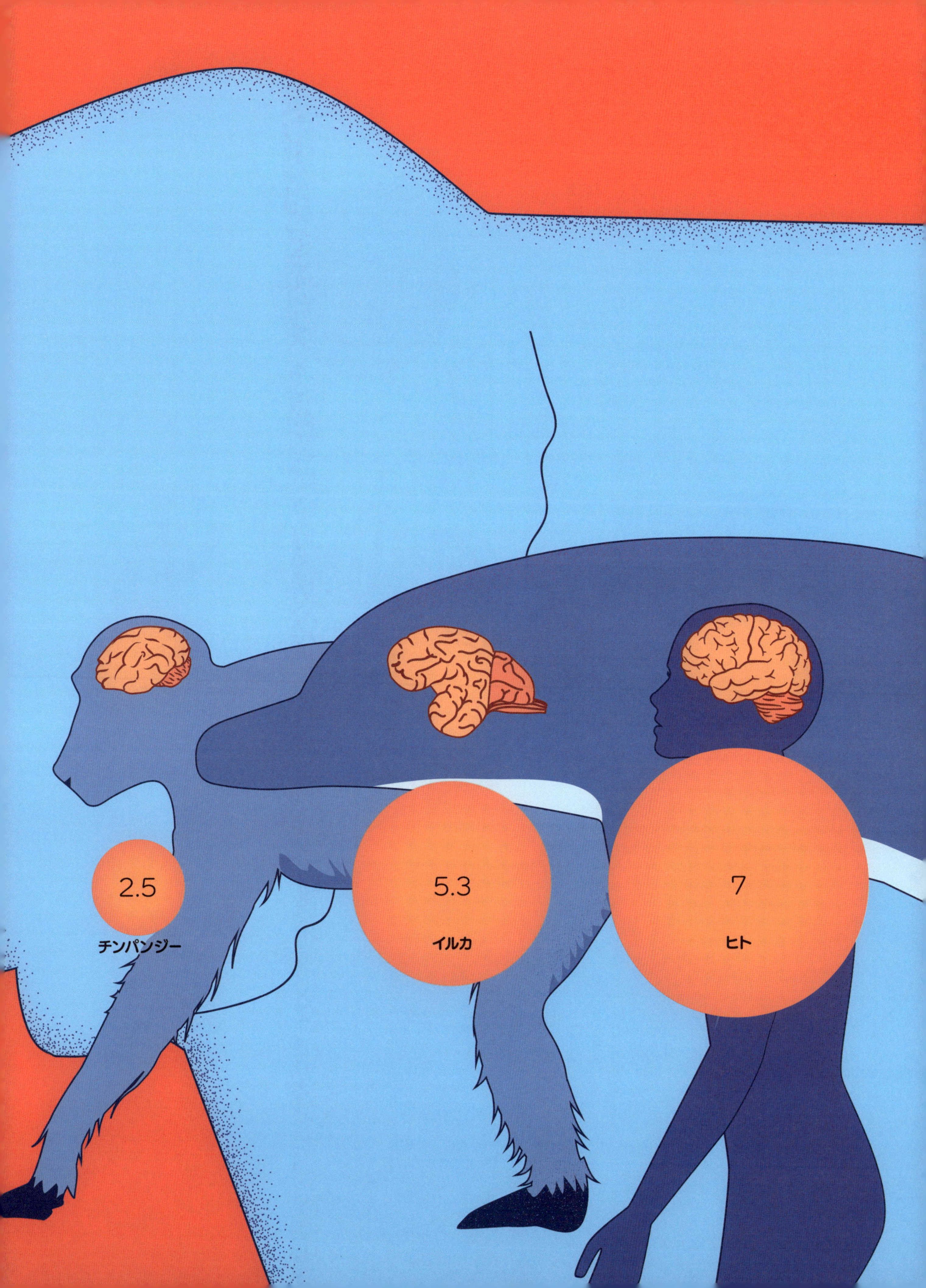
2.5
チンパンジー
5.3
イルカ
7
ヒト

DNAって何？

DNAはすべての生き物の細胞の中にあります。DNAは体にどのように発生し、成長するのか、あるいはコントロールするのかを伝える、ひとそろいの遺伝子を形づくっています。ヒトのDNAは眼の色から肺のはたらきまで、すべてをコントロールします。

細胞の中

DNAは顕微鏡でも見えないほど小さく、毛糸玉のようにぐるぐるまきになっている。1つの細胞からDNAをとり出してのばしてみると、2 mほどの長さになる。

DNAの構造

DNAは、2本の鎖がはしごのような形に結びつき、そのはしごがらせん状にねじれた構造になっている。これを「二重らせん構造」という。

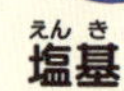

塩基

DNAを構成する塩基には次の4種類がある。

アデニン**A**　グアニン**G**
チミン**T**　シトシン**C**

DNAのそれぞれの鎖にはこれらの塩基がならび、はしごの段のような部分は塩基が結合してつながっている。塩基のならび方は重要だ。なぜならそれが、どんな種類のたんぱく質をつくるかを細胞に伝える暗号となるからだ。たんぱく質のちがいによって生き物のちがい、体の各部のちがいが生じる。

DNAはどれくらい長い？

1つの細胞の中にあるDNAの長さが2 mなら、体にあるすべてのDNAをのばして長いひものようにつなぐと、どれくらいの長さになるでしょう？　答えは**1,080億 km**。これは**地球から木星までの距離の約171倍**です。

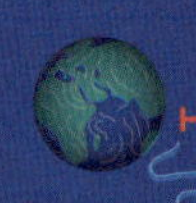

6億2,900万 km

木星

遠い親戚

同じ種に属する生物のDNAはほぼ同じです。たとえば、あなたのDNAの遺伝暗号は他の人たちと99.9%同じです。ヒトのDNAは他の生物のDNAとどのくらい同じなのか見てみましょう。

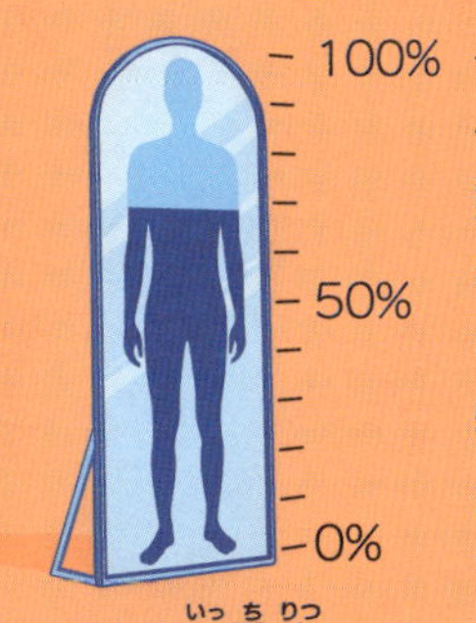
100%
50%
0%

DNAの一致率

この図の見方

鏡にうつった人のすがたを見てみよう。体の下のほうが紺色になっている。鏡の前の動物、植物、果物のDNAとヒトのDNAが何%同じかを、紺色の部分で示してあるよ

あなたと別の人
99.9%

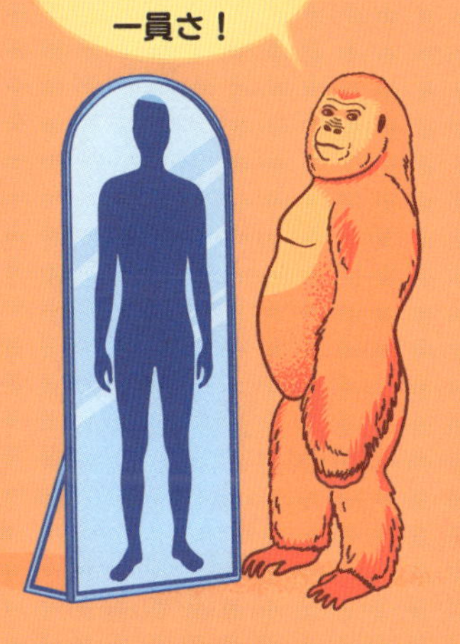
ぼくはもう少しで
きみの家族の
一員さ！

ゴリラ
98%

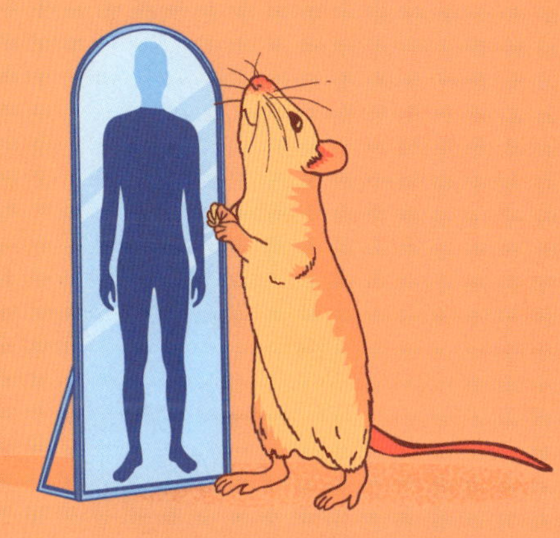

ネズミ
85%

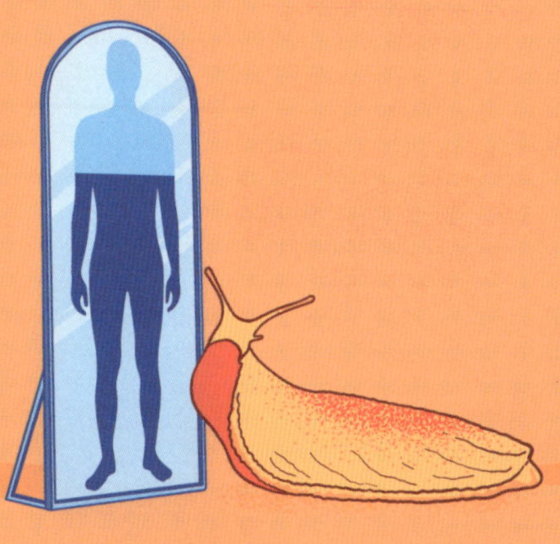

ナメクジ
70%

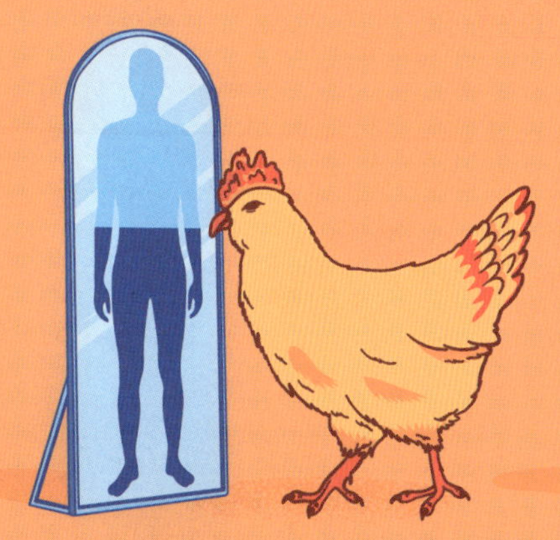

ニワトリ
60%

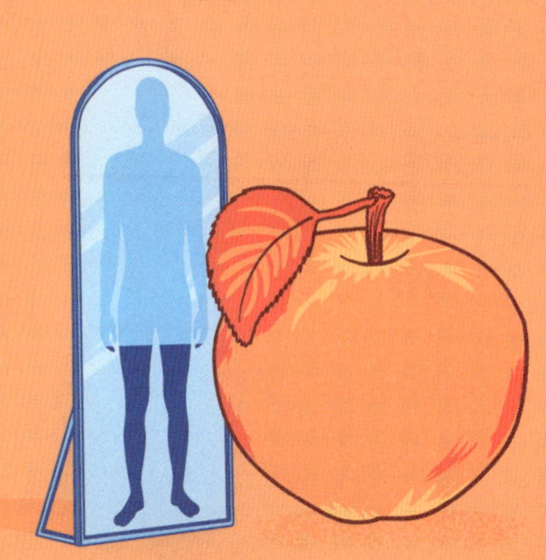

リンゴ
40%

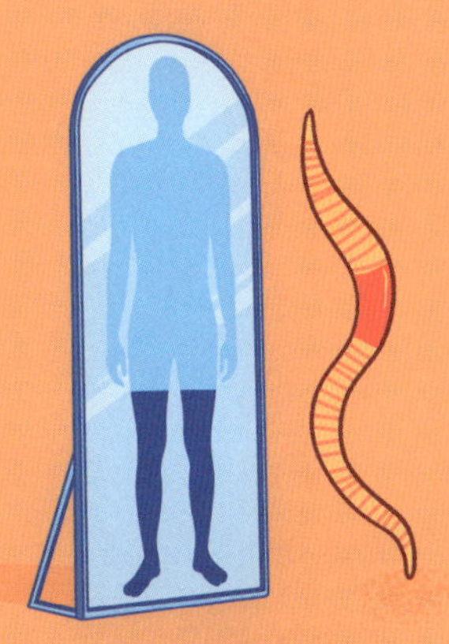

カイチュウ
38%

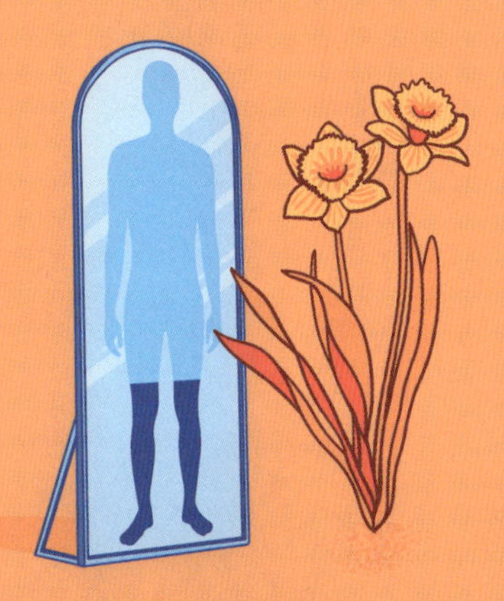

スイセン
35%

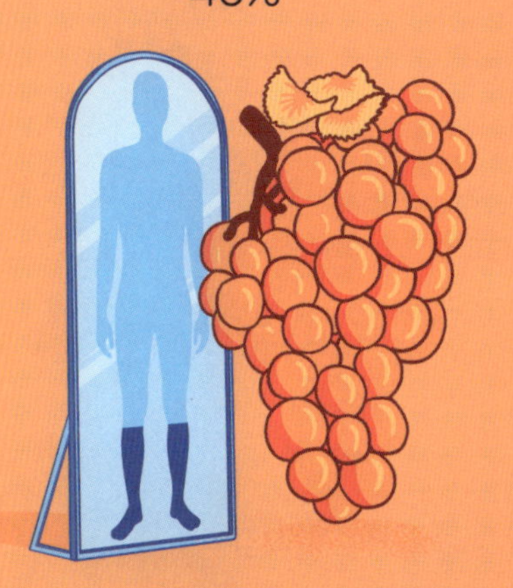

ブドウ
24%

あなたの体は何歳？
（あなたが思っているより若いはず！）

みなさんは気づいていないかもしれませんが、体はたえず変化しています。髪や爪などの体の一部は成長し続けているのです。体のほとんどの部分の細胞は時間がたって老化したり、傷ついたりすると新しい細胞と交代します。体の場所によっては、この細胞の入れかわりが数日ごとに起きています。一方で、何年もかかる場合もあります。

3 m
一生のあいだに爪
はこれだけのびる

髪と爪

もし、一度も散髪をしなかったら、あるいは爪を切らなかったらどうなるでしょう。髪も爪ものびて、のびて、のび続けるでしょう。髪はバスくらいの長さになり、爪は曲がり出して、最後はらせん状になります。その爪をまっすぐにのばすと、天井にとどく長さになるはずです。

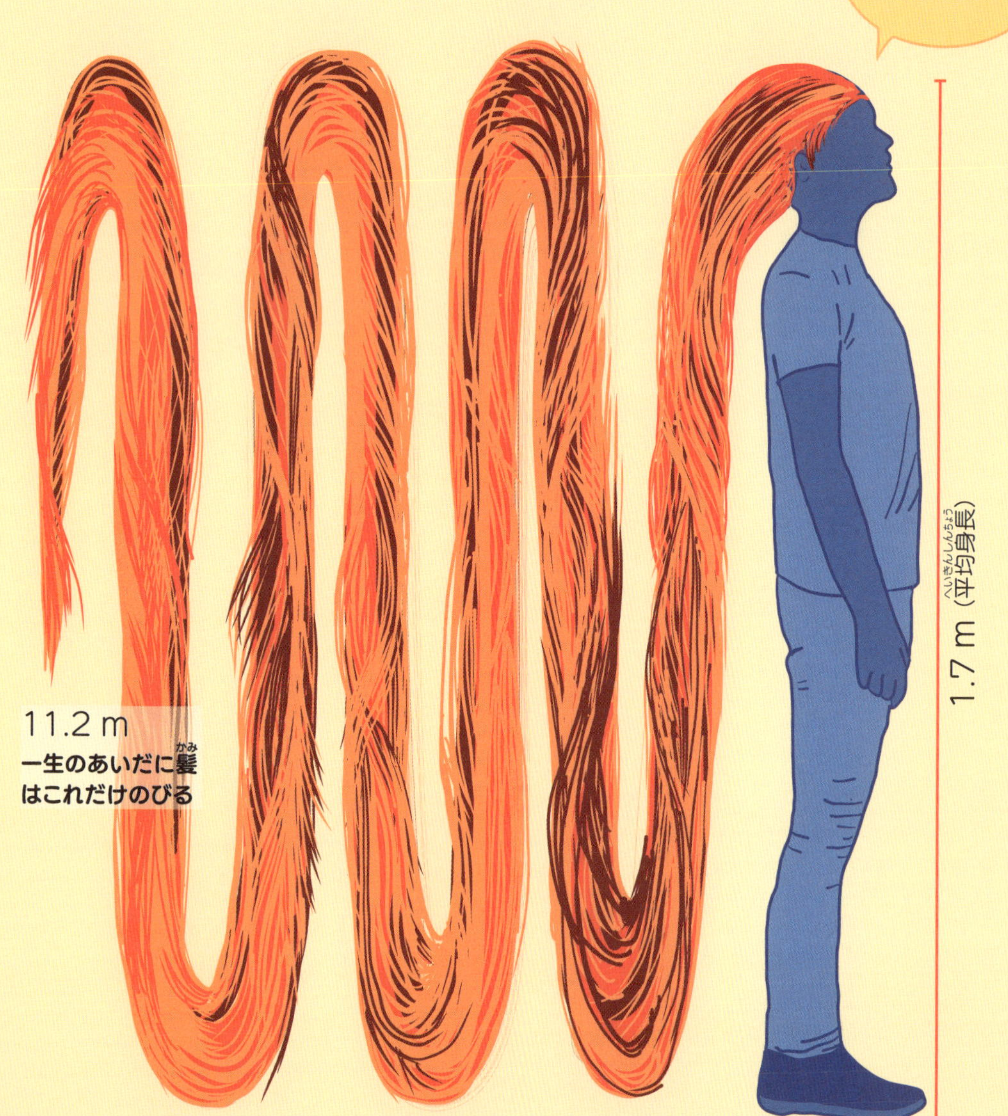

あちゃ、髪を切り
に行かなきゃな
1.7 m（平均身長）
11.2 m
一生のあいだに髪
はこれだけのびる

新しい体、古い脳

あなたの体内の細胞で一生入れかわらない細胞はどのくらいあると思いますか？　それはごくわずかです。実際、誕生から死ぬまでのあいだに入れかわらないのは脳の細胞だけです。

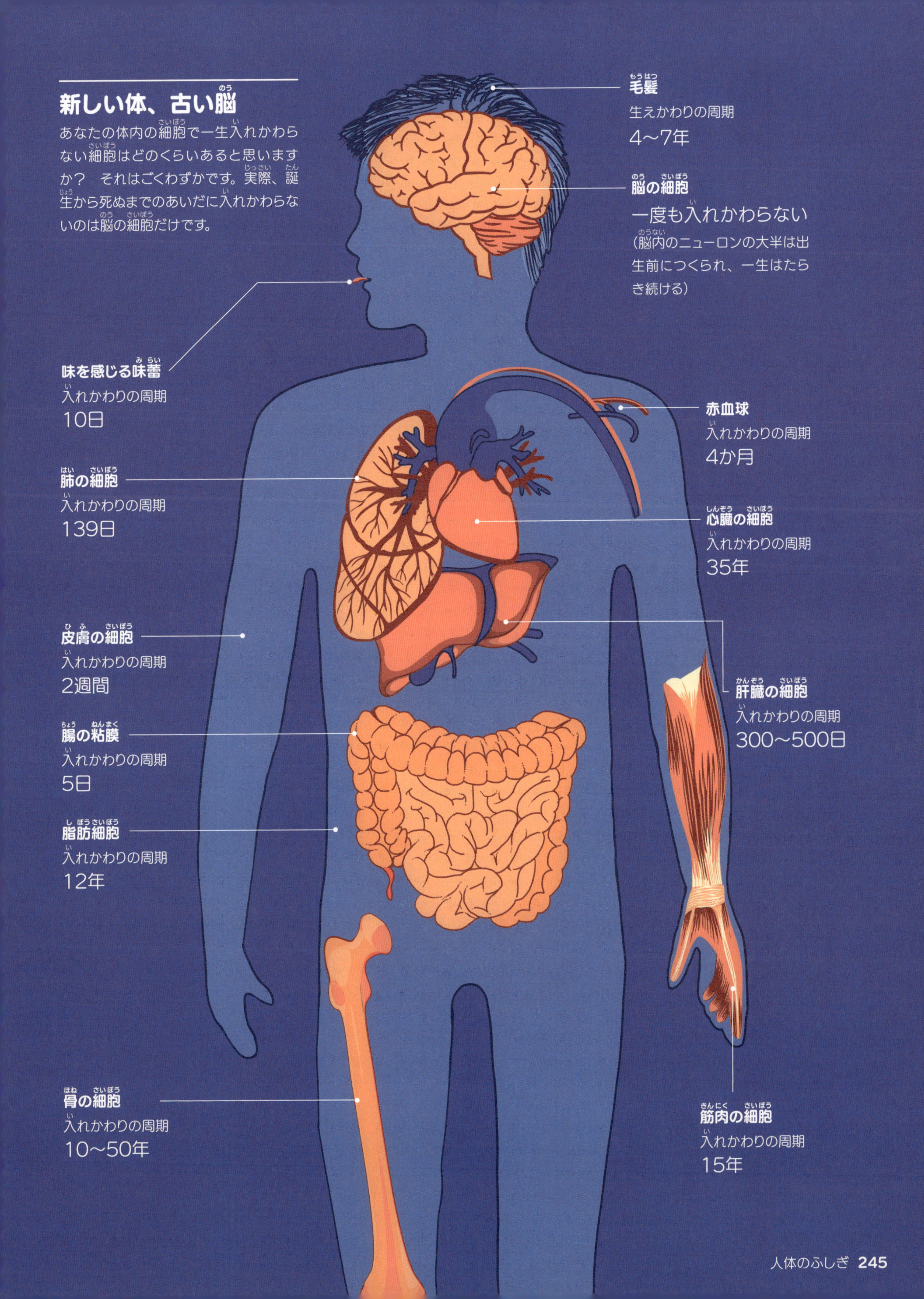
毛髪
生えかわりの周期
4〜7年
脳の細胞
一度も入れかわらない
（脳内のニューロンの大半は出生前につくられ、一生はたらき続ける）
味を感じる味蕾
入れかわりの周期
10日
赤血球
入れかわりの周期
4か月
肺の細胞
入れかわりの周期
139日
心臓の細胞
入れかわりの周期
35年
皮膚の細胞
入れかわりの周期
2週間
肝臓の細胞
入れかわりの周期
300〜500日
腸の粘膜
入れかわりの周期
5日
脂肪細胞
入れかわりの周期
12年
骨の細胞
入れかわりの周期
10〜50年
筋肉の細胞
入れかわりの周期
15年

赤ちゃんはおなかの中で育つのにどれくらいかかるの？

人の体は生まれる前、つまりお母さんの子宮の中で発生、成長するあいだたくさんの変化が生じています。この過程を「妊娠」といいます。赤ちゃんは母体の中でどのように育つのか、そして、平均9か月というヒトの妊娠期間は他の哺乳動物とくらべて長いのか、短いのか見てみましょう。

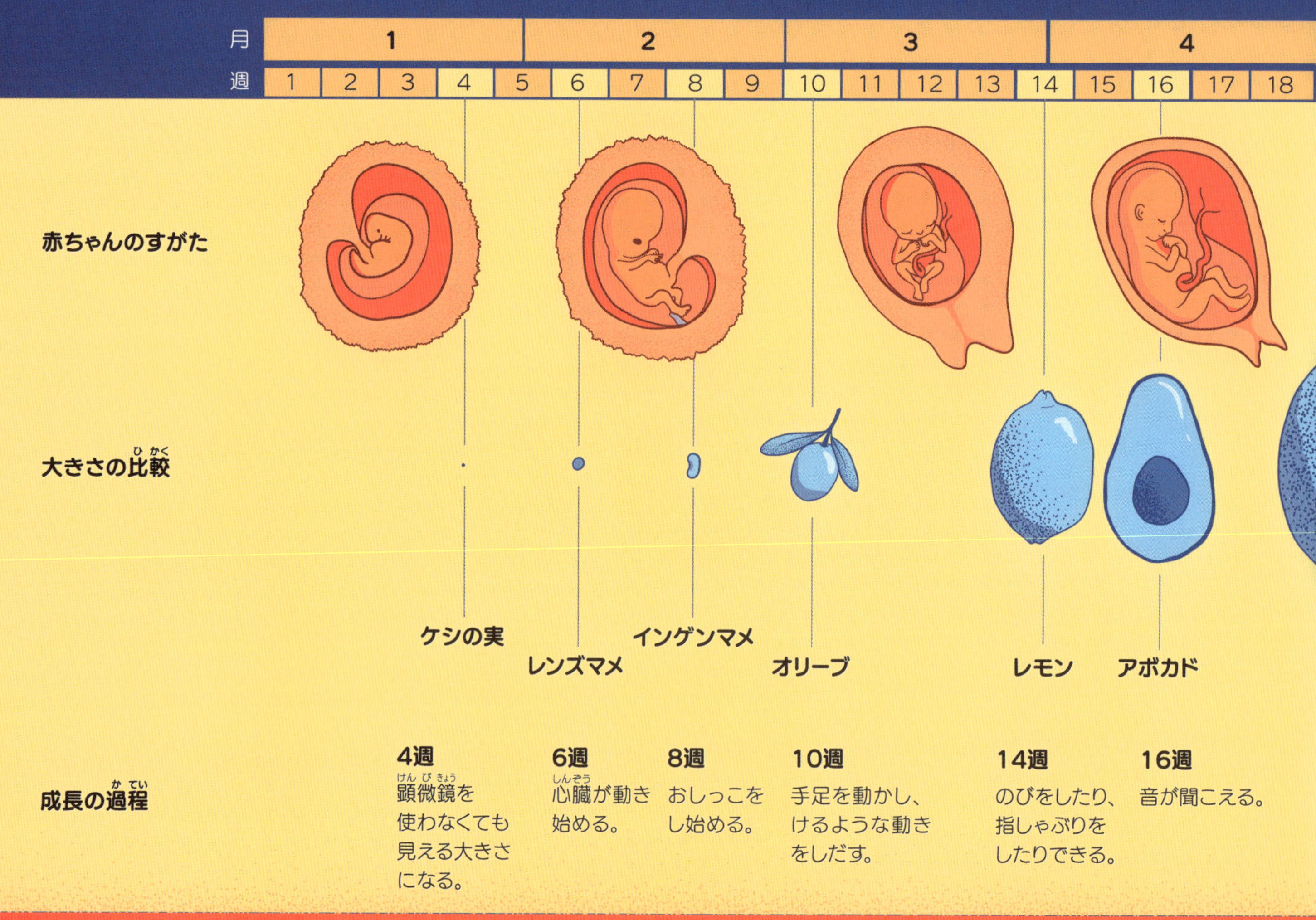

月
1
2
3
4
週
1 2 3 4 5 6 7 8 9 10 11 12 13 14 15 16 17 18
赤ちゃんのすがた
大きさの比較
ケシの実
レンズマメ
インゲンマメ
オリーブ
レモン
アボカド
成長の過程
4週
顕微鏡を使わなくても見える大きさになる。
6週
心臓が動き始める。
8週
おしっこをし始める。
10週
手足を動かし、けるような動きをしだす。
14週
のびをしたり、指しゃぶりをしたりできる。
16週
音が聞こえる。

他の哺乳動物は？

大型の哺乳動物は小型の哺乳動物より妊娠期間が長い傾向が見られます。
たとえば、インドゾウの妊娠期間はほぼ2年です！

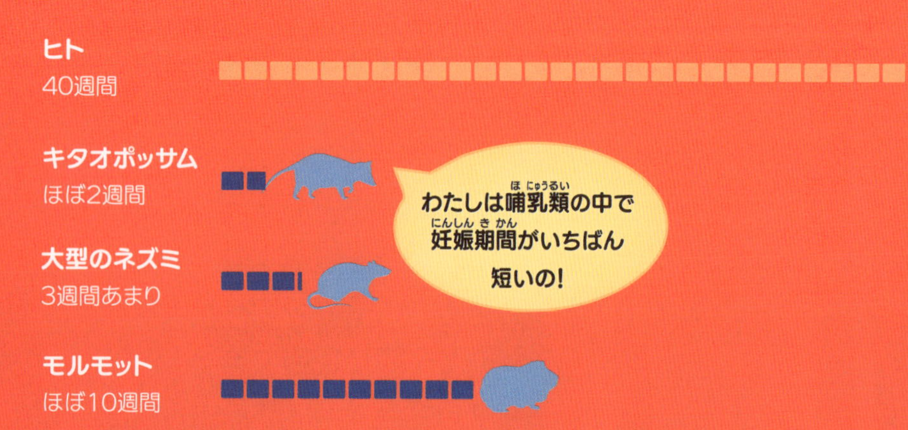

■ =1週間
ヒト
40週間
キタオポッサム
ほぼ2週間
大型のネズミ
3週間あまり
モルモット
ほぼ10週間
わたしは哺乳類の中で妊娠期間がいちばん短いの！

世界中で1秒間に
何人の赤ちゃんが
生まれている？
答えはp.256を
見てね

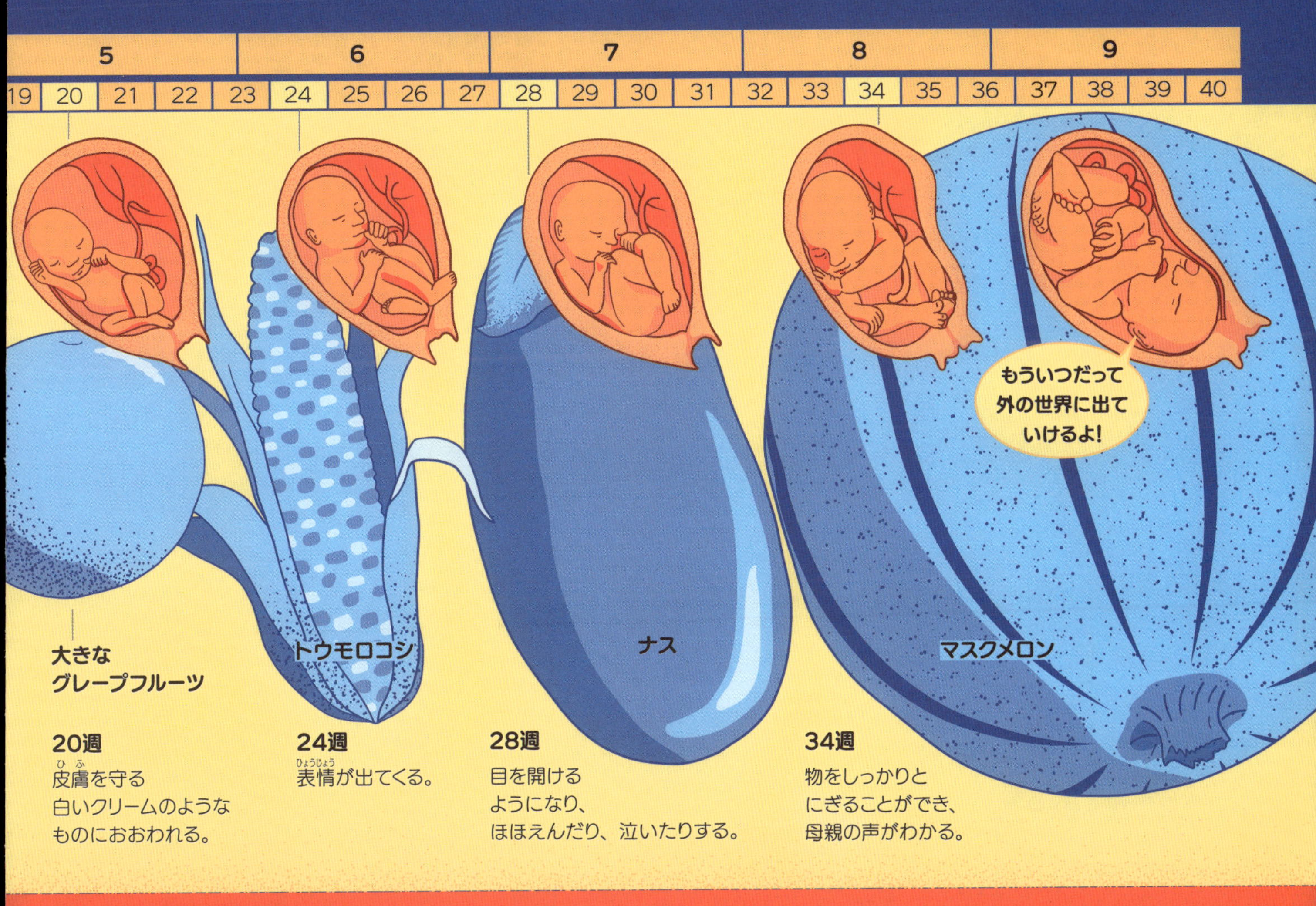
5
6
7
8
9
19 20 21 22 23 24 25 26 27 28 29 30 31 32 33 34 35 36 37 38 39 40
もういつだって
外の世界に出て
いけるよ！
大きな
グレープフルーツ
トウモロコシ
ナス
マスクメロン
20週
皮膚を守る
白いクリームのような
ものにおおわれる。
24週
表情が出てくる。
28週
目を開ける
ようになり、
ほほえんだり、泣いたりする。
34週
物をしっかりと
にぎることができ、
母親の声がわかる。

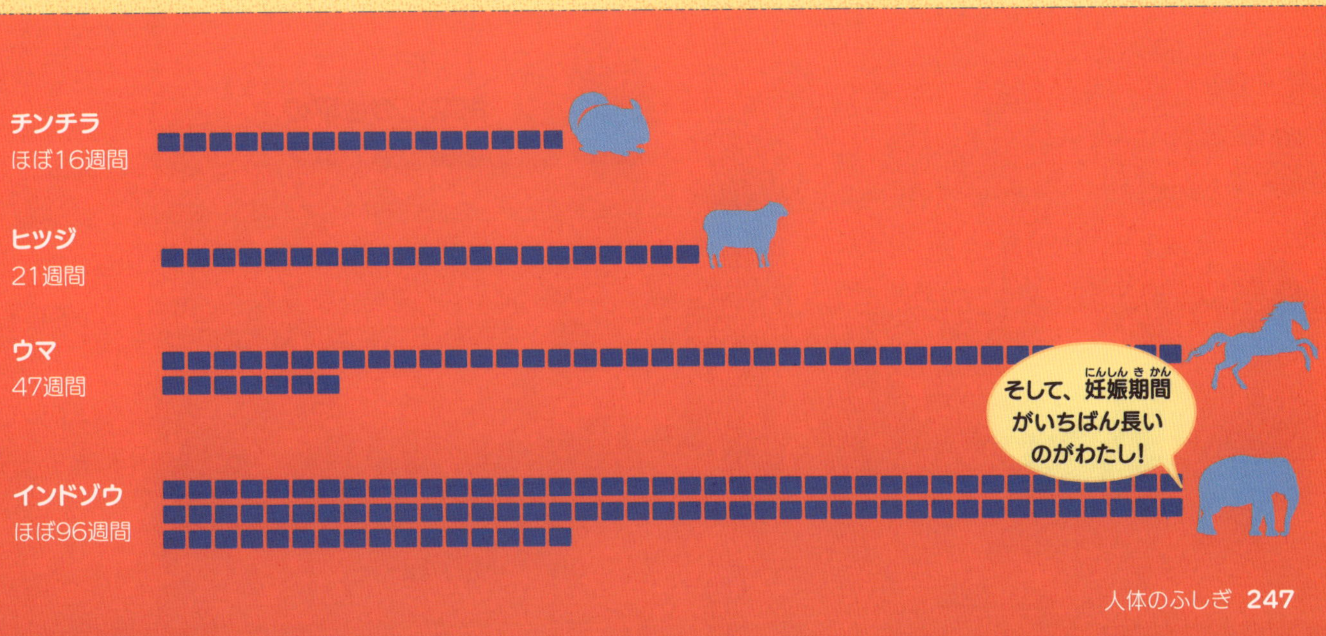
チンチラ
ほぼ16週間
ヒツジ
21週間
ウマ
47週間
そして、妊娠期間
がいちばん長い
のがわたし！
インドゾウ
ほぼ96週間

専門家に聞いてみよう！

クレア・スミス教授

解剖学者

人体の研究をしようと思ったきっかけは？

子どものころ、よくダンスを踊っていたわたしは、人の体がどのように動くのかをよく知りたいと思っていました。たとえば、「脚の筋肉が痛いけれど、それはどうしてなの？」という感じで。

人体について興味深いと思う点は？

お母さんのおなかにいる8週目くらいの赤ちゃんは、目が耳の位置、つまり顔の横にあるという点がおもしろいです。顔が成長するにつれ、目は顔の前面に移動してきます。

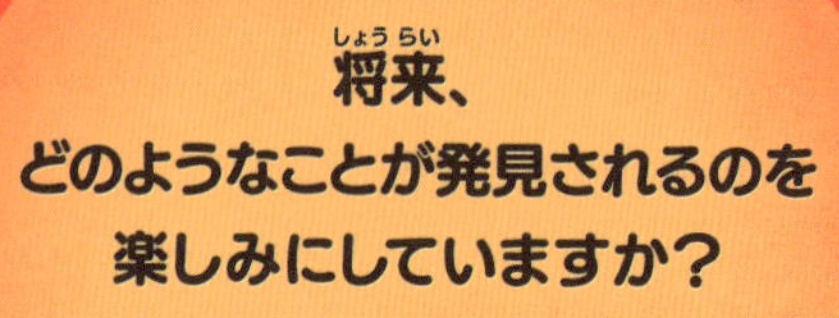

将来、どのようなことが発見されるのを楽しみにしていますか？

ガンの原因や予防法について、わたしたちがより深く理解できるようになればと思っています。

あなたの仕事の一番の魅力は？

医学生といっしょに研究をしています。彼らは実習で人体解剖をすると、新しい視点から人体をとらえ、理解し始めます。そのひらめきの瞬間に立ち会うのが好きです。

クイズに挑戦！

問題の答えをこの章から見つけだそう。
正解はp.315にあるよ。

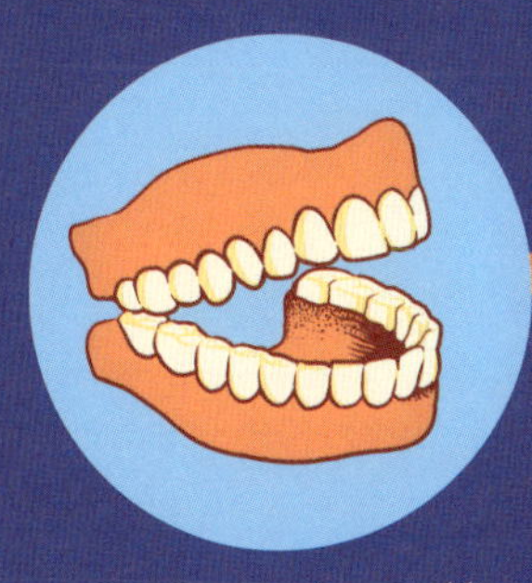

1. 体の中でいちばん硬い物質は何？

2. 体の器官の中で、タコの腕と同じような筋肉でできているのは何？

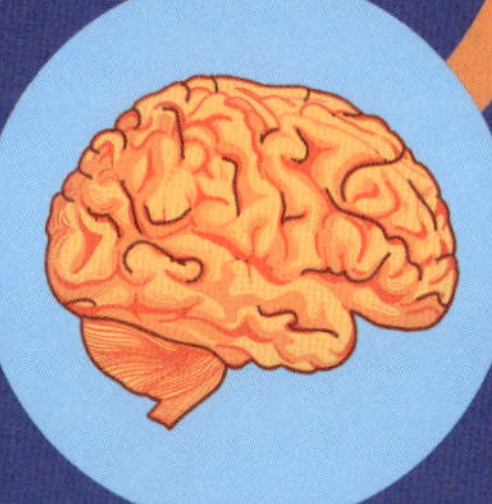

3. ネコの脳とヒトの脳とどっちが大きい？

4. 体は1日にコップ何杯くらいの鼻水をつくるの？

5. 人とニワトリのDNAは何％同じ？

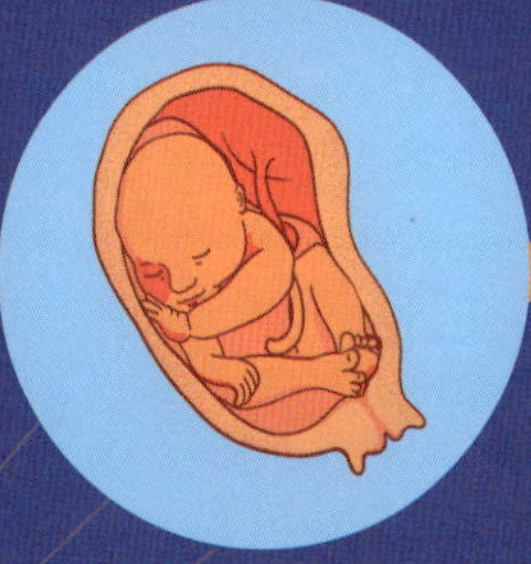

6. 妊娠34週目の赤ちゃんの大きさはアボカドくらい、それともマスクメロンくらい？

7. 人のうんちにわずかにふくまれている貴金属は何？

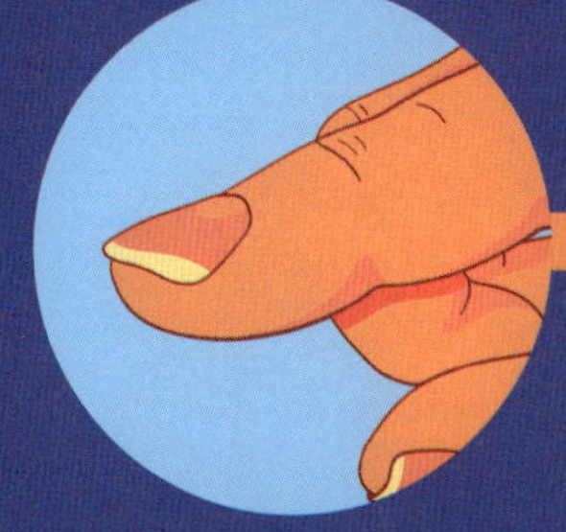

8. 人の爪は一生のあいだに何mくらいのびるの？

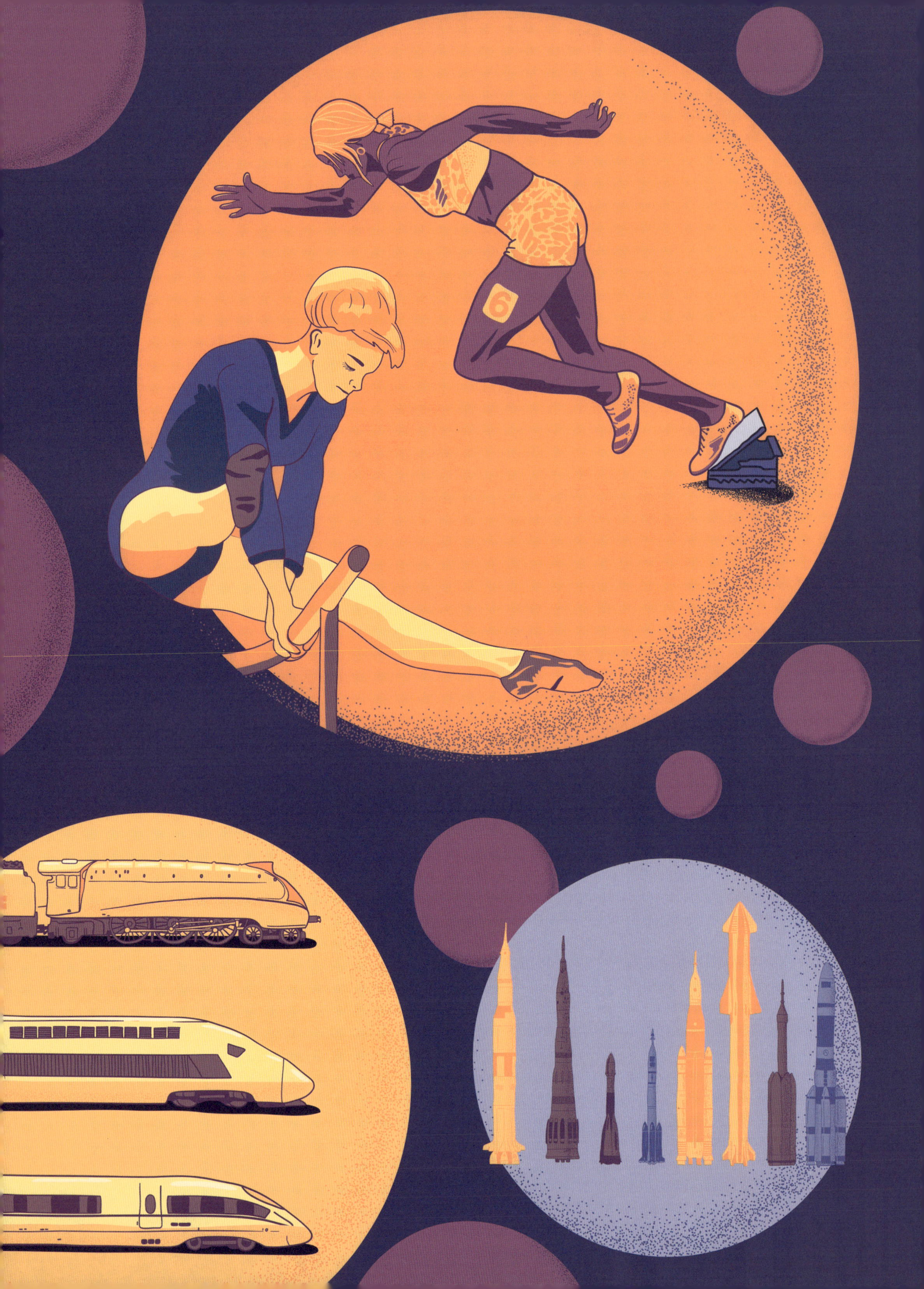

わたしたちの世界

世界の人口が100人だったら

世界の人口は80億人です。それを100人に縮小すると、どうなるでしょう。たとえば、人の89%は右利きなので、この100人のうち89人は右利きということになります。世界の人口が100人なら、他にどんなことがいえるでしょう。

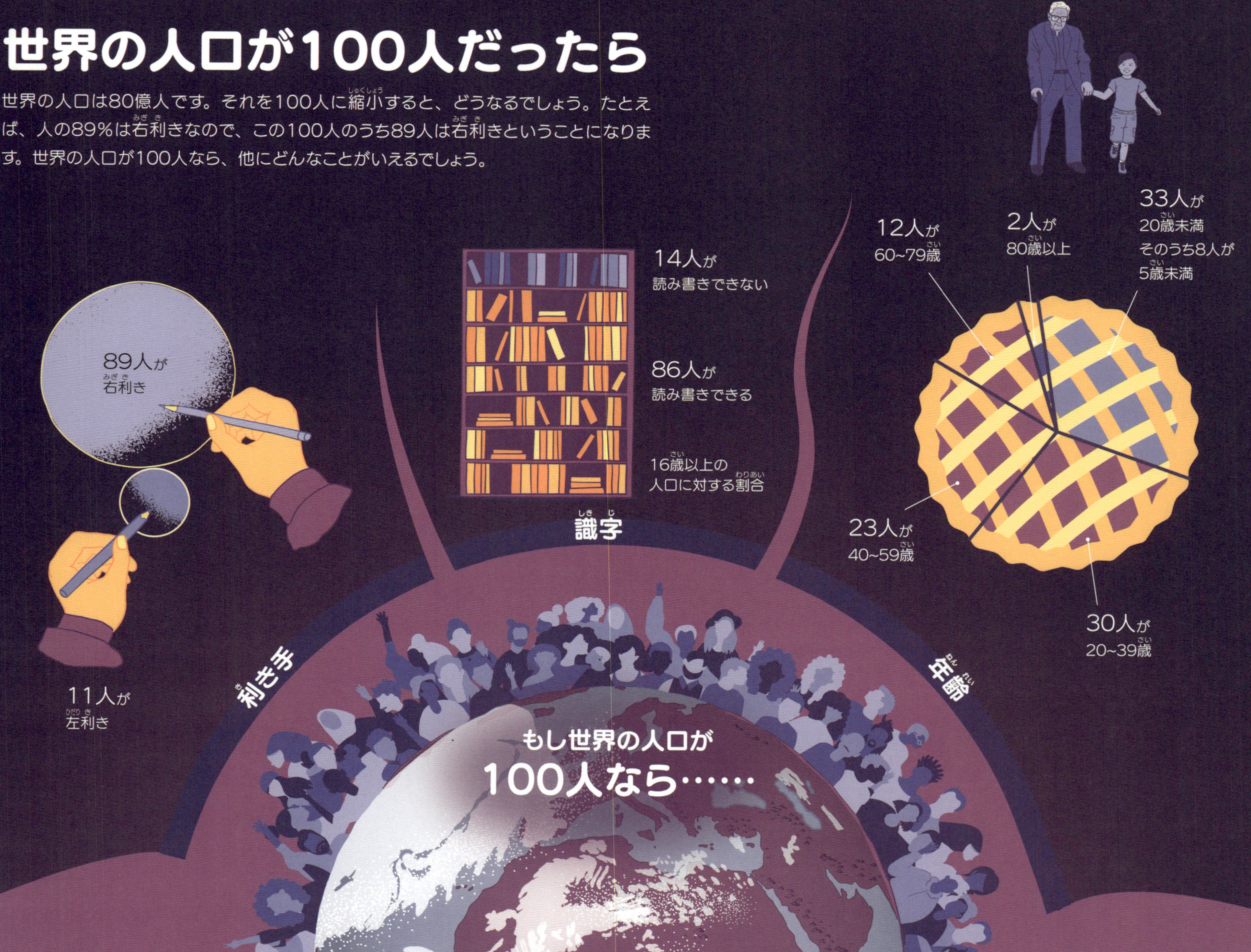

89人が
右利き
11人が
左利き
利き手
14人が
読み書きできない
86人が
読み書きできる
16歳以上の
人口に対する割合
識字
12人が
60~79歳
2人が
80歳以上
33人が
20歳未満
そのうち8人が
5歳未満
23人が
40~59歳
30人が
20~39歳
年齢
もし世界の人口が
100人なら……

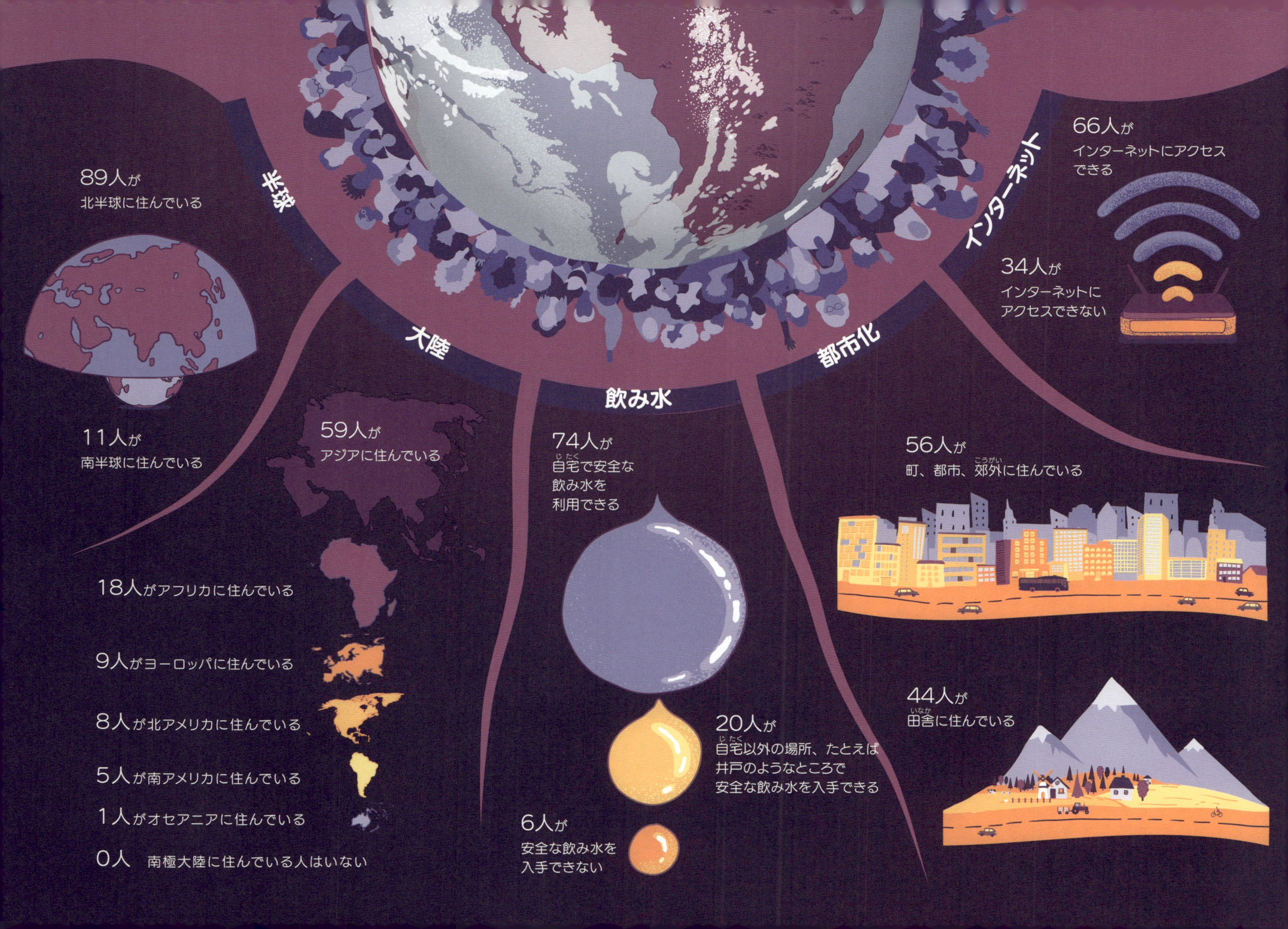

半球
89人が
北半球に住んでいる
11人が
南半球に住んでいる
大陸
59人が
アジアに住んでいる
18人がアフリカに住んでいる
9人がヨーロッパに住んでいる
8人が北アメリカに住んでいる
5人が南アメリカに住んでいる
1人がオセアニアに住んでいる
0人　南極大陸に住んでいる人はいない
飲み水
74人が
自宅で安全な
飲み水を
利用できる
20人が
自宅以外の場所、たとえば
井戸のようなところで
安全な飲み水を入手できる
6人が
安全な飲み水を
入手できない
都市化
56人が
町、都市、郊外に住んでいる
44人が
田舎に住んでいる
インターネット
66人が
インターネットにアクセス
できる
34人が
インターネットに
アクセスできない

生と死

現生人類が誕生してからほぼ20万年になります。研究者の推定によると、この間に約1,170億人が生まれました。この1,170億人の7%にあたるおよそ80億人が今生きていて、そこにはあなたもふくまれています!

これまでに生まれた人　人形1体＝10億人

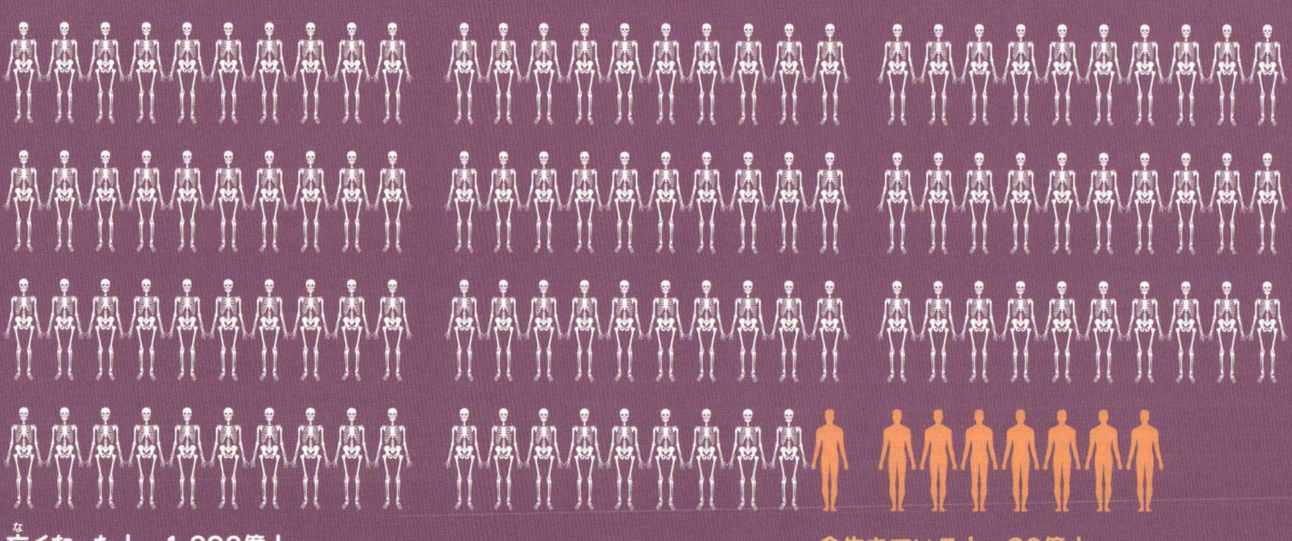
亡くなった人　1,090億人
今生きている人　80億人

「死者の日（スペイン語で**ディア・デ・ロス・ムエルトス**）」はメキシコや中南米の国々で毎年11月1日と2日に祝われます。死者の日は亡くなった家族を思い出す日。写真のように、祭壇が設けられ、特別なかざりつけがされます。

1秒間に……

「世界の人たちは今何をしているのだろう」と思ったことはありませんか。どんな瞬間にも、たくさんの人が笑ったり、自転車に乗ったり、あなたと同じように本を読んだりしています。1秒間にどのようなことが、平均するとどのくらい起きているかを推定した、こんな数字があります。

2万本のペットボトルが使われる
10万円以上が冷凍ピザを買うために支払われる
2台の車が売れる
4人の赤ちゃんが生まれる

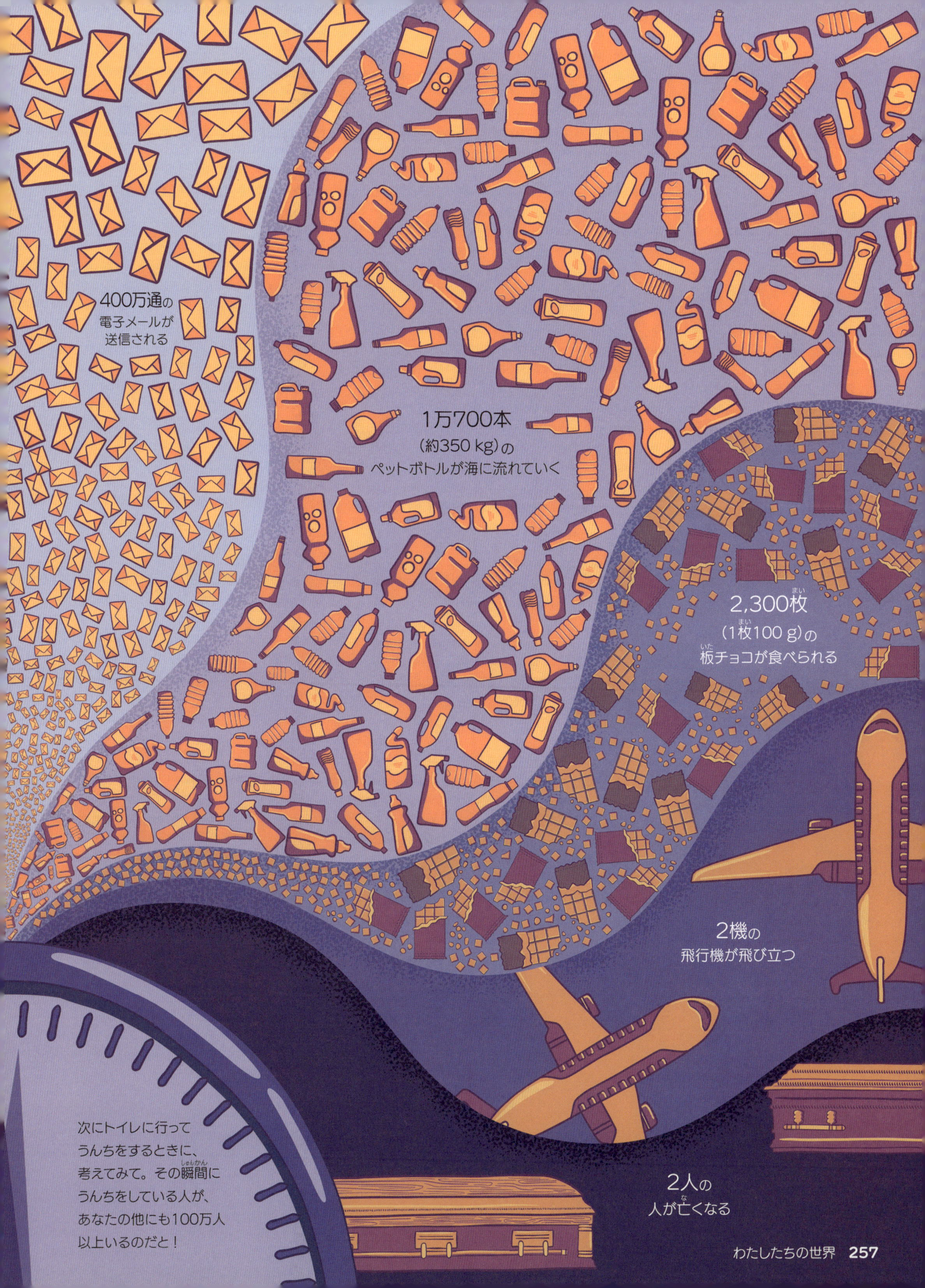
400万通の
電子メールが
送信される
1万700本
（約350 kg）の
ペットボトルが海に流れていく
2,300枚
（1枚100 g）の
板チョコが食べられる
2機の
飛行機が飛び立つ
2人の
人が亡くなる
次にトイレに行って
うんちをするときに、
考えてみて。その瞬間に
うんちをしている人が、
あなたの他にも100万人
以上いるのだと！

人はどれだけのお金をもっているの？

すべての銀行、すべての家、すべてのアパートにあるすべてのお金と、すべての金、すべてのダイヤモンド、すべてのビットコイン、その他すべてのものを金額にして合計し、それをパイに詰めたとしたら、その価値はおよそ464兆アメリカドルになるでしょう。パイは今、この図のように分けられています。世界人口のわずか1%の人々が世界の富のほぼ半分を保有しているのがわかるでしょう。

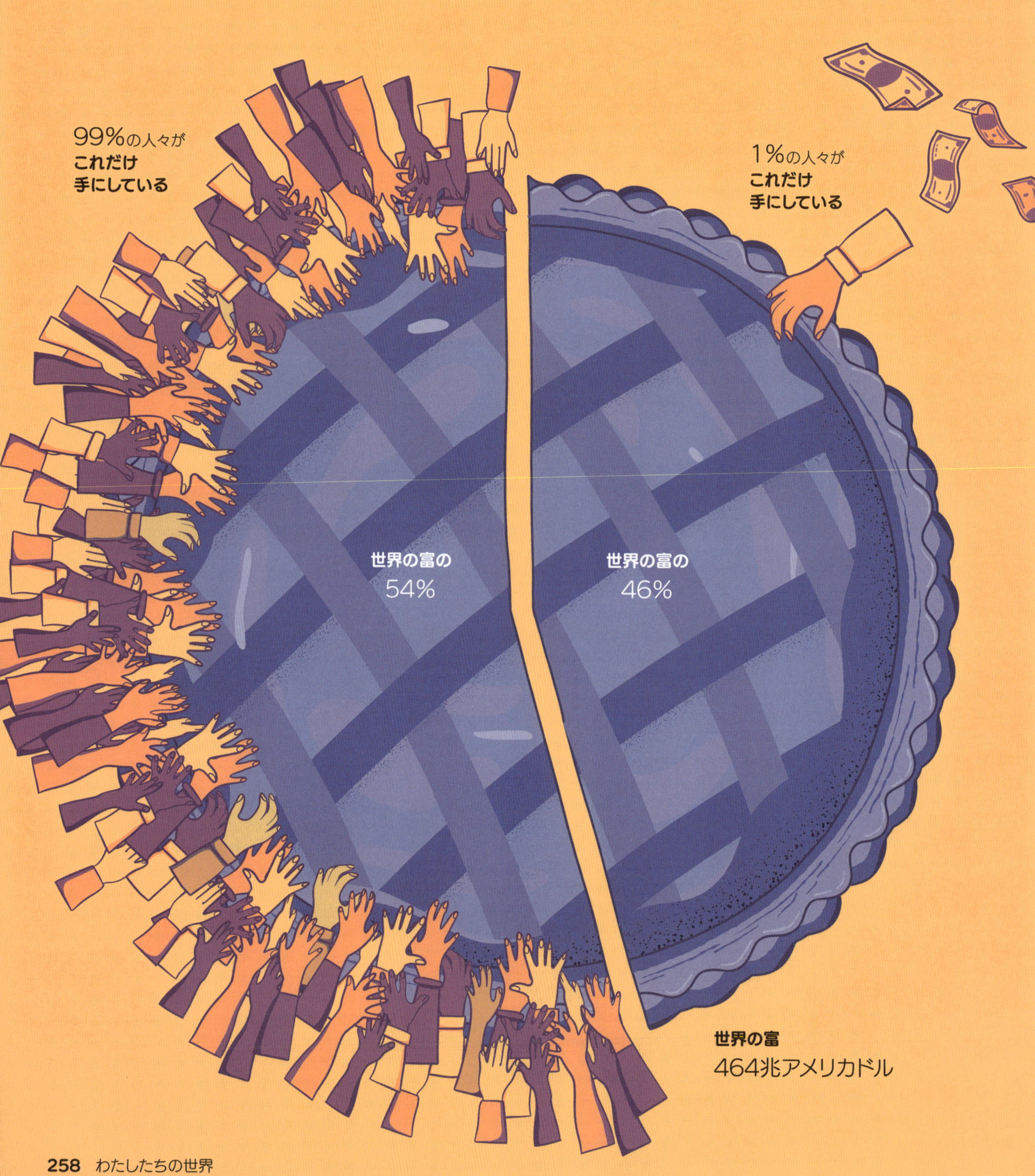
99%の人々が
これだけ
手にしている
1%の人々が
これだけ
手にしている
世界の富の
54%
世界の富の
46%
世界の富
464兆アメリカドル

そのお金の量はどのくらい?

「100万(アメリカ)ドル」と聞くとたくさんのお金に思えますが、10億ドルにはとてもおよびません。こうした巨額のお金がどれくらいの量になるのか、これで簡単にわかります。

歴史上で1番お金持ちだったのは、おそらく14世紀に西アフリカのマリ王国を治めた**マンサ・ムーサ**。1324年にメッカ巡礼に出かけたときは、100キロ以上の金を積んだラクダを80頭以上連れていた。

100ドル

100万ドル
標準的な大きさのブリーフケース

ブリーフケースに100ドル札を入れていくと、100万ドルがおさまる。紙幣1万枚だ。

10億ドル
標準的な大きさのパレット(荷物をのせる台)10枚

10億ドルを運ぶには大きなトラックが必要。100ドル札が1万枚入ったブリーフケース1000個分にあたる!

集う人々

「クンブメーラ」はインドで行われるヒンドゥー教の祝祭です。4か所の異なる聖地を3年ごとに巡回、つまり1つの聖地では12年ごとにお祭りが開催され、数週間続きます。2019年にこのお祭りが行われたときは2億人以上が集まり、1日に5,000万人が参加した日もありました。これは、世界の都市圏で最も多くの人が住んでいる東京の人口を上回る数の人々が、この祝祭のために集まったということです。

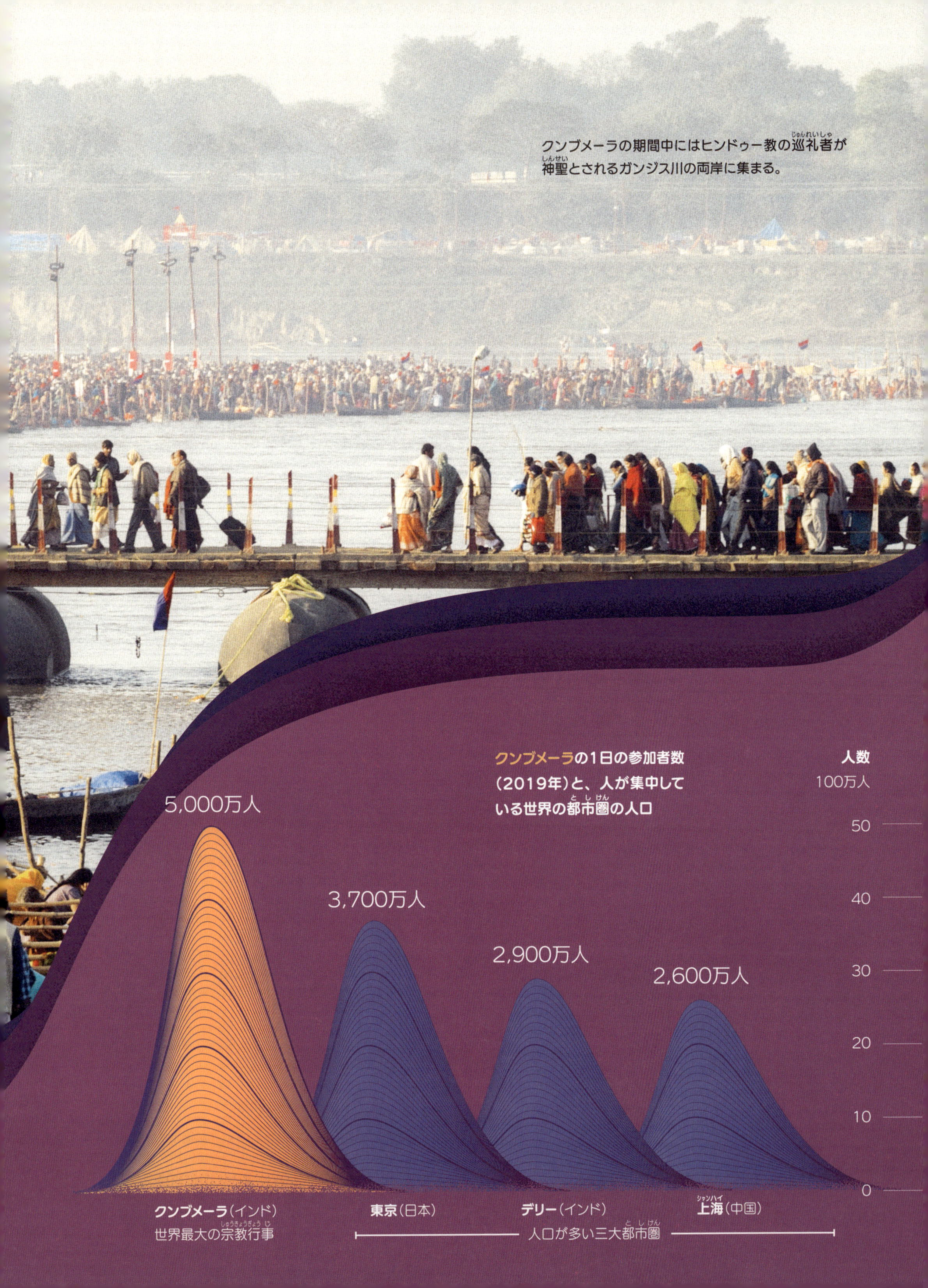
クンブメーラの1日の参加者数
(2019年)と、人が集中している世界の都市圏の人口
人数
100万人
50
40
30
20
10
0
5,000万人
3,700万人
2,900万人
2,600万人
クンブメーラ(インド)
世界最大の宗教行事
東京(日本)
デリー(インド)
上海(中国)
人口が多い三大都市圏

クンブメーラの期間中にはヒンドゥー教の巡礼者が神聖とされるガンジス川の両岸に集まる。

人間どうしの争い

いつの時代でも、人は戦いによって集団間のちがいに決着をつけようとしてきました。戦争はいつも破壊を引き起こしますが、戦車や機関銃のような近代兵器が発明されると、戦争はいちだんと破壊的になりました。イラストを見れば、2度の世界大戦でどれほど多くの人の命が失われ、どれほどたくさんのお金が費やされたかがわかるでしょう。

第一次世界大戦

1914年7月から1918年11月まで4年間続いた第一次世界大戦は、それまで人が経験したことのない大規模な戦争でした。30か国以上が参戦し、大きな戦闘のほとんどがヨーロッパと中東で行われました。

兵役についた人

6,500万人

そのうち

- 900万人が亡くなった
- 2,100万人がけがをした
- 800万人近くが行方不明か捕虜になった

亡くなった人

2,200万人

900万人近くの軍人

1,300万人の民間人が亡くなった

軍人の死者数

民間人の死者数

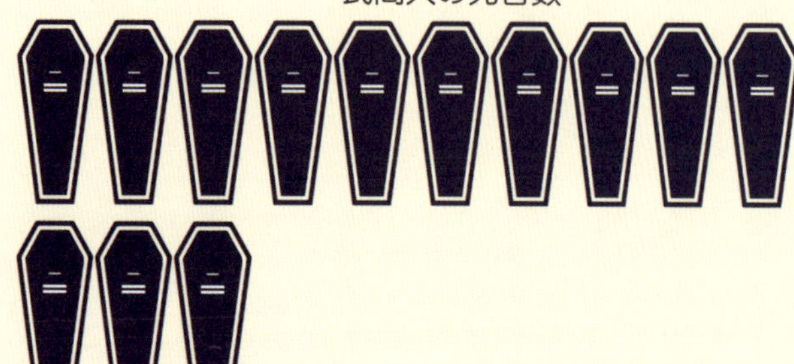

経済的損失

4兆アメリカドル

(今日のお金に換算)

戦争で亡くなった民間人の正確な数を知るのはむずかしい。正式な記録が残されていないからだ。1918年に20世紀で最も深刻なインフルエンザの大流行があったが、このインフルエンザでも多くの軍人と民間人が死亡した。

この図の見方

兵士の人形1体、棺桶1つ=100万人

- 戦地から帰ってきた軍人
- けがをした軍人
- 行方不明／捕虜になった軍人
- 亡くなった軍人、民間人

札束1つ=

1兆アメリカドル

第二次世界大戦

第二次世界大戦は、1939年9月から1945年9月まで6年間続いた史上最も大規模で悲惨な戦争です。50か国以上が参戦し、世界のほぼすべての地域で戦闘が行われました。推定されている死者数はまちまちで、最も大きな数字では6,000万人とされています。

兵役についた人

7,000万人

そのうち

- 2,000万人が亡くなった
- 1,400万人がけがをした
- 600万人以上が行方不明か捕虜になった

亡くなった人

3,700万人

2,000万人の軍人

1,700万人の民間人が亡くなった

経済的損失

17兆アメリカドル

(今日のお金に換算)

民間人の死者数には、ナチスの強制収容所や「死の収容所」と呼ばれる場所で亡くなった570万人のユダヤ人がふくまれている。これは当時の世界のユダヤ人人口の3分の1を上回る数だった。

やった！　発明の歴史

遠い昔から人は創造性や独創性を発揮して、生活を便利でよりよいものに変える、あるいはそれが兵器であれば破壊を引き起こす発明をしてきました。有史以前の矢じりから最新のデジタル技術まで、長い年月におよぶ発明の歴史を4ページにわたる年表でたどっていきましょう。

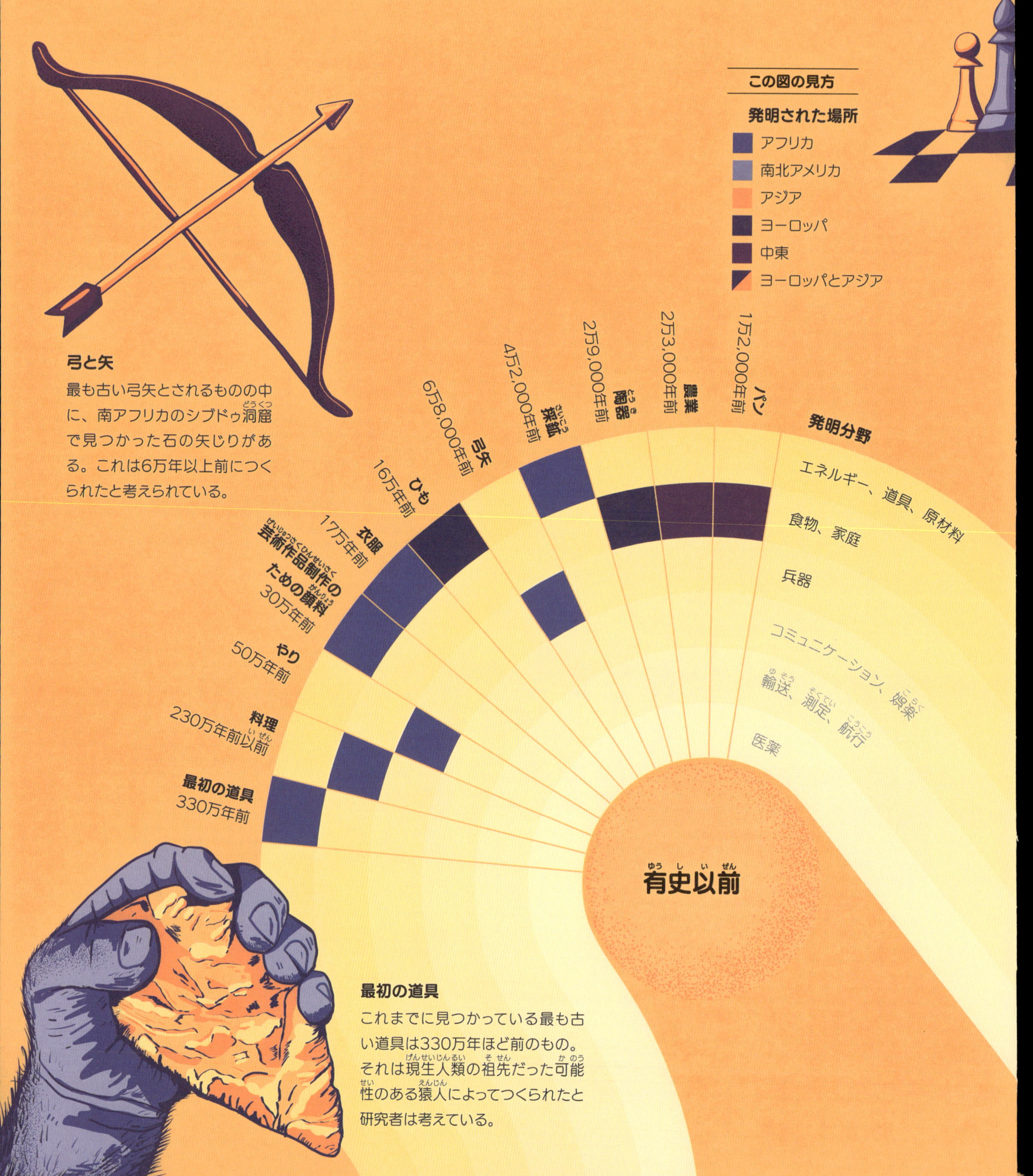

この図の見方
発明された場所
アフリカ
南北アメリカ
アジア
ヨーロッパ
中東
ヨーロッパとアジア
発明分野
エネルギー、道具、原材料
食物、家庭
兵器
コミュニケーション、娯楽
輸送、測定、航行
医薬
最初の道具 330万年前
料理 230万年前以前
やり 50万年前
芸術作品制作のための顔料 30万年前
衣服 17万年前
ひも 16万年前
弓矢 6万8,000年前
採鉱 4万2,000年前
陶器 2万9,000年前
農業 2万3,000年前
パン 1万2,000年前
有史以前

弓と矢

最も古い弓矢とされるものの中に、南アフリカのシブドゥ洞窟で見つかった石の矢じりがある。これは6万年以上前につくられたと考えられている。

最初の道具

これまでに見つかっている最も古い道具は330万年ほど前のもの。それは現生人類の祖先だった可能性のある猿人によってつくられたと研究者は考えている。

ページをめくろう

チェス

「チェス」というゲームはインドで誕生したようだ。チェスはインドから中東やヨーロッパに広まった。

印刷機 1455年
羅針盤 1100年代
鉄器 900年代
火薬 800年代
トランプ、ドミノ 800年代
機械式時計 725年
チェス 500年代
紙 105年
水車 紀元前85年
ガラス 紀元前2500年
車輪 紀元前3500年
帆船 紀元前4000年
灌漑 紀元前6000年
配管 紀元前6500年
れんが 紀元前7500年
文字言語 紀元前8000年

古代、中世

医薬
輸送、測定、航行
コミュニケーション、娯楽
兵器
食物、家庭
エネルギー、道具、原材料

車輪

車輪をいつ、だれが発明したのか、正確なことはわかっていない。5,500年ほど前、中東の今のイラクあたりで陶器をつくるために回転する輪が使われていたことを示す証拠が残っている。

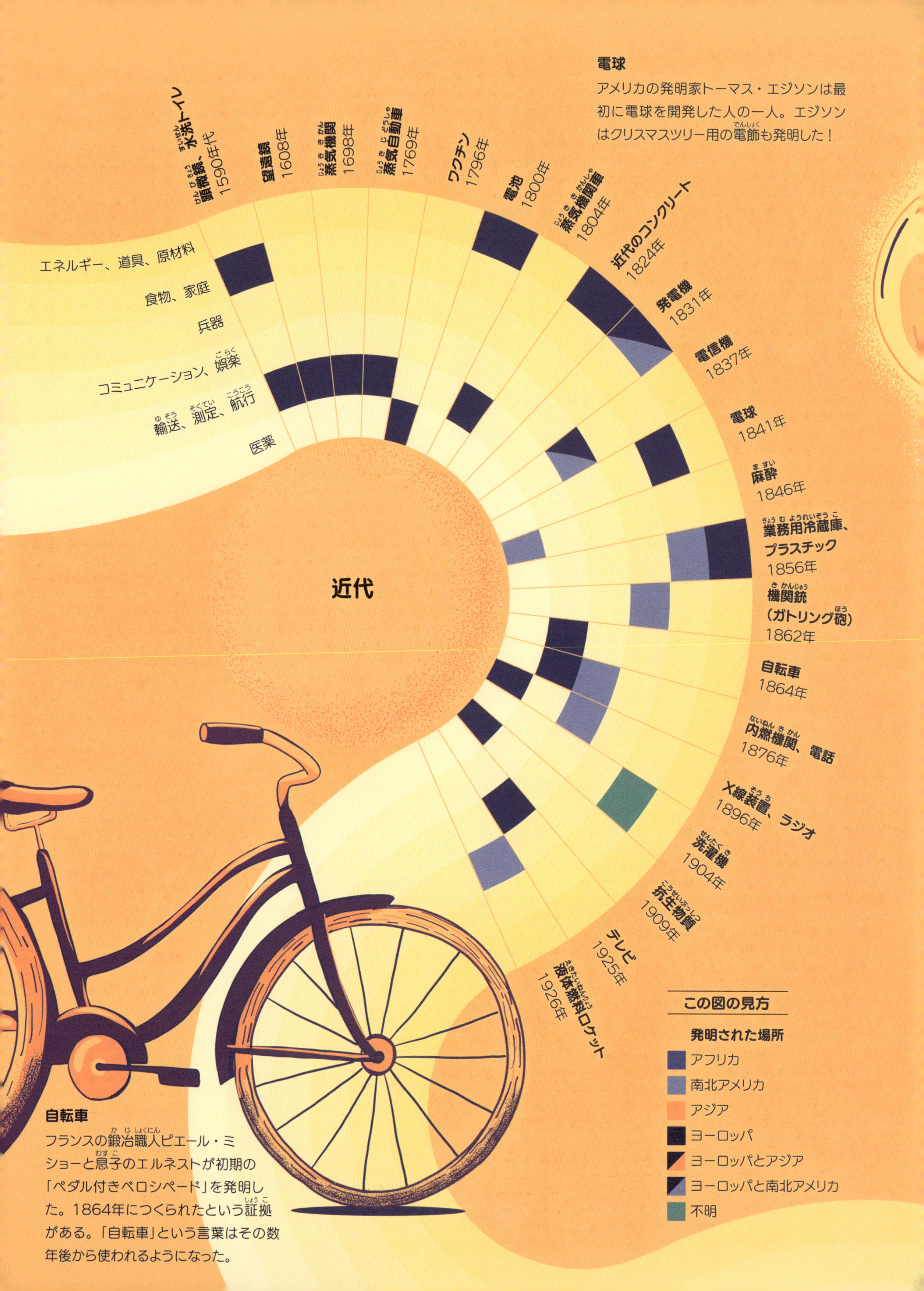

電球
アメリカの発明家トーマス・エジソンは最初に電球を開発した人の一人。エジソンはクリスマスツリー用の電飾も発明した！
顕微鏡、水洗トイレ 1590年代
望遠鏡 1608年
蒸気機関 1698年
蒸気自動車 1769年
ワクチン 1796年
電池 1800年
蒸気機関車 1804年
近代のコンクリート 1824年
発電機 1831年
電信機 1837年
電球 1841年
麻酔 1846年
業務用冷蔵庫、プラスチック 1856年
機関銃（ガトリング砲） 1862年
自転車 1864年
内燃機関、電話 1876年
X線装置、ラジオ 1896年
洗濯機 1904年
抗生物質 1909年
テレビ 1925年
液体燃料ロケット 1926年
エネルギー、道具、原材料
食物、家庭
兵器
コミュニケーション、娯楽
輸送、測定、航行
医薬
近代
この図の見方
発明された場所
アフリカ
南北アメリカ
アジア
ヨーロッパ
ヨーロッパとアジア
ヨーロッパと南北アメリカ
不明
自転車
フランスの鍛冶職人ピエール・ミショーと息子のエルネストが初期の「ペダル付きベロシペード」を発明した。1864年につくられたという証拠がある。「自転車」という言葉はその数年後から使われるようになった。

*1 コンピューターなどに使用される半導体素子
*2 複数のネットワークを相互に接続したインターネット上の共有システム
*3 炭素原子が結合した材料
*4 インターネット上で暗号技術を使って取引の記録を保持する仕組み

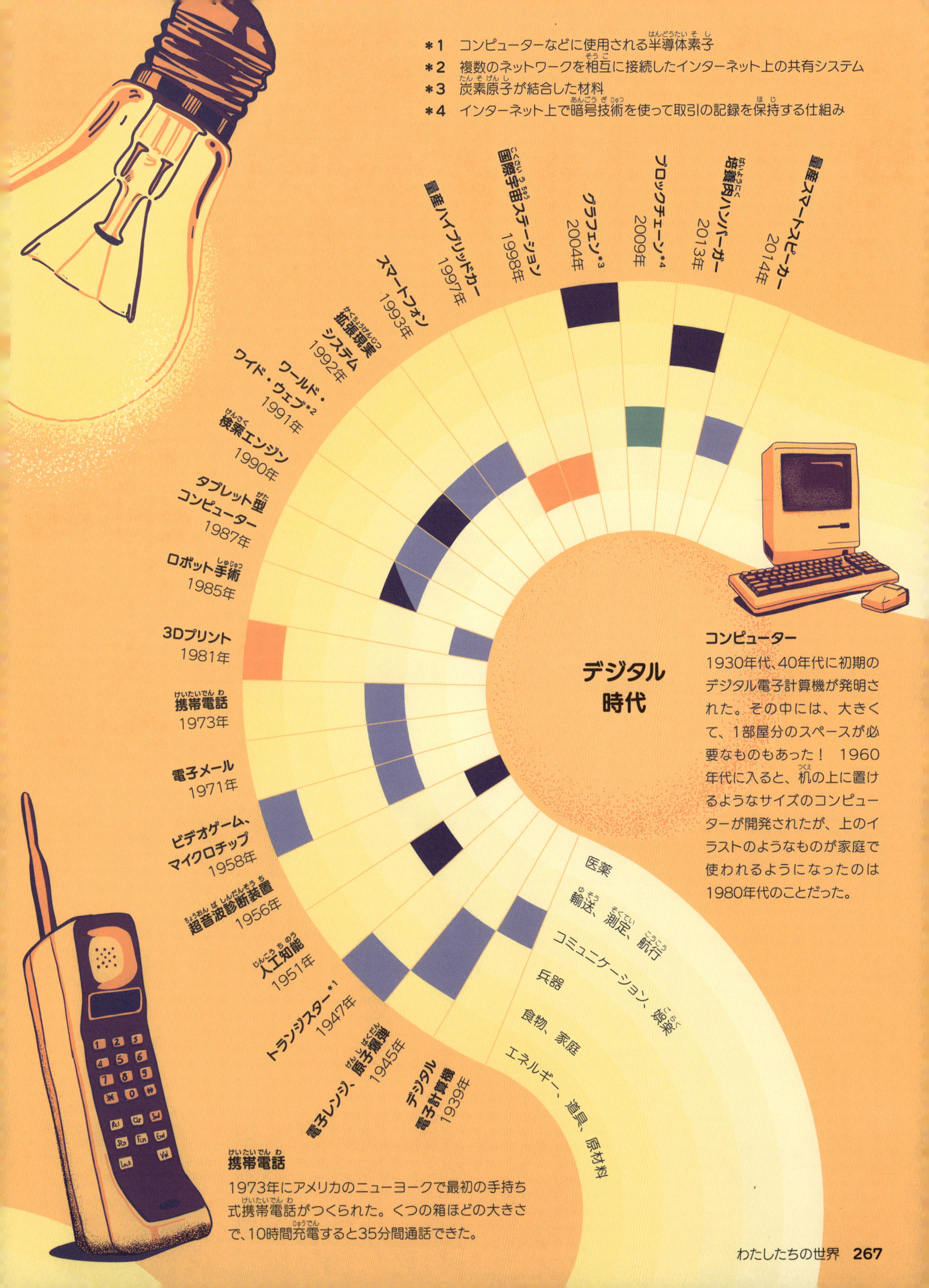

デジタル時代
デジタル電子計算機 1939年
電子レンジ、原子爆弾 1945年
トランジスター*1 1947年
人工知能 1951年
超音波診断装置 1956年
ビデオゲーム、マイクロチップ 1958年
電子メール 1971年
携帯電話 1973年
3Dプリント 1981年
ロボット手術 1985年
タブレット型コンピューター 1987年
検索エンジン 1990年
ワールド・ワイド・ウェブ*2 1991年
拡張現実システム 1992年
スマートフォン 1993年
量産ハイブリッドカー 1997年
国際宇宙ステーション 1998年
グラフェン*3 2004年
ブロックチェーン*4 2009年
培養肉ハンバーガー 2013年
量産スマートスピーカー 2014年
医薬
輸送、測定、航行
コミュニケーション、娯楽
兵器
食物、家庭
エネルギー、道具、原材料

コンピューター

1930年代、40年代に初期のデジタル電子計算機が発明された。その中には、大きくて、1部屋分のスペースが必要なものもあった！ 1960年代に入ると、机の上に置けるようなサイズのコンピューターが開発されたが、上のイラストのようなものが家庭で使われるようになったのは1980年代のことだった。

携帯電話

1973年にアメリカのニューヨークで最初の手持ち式携帯電話がつくられた。くつの箱ほどの大きさで、10時間充電すると35分間通話できた。

AIはどのくらいかしこいの？

人工知能、つまりAIはコンピューターサイエンスの1分野で、機械が現実のさまざまな場面で人と同じように適応できるようにするシステムです。たとえば、AIは何かの画像を大量に見せられると、その特徴をとらえて記憶し、いろいろなものを見分けるようになります。新しい場面やものに出合うと、この記憶しておいた情報を生かし、さらに情報を集めていきます。これはすばらしい技術の進歩です。けれどもAIは、まだ人の脳にははるかにおよびません。画像が似ていると、AIはイヌの写真とブルーベリーマフィンの写真を区別できないかもしれません！

入力
特徴抽出と分類
出力
イヌ

どれがイヌの写真で、どれがブルーベリーマフィンの写真？　これは、人には簡単な質問に思えるだろうが、AIにとっては混乱しそうな質問なのかもしれない。

AIは「入力」されることで物体を認識するようになる。この場合、入力されるのはイヌの画像。AIはイヌに共通してみられる特徴をとらえ、記憶する。この過程を「特徴抽出と分類」という。そして、AIはその情報を保存し、それを使って他の画像がイヌかどうかを判別する。

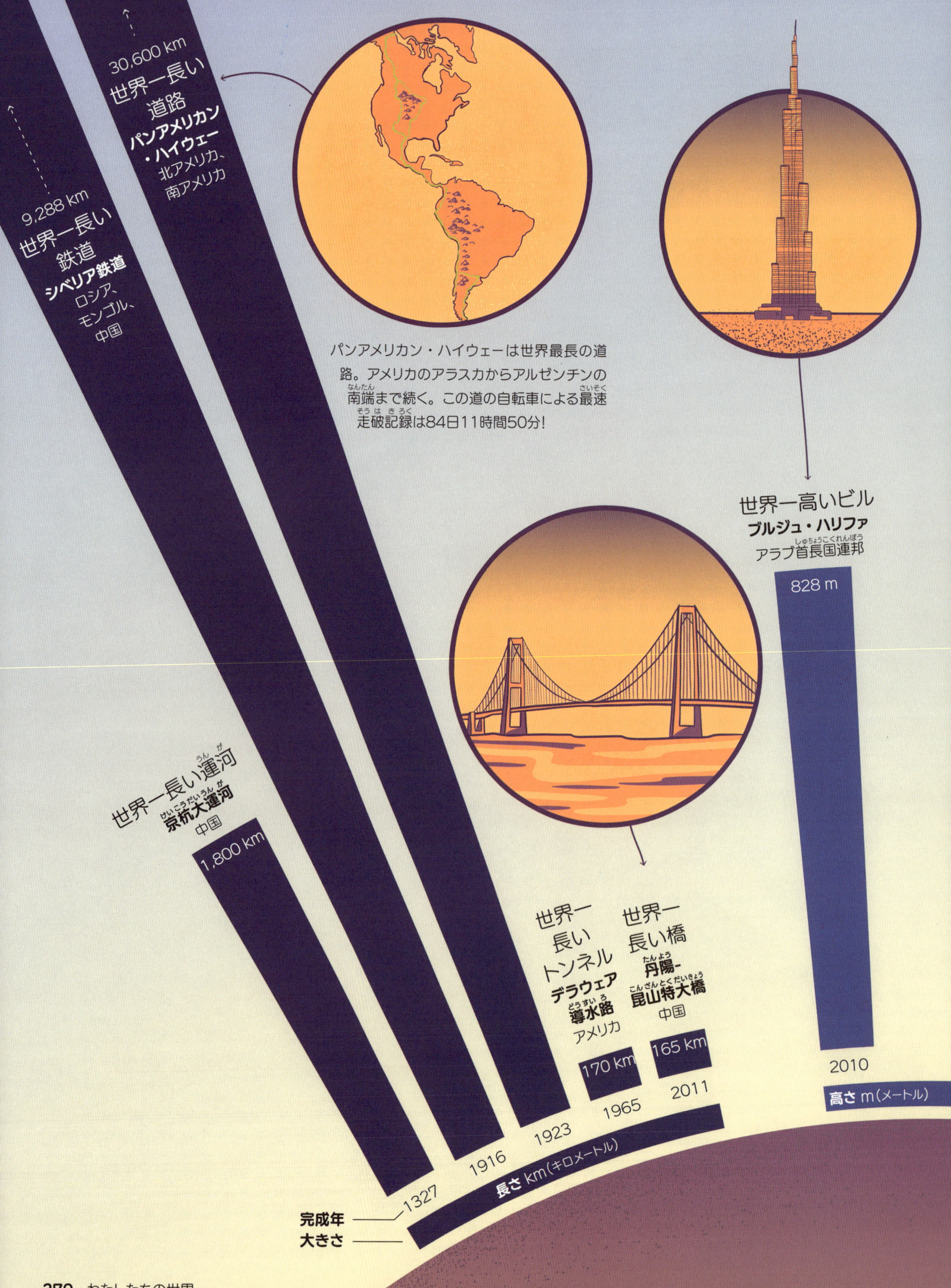
30,600 km
世界一長い
道路
パンアメリカン
・ハイウェー
北アメリカ、
南アメリカ
9,288 km
世界一長い
鉄道
シベリア鉄道
ロシア、
モンゴル、
中国
パンアメリカン・ハイウェーは世界最長の道路。アメリカのアラスカからアルゼンチンの南端まで続く。この道の自転車による最速走破記録は84日11時間50分!
世界一高いビル
ブルジュ・ハリファ
アラブ首長国連邦
828 m
2010
高さ m(メートル)
世界一長い運河
京杭大運河
中国
1,800 km
世界一
長い
トンネル
デラウェア
導水路
アメリカ
世界一
長い橋
丹陽-
昆山特大橋
中国
170 km
165 km
1965
2011
1923
1916
1327
長さ km(キロメートル)
完成年
大きさ

工学の傑作

人は力を合わせ、見た人をあっと言わせるような建造物をつくってきました。世界一高いビルから世界一長い橋や世界一深い鉱山まで、特に見事なものをいくつか見てみましょう。

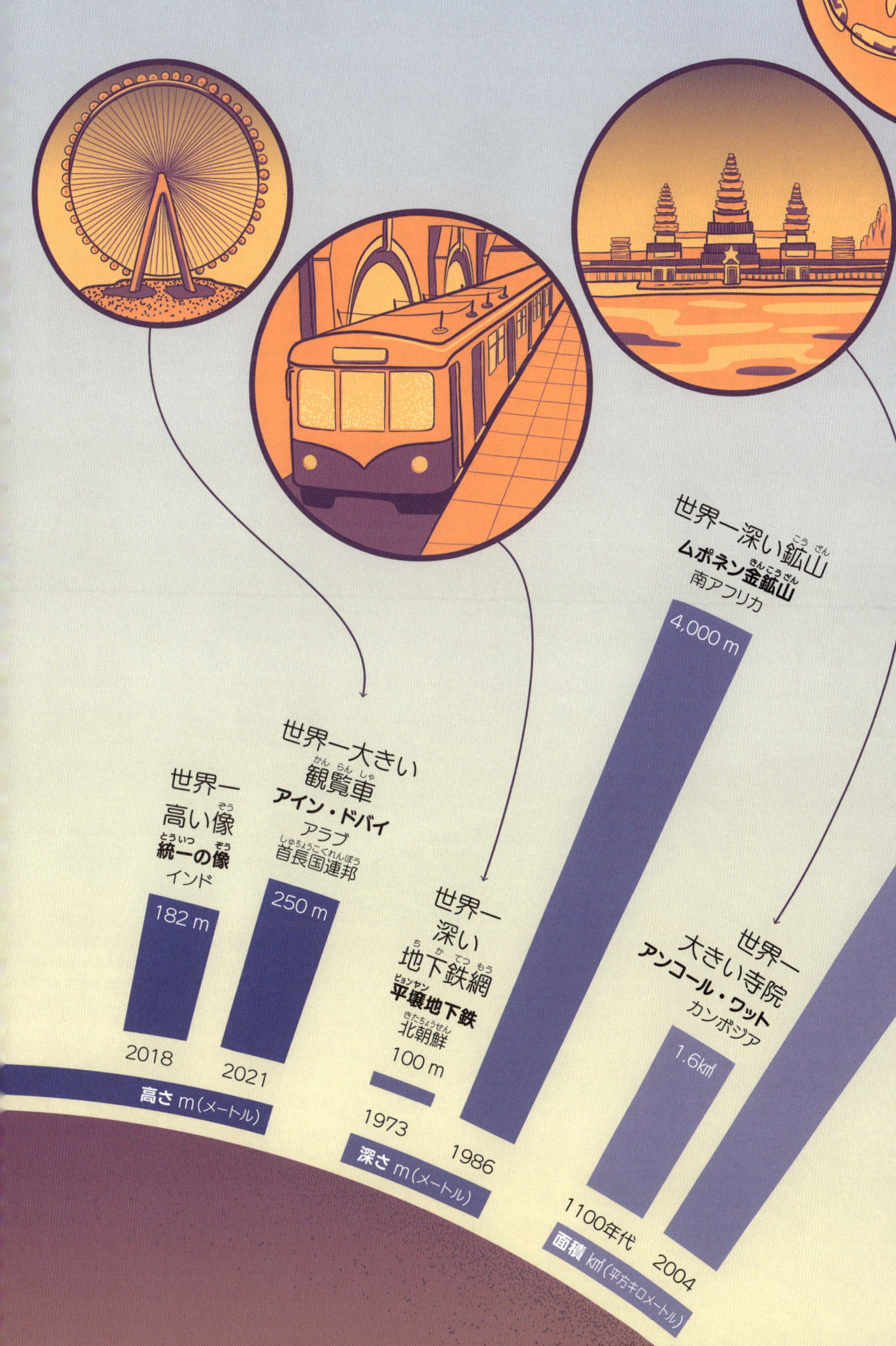

世界一高い像
統一の像
インド
182 m
2018
世界一大きい観覧車
アイン・ドバイ
アラブ首長国連邦
250 m
2021
高さ m(メートル)
世界一深い地下鉄網
平壌地下鉄
北朝鮮
100 m
1973
1986
深さ m(メートル)
世界一深い鉱山
ムポネン金鉱山
南アフリカ
4,000 m
世界一大きい寺院
アンコール・ワット
カンボジア
1.6㎢
1100年代
世界一大きい人工群島
パーム・ジュメイラ
アラブ首長国連邦
5.6㎢
2004
面積 ㎢(平方キロメートル)

「群島」とは島の集まり。パーム・ジュメイラはヤシの木を円でかこんだような形をしている。島は主にペルシャ湾の底からほり起こした砂でつくられた。

レゴのミニフィギュアの数と人の数
2010～30年
数
億
150
100
50
0
レゴのミニフィギュアの数は、2016年ごろ人の数を追いぬいたようだ
ミニフィギュア
人
2010
2015
2020
2025
2030
年
黒い線は2010年から2030年までの世界人口の増加の様子を示している。オレンジ色の線は同じ期間におけるミニフィギュアの数の増加の様子を示している。点線の部分は、今後どれだけ増加するかを推計した数。

おもちゃの台頭

レゴで遊ぶのは好きですか？　そう、あなたのようなレゴファンの子どもが世界にはいっぱいいます。実際、地球上にあるレゴのミニフィギュアの数は、90億個と推定されています。つまり、人の数よりミニフィギュアの数のほうが10億以上多いのです。左のページのグラフを見て、いつこの人形の数が人の数を追いぬいたのか、そして、今後その数はどのくらい増えると考えられているのかを確かめてみましょう。

高速化する移動

鉄道車両と自動車は200年以上前に発明されて以来、どんどん高速化してきました。ここでは、人がかつてないスピードで世界を移動することを可能にした記録破りの乗り物を見ることにしましょう。

1804年にウェールズで発明された最初の蒸気機関車は、人の平均歩行速度を少し上回るくらいの速さだった。

5つの高速鉄道車両

最高速度

ロバート・スチーブンソン設計のロケット号

1829年　イギリス

初期の5つの蒸気機関車が参加してスピードを競った「レインヒル・トライアル」で優勝した。

4 m

車両の全長（m）

時速
48 km

マラード号

1938年　イギリス

1938年に蒸気機関車の最高速度記録を打ち立てた。この記録は今も破られていない。

22 m

時速
203
km

TGV

1981年　フランス

1981年から1988年まで世界一速い鉄道車両だった。

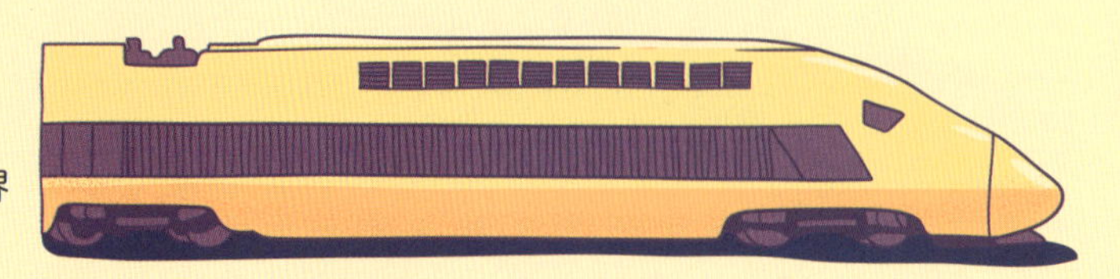

200 m

時速
380
km

CRH380BL

2010年　中国

北京～上海間で世界最高速度記録をぬりかえた。

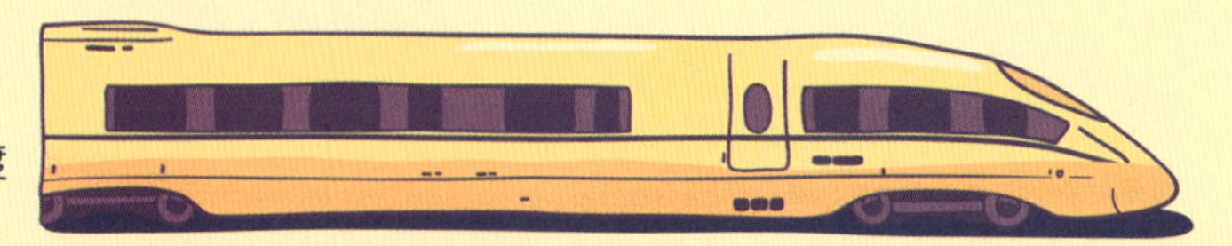

403 m

時速
486
km

超電導リニアL0系

2015年　日本

世界最速。強力な磁石を使い、車両を浮かせて走る。

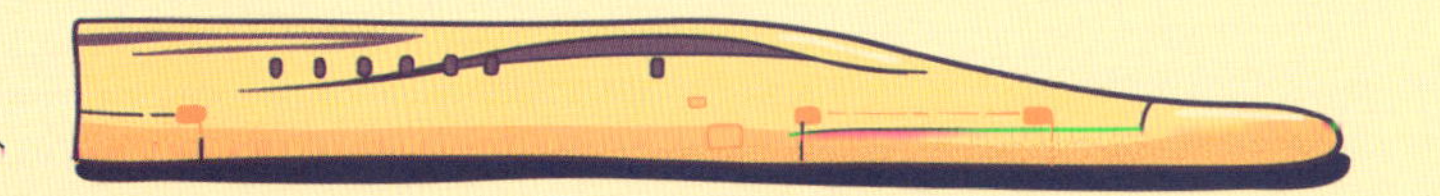

177 m

時速
603
km

5つの高速自動車

ラ・ジャメ・コンタント
1899年、フランス
時速100 kmをこえた最初の自動車。

時速
106 km

ホンダRA106
2006年、イギリス
F1レーシングカーの最高速度を記録した。

時速
397
km

ブガッティ・シロン
2022年、フランス
一般道を走る自動車の中で世界一速い。

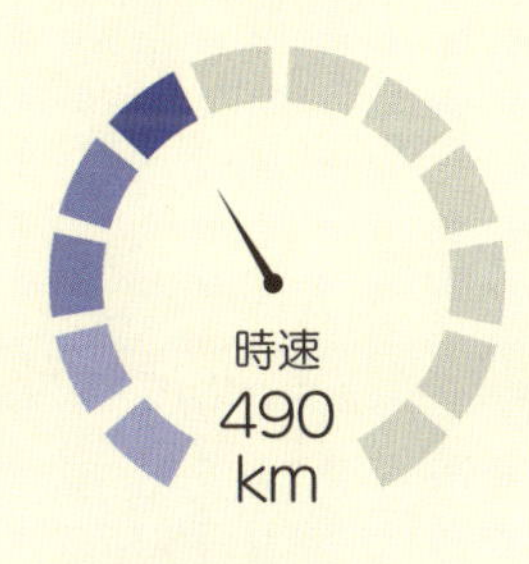

時速
490
km

ブルーバードCN7
1964年、イギリス
ジェットエンジンを使わない自動車の最速記録を保持し続けている。

時速
649
km

スラストSSC
1997年、イギリス
2つのジェットエンジンを備え、世界で初めて音速を突破した自動車(p.41参照)。

時速
1,228 km

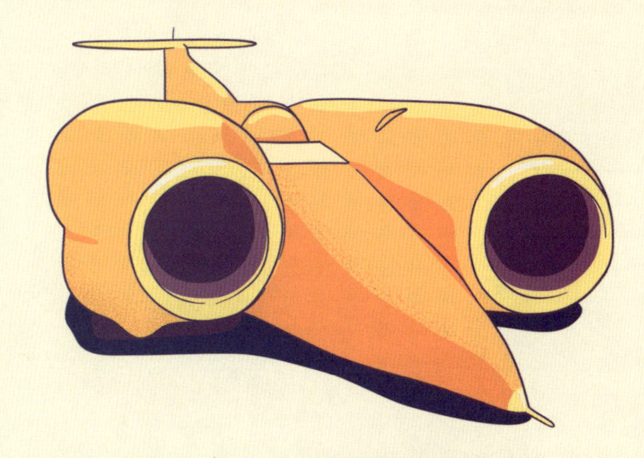

1886年にドイツで発明された最初の自動車は、最高速度が時速16 kmだった。

この図の見方

最高速度
km/h(時速〜km)

黒い針はその乗り物が達成した最高速度を指している。

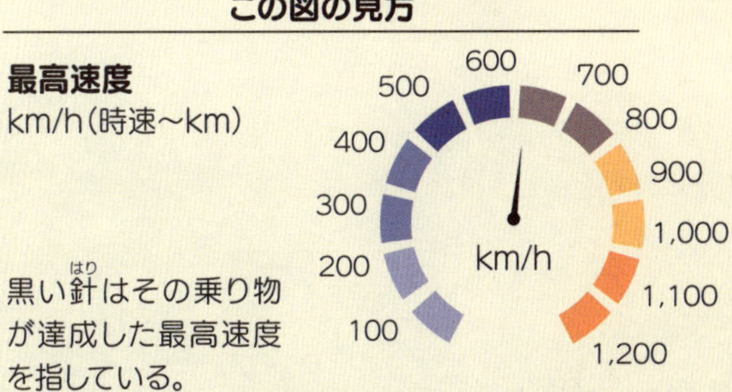

100
200
300
400
500
600
700
800
900
1,000
1,100
1,200
km/h

空には飛行機が何機いるの？

人は絶えず世界中を移動しています。では、この瞬間に何人の人が飛行機に乗っているのでしょうか。

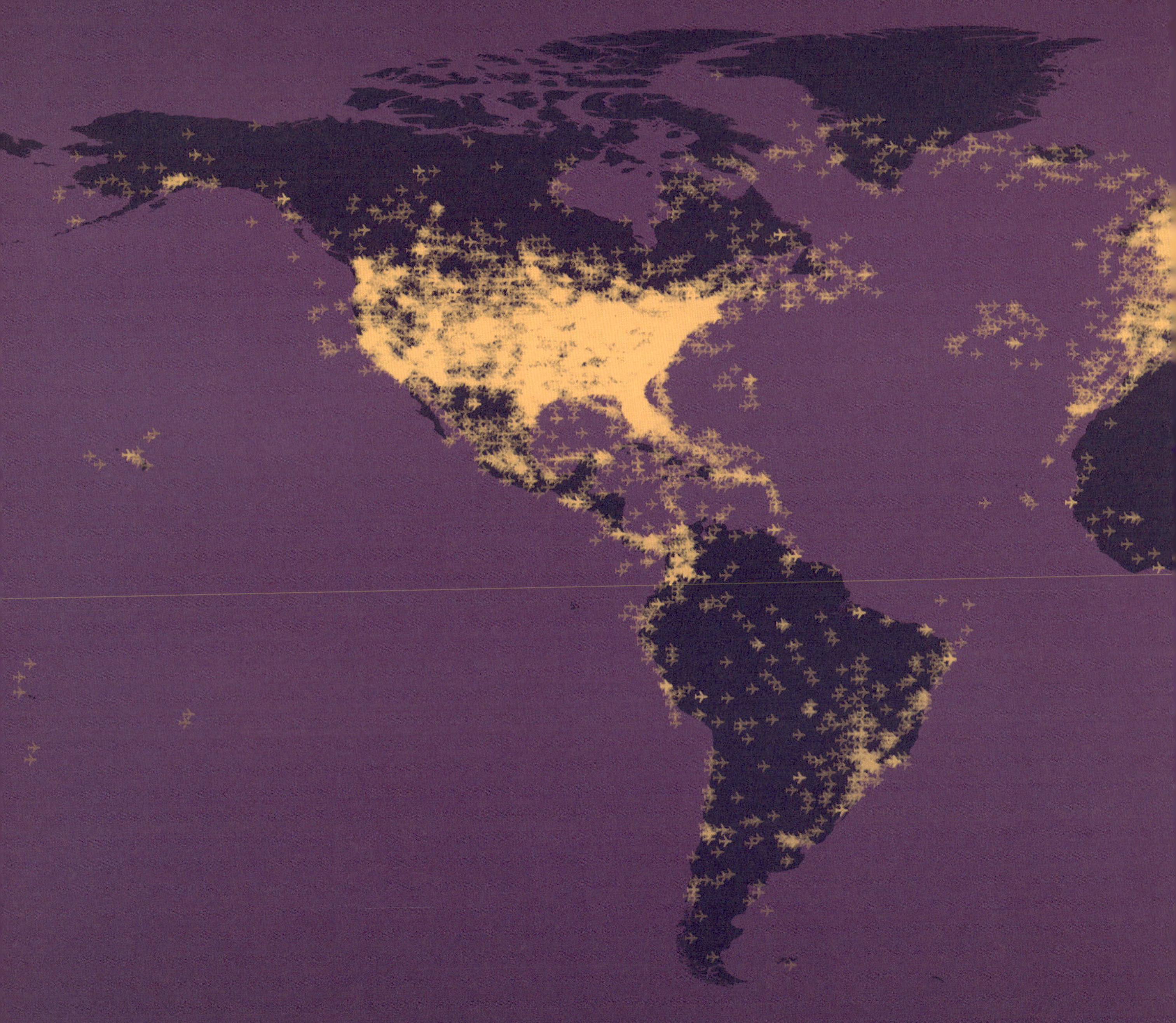

この地図を見ると、どのくらいの飛行機が同時に空を飛んでいるかがよくわかる。地図上の黄色い飛行機は、2022年7月13日午後3時に実際に飛行中だった飛行機だからだ。この日は航空交通量が非常に多い日で、その時間に空には合計1万7,916機の飛行機がいた。それらの飛行機の平均乗客数が100人だったとすると、170万人以上の人が同時に空の上にいたことになる！

✈ ＝飛行中の飛行機1機

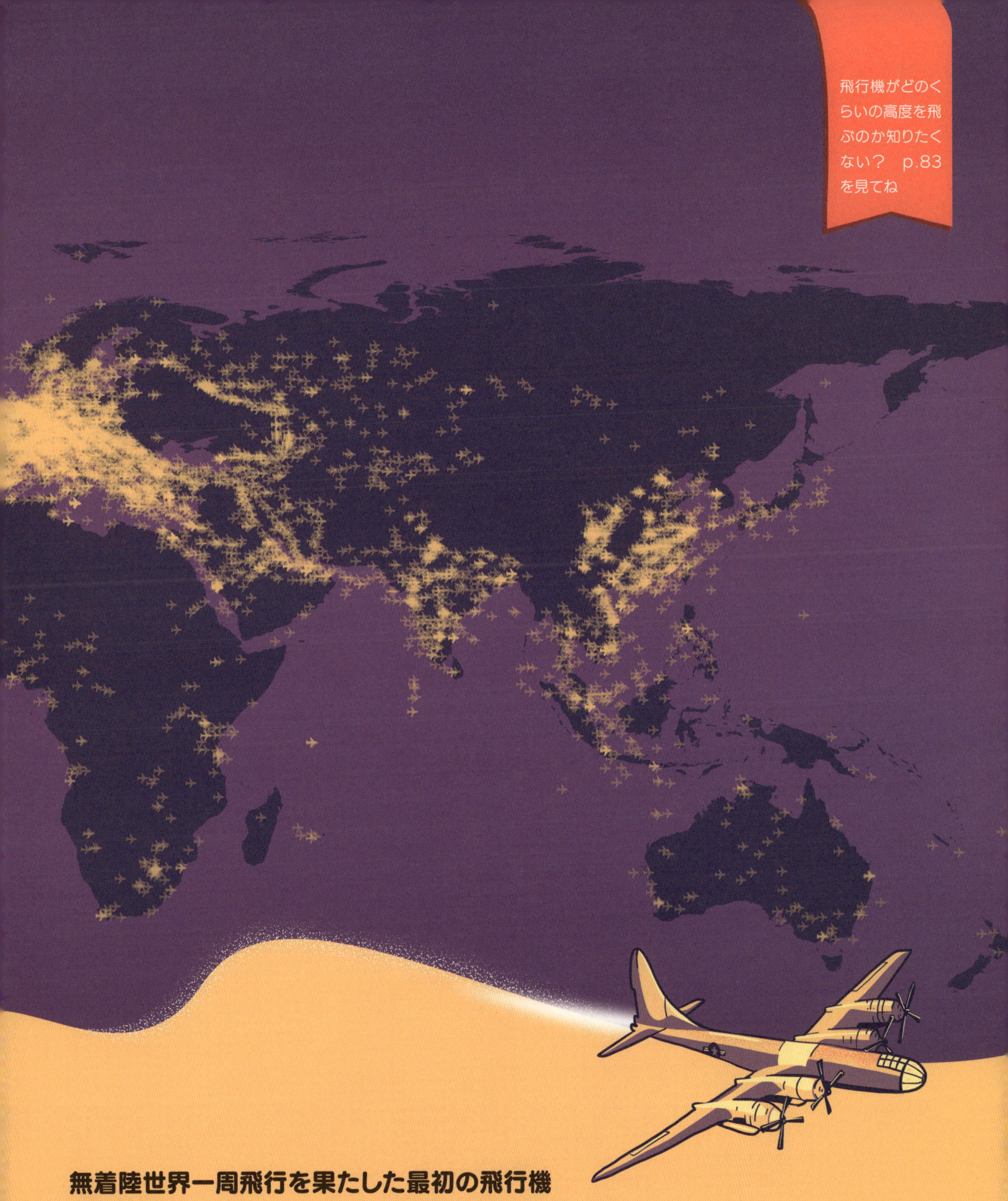

飛行機がどのくらいの高度を飛ぶのか知りたくない？　p.83を見てね

無着陸世界一周飛行を果たした最初の飛行機

1949年3月2日、「ラッキー・レディⅡ」という名のアメリカの軍用機ボーイングB-50Aが、アメリカ、テキサス州カーズウェルの空軍基地に着陸し、世界初の無着陸世界一周飛行を達成しました。ジェイムズ・G・ギャラガーが機長をつとめ、要した時間は94時間1分。飛行距離は3万7,742 kmで、平均時速401 kmでした。ほぼ4日間飛び続けるために、ラッキー・レディⅡは4回空中で給油を受けました。給油は、そばを飛ぶ給油機が長いホースを使って燃料を補給するという方法で行われました。

巨大宇宙ロケット

地球から空に向かってまっすぐ100 km上がっていくと、「カーマンライン」に到達します。これは地球の大気圏と宇宙空間を分ける仮想の境界線のこと。地球の重力からのがれて、この高さまで飛ぶにはたくさんのエネルギーが必要です。1944年に人類は初めてこの偉業を達成し、以来、何千機ものロケットを打ち上げてきました。その中で特に大きなものをいくつか見てみましょう。

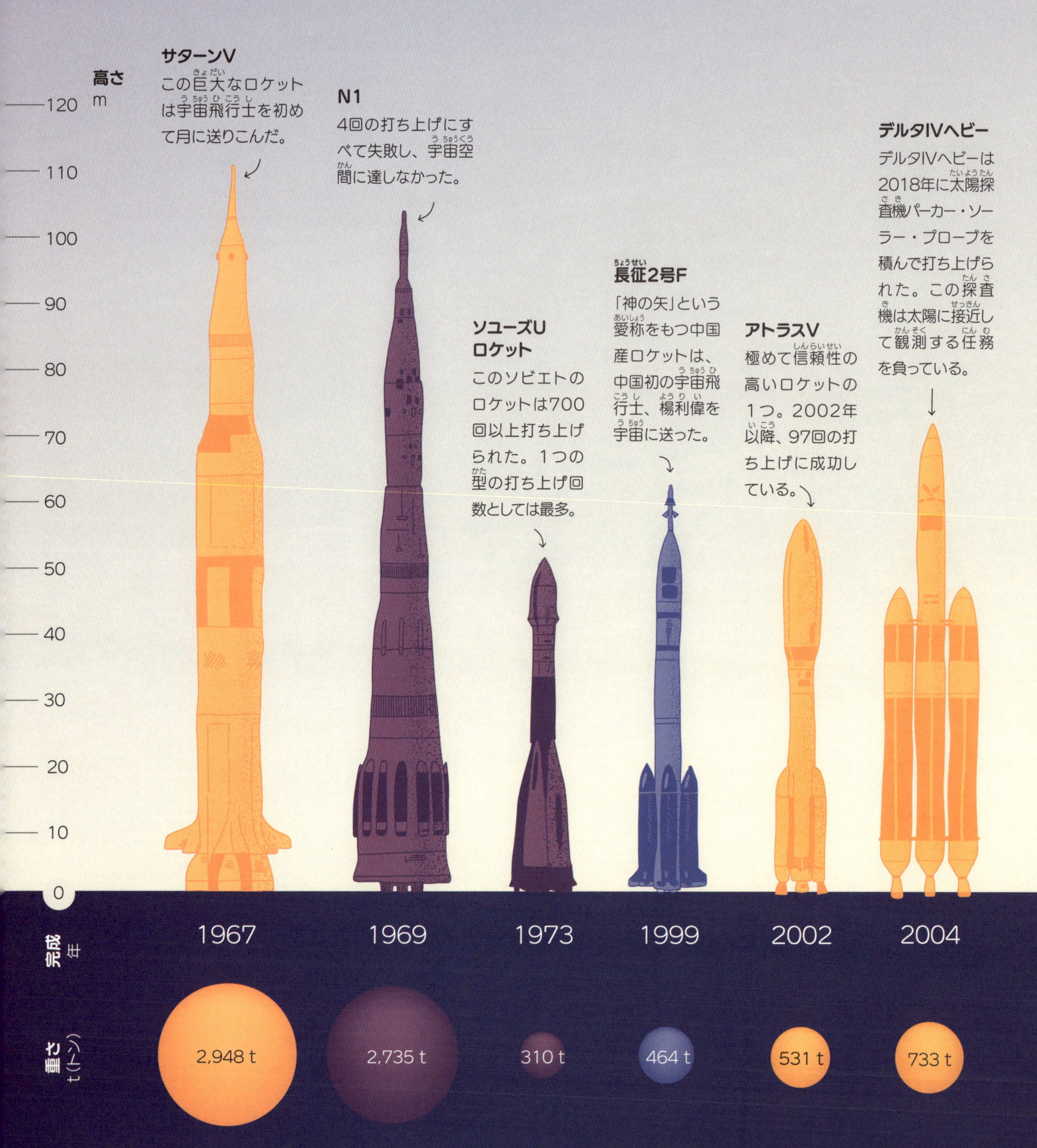

高さ
m
120
110
100
90
80
70
60
50
40
30
20
10
0
サターンV
この巨大なロケットは宇宙飛行士を初めて月に送りこんだ。
N1
4回の打ち上げにすべて失敗し、宇宙空間に達しなかった。
ソユーズUロケット
このソビエトのロケットは700回以上打ち上げられた。1つの型の打ち上げ回数としては最多。
長征2号F
「神の矢」という愛称をもつ中国産ロケットは、中国初の宇宙飛行士、楊利偉を宇宙に送った。
アトラスV
極めて信頼性の高いロケットの1つ。2002年以降、97回の打ち上げに成功している。
デルタIVヘビー
デルタIVヘビーは2018年に太陽探査機パーカー・ソーラー・プローブを積んで打ち上げられた。この探査機は太陽に接近して観測する任務を負っている。
完成年
1967
1969
1973
1999
2002
2004
重さ t(トン)
2,948 t
2,735 t
310 t
464 t
531 t
733 t

この図の見方

開発国

- 中国
- アメリカ
- ソ連／ロシア

ファルコン・ヘビー

このロケットの推進力はジェット機18機分に相当する。

SLSブロック1

スペース・ローンチ・システム（SLS）はこれまでに打ち上げられたロケットの中で最強。ロケットの上部の仕様を変えることで、人を運ぶロケットにも、貨物を運ぶロケットにもなる。

SLSブロック2

スターシップ

これまでにつくられたロケットの中で高さが最も高い。

エニセイ

ロシアで開発中のロケット。高さと重さは推定。

長征9号

中国で開発中のロケット。高さと重さは推定。

自由の女神（アメリカ）と高さをくらべてみよう（93 m）

ファルコン・ヘビー	SLSブロック1	SLSブロック2	スターシップ	エニセイ	長征9号
2018	2022	2022	2023	2028	2030
1,421 t	2,608 t	2,948 t	5,000 t	3,167 t	4,000 t

スクールバスと重さをくらべてみよう（10 t）

宇宙ごみ

1950年代以降、人は何千機もの宇宙ロケットを打ち上げ、それをさらに上回る数の人工衛星を地球を周回する軌道に乗せてきました。こうしたものが役目を終えたり壊れてばらばらになったりすると、宇宙ごみになります。宇宙ごみの中には大気圏に再突入して燃えつきるものもあります。けれども、高度の高いところにある人工衛星や破片は、地球の周りを数百年、あるいは数千年も回り続けることになります。このやっかいなごみをすべて取りのぞくために、磁石でごみをキャッチする、巨大な網でごみを回収するなど、さまざまな方法を研究者は考えています。

数字で見る宇宙ごみ

3万個以上

大きさが10 cmをこえる宇宙ごみは3万個以上ある。これには故障した人工衛星や、役目を終えて軌道上に残されている人工衛星がふくまれている。

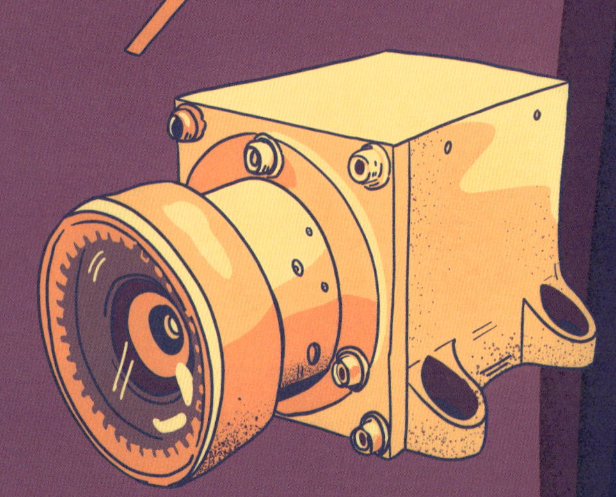

約100万個

大きさが1~10 cmの宇宙ごみは約100万個。これには宇宙飛行士が落とした工具や、ねじ、ケーブル、スペースカメラがふくまれている。

1億個以上

大きさが1 cmに満たない宇宙ごみは1億個をこえる。これには古くなった人工衛星からはがれ落ちたものがふくまれている。

地球の周りを回る宇宙ごみ

宇宙を観測する

望遠鏡を使うと、宇宙空間にある遠くの天体が見え、宇宙のなぞを解き明かすことができます。初期の望遠鏡は遠方の天体を見るためにガラスのレンズを使っていましたが、現在はレンズの代わりに反射鏡が使われています。このほうが宇宙のかなたから来る弱い光をうまく集められるからです。

鏡

フッカー望遠鏡
1917年（最初の観測）
アメリカ、カリフォルニア州、ウィルソン山
この望遠鏡を使って、天の川以外にも銀河があることが証明された。

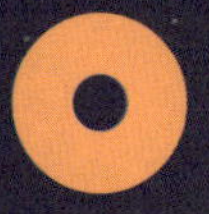

ヘール望遠鏡
1948年
アメリカ、カリフォルニア州、パロマー山
この望遠鏡は大きな反射鏡で可視光線（人の目で見える光線）を集め、像を拡大する。

最初の設計

新しい設計

マルチミラー望遠鏡
1979年（2000年に改造）
アメリカ、アリゾナ州、ホプキンス山
はじめは6枚の鏡をならべて光を集める仕組みだったが、像をはっきりさせるために、2000年に反射鏡が単一の望遠鏡につくりかえられた。

ハッブル宇宙望遠鏡
1990年
低軌道で地球を周回
宇宙空間に設置された最初の望遠鏡。天文学に革命を起こし、多くの有名な天体写真を撮影した。

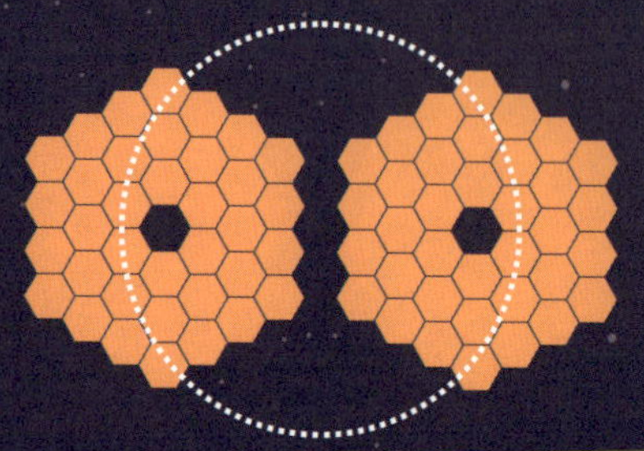

ケック望遠鏡
1993年、1996年
アメリカ、ハワイ州、マウナケア
これは2基の望遠鏡で、2枚の大きな鏡はそれぞれ六角形の鏡を36枚組み合わせてつくられている。

ホビー・エバリー望遠鏡
1996年
アメリカ、テキサス州、デイビス山脈
この望遠鏡は、はるかかなたの暗い星や銀河が発する可視光線と赤外線をとらえるようにつくられている。

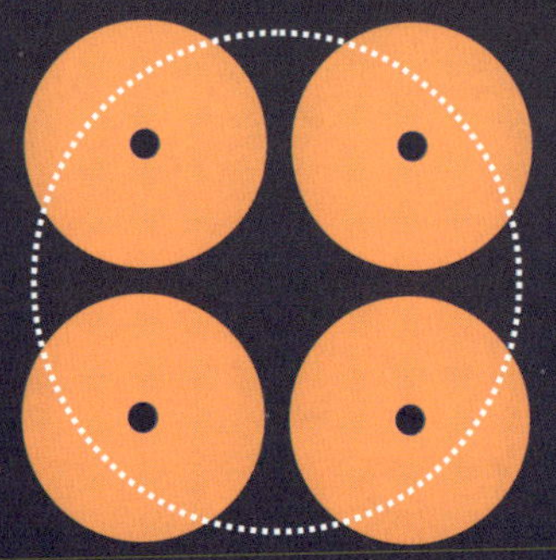

超大型望遠鏡（VLT）
1998～2000年
チリ、セロ・パラナル山
太陽系外惑星を直接撮影した最初の望遠鏡。

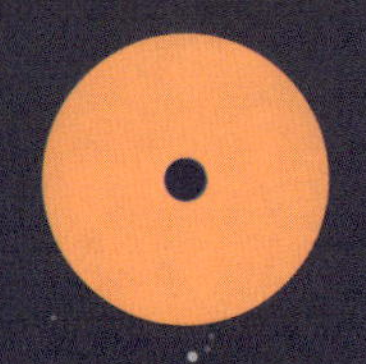

すばる望遠鏡
1999年
アメリカ、ハワイ州、マウナケア
2,400個の銀河を一度に観測することができる。

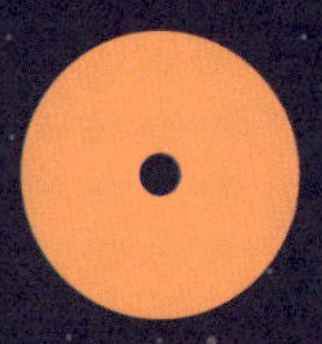

ジェミニ北望遠鏡
1999年
アメリカ、ハワイ州、マウナケア

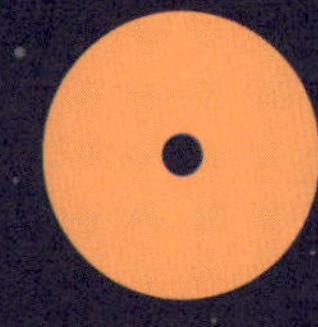

ジェミニ南望遠鏡
2000年
チリ、セロ・パチョン

南北2基の望遠鏡で全天を見ることができる。天文学者はこの2基をはじめとする望遠鏡を使って、中性子星（ほとんどが中性子でできている星）の衝突によって生じる大爆発をとらえた。

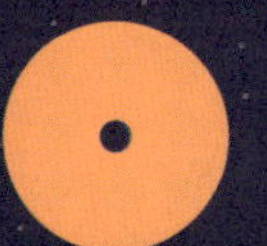

マゼラン望遠鏡
2000年、2002年
チリ、ラス・カンパナス
高地にある乾燥したアタカマ砂漠に設置された望遠鏡。ここは1年のうち300日、晴れている。

大天頂望遠鏡
2004年
カナダ、ブリティッシュ・コロンビア
反射鏡に水銀を使う液体鏡式の望遠鏡（現在は使用されていない）。観測できる方向が1つにかぎられていたが、固体の鏡を使う望遠鏡にくらべ建設費がはるかに安かった。

この図の見方

- ● 地上に設置
- ● 宇宙空間に設置
- ○ 建設中

● 一枚鏡で光を集めてセンサーに反射する望遠鏡を「単一鏡」という。最も大きな一枚鏡の直径は約8 mにもおよぶ。

⬢ 分割鏡望遠鏡の鏡は、多数の小さな六角形の鏡をコンピューターが組み合わせて1枚にしたもの。理論的には、このタイプの鏡ならどんなに大きなものでもつくれる。

p.38をめくって、JWSTが撮影した星雲の写真を見てみよう

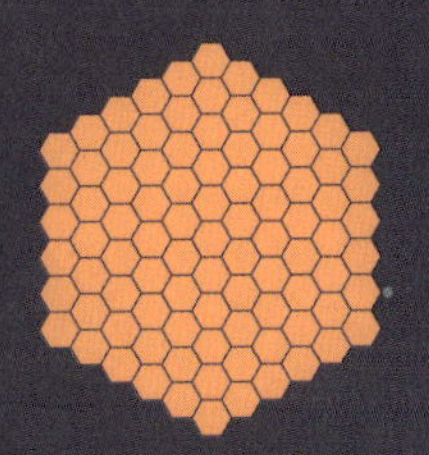

南アフリカ大型望遠鏡

2005年

南アフリカ、サザーランド

この望遠鏡はブラックホールの発見に使われてきた。

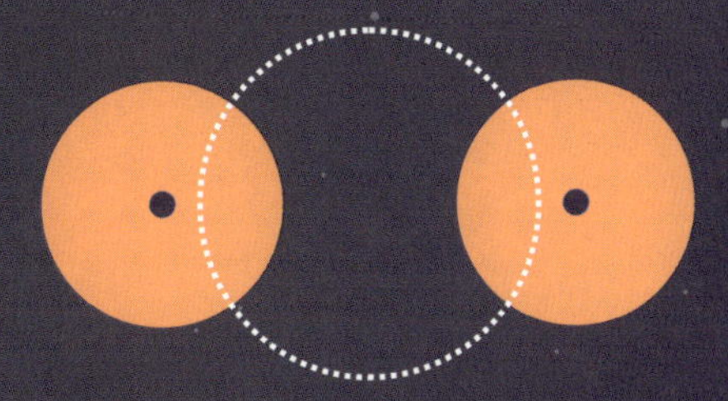

大型双眼望遠鏡

2005年、2008年

アメリカ、アリゾナ州、グラハム山

より多くの光を集めてはっきりとした像を得るために、2枚の鏡がある。巨大な双眼鏡のように見える。

カナリー大型望遠鏡

2007年

スペイン、カナリア諸島、ラパルマ島

鏡の直径が10.4 mもある。光を集める光学望遠鏡としては世界最大。

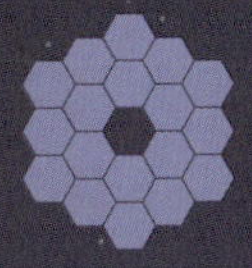

ジェームズ・ウェッブ宇宙望遠鏡（JWST）

2021年

太陽－地球系のラグランジュ点（2つの天体に対して、第3の天体が安定した状態を保てる点）

史上最大で、最も高性能な望遠鏡。大きな鏡を太陽から守るためにテニスコートくらいの大きさの日よけがある。星や銀河、星雲などの驚くほど美しい画像をとどけるだけでなく、ビッグバンからわずか2億年後という、宇宙の歴史が始まったばかりのころに誕生した銀河を発見することもできる。

ヴェラ・C・ルービン天文台

2024年

チリ、セロ・パチョン

少数の宇宙物体をくわしく観測する他の望遠鏡とちがい、この天文台の望遠鏡は全天を観測し、夜空をマップ化することにより、10年分の「動画」をつくり上げるように計画されている。

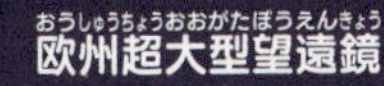

欧州超大型望遠鏡

2025年

チリ、セロ・アルマゾネス

この望遠鏡はこれまでにつくられた最大級の望遠鏡の4倍近くの大きさになるだろう。

30メートル望遠鏡

2027年

アメリカ、ハワイ州、マウナケア

地元の人々はこの望遠鏡の建設計画に反対している。建設されると、これまでにつくられた最大級の望遠鏡の3倍の大きさになるだろう。

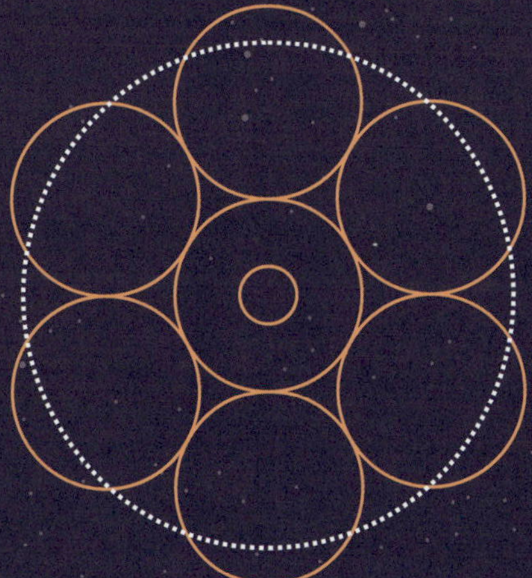

巨大マゼラン望遠鏡

2029年

チリ、ラス・カンパナス

世界最大級の鏡を7枚もつ望遠鏡。これを使って、遠い宇宙を探索し、地球外生命の痕跡をさがそうとしている。

わたしは今、自分の心の内を観察している

望遠鏡の鏡の縮尺と同じ比率で縮小した人間

大きさの目安　10 m

金メダルをめざして

4年に1度、世界の200をこえる国のアスリートがオリンピック競技大会に出場します。オリンピックは古代ギリシャで393年まで開催され、それから長い年月がすぎた1896年に復活しました。近代オリンピックで最多のメダルを獲得した国とアスリートを見てみましょう。

金メダル
銀メダル
銅メダル

オリンピックのメダル獲得数上位10か国

1896年から2020年（パンデミックの拡大で2021年に延期）までの夏季オリンピックで獲得した総メダル数。金メダルの数にもとづいて順位づけ。

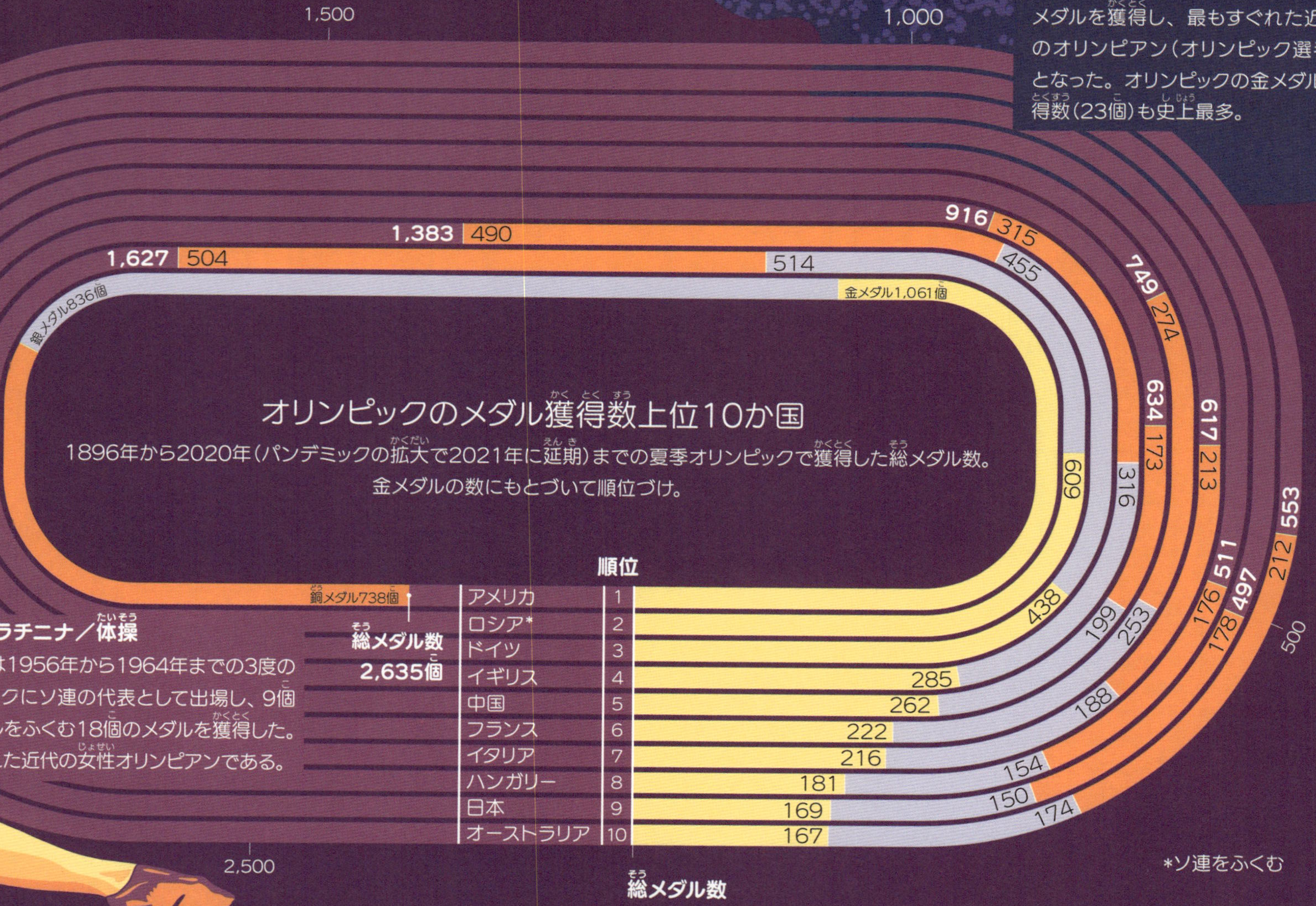

順位	
1	アメリカ
2	ロシア*
3	ドイツ
4	イギリス
5	中国
6	フランス
7	イタリア
8	ハンガリー
9	日本
10	オーストラリア

総メダル数 2,635個
金メダル1,061個
銀メダル836個
銅メダル738個

1,627 504
1,383 490
916 315
514
455
749 274
634 173
617 213
609
316
553 212
511 176
497 178
438
199
253
188
285
262
222
216
181
169
167
154
150
174

500
1,000
1,500
2,000
2,500
総メダル数

*ソ連をふくむ

マイケル・フェルプス／競泳

フェルプスは2004年から2016年までの4度のオリンピックで28個のメダルを獲得し、最もすぐれた近代のオリンピアン（オリンピック選手）となった。オリンピックの金メダル獲得数（23個）も史上最多。

ラリサ・ラチニナ／体操

ラチニナは1956年から1964年までの3度のオリンピックにソ連の代表として出場し、9個の金メダルをふくむ18個のメダルを獲得した。最もすぐれた近代の女性オリンピアンである。

オリンピックのメダル獲得数 vs. 人口

あなたも、やっぱりと思うでしょうが、アメリカやロシアのような人口の多い国はオリンピックのメダル獲得数も多い傾向がみられます。それは、オリンピックの代表候補選手がたくさんいるからです。オリンピックのメダル獲得数を人口100万人当たりでみると国の順位はどうなるかを下の図に示しました。

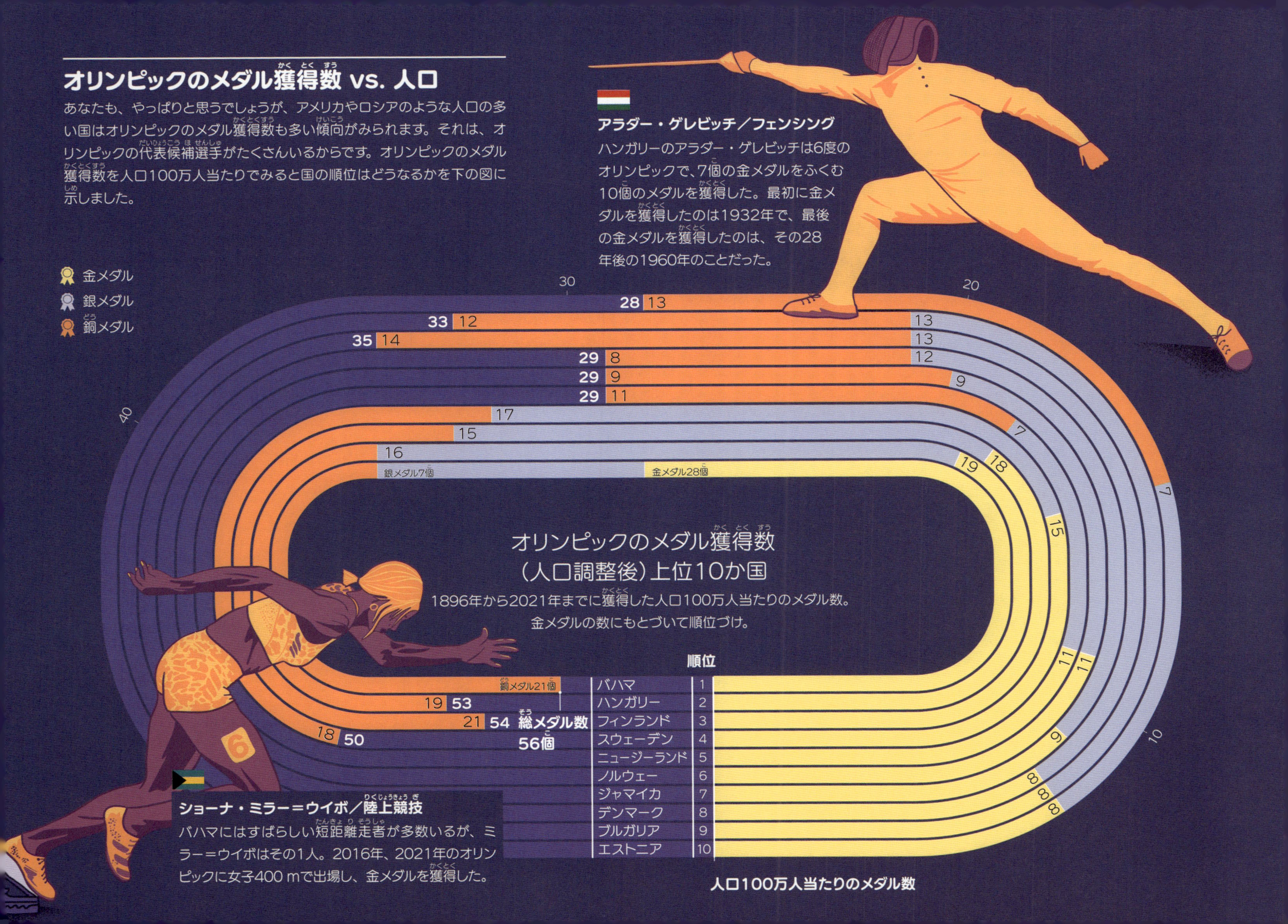

金メダル
銀メダル
銅メダル
アラダー・ゲレビッチ／フェンシング
ハンガリーのアラダー・ゲレビッチは6度のオリンピックで、7個の金メダルをふくむ10個のメダルを獲得した。最初に金メダルを獲得したのは1932年で、最後の金メダルを獲得したのは、その28年後の1960年のことだった。
オリンピックのメダル獲得数
(人口調整後)上位10か国
1896年から2021年までに獲得した人口100万人当たりのメダル数。
金メダルの数にもとづいて順位づけ。
順位
1 バハマ
2 ハンガリー
3 フィンランド
4 スウェーデン
5 ニュージーランド
6 ノルウェー
7 ジャマイカ
8 デンマーク
9 ブルガリア
10 エストニア
金メダル28個
銀メダル7個
銅メダル21個
総メダル数
56個
19 53
21 54
18 50
28 13
33 12
35 14
29 8
29 9
29 11
17
15
16
13
13
12
9
7
19
18
15
11
11
9
8
8
8
7
10
20
30
40
人口100万人当たりのメダル数
ショーナ・ミラー＝ウイボ／陸上競技
バハマにはすばらしい短距離走者が多数いるが、ミラー＝ウイボはその1人。2016年、2021年のオリンピックに女子400 mで出場し、金メダルを獲得した。

スポーツにおける成功

世界のすぐれたアスリートの中にはパラリンピックに参加する人もいます。パラリンピックは障害のあるトップアスリートが出場する国際スポーツ大会で、オリンピックと同じ都市で開催されます（パラは「～とならんで」という意味）。第1回の大会は1960年にイタリアのローマで開かれました。それ以来、パラリンピックは規模が大きくなり、人気も高まり、今では150か国以上の国から数千人のアスリートが参加しています。東京で開催された2020パラリンピック（パンデミックの拡大で2021年に延期）をテレビで見た世界の人の数は、42億5,000万人と推定されています。

パラリンピックの参加選手数

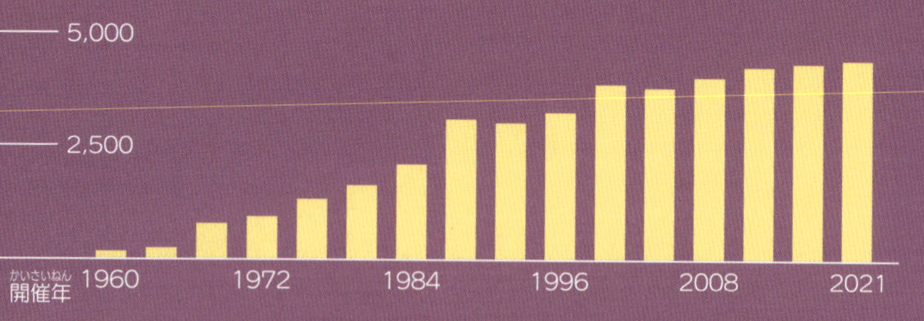
5,000
2,500
開催年
1960
1972
1984
1996
2008
2021

パラリンピックの競技数

25
15
5
開催年
1960
1972
1984
1996
2008
2021

パラリンピックの参加国数

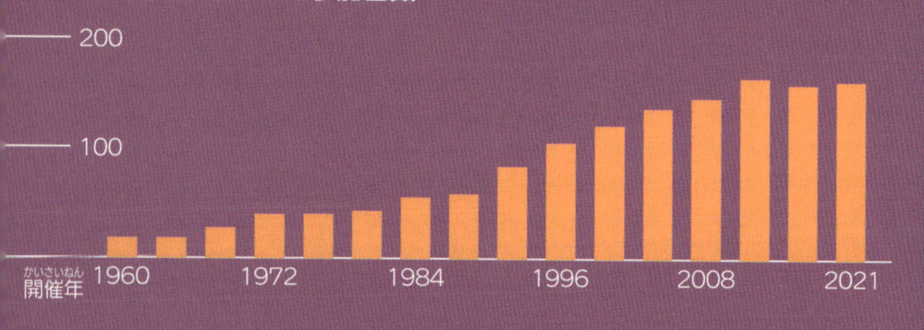
200
100
開催年
1960
1972
1984
1996
2008
2021

東京2020パラリンピックの競泳男子100 m
自由形に出場した中国の鄭濤（ていとう）選手

印刷の歴史を知ろう

人は3,000年以上ものあいだ、本をつくってきました。しかし、まったく同じ本を2部以上つくる技術を考えだしたのはわずか1,000年前。そして、多くの部数をとても速いスピードで印刷できるようになったのは、さらに時代が下ってからのことです。印刷の歴史をたどってみましょう。

印刷がどのように世界を変えたか

この年表は過去1,300年のあいだに印刷法がどのように発達してきたかを示しています。印刷が効率的になるにつれ、1年間に印刷される本の数が増え、印刷にかかる平均費用が低下していきました。本を安く手に入れられるようになったことで、世界中の多くの人々が読み書きできるようになりました。また、さまざまな人の考えを知ったり、聖典を自分で読んだりすることにもつながりました。

木版印刷

8世紀、中国

知られている最古の印刷法。木の板に文字や記号を彫り、これに染料や墨をぬって紙や布を当て、写し取る。

可動活字

1041～48年、中国

この印刷法では、粘土を焼いてつくった1つ1つの文字（これを「活字」という）をわくの中にならべて、印刷が行われる。活字はならべかえると、別の言葉にすることができる。金属製の可動活字は12世紀までに中国で発明された。

わたしの
輪転印刷機なら
1時間に8,000ページ
印刷できる!

輪転印刷機

1847年、アメリカ

グーテンベルクの印刷機のように1枚ずつにカットされた紙に印刷するのではなく、ロール状の紙を使って複数のページを連続して印刷する。新聞の印刷に広く使われている。

オフセット印刷

1904年、アメリカ

金属製の印刷版につけたインクをゴムのシートに写しとってから紙に印刷する方式。印刷版がすりへるのを防げる。あなたが今手に持っている本は現代のオフセット印刷機で印刷されている。

電子書籍

1971年、アメリカ

世界で最初に電子書籍化されたのは『アメリカ独立宣言』。電子書籍の誕生は1971年だが、広く利用されるようになったのは1990年代に入ってからだった。

活版印刷機
1455年、ドイツ
ヨハネス・グーテンベルクによる印刷機の発明によって、書物をそれまでよりずっと速く、安く印刷することができるようになった。インクをつけた金属製の活字に紙を押し当てて、1枚ずつ印刷する。

わたしの印刷機を使えば1時間に240ページ印刷できる!

スタンホープ印刷機
1800年、イギリス
すべてが金属でできた最初の印刷機。さらに速く、効率的に印刷することが可能になった。

今日、16歳以上で読み書きのできる人の割合は86%と推定されている。1940年の倍以上だ。

ベストセラー

歴史上のベストセラー5冊をここに挙げました。どの書籍も世界での販売部数は1億5,000万部をこえています。J・K・ローリングの『ハリー・ポッターと賢者の石』はそれに迫る1億2,000万部です。

販売部数
5.7億部
新華字典
商務印書館
1953
初版発行年
5億部
ドン・キホーテ
ミゲル・デ・セルバンテス
1605
2億部
二都物語
チャールズ・ディケンズ
1859
2億部
星の王子さま
アントワーヌ・ド・サン=テグジュペリ
1943
1.5億部
指輪物語
J・R・R・トールキン
1954
この図の見方
原語
中国語
スペイン語
英語
フランス語

音楽を奏でる

音楽は好きですか？　考古学者が見つけた新たな証拠によると、人は何万年ものあいだ音楽をつくってきました。音楽は世界中のどの文化にも存在していますが、使われる楽器は異なり、また、時間とともに変わってきました。先史時代の骨でできた笛から電子工学の技術を使った現代のシンセサイザーまで、よく知られているさまざまな楽器が最初に演奏されたのはいつなのか、たどってみましょう。

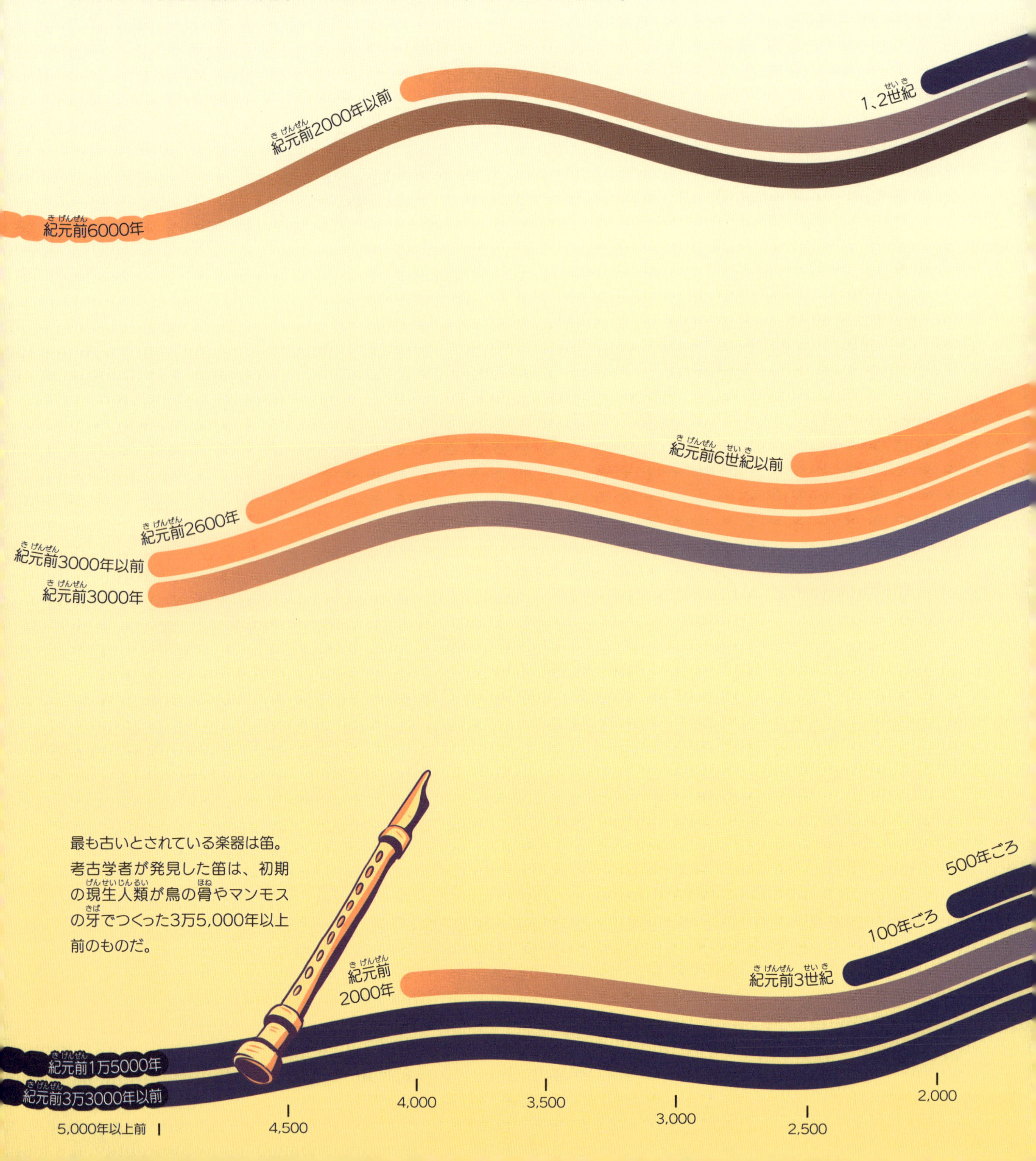

紀元前2000年以前
1、2世紀
紀元前6000年
紀元前6世紀以前
紀元前2600年
紀元前3000年以前
紀元前3000年
最も古いとされている楽器は笛。考古学者が発見した笛は、初期の現生人類が鳥の骨やマンモスの牙でつくった3万5,000年以上前のものだ。
500年ごろ
100年ごろ
紀元前2000年
紀元前3世紀
紀元前1万5000年
紀元前3万3000年以前
5,000年以上前
4,500
4,000
3,500
3,000
2,500
2,000

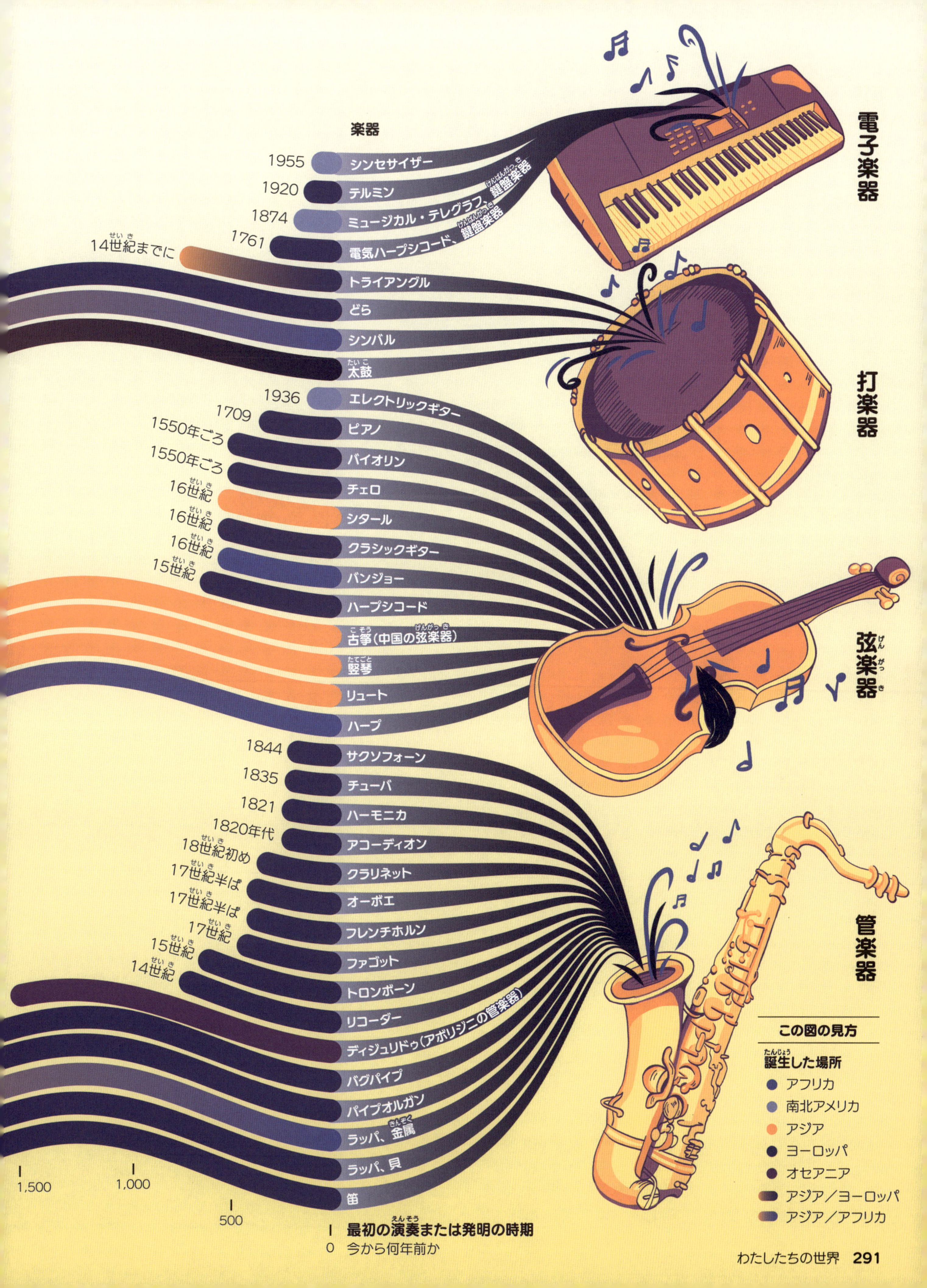

楽器
1955 シンセサイザー
1920 テルミン
1874 ミュージカル・テレグラフ、鍵盤楽器
1761 電気ハープシコード、鍵盤楽器
14世紀までに トライアングル
どら
シンバル
太鼓
1936 エレクトリックギター
1709 ピアノ
1550年ごろ バイオリン
1550年ごろ チェロ
16世紀 シタール
16世紀 クラシックギター
16世紀 バンジョー
15世紀 ハープシコード
古箏（中国の弦楽器）
竪琴
リュート
ハープ
1844 サクソフォーン
1835 チューバ
1821 ハーモニカ
1820年代 アコーディオン
18世紀初め クラリネット
17世紀半ば オーボエ
17世紀半ば フレンチホルン
17世紀 ファゴット
15世紀 トロンボーン
14世紀 リコーダー
ディジュリドゥ（アボリジニの管楽器）
バグパイプ
パイプオルガン
ラッパ、金属
ラッパ、貝
笛
1,500
1,000
500
0
最初の演奏または発明の時期
今から何年前か
電子楽器
打楽器
弦楽器
管楽器
この図の見方
誕生した場所
アフリカ
南北アメリカ
アジア
ヨーロッパ
オセアニア
アジア／ヨーロッパ
アジア／アフリカ

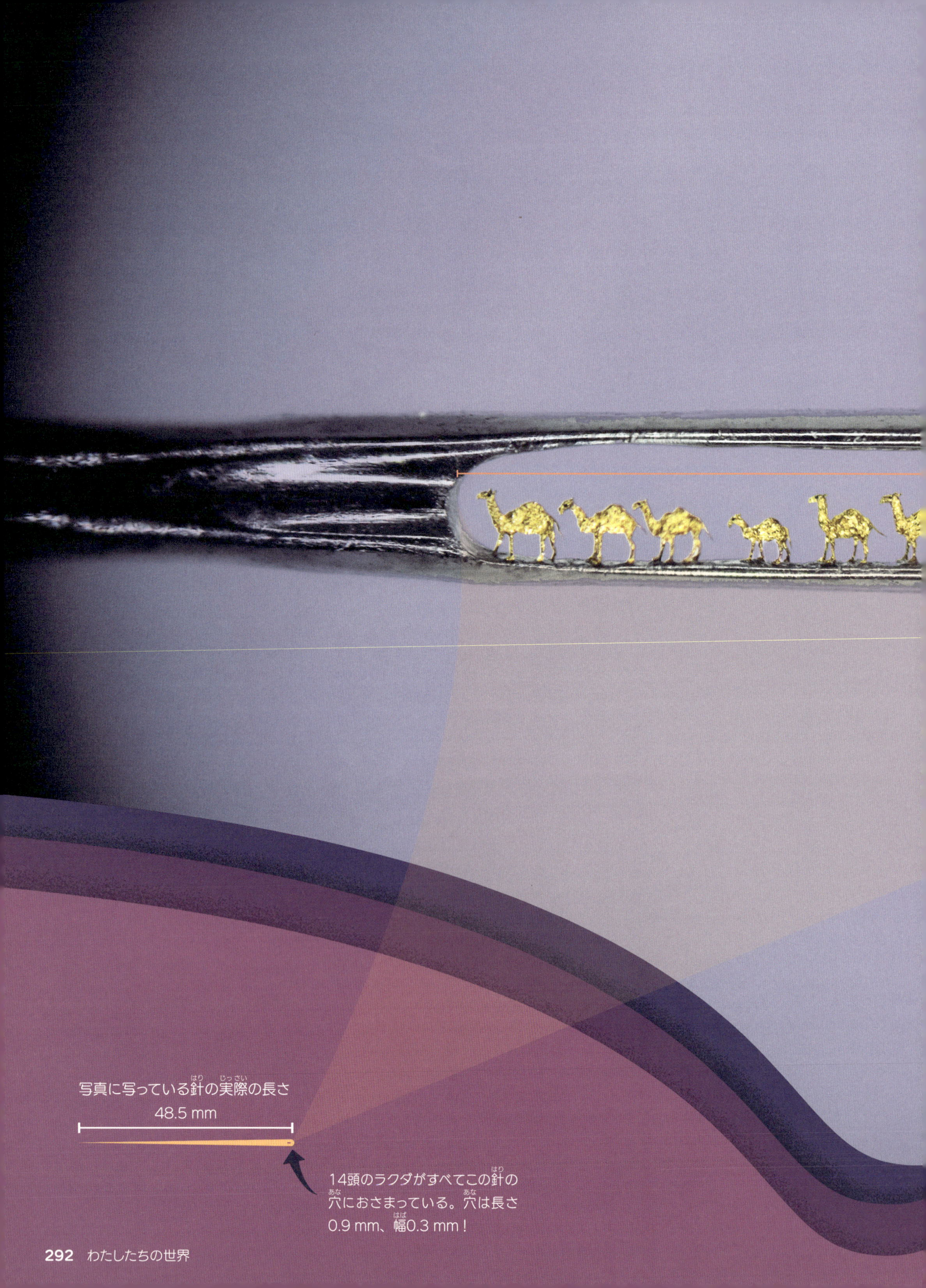
写真に写っている針の実際の長さ
48.5 mm
14頭のラクダがすべてこの針の穴におさまっている。穴は長さ0.9 mm、幅0.3 mm！

小さいものをもっと見たい人はp.158を見てね

0.9 mmの穴を290倍に拡大

小さな傑作

このとても小さな彫刻は、「らくだが針の穴を通る」という聖書の言葉にひらめきを得てつくられました。針の糸を通す小さな穴にラクダがならんでいます。この作品を制作したイギリスの彫刻家ウィラード・ウィガンは、手でつくられた彫刻の世界最小記録をもっています。その彫刻は胎児の形に彫り上げたもので、幅0.05 mm。人の血液細胞くらいの大きさです。

別れのあいさつをしよう！

わたしたちは言語を使って情報を共有します。人間は7,000以上の言語を生み出してきました。

世界の人口が100人だったら

イラストは人口が100人の世界をえがいたもので、何人の人がどの言語を第1言語、または母語として話しているかを示しています。ここにいる人たちは、みんな別れのあいさつをしています。

ザイジィェン
Zai jian

18人が
中国語
（標準語、広東語、他11の言語をふくむ）
を話す

アディオス
Adios

7人が
スペイン語を話す

グッド バイ
Goodbye

5人が
英語を話す

この図は日常的に話されている第一言語を示している。第2、第3、第4の言語もふくめると、英語が最も多くの人に使われている言語になるだろう。

マアッサラーマ
Ma’a al-salamah

5人が
アラビア語を話す

ナマステ
Namaste

5人が
ヒンディー語を話す

ビダイ
Bidaya

3人が
ベンガル語を話す

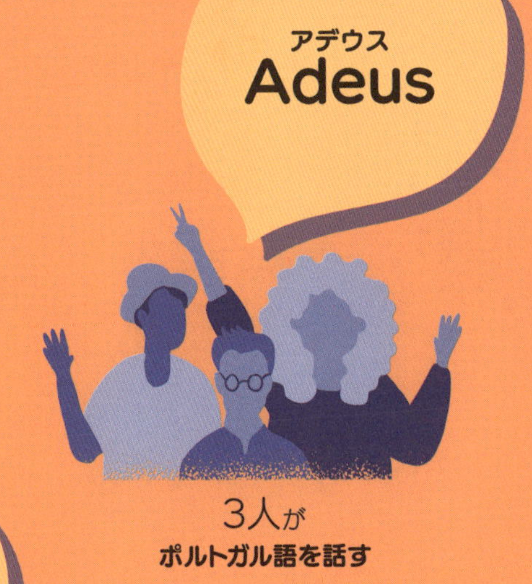
アデウス
Adeus

3人が
ポルトガル語を話す

ダスヴィダーニャ
Do svidaniya

2人が
ロシア語を話す

じゃあね

2人が
日本語を話す

50人が
その他の言語を話す

絵文字は感情や動物、自然、食べ物、活動などの情報を伝える視覚「言語」の一種。“emoji”は、日本語の2つの語、絵と文字を組み合わせた言葉だ。「ユニコード・コンソーシアム」という団体は、コンピューターで使われる絵文字やその他の文字の管理をしている。この団体は2022年までに3,600以上の絵文字をユニコードという世界共通の文字規格に登録した。

専門家に聞いてみよう！

ガナ・ポグレブナ教授

行動データサイエンティスト

どのような仕事をしていますか？

わたしは、人や組織が何かを決定する際の手助けをしています。どのように判断すればいいのか、よりよい決定の下し方を教えています。たとえば、もっと地球にやさしい持続可能なまちづくりをめざす都市があれば、市民のリサイクルをさらに進める方法を見つけられるよう力を貸します。

どうして行動データサイエンティストになったのですか？

はじめに人の行動を予測するための数学的モデルをつくり、それからそのモデルを研究室で試しました。でも、わたしは研究室ではなく現実の世界に変化をもたらしたいと思いました。科学者は、データを使うと将来何が起きそうか予測できるようになります。たとえば、ある病気に何人かかる可能性があるとか、どこで洪水が起きそうだとか。そうしたデータによって、助けを必要としている人たちが必ずその助けを得られるようになります。

将来、どのようなことが発見されるのを楽しみにしていますか？

コンピューターは問題を解くのが得意です。けれども、人と同じように考えて問題を解くわけではありません。コンピュータープログラムを使っていると、ときどきわたしたちが予想しなかったこと、理解できないことが起こります。これは、ある種のコンピュータープログラムが「ブラックボックス」になっていて、中で何が起きているのかわからないからです。わたしは、すべてのコンピュータープログラムが「ブラックボックス」から「何をしているか説明できるもの」にかわることを期待しています。そうすれば人と機械がもっと理解し合えるようになるでしょう。

行動データサイエンスのどんなところが気に入っていますか？

人の行動を研究していると、さまざまな種類のプロジェクトに関わることができる点が気に入っています。たとえば今日、わたしはお店で人々がどのようにして商品を選ぶのかを研究しているかもしれません。でも、明日は、宇宙飛行士が宇宙で判断を下す手助けをしているかもしれないのです。

クイズに挑戦！

問題の答えをこの章から見つけだそう。
正解はp.315にあるよ。

1. チェスはどこの国で誕生したと考えられている？

2. ラッキー・レディⅡは最初に何をした飛行機？

3. シンセサイザーは何年に発明された？

4. 世界で1秒間に生まれる赤ちゃんの数は平均すると2人、4人、それとも7人？

5. マイケル・フェルプスは最もすぐれた近代のオリンピアン。彼は金メダルを何個獲得した？

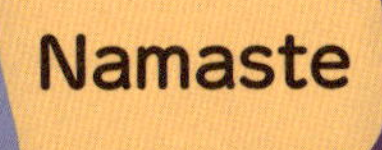
Namaste

6. 「さようなら」を意味するNamasteは何語？

7. 世界の富をアメリカドルに換算すると、推定4億6,400万ドル、4,640億ドル、それとも464兆ドル？

8. 世界一高いビルの名前は？

出典

インフォグラフィックが正確で信頼できるかどうかは、もとになるデータにかかっています。この本では、出版時に入手可能だった最も信頼性の高いデータを使い、それを明快かつ客観的に表すように努めました。また、できる限り世界の代表的なデータと事実を使用しました。各インフォグラフィックについて、データの主な情報源はこのリストを参照してください。

ようこそ！「インフォグラフィック」の世界へ pp. 6-7
'Information theory: Physiology', britannica.com; 'In the blink of an eye', news.mit.edu; 'Visual perception', sciencedirect.com; '45 years ago, *Pioneer 10* first to explore Jupiter', nasa.gov

はてしない宇宙

この世のすべての歴史年表 pp.12-13
日付は主に以下の情報源から引用した :cosmiccalendar.net; 'Timeline: the evolution of life', newscientist.com; 'The cosmic timeline', scienceabc.com; 'Gaia', esa.int（天の川銀河についての日付）

わたしたちは宇宙のどこにいるの？ pp.14-15
'The Milky Way galaxy', imagine.gsfc.nasa.gov; 'Universe', britannica.com.（いちばん下の図の銀河は拡大されている。実際には、この縮尺ではそれぞれの銀河はほんの小さな点になってしまうよ!）

太陽系へようこそ！ pp.16-17
（イラストのとおり、土星と木星は完全な球形ではなく、中央部の幅がかなり広い）'Planet compare', solarsystem.nasa.gov; 'Planets', solarsystem.nasa.gov; 'Solar system', britannica.com; 'Mercury, planet', britannica.com; 'Venus, planet', britannica.com; 'Mars, planet', britannica.com; 'Jupiter, planet', britannica.com; 'Saturn, planet', britannica.com; 'Uranus, planet', britannica.com; 'Neptune, planet', britannica.com

どうして地球は特別なの？ pp.18-19
'The planet Mercury', weather.gov; 'The planet Venus', weather.gov; 'The planet Earth', weather.gov; 'The planet Mars', weather.gov; 'The planet Jupiter', weather.gov; 'The planet Saturn', weather.gov; 'The planet Uranus', weather.gov; 'The planet Neptune', weather.gov; 'Planetary fact sheet – metric', nssdc.gsfc.nasa.gov; 'Habitable zone', britannica.com; 'Kepler occurrence rate', nasa.gov

太陽から地球を守ってくれているものは何だろう？ pp.20-21
'Magnetosphere', britannica.com

惑星にはいくつの衛星があるの？ pp.22-3
'Moons', solarsystem.nasa.gov; 'Jupiter, planet', britannica.com; 'Saturn, planet', britannica.com（木星と土星については、まだ大きさや惑星からの距離のデータがないため図に示されていない衛星もある）

月はどのくらい遠いの？ pp.24-5
（ジェームズ・オダナヒュー博士のイラストをもとにしている）'How far away is the Moon?', spaceplace.nasa.gov; 'Moon in motion', moon.nasa.gov; 'Moon', britannica.com

月の満ち欠け pp.26-7
'Moon in motion', moon.nasa.gov; 'Moon', britannica.com

星空の地図 pp.28-9
'Constellation', britannica.com; 'Meet Libra the scales, a zodiacal constellation', earthsky.org

「食」とは何だろう？ pp.30-31
'Our Sun', solarsystem.nasa.gov; 'The frequency of solar and lunar eclipses', britannica.com; 'How do you tell the difference between total, annular, solar, and lunar eclipses?', britannica.com; 'Eclipses', moon.nasa.gov

わたしを月まで連れていって！ pp.32-3
（インフォグラフィックでは将来のミッションをいくつか紹介したが、それがすべてではない。今後行われる全ミッションの一覧については、こちらを参照：https://nssdc.gsfc.nasa.gov/planetary/upcoming.html）'Moon missions,' moon.nasa.gov; 'Missions to the Moon', planetary.org

宇宙へ行った人たち pp.34-5
（このインフォグラフィックは、宇宙飛行士がはじめて宇宙に行ったのはいつかを時系列で表しているので、2回目以降の飛行については示していない）'Chronological order of all FAI first flights', worldspaceflight.com; 'Women astronauts and the International Space Station', nasa.gov

太陽ってどんなもの？ pp.36-7
'Sun', britannica.com; 'How big is the Sun?', nineplanets.org; 'How much has the size of the Sun changed in the last few billion years?', image.gsfc.nasa.gov; 'White dwarf star', britannica.com; 'What is the Sun?', Brau, 2016, pages.uoregon.edu; 'Layers of the Sun', nasa.gov

星が生まれるところ pp.38-9
'NASA's Webb reveals cosmic cliffs, glittering landscape of star birth', nasa.gov; 'Nebula', britannica.com; 'Light year', britannica.com

宇宙でいちばん速いもの pp.40-41
'Fastest aircraft, rocket-powered', guinnessworld records.com; 'Parker Space Probe', blogs.nasa.gov（このページのパーカー・ソーラー・プローブについての図は、この探査機が2024年に達する予定の速度（時速43万マイル、およそ時速69万km）にもとづいている）；'Our Sun', solarsystem.nasa.gov; 'Speed of light', britannica.com;

'Neptune, planet', britannica.com; 'Proxima Centauri, closest star to our sun', earthsky.org/astronomy-essentials; 'The galaxy next door', nasa.gov; 'Speed of sound calculator', weather.gov; 'Sound, physics', britannica.com

宇宙でいちばん大きな恒星 pp.42-3
(フィリップ・パークによる、たて座UY星と太陽をくらべるイラストを参考にした。en.wikipedia.orgを参照) 'Our Sun', solarsystem.nasa.gov; 'UY Scuti', star-facts.com

あなたは星からできている! pp.44-5
'The chemistry of life: the human body', livescience.com; 'The origin of the solar system elements', blog.sdss.org; 'The early universe', home.cern; 'Populating the periodic table: Nucleosynthesis of the elements', Johnson, 2019, pubmed.ncbi.nlm.nih.gov

ブラックホールのすさまじいパワー pp.46-7
'Black hole', britannica.com; 'What are black holes?', nasa.gov; *Cosmos: The Infographic Book of Space* by Stuart Lowe and Chris North (Aurum Press, 2015) (『COSMOS－インフォグラフィックスでみる宇宙』ロウ・スチュアート/ノース・クリス著、吉川真訳、丸善出版、2016年); 'What would happen if you got sucked into a black hole?', newscientist.com

宇宙からやってくる岩石 pp.48-9
'Comet Hale-Bopp', jpl.nasa.gov; 'Halley's comet', britannica.com; '955 years ago: Halley's comet and the Battle of Hastings', nasa.gov; 'Asteroid impacts: 10 biggest known hits', nationalgeographic.com; 'Vredefort crater', earthobservatory.nasa.gov; 'Sediment swirls off the Yucatan', earthobservatory.nasa.gov; 'Morokweng crater', daviddarling.info; 'Meteorite impacts and craters', dmp.wa.gov.au; 'How an asteroid ended the age of the dinosaurs', nhm.ac.uk

巨大な小惑星 pp.50-51
'Asteroids', solarsystem.nasa.gov; 'Asteroid', britannica.com; 'Ceres, dwarf planet', britannica.com

おかしな系外惑星たち pp.52-3
'All discoveries', exoplanets.nasa.gov; 'Jupiter', solarsystem.nasa.gov

宇宙の終わり pp.54-5
'Dark energy', britannica.com; 'Dark matter', britannica.com; 'Big crunch', kids.britannica.com; 'A big freeze, rip or crunch: how will the universe end?', wired.co.uk; *Seven Brief Lessons on Physics* by Carlo Rovelli (Penguin, 2016) (『すごい物理学入門』カルロ・ロヴェッリ著、竹内薫/関口英子訳、河出書房新社、2020年)

地球のすがた

地球を紹介するよ pp.60-61
'How much water is there on Earth?', usgs.gov; 'Introduction to the oceans', physicalgeography.net; 'Earth fact sheet', nssdc.gsfc.nasa.gov; 'International Commission on Stratigraphy', stratigraphy.org; 'The pregeologic period', britannica.com; (地球と大陸の表面積はbritannica.comにもとづく。それぞれの大陸のしめる割合は、最も近い整数になるように四捨五入しているため、インフォグラフィックの図中の値を合計すると29%ではなく30%になっている)

地球の中には何がある? pp.62-3
'Inside the Earth', pubs.usgs.gov; 'The Earth's structure', gsi.ie; 'Development of Earth's structure and composition', britannica.com; 'Earth's interior', nationalgeographic.org; 'Evaluation of different egg quality traits and interpretation of their mode of inheritance in White Leghorns', Kumar Rath et al., 2015, ncbi.nlm.nih.gov (卵についてのデータ)

火山の爆発だ! pp.64-5
'Volcano hazards program', volcanoes.usgs.gov; 'Volcanic Explosivity Index', nps.gov; 'Mount Tambora', britannica.com; 'Kīlauea', volcano.si.edu; 'Six types of eruptions', britannica.com"

海をかこむ"炎の輪" pp.66-7
ESRIのアディー・ポープらが図にまとめた火山噴火、esri.com; 'Global volcanism project', Smithsonian Institution, volcano.si.edu; 'Monitoring volcanoes', nps.gov/articles; 'Ten thousand years of volcanic eruptions', mediaspace.esri.com

岩石を読みとく pp.68-9
'Igneous rock, geology', britannica.com; 'Metamorphic rock, geology', britannica.com; 'Sedimentary rock, geology', britannica.com

鉱物の硬さを測るには pp.70-71
'Mineral ID hardness', pinalgeologymuseum.org; 'The Mohs scale of hardness for metals: why it is important', jewelrynotes.com; 'Mohs hardness, mineralogy', britannica.com

地球の水はどこにある? pp.72-3
'How much water is there on Earth?', usgs.gov; 'Hydrosphere', britannica.com

前方に氷山あり! pp.74-5
'End of the iceberg life cycle', earthobservatory.nasa.gov; 'Iceberg size and shape', britannica.com; 'Icebergs', terrain.org; 'Whale tales', education.nationalgeographic.org (シロナガスクジラの大きさについてのデータ); 'Antarctica', britannica.com

とても長い川 pp.76-7
'Distribution of rivers in nature', britannica.com; 'Largest rivers by discharge in the world', rlist.io; 'Nile River', britannica.com (取り上げたその他の川のデータについては、britannica.comを参照してください); 'Parana', geol.lsu.edu; 'Waterfalls', britannica.com

地面の下の深い洞窟 pp.78-9
'World's longest caves', caverbob.com; *Caves* by David Shaw Gillieson (Wiley, 2021); 'Mammoth cave', nps.gov; 'Transcaucasia',

britannica.com

鍾乳石と石筍 pp.80–81
'Stalactite and stalagmite, mineral formation', britannica.com

空の上には何がある？ pp.82–3
'Troposphere, atmospheric region', britannica.com; 'Stratosphere, atmospheric region', britannica.com; 'Layers of the atmosphere', weather.gov; 'Earth's atmosphere: a multi-layered cake', climate.nasa.gov（外気圏の範囲は、情報源によって異なっている）; 'Highest freefall parachute jump (official FAI)', guinnessworldrecords.com

輝くオーロラ pp.84–5
'Aurora, atmospheric phenomenon', britannica.com

空に雲が浮かんでる pp.86–7
'Clouds', metoffice.gov.uk; *The Cloudspotter's Guide* by Gavin Pretor-Pinney (Sceptre, 2007)（『「雲」の楽しみ方』ギャヴィン・プレイター＝ピニー著、桃井緑美子訳、河出書房新社、2007年）; 'Cloud, meteorology', britannica.com

地球の「最高記録」いろいろ pp.88–9
地表の温度は1981～2010年のデータで、Copernicus Climate Change Service InformationのERAデータセット[2020]にもとづく、arcgis.com; 'What is the highest point on Earth as measured from Earth's center?', oceanservice.noaa.gov（インフォグラフィックに示したチンボラソ山の高さは海面からの高さで、地球の中心からの高さの具体的なデータは見つからなかった。チンボラソ山は地球が最もふくらんで高くなった部分にあるため、地球の中心から見て最も高い場所になる）; 'How deep is the ocean?', oceanservice.noaa.gov; 'World Meteorological Organization global weather and climate extremes archive', wmo.asu.edu; 'Snowfall statistics', mtbaker.us

地球で最も乾燥した場所 pp.90–91
'Antarctica', britannica.com; 'Sahara Desert, Africa', britannica.com; 'Facts about the Sahara Desert', globaladventurechallenges.com; 'WMO verifies one temperature record for Antarctic continent and rejects another', public.wmo.int

雷 pp.92–3
'WMO certifies two megaflash lightning records', public.wmo.int; 'A global LIS/OTD climatology of lightning flash extent density', Peterson et al., 2021, agupubs.onlinelibrary.wiley.com; 'Lightning facts and information', nationalgeographic.com; 'Lightning, meteorology', britannica.com; '10 striking facts about lightning', metoffice.gov.uk

風が見える！ pp.94–5
'Wind, meteorology', britannica.com; キャメロン・ベッカリオ作成の地図、earth.nullschool.net

津波 pp.96–7
'Notable tsunamis', britannica.com; 'JetStream Max: Tsunamis vs. Wind Waves', weather.gov; 'Dinosaur-killing asteroid triggered mile-high tsunami that spread through Earth's oceans', livescience.com; 'Tsunami event information', ngdc.noaa.gov; 'M 9.5 - 1960 Great Chilean earthquake (Valdivia Earthquake)', earthquake.usgs.gov; 'Ten years after the tsunami', earthobservatory.nasa.gov; 'Tsunami wave runups: Indian Ocean – 2004', sos.noaa.gov

地球でいちばん高いところ pp.98–9
'Giraffes', ifaw.org; 'What was the biggest dinosaur? How scientists determine giant prehistoric record-breakers', guinnessworldrecords.com; 'Sauroposeidon', prehistoric-wildlife.com; 'The tallest tree in the world', monumentaltrees.com; 'Pyramids of Giza', britannica.com; 'Eiffel Tower information', toureiffel.paris; 'Burj Khalifa', britannica.com; 'Airplane height', pilotinstitute.com; 'What height (altitude) do private jets fly at?', privatefly.com; 'Mount Everest', britannica.com; 'The highest settlement in the world', earthobservatory.nasa.gov; 'How big are the Hawaiian volcanoes?', usgs.gov; 'Angel Falls, waterfall, Venezuela', britannica.com

エベレスト pp.100–101
'How tall will Mount Everest get before it stops growing?', bbc.com; 'Mount Everest', britannica.com; 'The Himalayan database', himalayandatabase.com; 'Mount Everest to reopen for first climbers post-pandemic', cnn.com

深海底へ pp.102–3
'Giant squid', britannica.com; 'Deepest diving whale sharks', livescience.com; 'The truth about the world's deepest oil well', oilprice.com; 'Mariana trench', britannica.com; 'Deepest fish ever recorded — documented at depths of 8,178m in Mariana Trench'（マリアナ海溝の水深8,178mにおいて魚類の撮影に成功～魚類の世界最深映像記録を更新～）, jamstec.go.jp; 'Titanic', britannica.com; 'Deepest descent in the sea by a manned vessel', guinnessworldrecords.com; 'Challenger expedition, oceanography', britannica.com

生きている地球

種の生き残りと絶滅 pp.108–111
'Extinctions', ourworldindata.org; 'International chronostratigraphic chart', stratigraphy.org; 'What are mass extinctions, and what causes them?', nationalgeographic.com; 'Six extinctions in six minutes', amnh.org/shelf-life; 'What is mass extinction and are we facing a sixth one?', nhm.ac.uk; 'Learn about the dodo and know the reasons behind its extinction', britannica.com; 'Thylacines', ucl.ac.uk;（注：コロッサル社とメルボルン大学フクロオオカミ統合ゲノム復活研究室は、フクロオオカミを復活させ、タスマニアに再導入しようとしている。'Thylacine', britannica.com参照）

過去についてのヒント pp.112–13
Individual dinosaurs on paleobiodb.org; 'Fossil, paleontology', britannica.com

現在の地球の生物　pp.114–15
'The biomass distribution on Earth', pnas.org

酸素はどこから来るのだろう？　pp.116–17
'Save the plankton, breathe freely', nationalgeographic.com; 'The rise of atmospheric oxygen', Kump, 2008, nature.com; 'Timeline of photosynthesis on Earth', scientificamerican.com

巨大な木　pp.118–19
'El Árbol del Tule (the Tule Tree)', atlasobscura.com; 'Baobab; Africa's tree of life,' worldofsucculents.com; 'Why is the strangler fig tree called so?', worldatlas.com; 'Bellingen fig', nationalregisterofbigtrees.com.au; 'World's largest trees', wondermondo.com; 'Tallest tree living', guinnessworldrecords.com; 'The 27 tallest trees in the world', arboroperations.com.au;（「世界一太い木」の部分で使用された「手をつないだ子どもの数」は、1人当たりの長さ1.2 mをもとに計算し〔両腕を広げた長さを1.4 m、つないだ手が重なって失われる長さを0.2 mと見積もった〕、あまりが出た分は、子どもがもう1人必要なので切り上げて整数にした）

葉の観察　pp.120–21
'Glossary of leaf morphology', en.wikipedia.org; 'Leaf or leaflet dissection', idtools.org

花の力　pp.122–3
'Learn all about bees!', mileeven.com; 'How many bees does it take to make a jar of honey?', onehoneybee.com; 'Honey trivia', honeyassociation.com; 'Pollination, ecology', britannica.com

世界一大きな花　pp.124–5
'Colossal blossom', harvardmagazine.com; '5 awesome parasitic plants', britannica.com

大きな種子、小さな種子　pp.126–7
'Nuts for coco de mer: islanders rally to save world's biggest seed', theguardian.com; 'Double coconut: the largest seed in the world', kew.org; 'Dandelion', canr.msu.edu; 'Seeds', britannica.com

ウッド・ワイド・ウェブ　pp.128–9
'The role of the mycorrhizal symbiosis in nutrient uptake of plants and the regulatory mechanisms underlying these transport processes', Bücking et al., 2012, intechopen.com; 'Wood wide web: Trees' social networks are mapped', bbc.co.uk; 'The secrets of the Wood Wide Web', newyorker.com; 'Humongous fungus is older than Christianity and weighs 400 tonnes', newscientist.com

地中のヒーロー　pp.130–31
（インフォグラフィックは、ヒトとミミズのどちらも乾燥した状態の重量（バイオマス）ではなく、実際の「湿重量（乾燥させていない状態の重量）」を表す）; 'Nature article to commemorate Charles Darwin's birthday on 12th February', vermecology.wordpress.com; 'World population growth', ourworldindata.org; 'Rapper giant earthworm', inaturalist. org; 'Common earthworm', nationalgeographic.com

人類と地球　pp.132–3
（インフォグラフィックは「出アフリカ理論」を表し、どのように人類が世界各地に移動したのかを示している。ただし、人類がインド・マレーシアに住み始めた時期については科学者が議論している点に注意が必要だ。いくつかの証拠は、約170～180万年前に人類の祖先がインドネシアに住んでいたことを示している）; 'Oldest footprints in Saudi Arabia reveal intriguing step in early human migration', nationalgeographic.com; 'Global human journey', education.nationalgeographic.org; 'The origin of humans and early human societies', khanacademy.org; *Human Journey* by Professor Alice Roberts (Egmont, 2020); 'Population, 10,000 BCE to 2021', ourworldindata.org

今、人類はどこに住んでいるのだろう？　pp.134–5
インフォグラフィックはアラスデア・レイが作成し、2020年の人口を表す; 'Data portal, population division', population.un.org（地域別の人口データ）; 'World population', worldometers.info; '2022 World population by country', worldpopulationreview.com

動物の利用　pp.136–7
'Taming the past: ancient DNA and the study of animal domestication', MacHugh et al., 2017, palaeobarn.com; 'Domestication', education.nationalgeographic.org; 'Dog, the breeds', britannica.com（イヌの飼いならしの時期は、情報源により大きく異なる。'How accurate is the theory of dog domestication in "Alpha"?', smithsonianmag.comを参照）; 'Domesticated sheep', britannica.com; 'The origin of domestication genes in goats', Zheng et al., 2020, science.org; 'First settlers domesticated pigs before crops', nytimes.com; 'Cow, mammal', britannica. com; 'Cats domesticated themselves, ancient DNA shows', nationalgeographic.com; 'Llamas and alpacas', jefferson.extension.wisc.edu; 'Origin of horse domestication', britannica.com; 'Dromedary (*Camelus dromedarius*) and Bactrian camel (*Camelus bactrianus*) crossbreeding husbandry practices in Turkey and Kazakhstan: An in-depth review', Dioli, 2020, pastoralismjournal.springeropen.com; 'Domestication of the donkey: Timing, processes, and indicators', Rossel et al., 2008, pnas.org; 'Water buffalo, mammal', britannica.com; 'The origin of ducks', Laatsch, livestock.extension.wisc.edu

ニワトリの増加　pp.138–9
（世界の家畜の数は1961～2020年の集計。世界の食肉の生産量は2020年のデータ、野生の哺乳類と家畜化された哺乳類の重量は、2018年のデータを表す）; 'Food and agriculture organization of the United Nations', fao.org; 'Humans and big ag livestock now account for 96 percent of mammal biomass', ecowatch.com; 'The biomass distribution on Earth', pnas.org; 'Biodiversity and wildlife', ourworldindata.org

熱帯雨林の生き物　pp.140–41
'Deforestation fronts', wwfint.awsassets.panda.org/downloads; 'Rainforest', education.nationalgeographic.org; 'Drivers of deforestation 2005–2013', ourworldindata.org; 'Forest pulse: the latest on the world's forests', research.wri.org; 'Meet Borneo's

organic barometers', wwf.panda.org; 'Amazon wildlife', wwf.panda.org

エネルギー資源 pp.142-3
'Global primary energy consumption by source, 1800-2021', ourworldindata.org; 'Net zero by 2050: a roadmap for the global energy sector', iea.blob.core.windows.net; 'Nuclear energy', kids.britannica.com; 'Nuclear energy', education.nationalgeographic.org

地球の気温の変化 pp.144-5
データ視覚化はイギリス、レディング大学のエド・ホーキンス教授のご厚意による。「Climate stripes（気候ストライプ）」, reading.ac.uk; 'Show your stripes', showyourstripes.info

縮小する氷 pp.146-7
'The Arctic has warmed nearly four times faster than the globe since 1979', Rantanen et al., 2022, nature.com; 'Arctic sea ice minimum extent', climate.nasa.gov（データは1979～2021年を表す）

危機にある動物たち pp.148-9
IUCN Red List, iucnredlist.org（個体数のデータはすべてここから）; 'Population of Eurasian beaver (*Castor fiber*) in Europe', sciencedirect.com

保護活動の成果 pp.150-51
'Grand Cayman blue iguana', iucn.org

動物のいとなみ

存在が知られている動物は何種いるだろう？ pp.156-7
'Animals', eol.org; 'Biodiversity', education nationalgeographic.org; 'Number of species evaluated in relation to the overall number of described species, and numbers of threatened species by major groups of organisms.', iucnredlist.org

小さな動物たち pp.158-9
'Smallest Insect', entomology.uni.edu; '*Ammonicera minortalis*', conchology.be; 'Smallest spider', guinnessworldrecords.com; 'The world's tiniest land snails from Laos and Vietnam (Gastropoda, Pulmonata, Hypselostomatidae)', Barna Páll-Gergely et al., 2022; 'Tardigrade, animal', britannica.com; 'The battle to identify the world's smallest vertebrate', phys.org; 'Highlight: big surprises from the world's smallest fish', Casey McGrath, *Genome Biology and Evolution*, 2018; '"Smallest reptile on Earth" discovered in Madagascar', bbc.co.uk; 'At the lower size limit in snakes: two new species of threadsnakes (*Squamata: Leptotyphlopidae: Leptotyphlops*) from the Lesser Antilles', S. Blair Hedges, *Zootaxa*, 2008; '*Mellisuga helenae*', animaldiversity.org; 'Smallest mammal', guinnessworldrecords.com

陸と空の最大の動物 pp.160-63
A Dazzle of Dragonflies, Forrest Lee Mitchell et al. (Texas A&M University Press, 2005); 'The aerodynamics of *Argentavis*, the world's largest flying bird from the Miocene of Argentina', Sankar Chatterjee et al., 2007; 'Andean Condor', María Rosa Cuesta et al., in *Endangered animals: a reference guide to conflicting issues* (Greenwood Press, 2000); 'Largest wingspan for a bird species (living)', guinnessworldrecords.com; 'Biggest ever flying bird and the beast that dwarfed it', newscientist.com; 'Flight performance of the largest volant bird', Daniel T. Ksepka, 2014, PNAS; 'Functional morphology of *Quetzalcoatlus* Lawson 1975 (Pterodactyloidea: Azhdarchoidea)', Kevin Padian et al., *Journal of Vertebrate Paleontology*, 2021; '*Macropus rufus*', animaldiversity.org; 'Tinamous and ratites to hoatzins,' in *Grzimek's Animal Life Encyclopedia*, Vol. 8: Birds I, 2003; '*Gigantopithecus*, extinct ape genus', britannica.com; '*Ceratotherium simum*', animaldiversity.org; '*Loxodonta africana*', animaldiversity.org; 'Columbian mammoth', nps.gov; '*Mammathus columbi*', prehistoric-wildlife.com; '*Hippopotamus amphibius*', animaldiversity.org; '*Giraffa camelopardalis*', animaldiversity.org; *Rhinoceros giants: the paleobiology of Indricotheres*, D.R. Prothero, 2013; 'Neck biomechanics indicate that giant Transylvanian azhdarchid pterosaurs were short-necked arch predators', Darren Naish et al., 2017; '*Triceratops*, dinosaur genus', britannica. com; 'What is the biggest snake in the world?', nhm.ac.uk; 'A computational analysis of limb and body dimensions in *Tyrannosaurus rex* with implications for locomotion, ontogeny, and growth', John R. Hutchinson et al., 2011; 'A re-evaluation of *Brachiosaurus altithorax* Riggs, 1903, (dinosauria, sauropoda) and its generic separation from *giraffatitan brancai* (Janensch, 1914)', Michael P. Taylor, *Journal of Vertebrate Paleontology*, 2009; '*Dreadnoughtus*, dinosaur', britannica.com; 'Determining the largest known land animal: a critical comparison of differing methods for restoring the volume and mass of extinct animals', Gregory Paul, *Annals of Carnegie Museum*, 2019; 'The biggest insect ever was a huge "dragonfly"', eartharchives.org; 'Argentinosaurus', a-z-animals.com; '*Hatzegopteryx*', a-z-animals.com; '*Tyrannosaurus rex*', si.edu; '*Quetzalcoatlus*', pteros.com; '*Indricotherium*, fossil mammal genus', britannica.com; 'Argentavis, the largest flying bird, was a master glider', nationalgeographic.com; 'Columbian mammoth', floridamuseum.ufl.edu

海の巨大な動物たち pp.164-7
'Polar bear: facts', worldwildlife.org; 'Japanese spider crab', ocean.si.edu; 'My, what big eyes you have...', Ivan R Schwab, 2002; 'Crocodile, reptile order, Crocodylia', britannica.com; 'White shark, fish', britannica.com; 'Giant manta ray', oceana.org; 'Sizing ocean giants: patterns of intraspecific size variation in marine megafauna', Craig R. McClain et al., 2015; 'Basking shark', hwdt.org; 'Killer whale, mammal', britannica.com; 'Devourer of gods: The palaeoecology of the Cretaceous pliosaur, *Kronosaurus queenslandicus*', Colin McHenry, 2009; 'Plesiosaur, fossil marine reptile', britannica.com; 'Giant squid', nationalgeographic.com; 'Whale shark: facts', worldwildlife.org; 'In pursuit of giant pliosuarids and whale-sized ichthyosaurs', markwitton-com.blogspot.com; 'Sperm whale', oceana.org; 'Megalodon, fossil shark', britannica.com; 'Blue whale', nwf.org

夕飯のメニューは？ pp.168–9
'Carnivore', britannica.com; 'Omnivore', britannica.com; 'Herbivore', britannica.com

入れたものは……出さなくちゃ！ pp.170–71
'Estimation of global recoverable human and animal faecal biomass', David M. Berendes et al., *Nature Sustainability*, 2018; 'The diet of individuals: a study of a randomly-chosen cross section of British adults in a Cambridgeshire village', Bingham, Sheila et al., 2007, cambridge.org; 'Hydronamics of defecation', Patricia J. Yang et al., *Soft Matter*, 2017; 'Rabbit manure price', rabbitpros.com; 'The bamboo-eating giant panda harbors a carnivore-like gut microbiota, with excessive seasonal variations', Xue, Zhengsheng et al., *American Society for Microbiology*, 2015; 'Elephant facts', elephantsforafrica.org; 'Blue whale, world's largest animal, caught on camera having a poo', abc.net.au; 'Blue whale', nationalgeographic.com

舌としっぽ pp.172–3
'How long is a giraffe's tongue? What colour is it?', giraffe.conservation.org; 'Anteater, mammal', britannica.com; 'Off like a shot: scaling of ballistic tongue projection reveals extremely high performance in small chameleons', Christopher V. Anderson, *Scientific Reports*, 2016; 'Green woodpecker tongues are so long they wrap around their skulls', earthtouchnews.com; 'The bat with the incredibly long tongue', newscientist.com; 'Giraffe', en.wikipedia.org; 'Thresher sharks use tail-slaps as a hunting strategy', Simon P. Oliver et al., *PLoS*, 2013; 'Angola colobus', en.wikipedia.org; 'Ring-tailed lemur', en.wikipedia.org; 'Geoffroy's spider monkey', en.wikipedia.org; '*Euchoreutes naso*', animaldiversity.org; 'Roughtail stingray', en.wikipedia.org; '*Basiliscus basiliscus*', animaldiversity.org; 'Whydah, bird', britannica.com

対称性 pp.174–5
'Symmetry, biology', britannica.com

地球上で最強の動物たち pp.176–7
'Strongest bird of prey', guinnessworldrecords.com; 'Harpy eagle facts', pbs.org; 'Grizzly bear', nwf.org; 'Foot pressure distributions during walking in African elephants (*Loxodonta africana*)', Olga Panagiotopoulou et al., *Royal Society Open Science*, 2016; '*Ovibos moschatus*', animal diversity.org; 'Tiger fact sheet', pbs.org; '"I will continue raising the bar": Tamara Walcott lifts record weight in competition', guinnessworldrecords.com; 'How strong are gorillas?', nyungweforestnationalpark.org; 'Mountain gorilla', nationalgeographic.com; 'Large ants do not carry their fair share: maximal load-carrying performance of leaf-cutter ants (*Atta cephalotes*)', Paolo S. Segre et al., *Journal of Experimental Biology*, 2019; 'Rhinoceros Beetles', nwf.org; 'Small but powerful: the oribatid mite *Archegozetes longisetosus* (Acari, Oribatida) produces disproportionately high forces', Michael Heethoff et al., *Journal of Experimental Biology*, 2007; 'Pulling power points the way to the world's strongest insect', eurekalert.org; 'Dung beetle species introductions: when an ecosystem service provider transforms into an invasive species', Min R. Pokhrel et al., 2020;（ササラダニとフンコロガシのデータは、強さを調べるために特別に計画された実験で収集されたもの。そのため、いつも運んでいる量を表しているわけではない）

地球上で最速の動物たち pp.178–9
'Peregrine falcon, bird', britannica.com; fs.usda.gov/Internet/FSE_DOCUMENTS/stelprdb5303500.pdf; 'Supercharged swifts take flight speed record', news.bbc.co.uk; 'The fastest animals on earth', britannica.com; 'What is the fastest fish in the ocean?', oceanservice.noaa.gov; 'The fastest fish in the world', thoughtco.com; 'Up close with a Mahi Mahi', ocean.si.edu; 'Cesar Cielo Filho', olympics.com; 'World's fastest cheetah dies – watch her run', nationalgeographic.com; 'Springbok, mammal', britannica.com; 'Ostrich, bird', britannica.com; 'How fast is the world's fastest human?', britannica.com

ジャンプのチャンピオン！ pp.180–81
'Amazing facts about the flea', onekindplanet.org; 'Kangaroo, marsupial', britannica.com

タフな動物たち pp.182–3
'Absurd creature of the week: the incredible critter that's tough enough to survive in space', wired.com; '*Gynaephora groenlandica*', en.wikipedia.org; 'Polar bear', itsourplanettoo.co.uk; 'Emperor penguin', en.wikipedia.org; '*Rana sylvatica*', sciencedirect.com; 'Fennec fox (*Vulpes zerda*) fact sheet: physical characteristics', ielc.libguides.com; '8 animals that live in extreme environments', britannica.com; 'Sahara Desert ant, insect', britannica.com; 'Snow leopard', iucnredlist.org; 'Wild Yak', iucnredlist.org; 'Discovery of the world's highest-dwelling mammal', Jay F. Storz et al., PNAS 2020; 'High altitude and hemoglobin function in the vultures *Gyps rueppelli* and *Aegypius monachus*', Roy E. Weber et al., 1988; '*Geophilus hadesi*: new species of cave-dwelling centipede discovered', sci.news; 'Subterranean worms from hell', Nadia Drake, *Nature*, 2011; 'Go deep, small worm', sciencenews.org; 'What lives at the bottom of the Mariana Trench?', iflscience.com

ペンギンはどれくらいの大きさだろう？ pp.184–5
'Extinct mega penguin was tallest and heaviest ever', newscientist.com; 'Emperor penguin, bird', britannica.com; 'King penguin, bird', britannica.com; 'Humboldt penguin, bird', britannica.com; 'Galapagos penguin, bird', britannica. com; 'Gentoo penguin, bird', britannica.com

壮大な渡り pp.186–7
インフォグラフィックはケネス・フミェレフスキー教授の地図「Migration flows（渡りの流れ）」をもとに作成; 'Dorado catfish: the Amazon fish with the world's longest freshwater migration', internationalrivers.org; 'Monarch butterfly', nms.ac.uk; 'Record-breaking bird migration revealed in new research', ncl.ac.uk; 'The Bar-tailed godwit undertakes one of the avian world's most extraordinary migratory journeys', datazone.birdlife.org; 'During epic migrations, great snipes fly at surprising heights by day and

lower by night', sciencedaily.com; 'Grey whale', fisheries.noaa.gov; 'Leatherback turtle', fisheries.noaa.gov

スーパー高感度 pp.188–9
'What is echolocation? Definition and examples in the animal and human worlds', treehugger.com; 'Magnetoreception in fish', Krzysztof Formicki et al., *Journal of Fish Biology*, 2019; 'To hunt, the platypus uses its electric sixth sense', amnh.org; 'Snake infrared detection unravelled', Janet Fang, *Nature*, 2010; 'How do other animals see the world?', nhm.ac.uk; '11 animals that have a sixth sense', treehugger.com

変身する動物たち pp.190–91
'Selection for social signalling drives the evolution of chameleon colour change', Devi Stuart-Fox, *PLoS Biology*, 2008; 'Night vision by cuttlefish enables changeable camouflage', Justine J. Allen et al., *Journal of Experimental Biology*, 2010; 'Mimic octopus makes home on Great Barrier Reef', blogs.scientificamerican.com; 'Some shape-shifting animals that can morph to fool others', theconversation.com; 'Phenotypic plasticity raises questions for taxonomically important traits: a remarkable new Andean rainfrog (*Pristimantis*) with the ability to change skin texture', Juan M. Guayasamin et al., *Zoological Journal of the Linnean Society*, 2015

最も多くのヒトの命を奪う動物は？ pp.192–3
'Shark attacks are in the news again, but plenty of other phenomena are far more dangerous', cbs58.com; '9 of the world's deadliest mammals', britannica.com; 'What are the world's deadliest animals?', bbc.co.uk; '*Ascaris*, nematode genus', britannica.com; 'Aberystwyth University research tackles "killer" snails', bbc.co.uk

大きな卵、小さな卵 pp.194–5
'Smallest bird egg', guinnessworldrecords.com; 'Hummingbirds at Weltvogel Park Walsrode', Anne Hoppmann, American Watchbird Magazine, Vol. 39 No. 2-3 (2012); 'British birds' eggs', birdspot.co.uk; 'Carrion Crow', bto.org; 'Egg sizes and dimensions', brinsea.co.uk; 'Golden eagle', bto.org; *Biology of Birds*, D.R. Khanna et al. (Discovery Publishing, 2005); 'Trumpeter swan', en.wikipedia.org; 'Ostrich, bird', britannica.com; 'Largest bird egg ever', guinnessworldrecords.com; '*Beibeilong*', en.wikipedia.org; 'Horn shark: *Heterodontus francisci*', sharksandrays.com; '*Haaniella*', eol.org; 'Chapter 40: largest eggs', in *Book of Insect Records* (University of Florida, Salvatore Vicidomini, 2005); 'Early development and embryology of the platypus', R.L. Hughes et al., 1998; 'Gnaraloo sea turtle conservation – news from the field', gnaraloo.org; *Conraua goliath* (Boulenger, 1906)', gbif.org; 'A practical staging atlas to study embryonic development of *Octopus vulgaris* under controlled laboratory conditions', Astrid Deryckere et al., *BMC Developmental Biology*, 2020; 'The effect of spatial position and age within an egg-clutch on embryonic development and key metabolic enzymes in two clownfish species, *Amphiprion ocellaris* and *Amphiprion frenatus*', A. Kunzmann et al., 2020, *PLoS*

動物はどれくらい眠るのだろう？ pp.196–7
'How much do animals sleep?', faculty.washington.edu; 'How do giraffes sleep?', tuftandneedle.com; 'Do cows need beauty rest, too?', thecattlesite.com; '15 things you didn't know about goats', goatsontheroad.com; 'Why humans sleep less than their primate relatives', smithsonianmag.com; 'How do whales and dolphins sleep without drowning?', scientificamerican.com; 'How many hours does a dog sleep in a day?', petmd.com; 'Cat sleeping habits', purina.co.uk; 'You're sure to be jealous of some of these lazy animals', news.cgtn.com; 'Sleeping and nesting habits of squirrels', animalsake.com; 'Animals that sleep the least and most', discovermagazine.com; 'Species spotlight: the little brown bat', mass.gov

寿命 pp.198–9
（年表はオットー・ノイラートの「動物はどのくらい生きるのだろう？」に着想を得た）; 'Dragonfly lifespan: how long do dragonflies live?', a-z-animals.com; 'Common shrew', wildlifetrusts.org; 'Blackbird', woodlandtrust.org.uk; 'Foxes lifespan: how long do foxes live?', a-z-animals.com; 'Species – mole', mammal.org.uk; 'Red kangaroo fact sheet', racinezoo.org; 'Green anaconda', nationalzoo.si.edu; 'Sheep in nature', goodheartanimalsanctuaries.com; 'How long do dogs live?', petmd.com; 'How long do lions live?', discoveryuk.com; 'Wild cat', animalspot.net; 'Moose', a-z-animals.com; 'Reindeer fact sheet', pbs.org; 'How long do geese live?', birdfact.com; 'Giraffe', a-z-animals.com; 'How long do sandhill cranes live?', birdfact.com; 'Harbour seal', dfo-mpo.gc.ca; 'Rhinoceros fact sheet', pbs.org; 'Alligators lifespan: how long do alligators live?', a-z-animals.com; 'Asian elephant', nationalgeographic.com; 'Life expectancy', ourworldindata.org; '7 animals with incredibly long life spans', vetstreet.com; 'Do lobsters live forever?', livescience.com

人体のふしぎ

人の体のつくり pp.204-5
The Complete Human Body: The Definitive Visual Guide, 2nd edition, by Professor Alice Roberts (Dorling Kindersley, 2016); 'Human body', kids.britannica.com

人の骨はいくつあるの？ pp.206-7
Gray's Anatomy: The Anatomical Basis of Clinical Practice (Elsevier, 2020); 'What are bones made of?', healthline.com; 'Six fun facts about the human skeleton', theconversation.com

成長する頭蓋骨 pp.208-9
Gray's Anatomy: The Anatomical Basis of Clinical Practice (Elsevier, 2020); 'Anatomy of the newborn skull', stanfordchildrens.org

最大の筋肉は……おしりに！ pp.210-11
'Remarkable human muscles', livescience.com; 'Relationship between muscular and bony anatomy in native hips', pubmed.ncbi.nlm.nih.gov; 'Stapedius', sciencedirect.com; 'Extraocular muscles', britannica.com; 'Fact or fiction: the tongue is the

strongest muscle in the body', scientificamerican.com; '13 fun facts about owls', audubon.org

大きく息を吸って！ pp.212-3
'Respiratory system', bbc.co.uk; 'How long can you go without air?', bbc.com; 'Sperm whale', seaworld.org; 'Longest time breath held voluntarily', guinness worldrecords.com; 'Alveoli area', med.libretexts.org

息を吸う、息を吐く pp.214-5
'Physiology, lung capacity', ncbi.nlm.nih.gov

血液はどのようにして全身をめぐるの？ pp.216-7
'Blood flow and blood pressure regulation', bio.libretexts.org; 'Blood and the cells it contains', ncbi.nlm.nih.gov; '11 surprising facts about the circulatory system', livescience.com; 'Whole blood and what it contains', redcrossblood.org

ドク、ドク、ドク pp.218-9
'Your heart rate', bhf.org.uk; 'Cardiac output', webmd.com; 'Life expectancy at birth for both sexes combined', data.un.org

食べて、出す！ pp.220-21
（インフォグラフィックは 'How long is the digestive tract? A visual synthesis', elegantexperiments.net.を参考に作成）; 'Human digestive system', britannica.com; 'Rectum', britannica.com; 'Appendix', britannica.com; 'Three-dimensional model of an average human stomach', R. Paul Singh, researchgate.net, 2011; 'Esophagus', britannica.com; 'Standard height of a multi-storey building', civilsir.com

鼻水はどのくらいつくられるの？ pp.222-3
'Mucus', britannica.com; 'Mucus, snot, boogers', vox.com;（一生の鼻水の量は、人の平均寿命、72.6歳にもとづいて計算）

うんちとおなら pp.224-5
'Feces', britannica.com; 'The characterization of feces and urine', Rose et al., 2015, ncbi.nlm.nih.gov; 'Bristol stool form scale', pediatricsurgery.stanford.edu; 'Characterization, recovery opportunities, and valuation of metals in municipal sludges from U.S. wastewater treatment plants nationwide', pubs.acs.org; 'Investigation of normal flatus production in healthy volunteers', Tomlin et al., 1991, pubmed.ncbi.nlm.nih.gov

おしっこのふしぎ pp.226-7
'The characterization of feces and urine', Rose et al., 2015, ncbi.nlm.nih.gov; 'Duration of urination does not change with body size', ncbi.nlm.nih.gov; '"Universal urination duration" wins Ig Nobel prize', bbc.co.uk

皮膚はどんなはたらきをするの？ pp.228-9
'Surface area of human skin', bionumbers.hms.harvard.edu; 'Surface area of human skin', hyper textbook.com; 'The mattress size guide', dreams.co.uk（データはベッドのサイズに利用）; 'Human skin', britannica.com

長いまつ毛 pp.230-31
'Anatomy, head and neck, eyelash', Patel et al., 2022, ncbi.nlm.nih.gov

ねえ、聞こえる？ pp.232-3
'The audible spectrum', *Neuroscience*, 2nd edition, ncbi.nlm.nih.gov; 'Hearing with an atympanic ear: good vibration and poor sound-pressure detection in the royal python, *Python regius*', C.B. Christensen et al., 2012, journals.biologists.com; 'Structure and function of the auditory system in fishes', Kasumyan, 2005, researchgate.net; 'Avian hearing and the avoidance of wind turbines', Dooling, 2002, nrel.gov; 'Elephant senses', seaworld.org; 'Moth hearing and sound communication', Nakano et al., 2015, pubmed.ncbi.nlm.nih.gov; 'Hearing range of the domestic cat', Heffner, 1985, pubmed.ncbi.nlm.nih.gov; 'Neural coding of sound frequency by cricket auditory receptors', Imaizumi et al., 1999, jneurosci.org; 'Baseline hearing abilities and variability in wild beluga whales (*Delphinapterus leucas*)', Castellote et al., 2014, researchgate.net; 'The effect of signal duration on the underwater detection thresholds of a harbor porpoise (*Phocoena phocoena*) for single frequency-modulated tonal signals between 0.25 and 160 kHz,' R.A. Kastelein et al., *The Journal of the Acoustical Society of America*, 2010; 'Hearing sensitivity and amplitude coding in bats are differentially shaped by echolocation calls and social calls', Lattenkamp et al., 2021, royalsocietypublishing.org

眼の細胞 pp.234-5
'Structure and function of photoreceptors', britannica.com; 'Cones, retinal cell', britannica.com; 'Rods, retinal cell' britannica.com; 'Anatomical distribution of rods and cones', *Neuroscience*, 2nd Edition, Purves et al., 2001, ncbi.nlm.nih.gov; 'Feline vision: how cats see the world', livescience.com

体の管理センター pp.236-7
'Brain anatomy and how the brain works', hopkinsmedicine.org; *New Scientist, The Brain: A User's Guide* (John Murray, 2020)

脳のネットワーク pp.238-9
'Nervous system', kids.britannica.com

人はどれくらい頭がいいの？ pp.240-41
New Scientist, The Brain: A User's Guide (John Murray, 2020); 'Brain size predicts problem-solving ability in mammalian carnivores', Benson-Amram et al., 2008–9, pnas.org

DNAって何？ pp.242-3
'Genetics by the numbers', Toledo et al., 2012, nigms.nih.gov; 'Bonobos join chimps as closest human relatives', science.org; 'Animals that share human DNA sequences', sciencing.com; 'Do people and bananas really share 50 percent of the same DNA?', science.howstuffworks.com

あなたの体は何歳？ pp.244-5
New Scientist, The Brain: A User's Guide (John Murray, 2020);

'Growth rate of human fingernails and toenails in healthy American young adults', onlinelibrary.wiley.com; '6 ways to make your hair grow faster and stronger', healthline.com（データは髪の成長に利用）; 'Taste bud regeneration and the search for taste progenitor cells', Miura et al., 2010, ncbi.nlm.nih.gov; 'Cell types numbers and turnover rates database', static-content.springer.com（脂肪細胞は脂肪組織、肺の細胞は気管支上皮細胞である点に注意）'Dynamics of cell generation and turnover in the human heart', Bergmann et al., 2015, researchgate.net; 'Brain basics: the life and death of a neuron', ninds.nih.gov.（神経細胞が新たに生まれることを「神経発生」というが、大人になっても新しい神経細胞ができるかどうかについては議論が分かれている。わたしたちの神経細胞の大半は胎児期につくられ、健康な大人なら、年齢を重ねても神経細胞は死なない。以下参照 'Discovering the brain', Ackerman, 2019, ncbi.nlm.nih.gov; and 'We may be unable to grow new brain cells after we enter adulthood', newscientist.com.）

赤ちゃんはおなかの中で育つのにどれくらいかかるの？ pp.246-7
'Week by week guide to pregnancy', nhs.uk; 'Pregnancy week by week', whattoexpect.com; 'Gestation', britannica.com

わたしたちの世界

世界の人口が100人だったら pp.252-3
'Population by 5-year age groups and sex',population.un.org; 'Literacy for a human centred recovery: narrowing the digital divide', en.unesco.org（識字率の調査対象は16歳以上）; 'Human handedness: A meta-analysis', Papdatou-Pastou et al., 2020; 'Percentage of global population accessing the internet from 2005 to 2022, by market maturity', statista.com; 'Urbanization', ourworldindata.org; 'Population lacking basic sanitation, 2015 and 2020', washdata.org（washdata org.の「安全に管理された飲み水」を本書では「自宅で安全な飲み水を利用できる」とし、また、「基本的な飲み水」と「限定的な飲み水」を「自宅以外の場所で安全な飲み水を入手できる」、「改善されていない水源、地表水」を「安全な飲み水を入手できない」とした）; 'Continent populations', populationstat.com（実際には南極大陸に住む人は数千人いる。その大半は科学者。以下参照: 'Antarctica population 2023', worldpopulationreview.com.）; 'Southern Hemisphere countries 2023', worldpopulationreview.com

生と死 pp.254-5
'This is how many humans have ever existed, according to researchers', weforum.org

1秒間に…… pp.256-7
'Numbers of births and deaths per year, World', ourworldindata.org; 'Number of cars sold worldwide from 2010 to 2022, with a 2023 forecast', statista.com; 'Frozen pizza market worldwide from 2020-2027', statista.com（冷凍ピザを買うために支払われたお金は、570ドルを2024年9月の為替レートで円に換算し、端数を切り捨てたもの）; 'Fact sheet: single use plastics', earthday.org; 'Email Statistics Report, 2021-2025', radicati.com;（海に流れていくペットボトルに関する数値は、年間1,100万トンのプラスチックごみが海に流出しているという推定にもとづいたもの）'How a source-to-sea approach can curb the threat of plastic pollution', unep.org;（板チョコの消費に関する数値は、年間の1人当たりチョコレート消費量の推定値にもとづいたもの。以下参照: 'Global pressures on chocolate industry prompt alternative formulations', ingredientsnetwork.com.）; 'Number of flights performed by the global airline industry from 2004 to 2022', statista.com （1秒間に飛び立つ飛行機の数は、どの時間にも飛行機が均等に離陸することを前提としたもの）

人はどれだけのお金をもっているの？ pp.258-9
'Global wealth report', credit-suisse.com; 'Mūsā I of Mali', britannica.com; 'How much?: this Duffel bag was designed to carry 1 million dollars cash', kolormagazine.com; 'Here's what a billion dollars looks like in cash (and how much it weighs)', commoncentsmom.com

集う人々 pp.260-61
'World city populations 2023', worldpopulationreview.com; 'Kumbh Mela, Hindu festival', britannica.com

人間どうしの争い pp.262-3
（図は、オットー・ノイラートのGreat War 1914-1918を参考に作成）; 'Casualties of World War I', britannica.com; 'How many people died during World War II?', britannica.com;（第一次世界大戦の経済的損失は推定2,080億ドル。これをCPI Inflation Calculator, data.bls.govで今日のお金に換算すると、約4兆ドルになる。第二次世界大戦の経済的損失は推定1兆ドル。今日の約17兆ドルに相当する）

やった！ 発明の歴史 pp.264-7
'Oldest stone tools pre-date earliest humans', bbc.co.uk; *Catching Fire : How Cooking Made Us Human*（『火の賜物　ヒトは料理で進化した』リチャード・ランガム著、依田卓巳訳、NTT出版、2010年）; 'Evidence for early hafted hunting technology', Jayne Wilkins et al., 2012, science.org; 'Colored Pigments and complex tools suggest humans were trading 100,000 years earlier than previously believed', smithsonianmag.com; 'UF study of lice DNA shows humans first wore clothes 170,000 years ago', news.ufl.edu; 'Indications of bow and stone-tipped arrow use 64,000 years ago in KwaZulu-Natal, South Africa', Marlize Lombard et al., 2010, antiquity.ac.uk; 'Naturally perforated shells one of the earliest adornments in the Middle Paleolithic', sciencedaily.com; 'Ngwenya Mines', whc.unesco.org; 'Oldest ceramic figurine', guinnessworldrecords.com; 'First evidence of farming in Mideast 23,000 years ago', sciencedaily.com（農業については、作物の栽培が試験的に行われていた年代を記した。農業が広まったのは1万5,000～1万年前である。以下参照: 'Origins of agriculture', britannica.com.）; 'Bread, food', britannica.com; 'Writing', britannica.com; 'Brick', en.wikipedia.org; 'Water technology in Ancient Mesopotamia', Aldo Tamburrino, in *Ancient Water Technologies* (Springer Netherlands, 2010); 'Irrigation: An Historical Perspective', R.E. Sojka et al., 2002; 'History of ships', britannica.com; 'Wheel', britannica.com; 'Glass', britannica.com; 'History of energy-conversion technology', britannica.com; 'Papermaking', britannica.com; 'Chess, game', britannica.com; 'First mechanical clock', guinnessworldrecords.com; 'Playing

cards', britannica.com; 'History of gunpowder', en.wikipedia.org; 'Gunpowder', in *Encyclopaedia of the History of Science, Technology, and Medicine in Non-Western Cultures* (ed. Selin, Springer Science, 1997); 'Compass, navigational instrument', britannica.com; 'Printing press, printing', britannica.com; 'History of optical microscopes', britannica.com; 'From turrets to toilets: a partial history of the throne room', smithsonianmag.com; 'Telescope', en.wikipedia.org; 'Steam engine, machine', britannica.com; 'History of the automobile', britannica.com; 'Smallpox vaccines', who.int; 'Voltaic pile', en.wikipedia.org; 'Railroad history', britannica.com; 'Concrete, building material', britannica.com; 'Electric power, physics', britannica.com; 'Telegraph', britannica.com; 'Incandescent lamp, lighting', britannica.com; 'History of anaesthesia', wfsahq.org; 'Refrigeration', britannica.com; 'Celluloid, synthetic plastic', britannica.com; 'Gatling gun, weapon', britannica.com; 'Bicycle, vehicle', britannica.com; 'Development of gasoline engines', britannica.com（内燃機関が発明された年を、ニコラウス・オットーが4サイクル内燃機関を開発した1876年とした。内燃機関は多くの場合、1860年にベルギー生まれのエティエンヌ・ルノアールが発明したとされる）; 'X-ray, radiation beam', britannica.com; 'Radio's early years', britannica.com; 'Washing machine', en.wikipedia.org; 'The history of antibiotics', microbiologysociety.org; 'Television', britannica.com; 'Development of rockets, rockets', britannica.com; 'Early business machines, computer', britannica.com; 'When was the microwave invented? The accidental creation of this household appliance.', eu.usatoday.com; 'Transistor, electronics', britannica.com; 'Alan Turing and the beginning of AI, artificial intelligence', britannica.com; '5 fascinating facts about fetal ultrasounds', livescience.com; 'The first video game?', bnl.gov; 'Integrated circuit, electronics', britannica.com; '1971: first ever email', guinnessworldrecords.com; 'Meet Marty Cooper – the inventor of the mobile phone', news.bbc.co.uk; '3D printing, manufacturing', britannica.com; 'Robotic surgery', britannica.com; 'Tablet computer', britannica.com; 'A short history of the Web', home.cern; '1990s: Birth of search engines', en.wikipedia.org; 'Augmented Reality: the past, the present and the future', interaction-design.org; 'Smartphone', britannica.com; 'Hybrid electric vehicle', en.wikipedia.org; 'What Is the International Space Station?', nasa.gov; 'Graphene: the wonder material of the 21st century', europarl.europa.eu; 'Blockchain, database technology', britannica.com; 'World's first lab-grown burger is eaten in London', bbc.co.uk; 'A Timeline of Voice Assistant and Smart Speaker Technology From 1961 to Today', voicebot.ai

AIはどのくらいかしこいの？ pp.268-9
'Artificial intelligence', britannica.com; 'Top artificial intelligence fails in image and facial recognition', skywell. software

工学の傑作 pp.270-71
'Grand Canal, canal, China', britannica.com（京杭大運河はさまざまな自然の河川を結ぶ一連の人工水路で、厳密にいうと「運河」ではない。運河の最古の部分は紀元前4世紀には開かれ、607年に整備されたが、最終的に現在のような形になったのは1327年ごろだった。以下参照: 'The Grand Canal', whc.unesco.org.）; 'Trans-Siberian Railroad, railway, Russia', britannica.com; 'Pan-American Highway', britannica.com（パンアメリカン・ハイウェーは一続きの道ではなく、ダリエン地峡で途切れている）; 'Delaware Aqueduct, water works, New York, United States', britannica.com; 'Danyang-Kunshan Grand Bridge, bridge, China', britannica.com; 'Burj Khalifa, skyscraper, Dubai, United Arab Emirates', britannica.com; 'India unveils Statue of Unity, world's tallest statue and twice the size of Lady Liberty', nytimes.com; 'The world's largest Ferris wheel just opened in Dubai', npr.org; 'The Pyongyang Metro – DPRK Guide', youngpioneertours.com（平壌地下鉄の深さは平均100 mだが、north-korea-travel.comの「平壌地下鉄」のような情報源によると、深さ110 mのところもある）; 'Deepest mine', guinnessworldrecords.com（ムポネン金鉱山の主要な立坑は1986年に完成したが、約4 kmの深さに達したのは、2012年にさらに掘り進める工事が始まってからのことである）; 'Angkor Wat, temple complex, Angkor, Cambodia', britannica.com; 'Palm Jumeirah, island, United Arab Emirates', britannica.com

おもちゃの台頭 pp.272-3
（レゴのミニフィギュアの今後の数は、この先も年間約3億4,000万個生産されることを前提に推計。以下参照: '10 Top LEGO Facts!', natgeokids.com and 'International LEGO Day – Our Favourite LEGO Facts', bricksmcgee.com.）; 'Population', un.org; 'World population growth, 1700-2100', ourworldindata.org

高速化する移動 pp.274-5
（国名を記したが、鉄道車両の場合は最高速度記録がぬりかえられた場所、自動車の場合はつくられた場所を示している）; 'Rainhill Trials', historic-uk.com; 'Stephenson's Rocket', collection. sciencemuseumgroup.org; 'London & North Eastern Railway steam locomotive "Mallard"', collection. sciencemuseumgroup. org; 'W. German train sets speed record', latimes.com; 'A CRH380BL EMU train sets a world record with a speed of 487.3 kilometers per hour on the Beijing-Shanghai high-speed railway on Dec 3, 2010', en.sasac.gov.cn; 'Fastest maglev train', guinnessworldrecords.com; 'Steam train anniversary begins', news.bbc.co.uk; 'First to sixty: *La Jamais Contente*', motortrend.com; 'What is the fastest F1 car of all time?', motorsportmagazine.com; 'Bugatti delivers final Chiron Super Sport 300+, its fastest, and weirdly, greenest car', carscoops.com; 'Proteus Bluebird CN7', nationalmotormuseum.org.uk; 'ThrustSSC', transport-museum.com; 'The first automobile', group.mercedes-benz.com

空には飛行機が何機いるの？ pp.276-7
'Lucky Ladies I, II and III', afhistory.af.mil; Map courtesy of Flightradar24;（地図上の飛行機は、協定世界時の午後3時に記録されたもの）

巨大宇宙ロケット pp.278-9
'What Was the Saturn V?', nasa.gov; 'The world's tallest rockets: how they stack up', space.com; 'Soyuz-U', astronautix.com; 'Delta IV Launch Vehicle', mobile.arc.nasa.gov; 'Atlas 5 rocket launches six military research satellites into orbit', space.com; 'Launch vehicle', mars.nasa.gov; 'Facts About SpaceX's Falcon Heavy

rocket', space.com; 'Falcon Heavy', spacex.com; 'Artemis I update', blogs.nasa.gov; 'Space Launch System lift capabilities', nasa.gov; 'Space Launch System configurations', nasa.gov; 'Nasa's giant SLS rocket: A guide', bbc.co.uk; 'Space Launch System at a glance', lpi.usra.edu; '1st orbital test flight of SpaceX's Starship Mars rocket pushed to March at the earliest', space.com; 'Starship', spacex.com; 'Space X's Starship rocket: specs, size, history, and more', history-computer.com; 'Russia sets out Yenisei super-heavy launch vehicle timetable and budget', spacewatch.global; 'Russian engineers draft super rocket', russianspaceweb.com; 'China officially plans to move ahead with super-heavy Long March 9 rocket', arstechnica.com; 'China reveals details for super-heavy-lift Long March 9 and reusable Long March 8 rockets', spacenews.com; 'China scraps expendable Long March 9 rocket plan in favor of reusable version', spacenews.com（まだ建設されていないロケットの高さと重さは推定であり、かわる可能性がある）; 'Statue of Liberty, monument, New York City, New York, United States', britannica.com

宇宙ごみ pp.280-81
'How much space junk orbits Earth?', earthhow.com

宇宙を観測する pp.282-3
'Building the 100-inch Telescope', mtwilson.edu; 'The 200-inch (5.1-meter) Hale Telescope', sites.astro.caltech.edu; 'The MMT Observatory', mmto.org; 'Hubble Space Telescope', nasa.gov; 'W.M. Keck Observatory, about', keckobservatory.org; 'Hobby-Eberly Telescope', mcdonaldobservatory.org; 'Very Large Telescope', esp.org; 'About the Subaru Telescope', subarutelescope.org; 'International Gemini Observatory, about', gemini.edu; 'Magellan Telescopes (6.5m)', obs.carnegiescience.edu; 'The University of British-Columbia Liquid-Mirror Observatory', astro-canada.ca; 'SALT Telescope', salt.ac.za; 'Large Binocular Telescope Observatory', lbto.org; 'Introducing the Gran Telescopio CANARIAS', gtc.iac.es; 'James Webb Space Telescope, about', jwst.nasa.gov; 'About Rubin Observatory', lsst.org; 'Revolutionizing our knowledge of the universe', giantmagellan.org; 'Timeline', tmt.org; 'ESO moves one step closer to the first Extremely Large Telescope', eso.org

金メダルをめざして pp.284-5
'All-time medal count at the Summer Olympics by country and color from 1896 to 2020', statista.com; 'Average number of medals won per capita at the Summer Olympic Games from 1986 to 2020', statista.com; 'Michael Phelps, American swimmer', britannica.com; 'Larisa Latynina, Soviet athlete', britannica.com; 'Aladar Gerevich', olympics.com; 'Shaunae Miller-Uibo', olympics.com

スポーツにおける成功 pp.286-7
'The Paralympics have gone from strength to strength', economist.com

印刷の歴史を知ろう pp.288-9
'Major techniques of printmaking', britannica.com; 'History of printing', britannica.com; 'Printing press', britannica.com; 'Earl Stanhope invents the first completely iron hand press; output increases to 250 sheets per hour', historyofinformation.com; 'Koenig's mechanical press (early 19th century)', britannica.com; 'History of printing', britannica.com; 'Michael Hart, inventor of the ebook, dies aged 64', theguardian.com;（世界の識字率を86%としたが、これは16歳以上を対象とした数字）; 'Best-selling book', guinnessworldrecords.com; 'The 22 best-selling books of all time', entertainment.howstuffworks.com; '*The Little Prince*, fable by Saint-Exupéry', britannica.com

音楽を奏でる pp.290-91
'Flute, musical instrument', britannica.com; 'Why a musician breathed new life into a 17,000-year-old conch shell horn', text.npr.org; 'Trumpet, musical instrument', britannica.com; 'Organ, musical instrument', britannica.com; 'Bagpipe, musical instrument', britannica.com; 'Didgeridoo', en.wikipedia.org; 'Recorder, musical instrument', britannica.com; 'Trombone, musical instrument', britannica.com; 'Bassoon, musical instrument', britannica.com; 'Horn, musical instrument', britannica.com; 'Oboe, musical instrument', britannica.com; 'Clarinet, musical instrument', britannica.com; 'Accordion, musical instrument', britannica.com; 'Harmonica, musical instrument', britannica.com; 'Tuba, musical instrument', britannica.com; 'The inventor of the saxophone', nationalsaxophonemuseum.com; 'Harp, musical instrument', britannica.com; 'History of lute-family instruments', en.wikipedia.org（今日リュートとして知られている楽器の祖先は、図に示したように、紀元前3100年ごろに古代メソポタミアで演奏されていた撥弦楽器である）; 'A history of world music in 15 instruments', britishmuseum.org; 'Zheng, musical instrument', britannica.com; *Ethnomusicology: The Folk Banjo: A Documentary History*, Dena J. Epstein (University of Illinois Press, 1975); 'Guitar, musical instrument', britannica.com; 'Harpsichord (Renaissance)', caslabs.case.edu; 'Sitar, musical instrument', britannica.com; 'Cello', vsl.info; 'Piano, musical instrument', britannica.com; 'The birth of the electric guitar', yamaha.com; 'Drum, musical instrument', britannica.com; 'Cymbal, musical instrument', britannica.com; 'Gong, musical instrument', britannica.com; 'Triangle, musical instrument', britannica.com; 'Electronic instrument, music', britannica.com; 'Elisha Gray', en.wikipedia.org; 'The theremin: The strangest instrument ever invented?', bbc.com; 'Music synthesizer', britannica.com

小さな傑作 pp.292-3
willardwiganmbe.com; Needle dimensions courtesy of Dr Willard Wigan MBE

別れのあいさつをしよう！ pp.294-5
'Summary by language size', ethnologue.com

用語集

稲妻　電気が雲の中、雲と雲のあいだ、雲と空気のあいだ、または雲と地面のあいだを流れるときに生じる一瞬の光。

印刷機　文章や図を紙などに複製する機械。

インフルエンザ　鼻や喉、肺に影響をおよぼし、発熱や寒気、痛みを引き起こす伝染性のウイルス感染症。

永久凍土　特に北極や南極の周辺でよくみられる、ずっと凍ったままの土。

衛星　惑星、準惑星、小惑星の周りを回る物体。月などの天然物の場合も、国際宇宙ステーションのような人工物＝人工衛星の場合もある。土星などのいくつかの惑星にはたくさんの衛星がある。地球の天然の衛星は1つだけだ。

栄養分　ビタミンやミネラルなど、食べ物にふくまれ、体を動かすのを助ける物質。

絵文字　電子的コミュニケーションにおいて使われる、人の感情や食べ物、旗などの情報を伝える記号。

獲物　捕食者によって食料として狩られ、殺される動物。

円周　円にそって1周する線。

黄熱　アフリカと南アメリカの一部で、カ（蚊）によって感染するウイルス性の病気。

往復　両方向に行う旅（行って帰ってくること）。

飼いならす　食べ物にするため、仕事をさせるため、ペットにするためなどの理由で、人間が動物や植物などの生き物の世話をし、利用すること。

河口　川が海や湖に注ぐ場所。

化石　地中に保存された古生物の死骸や跡。

灌漑　土地に水を引くこと。

感覚　視覚、聴覚、触覚、嗅覚、味覚など、人間や他の動物が周りの世界や体の中の世界を知覚する方法。

観測所　（星などの）観測のための機器がある場所。宇宙を観測する目的の観測所は、「天文台」とも呼ばれる。

緩歩動物　4対のずんぐりした足をもち、肉眼では見えにくいごく小さな無脊椎動物のグループで、その多くは水中や湿った苔にすむ。クマムシともいい、英語では「モス・ピグレット（苔の子ブタ）」や「ウォーター・ベア（水グマ）」とも呼ばれる。

顔料　他の物体に色をつける物質。

機関車　原動機をもち、客車や貨車を引いて走る鉄道車両。

寄生生物　他の生物の体内や表面にすみ、その生物から食べ物を手に入れる生き物（ノミ、回虫や線虫、菌類など）。その生物に守ってもらったり、害をあたえたりする場合もある。

北半球　地球の、赤道より北側の半分。

軌道　宇宙で惑星、衛星、人工衛星などの物体が、重力の影響を受けながら大きな物体の周りを回って動くときのルート（道すじ）。たとえば、月は地球の周りの軌道を回っている。

狂犬病　動物に感染し、死に至る神経系の病気で、感染した動物にかまれると人間に感染する。

強制収容所　政治的理由から市民をとじこめる施設。

胸部　脊椎動物では、首と腹部のあいだにあり、心臓と肺を収めている部分。昆虫の場合には、大きく3つに分けられた体の真ん中の部分。

極円周　北極点と南極点の両方を通って地球を1周する仮想の円。

魚類　水中にすみ、えら呼吸し、多くはひれやうろこをもつ脊椎動物からなる大きなグループ。

銀河　星、ガス、ちりの巨大な集まり。わたしたちのすむ銀河は「天の川銀河」、または「銀河系」と呼ばれる。

グラフェン　炭素原子が六角形の格子の形に結びついて、平面状につらなったシート状の物質。鋼の200倍の強さがあり、電気や熱をよく伝える。

クレーター　惑星、衛星、その他の天体の表面にある丸いくぼみで、隕石の衝突か火山活動でできる（火山の場合、日本語では「火口」という）。

軍人　軍隊に属する人。

系外惑星　太陽以外の恒星の周りを回る惑星。「太陽系外惑星」ともいう。

経済的損失　何かをするために、または、あるできごとの結果、お金や時間などの資源にもたらされる悪影響。

月食　地球の影に入って、月が暗くなること。

齧歯類　かじるための鋭い前歯をもつ小さな哺乳類（リス、ネズミ、ビーバーなど）。

腱　筋肉を体の他の部分（骨など）とつなぐ硬い線維で構成されるヒモ。

原子　安定した物質の最小単位のことで、陽子、中性子、電子が集まってできている。「物質」とは、空気や水から太陽や月まで、わたしたちの周りにあるすべてのものをつくるもののことだ。あなただって原子でできている。

光合成　植物が日光、水、二酸化炭素を使って自分の栄養分をつくり、廃棄物として酸素を排出する仕組み。

降水　ひょう、霧、雨、みぞれ、雪として地上に降ってくる水。

恒星　核融合反応でかがやく、巨大な天体。恒星は主に水素とヘリウムでできている。地球から最も近い恒星は太陽だが、晴れた夜にはたくさんの他の恒星を見ることができる。

抗生物質　微生物を殺したり、その増殖をおさえたりする物質。

高度　地面や海水面からの高さ。特に海水面を基準にして表した山や陸地などの高さを「標高」という。

光年　光が1年かけて進む距離。太陽系の外側にある天体について説明するときに使われる。1光年は、およそ9兆5,000億 km。

鉱物　決まった化学組成をもつ天然の物質で、生物の体の一部ではないもの。たとえば、金は鉱物だ。

古箏　中国の伝統的な弦楽器。

昆虫　節足動物のグループの1つで、体が小さく、多くは羽があり、関節のある脚が6本、頭部、胸部、腹部からなる体をもつ。

再生可能エネルギー　使い尽くされることがない、または復元できる資源からつくられるエネルギー。

再生不能エネルギー　短期間で自然に蓄えられたり回復したりしない資源からつくられるエネルギー。たとえば、石油と天然ガスは再生不能エネルギー資源。

雑食動物　植物と他の動物の両方を食べる動物。

ジカ熱　ジカ熱ウイルスによって感染する病気。カ（蚊）によって媒介される。

磁気圏　惑星の周りの、その惑星の磁界の影響を受ける範囲。

磁気コンパス　地表で北を指して方角を示す磁針をもつ道具。

識字　文字を読み書きできること。

軸　物体がそれを中心に回転する、または回転すると考えることができる直線。

自然保護　動物や植物、天然資源を守ること。

シタール　インドの、長い棹をもつ弦楽器。弦の数はさまざま。

質量　物体を構成する物質（もの）の量。日常生活では重さ（重量）とほぼ同じだが、厳密にはちがうので注意。天秤ばかりで測ることができる。

種　1種類の動物、またはその他の生物。同じ種のメンバーは交配して子をつくることができ、その子もまた子をつくり種を存続させることができる。

住血吸虫症　寄生虫が原因でかかる病気。

周波数（物理学）　音波のような波が、ある一定の時間内に何度振動をくり返すかを示す数。

重力　物体が互いに引きつけ合う力、つまり引力のこと。地球の重力は、人間をふくむ地球上のすべてのものを地球の中心へと引きつけている。太陽の重力は、地球やその他の惑星を太陽へと引きよせている。

祝祭　祝いの催し、または祝うこと。

寿命　人間や動物が生きる時間の長さ。

準惑星　太陽の周りを回る球形の物体で、彗星や小惑星より大きいが惑星よりは小さく、衛星ではない。軌道から他の物体をなくすほどには引力が強くない。冥王星は最もよく知られた準惑星だ。

消化　食物を体が栄養分として吸収できるまで、分解すること。

静脈　血管の一種で、血液を心臓に送る。

小惑星　砂や岩石、場合によっては金属でできた岩石質の物体で、太陽の周りを回っている。小惑星は惑星よりも小さく、形や大きさはさまざまだ。

食(天文)　惑星、恒星、衛星などの天体が、別の天体に完全、または部分的にかくされること。

植物プランクトン　海の表層に浮き、顕微鏡がないと見えない植物のような生物。海の生態系にとって主な食料源だ。

真空　物質がまったく存在しない空間。

人口　国や市など1つの地域に住む人の総数。

人工知能　コンピューターやロボットが学習し、新しい状況に対応する能力。

人的損失　人や社会にもたらされる死や損害。

水源　(川の)水の流れが始まるところ。

推進　何かを前方に動かす作用。

星雲　宇宙にある、ちりとガスの巨大な雲で、形や色はさまざま。恒星は星雲内で形成されることが多い。

星座　何かの形にならんでいると想像されてきた、星の集まり。多くの星座は、動物、神話に出てくる人物や生き物、そして科学機器などを表している。

生態系　自然の中で植物や動物が育ち、くらす場所。

生命体　生き物。植物、動物、バクテリアなど。

世界人口　世界に住んでいる人間の総数。

脊椎動物　哺乳類、爬虫類、鳥類、魚類、両生類など、背骨をもつ動物。

赤道　地球や惑星などの北極と南極の中間に引かれている仮想の線。天体の地軸の中心を通り、地軸に対して直角に切る平面と地表との交線。

赤道円周　地球などの惑星の赤道を1周する距離。

節足動物　脚と体に多くの節をもつ動物(カニ、昆虫、クモなど)。

絶滅　もう存在しないこと。

絶滅危惧種　もうすぐ絶滅してしまうかもしれない種。

先史時代　歴史が文字で記録される前の時代。

草食動物　植物を食べる動物。

藻類　単純な植物と植物のような生物(海藻など)からなる大きなグループで、その多くは水中で育ち光合成を行うが種子をつくらない。

ソビエト連邦　ソビエト社会主義共和国連邦、または「ソ連」ともいう。1922~91年まで、ヨーロッパ東部とアジア北部にわたって存在していた国家。

大気　地球などの惑星をとりまく気体の層。

大気圧　大気によって押される圧力のことで、大気中のすべての物体にはたらく。

対称性　分割線、または中心の両側の部分の大きさや形、位置がほぼ等しいこと。

大陸　地球の陸地の大きな区分で、アフリカ、南極、アジア、オーストラリア、ヨーロッパ、北アメリカ、南アメリカの7つがある。

脱水　水または液体を失うこと。

淡水　塩分をほとんどふくまない水。普通、川や湖の水は淡水。

炭水化物　炭素、水素、酸素でできた、エネルギーが豊富な物質(でんぷんや砂糖など)。

たんぱく質　体の中で多くの重要な仕事を行う大きな分子。細胞をつくり、組織や器官のはたらきを調整するために必要なもの。わたしたちはたんぱく質を、肉や牛乳、卵、豆など豊富にふくむ食べ物から体内にとり入れている。

地下水　地下にある、すべての水。岩石や鉱物と化学的に結びついたものはふくまない。

地質学者　地層や岩石を調べて、地球の歴史などをさぐる地質学を専門にする人。

超音波　「空気の振動」という点では音と同じだが、人には聞こえない周波数の部分。医学の分野では、体を切り開かずに体内の様子を調べるのに超音波が利用され、母親の子宮内で育つ赤ちゃんを観察することもできる。

超新星　大質量星が一生を終えるときに起こす、とても明るくて強力な爆発=超新星爆発をした天体のこと。

調整　反応の時間や量、温度、速度などをコントロールすること。

直径　物または形の片側から中心を通って反対側までのばした線の長さ。物の幅。

DNA　染色体の中にあり、遺伝情報を伝える大きな分子で、ねじれたはしごのような形をしている（DNAはデオキシリボ核酸の略語）。

テラワット（TW）　ワット（W）は電力を表す標準的な単位で、1テラワット＝1兆ワット。

テルミン　電子楽器。楽器からのびた2本のアンテナの周囲にできた電磁場で手を動かすことによって演奏される。

陶器　ねんどを焼いてつくったもの。

冬眠　冬のすべて、または一部の期間、体温が下がり、呼吸が遅い不活発な状態で過ごすこと。

特異点　密度が無限大であり、普通の物理法則が成り立たなくなる点。科学的な理論では、ブラックホールの中心に特異点があると予測されている。

毒素　毒（体を害する物質）のうち生物（動物や細菌など）によってつくられるもの。

富　多くのお金、財産。

トランジスター　電気の流れをコントロールするのに使われる小さな電子部品。

内燃機関　燃料を装置の内部で燃焼させて動力を得る機械。

肉食動物　肉を食べる動物。

日食　月が太陽と地球のあいだを通ることによって、完全に、または部分的に太陽がかくれること。

乳歯　ヒトで最初に生えてくる20本の歯。通常は5～13歳のあいだにぬけ落ちて、32本の永久歯に生えかわる。

妊娠　出産までのあいだ、赤ちゃんを子宮の中で育てること。

眠り病　発熱や寒気、手足の痛みを起こす熱帯の病気。

農業　作物を育てて収穫したり、家畜を飼育したりすること。

飲み水　安全に飲める水。

ハープシコード　弦をはじいて音を出す、ピアノのような鍵盤楽器。

配管　水をとどけたり排出したりするために建物内にとりつけられた管や部品。

排出　体から老廃物を尿、汗、ふん便などとして外に出すこと。

爬虫類　空気呼吸を行う変温動物（ヘビ、トカゲ、カメ、ワニなど）で、その多くは体がうろこや骨ばった甲羅でおおわれている。

発電機　電気をつくりだす装置。

半径　円の中心から外周まで、または球の中心から表面まで引かれた直線。またその長さ。

微生物　細菌など、顕微鏡がないと見えないほど小さな生物。

ビタミン　多くの食べ物にふくまれており、体が健康で正常に発達し、機能するために少量だが必要な物質のグループ。大文字のアルファベットで表され、数字がそえられる場合もある。

左利き　右手より左手のほうがうまく使えること、または使いやすいこと。

氷河　ゆっくり流れる巨大な氷の川。氷河は数百年にわたり押し固められて、氷になった雪の層でできている。

プレート　地球の外側にある巨大な板のような固い部分のこと。地球表面は十数枚の厚さ100 kmほどのプレートに分かれており、それぞれが移動している。

ブロックチェーン　多数のコンピューターに取引情報を記録する仕組み。

噴煙柱の高さ　噴火のときに火山から直接立ちのぼる火山灰が達する高さ。

変革　完全に変化する行為、または仕組み。完全な変化。

捕食者　他の動物を殺して食べる動物。

哺乳類　背骨をもつ恒温動物（イヌ、ネズミ、クマ、クジラ、ヒトなど）で、母親がつくる乳で子を育て、その多くは皮膚がある程度毛でおおわれている。

マイクロチップ　コンピューターの中にある、電子回路を組みこんだとても小さな板状の部品。大量の情報を保存し、計算や論理演算をすることができる。

マグマ　地下にある、とけた岩石。地表に出ると「溶岩」と呼ばれる。

麻酔　全身または体の一部の感覚を失わせること。

マラリア　カ(蚊)に刺されることにより感染し、寒気や発熱などを起こす重い病気。

右利き　左手より右手のほうがうまく使えること、または使いやすいこと。

ミクロな世界　顕微鏡でなければ見えないほど(あるいはそれでも見えないような)小さな世界。

蜜　植物が分泌する甘い液体。ミツバチは蜂蜜をつくるためにこれを使う。

南半球　地球の、赤道より南側の半分。

民間人　軍隊、警察、消防隊に属さない人。

無脊椎動物　ミミズ、クラゲ、昆虫、クモ、カニなど、背骨をもたない動物。

有人ミッション　飛行機や宇宙船に人が乗って活動する飛行活動。

有毒　毒をもっていること。毒とは化学作用を起こして、生物を傷つけたり殺したりできる物質。

溶岩　火山から流れ出た、とけた岩石。

翼開長　片方の翼の先から反対側の翼の先までの長さ。

ライバル　他の者を負かそうとしたり、他の者よりうまくやろうとする人や生物。

両生類　幼いときはえらをもち水中でくらすが、大人になると空気呼吸を行う変温性の脊椎動物のグループ(カエルなど)。

レジリン　多くの昆虫とその他の節足動物(ノミなど)にみられる、とても弾力性のある物質。

裂肉歯　多くの肉食動物にみられ、肉を裂いたり切ったりする歯。

ロボット手術　医者がロボットアームを操作して行う手術。

惑星　宇宙にある、太陽や他の恒星の周りを回っている大きな球形の物体。「惑星」と呼ばれるためには、引力によって周囲から他の大きな物体をなくせるくらい大きくなければならない。地球は太陽の周りを回る8個の惑星の1つで、あとの7個は水星、金星、火星、木星、土星、天王星、海王星だ。

渡り　動物が1つの地域から別の地域へと長い距離を旅することで、特に定期的に行き来する移動を指す。

クイズに挑戦！の解答

はてしない宇宙　p.57

1. 地球130万個　**2.** 土星　**3.** わし座　**4.** 光のほうが速い
5. 1972年　**6.** 150倍　**7.** いて座A*　**8.** 流星

地球のすがた　p.105

1. 71%　**2.** 63ページ　**3.** 外気圏　**4.** 南極　**5.** 巻雲
6. モース硬度は10　**7.** 下向き　**8.** マリアナスネイルフィッシュ

生きている地球　p.153

1. アメリカ　**2.** 100 km　**3.** すべてのミミズ　**4.** アルパカ
5. 北極　**6.** 腐った肉　**7.** 増加中　**8.** 141ページ

動物のいとなみ　p.201

1. 200 L　**2.** 5人　**3.** 肉食動物　**4.** 11日間　**5.** カリフォルニアネコザメ　**6.** 200倍　**7.** 10 m　**8.** 20時間

人体のふしぎ　p.249

1. エナメル質　**2.** 舌　**3.** ヒト　**4.** コップ約5杯　**5.** 60%
6. マスクメロン　**7.** 金　**8.** 3 m

わたしたちの世界　p.297

1. インド　**2.** 無着陸世界一周飛行　**3.** 1955年　**4.** 4人
5. 23個　**6.** ヒンディー語　**7.** 464兆ドル　**8.** ブルジュ・ハリファ

画像のクレジット

写真やイラストの掲載を許可してくださった次の方々に出版社よりお礼申し上げます。画像のクレジットを明記するためにできる限り努力しましたが、万が一誤りや漏れがあった場合には心からおわび申し上げるとともに、将来本書が改訂された場合には必要な修正をさせていただきます。
t=最上部、l=左、r=右、c=中央、b=最下部

ようこそ！「インフォグラフィック」の世界へ　p.7

p.vi NASA; p.viib Recreated from the copy of the plaque carried by Pioneer 10, NASA.

はてしない宇宙　pp.11-57

pp.14–15 Adapted from illustration that appeared D'Efilippo, Valentina and Ball, James, The Infographic History of the World (HarperCollins, 2013); pp.20–21 NASA/SOHO; p.26br NASA/Goddard/Arizona State University; pp.28–9 Constellation maps by Mark Ruffle, background photograph ChaNaWiT/Getty Images; p.32–3 Infographic adapted from the graphic 'Missions to the Moon' by Valentina D'Efilippo, Science Focus, July 2019; p.33t National Space Science Data Center, NASA's Goddard Space Flight Center; pp.38–9 NASA, ESA, CSA, and STScI; p.46br NASA/ESA; pp.50–51 NASA/JPL-Caltech/UCLA/MPS/DLR/IDA; pp.54–5 Timeline adapted from illustration that appeared D'Efilippo, Valentina and Ball, James, The Infographic History of the World (HarperCollins, 2013); p.56 Courtesy of Fabien Sena.

地球のすがた　pp.59-105

p.62 iStock/Nerthuz; pp.68–9t ehrlif/iStockphoto; pp.68–9c 画像提供：西本昌司 pp.68–9b Baloncici/Dreamstime; pp.80–81 David Kalisinski Photography/iStockphoto; pp.84–5 Kamil Nureev/EyeEm/Getty Images; p.90 Edwardje/Dreamstime; p.91 Oleg Seleznev/Dreamstime; pp.94–5 Cameron Beccario (https://earth.nullschool.net); pp.100–101 Daniel Prudek/Alamy; p.104 Courtesy of Professor Christopher Jackson.

生きている地球　pp.107-153

pp.112–3 James L. Amos (Wikimedia Commons/CC0 1.0); pp.124–5 Paul Williams/Nature Picture Library; pp.134–5 Alasdair Rae (automaticknowledge.co.uk); pp.144–5
Professor Ed Hawkins MBE/University of Reading (https://showyour stripes.info); pp.150–51 reptiles4all/iStockphoto; p.152 Courtesy of Dr Christopher Fernandez.

動物のいとなみ　pp.155-201

pp.156–7 pixelprof/iStockphoto; pp.168–9 Janpiter Frans S/EyeEm/Getty Images; p.174 OGphoto/iStockphoto; p.175 Aquanaut4/Dreamstime; pp.180–81 Scenics & Science/Alamy; pp.184–5 David Merron/Getty Images; pp.188–9 Claud Lunau/Science Photo Library; p.199 Tui De Roy/Nature Picture Library; p.200 Courtesy of Miranda Lowe CBE.

人体のふしぎ　pp.203-249

pp.208-9 D Roberts/Science Photo Library; pp.214-15 Zephyr/Science Photo Library; pp.218-19 Zephyr/Science Photo Library; pp.230-31 Steve Gschmeissner/Science Photo Library; pp.234-5 Alfred Pasieka/Science Photo Library; pp.236–7 Large image adapted from illustration that was first published in New Scientist, The Brain: A User's Guide (John Murray, 2020); pp.238–9 Nancy Kedersha/Science Photo Library; pp.240–41 Adapted from illustration that was first published in New Scientist, The Brain: A User's Guide (John Murray, 2020); p.245 Adapted from illustration that was first published in New Scientist, The Brain: A User's Guide (John Murray, 2020); p.248 Courtesy of Professor Claire Smith.

わたしたちの世界　pp.251-297

pp.254–5 Nacho Calonge/Alamy; pp.260–61 Alison Wright/Getty Images; pp.268–9 (muffin) mtreasure/iStockphoto; pp.268–9 (cupcake) Antoniu Rosu/500px/Getty Images; pp.268–9 (younger chihuahua) Galina Kovalenko/Shutterstock; pp.268–9 (older chihuahua) dahuang1231/iStockphoto; pp.272–3 seewhatmitchsee/Alamy; pp.276–7 Flightradar24; pp.280–81 NASA; p.281 NASA; pp.286–7 Adam Pretty/Getty Images; pp.292–3 Dr Willard Wigan MBE; p.296 Courtesy of Professor Ganna Pogrebna.

もっと知りたい！　pp.316-17

p.316t British Library; p.316c Wikipedia (Public Domain); p.316b Wikimedia/2012rc; p.317t Library of Congress, Washington, D.C.; p.317c Courtesy of marieneurath.org; p.317b Free material from gapminder.org.

もっと知りたい！

もし、この図鑑がきっかけでインフォグラフィックに興味がわいたなら、人間が数千年にわたり、インフォグラフィックをつくり続けてきたことを知ってうれしくなるはず。インフォグラフィックは数えきれないほどあり、それぞれが独自のおもしろいストーリーを視覚的に伝えます。手始めに有名な例をいくつか紹介しましょう。

敦煌星図　紀元700年ごろ

これは知られている最も古い星図で、望遠鏡が発明されるよりも何百年も前に作成された。中国の敦煌の石窟から、数万点の古代の書物といっしょに発見された。

フローレンス・ナイチンゲールの戦争の死因分析図　1858年

イギリスの看護師フローレンス・ナイチンゲールは、病院に清潔さと衛生が重要であることを政治家に納得させるため、「ローズ・ダイアグラム」と呼ばれるインフォグラフィックを作成した。ナイチンゲールが勝ち取った公衆衛生の改善により、数え切れないほどの命が救われた。くわしくは www.britannica.com/biography/Florence-Nightingale

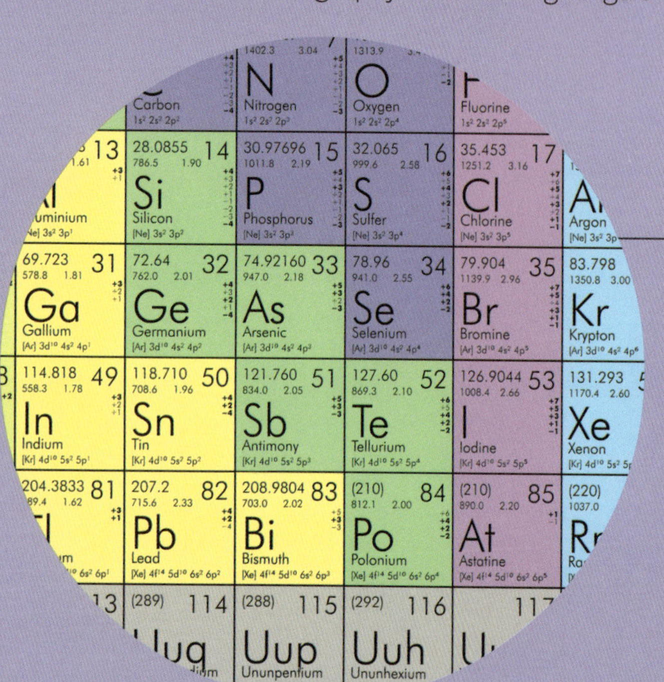

N Nitrogen
O Oxygen
Fluorine
Carbon
28.0855 14 Si Silicon
30.97696 15 P Phosphorus
32.065 16 S Sulfer
35.453 17 Cl Chlorine
Argon
69.723 31 Ga Gallium
72.64 32 Ge Germanium
74.92160 33 As Arsenic
78.96 34 Se Selenium
79.904 35 Br Bromine
83.798 Kr Krypton
114.818 49 In Indium
118.710 50 Sn Tin
121.760 51 Sb Antimony
127.60 52 Te Tellurium
126.9044 53 I Iodine
131.293 Xe Xenon
204.3833 81
207.2 82 Pb Lead
208.9804 83 Bi Bismuth
(210) 84 Po Polonium
(210) 85 At Astatine
(220)
(289) 114
(288) 115 Uup Ununpentium
(292) 116 Uuh Ununhexium

ドミトリ・メンデレーエフの元素周期表　1869年

宇宙のあらゆる物質は、基本の化学元素でできており、ロシアの化学者ドミトリ・メンデレーエフは、元素をならべる仕組みである「周期表」をつくった。メンデレーエフの周期表は、科学者が元素のふるまいを理解したり、まだ発見されていない元素の性質を予測したりするのにも役立つ。このイラストは現代版の周期表だ。くわしくは www.britannica.com/biography/Dmitri-Mendeleev

W・E・B・デュボイスの
ジョージア州(アメリカ)における黒人と白人の職業
1900年

W・E・B・デュボイスは社会に大きな影響をあたえたアフリカ系アメリカ人思想家であり、アメリカにおける黒人と白人の平等を求める運動の初期のリーダーだった。黒人アメリカ人のくらしについて人々の認識を正すために、約60点のインフォグラフィックをつくった。くわしくはwww.tableau.com/blog/how-web-du-bois-used-data-visualization-confront-prejudice-early-20th-century

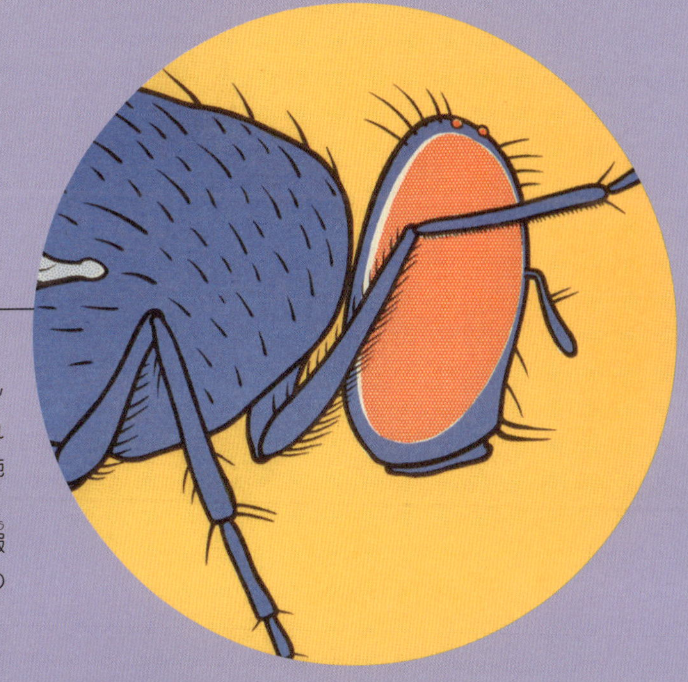

マリーとオットー・ノイラートの
アイソタイプ研究所　1940年代

ドイツ人とオーストリア人のデザイナー、マリーとオットー・ノイラートは、アイソタイプ研究所を設立した。これは、子どもたちに絵を使って教育することを目的とした施設だ。ノイラート夫妻のスローガンは「言葉は分裂させ、絵は団結させる」。2人はインフォグラフィックを使って情報を視覚的に伝える美しい本をつくり、そのテーマは植物の成長の仕組みから原子の構造までさまざまだ。くわしくはwww.marieneurath.org.

ギャップマインダー　2005年

スウェーデンの科学者と統計学者のチームによって設立されたギャップマインダー財団は、世界の富や社会、環境に関するデータとインフォグラフィックを使って、現代の世界に対する人々の理解を深めようとしている。ギャップマインダーのミッションは、「事実にもとづいた、だれもが理解できる世界観(世界についての見方)」を使って、無知やよくある誤解に挑戦することだ。くわしくはwww.gapminder.org

おすすめの本とウェブサイト

わたしたちの調査で役に立つと思った本とウェブサイトを紹介します。

本

『インフォグラフィックで見る138億年の歴史：宇宙の始まりから現代世界まで』ヴァレンティーナ・デフィリーポ、ジェイムズ・ボール著、北川玲訳、創元社、2014年

『世界の歴史大年表：ビジュアル版』DK社著、定延由紀、李聖美、中村佐千江、伊藤理子訳、創元社、2020年

『世界一おもしろいくらべっこ大図鑑』クライヴ・ギフォード著、小林玲子訳、河出書房新社、2019年

Harford, Tim, *The Truth Detective* (Wren & Rook, 2023)

Jenkins, Steve, *Animals by the Numbers* (Houghton Mifflin Harcourt Publishing Company, 2016)

Lowe, Stuart and North, Chris, *Cosmos: The Infographic Book of Space* (Aurum, 2015)

McCandless, David, *Knowledge Is Beautiful* (Harper, 2014)

New Scientist, *The Brain: Everything You Need to Know* (John Murray Publishers Ltd, 2018)

『「雲」の楽しみ方』ギャヴィン・プレイター=ピニー著、桃井緑美子訳、河出書房新社、2007年

Roberts, Professor Alice, *The Complete Human Body* (DK, 2016)

『世の中ががらりと変わって見える物理の本』カルロ・ロヴェッリ著、竹内薫監訳、関口英子訳、河出書房新社、2015年

『この地球にくらす：もしも世界がひとつの村だったら』デヴィッド・J・スミス著、シェラ・アームストロング画、的場容子訳、汐文社、2008年

Rendgen, Sandra, *History of Information Graphics* (Taschen, 2019)

Tufte, Edward R., *The Visual Display of Quantitative Information* (Graphics Press, 2001)

ウェブサイト

amnh.org(アメリカ自然史博物館)

atlasobscura.com(アトラス・オブスクラ)

bbc.co.uk(英国放送協会)

britannica.com(ブリタニカ)

earthobservatory.nasa.gov(NASAアース・オブザバトリー)

flightradar24.com(フライトレーダー24)

guinnessworldrecords.com(ギネスワールドレコーズ公式サイト、日本語あり)

iucnredlist.org(国際自然保護連合の「IUCN絶滅危惧種レッドリスト」、日本語あり)

livescience.com(ライブ・サイエンス)

marieneurath.org(マリー・ノイラート公式ページ)

metoffice.gov.uk(メット・オフィス)

nasa.gov(NASA)

nationalgeographic.com(ナショナルジオグラフィック、日本語版サイトはnatgeo.nikkeibp.co.jp)

ncbi.nlm.nih.gov(アメリカ国立医学図書館)

newscientist.com(ニュー・サイエンティスト)

nhm.ac.uk(ロンドン自然史博物館)

ourworldindata.org(アワ・ワールド・イン・データ)

pnas.org(米国科学アカデミー紀要)

si.edu(スミソニアン協会)

statista.com(スタティスタ)

usgs.gov(アメリカ地質調査所)

索引

あ

アイスランド　64
アイン・ドバイ 271
アカガオクロクモザル 140
赤ちゃん
生まれる 256
子宮の中 246-7
睡眠 197
頭蓋骨 208-9
妊娠 246-7
骨 208-209
アカボウクジラ 103
あご
筋肉 209-10
骨 206, 209
アコーディオン 291
アザラシ 198
脚
筋肉 210
骨 206-7
足、骨 206
アジア 61, 182-3, 253
～における初期の人類の移動 132-3
人口 135
熱帯雨林の消失 141
南アジアと東南アジア 97, 101
野生のウマ 137
アジアゾウ 198, 232
汗 228
アタカマ砂漠 282
圧覚(触覚) 237
圧力、大気の 83, 94-5
アデニン 242
アトラスV 278
アドワイチャ 199
アナトリア 136
アヒル 137-9
アブミ骨筋 210
アブミ骨 207, 210
アフリカ
極端な気温で生き残れる動物 182-3
初期の人類 132
人口 134
地表にしめる割合 61
アフリカゾウ 148, 161, 171, 176, 196
アフリカプレート 66
アフリカン・ジャイアント・アースウォーム 131
アポロ計画ミッション 32-3
アポロ 32
アマゾン熱帯雨林 141
アマゾン川 76
天の川銀河、天の川 40, 282
～からいちばん近い銀河 41
観測可能な宇宙の中での位置 14-15
たて座UY星 43
超大質量ブラックホール 46
～の形成 13
～の中の生命が存在できる星 18
アムール川 77
雨 86, 87
砂漠 90-91
48時間の降水量の最高記録 89
アメリカ
オリンピック 284-5
宇宙開発　32-3
宇宙望遠鏡 282-3
オオカバマダラ 187
火山 65
観測史上最高の気温 88
菌糸体のネットワーク 128
最長の稲妻 93
最長の川 76
最長の洞窟 78
12か月間の降雪量の最高記録 88
初期の人類 133
人口 134
世界一高い木 119
世界一長い道路 270
世界一長いトンネル 270
世界一太い木 118
パンアメリカン・ハイウェー 270
無着陸世界一周飛行を果たした最初の飛行機 277
印刷 288
アメリカシロペリカン 160
アラオアカエイ 173
嵐 94-5
名前をつける 95
予測 188
アラスカ 64, 97, 270
アラスデア・レイ 134
争い、損失 262-3
アラダー・ゲレビッチ 285
アラビアプレート 66
アラビア語 294
アラブ首長国連邦 98, 270-71
アラン・ユースタス 83
アリ 176
サバクアリ 182
ハキリアリ 177
アリエル 23
アリカ、チリ 88
アルゲンタヴィス 161, 163
アルゴン 83
アルゼンチン 93, 270
アルゼンティノサウルス 163
アルタイ山脈 77
アルダブラゾウガメ 199
アルテミス計画 33
アルパカ 136
アンコール・ワット 271
暗黒惑星 53
アンゴラコロブス 173
アンデスコンドル 160
アンデス山脈 76, 183, 187
アンドロメダ銀河 15, 41
アントワーヌ・ド・サン=テグジュペリ 『星の王子さま』289
アンモニア 227

い

胃 220-22
イアペトス 23
イーロン・マスク 35
イエローストン・カルデラ、アメリカ 65
イエローメランティ 119
イオ 23
イカディプテス 185
生き残り 108-11
イギリス 274, 275, 284, 289
池谷・関彗星 48
イザベラ・タイガー・モス(ガ)の幼虫 182
イタスカ湖 76
板チョコ 257
イタリア 65, 284, 286
いて座A* 46
遺伝暗号 243
井戸、飲み水 253
田舎 253
稲妻 92-3
雷雨までの距離 93
イヌ
犬笛 233
狂犬病 192
視覚 235
寿命 198
睡眠 197
～の飼いならし 136
犬笛 233
イヌワシ 160, 178, 194
衣服 264
医薬 266-7
イラク 265
イリエワニ 164
イリュージアーメゾンノゴースネジナヤ洞窟群 79
イルカ 188, 196, 241
入れかわり 244-5
色 234
印刷 265, 288-9
隕石 48
インターネット 253, 267
インド 89, 134, 199, 260-61, 271
インド・オーストラリアプレート 66, 101
咽頭、喉 220-22
インドゾウ 247
インドネシア 65, 97, 141
インド洋 60, 97
インド洋津波 97

インフルエンザ 262

う

ヴィクター・ヴェスコヴォ 103
ウィラード・ウィガン 292-3
ウィリアム・シェークスピア 23
ウイルス 114, 217
ウィルソン山 282
ウインドケーブ 78
ヴェラ・C・ルービン天文台 283
ヴェロフキナ洞窟 79
ウガンダ 76
ウサイン・ボルト 178-9
ウサギのふん 170
ウシ
コブウシ 136
コブなしウシ 136
睡眠 196
世界の家畜の数 138
世界の食肉の生産量 139
ウスイロユアギグモの仲間 158
宇宙
宇宙開発 32-3
観測可能な宇宙 14-15, 54
宇宙空間 82, 278
宇宙ごみ 280-81
～で最も速いもの 40-41
～の終わり 54-5
～の地図 14-15
～の膨張 54-6
～は何からできているか 54
ビッグバン 12-13
望遠鏡 282-3
ロケット 278-80
わたしたちは宇宙のどこにいるか 14-15
宇宙カレンダー 13
宇宙船
～とブラックホール 46
スペースシャトル・チャレンジャー号 34
宇宙探査機 26, 36
最速の宇宙探査機 40
宇宙のインフレーション 54
宇宙の地図 14-15
宇宙飛行士 278
宇宙に行った最初の人間 34
～の性別 35
ウッド・ワイド・ウェブ 128-9
ウッドレイ・クレーター 49
腕の骨 206
ウナギ 188
ウバザメ 165
ウマ
おしっこ 227
家畜の数 138
食肉として 139
睡眠 196
妊娠 247
～の飼いならし 137
海 27
1秒間に海に流れていくペットボトルの数 257
～上のハリケーン 94
海水面 109
水力 142
地表にしめる割合 60, 72-3
月と潮の満ち干 27
津波 96-7
～にすむ植物プランクトン 116
～の形成 63
～の最も深いところ 89
氷山 74-5
水循環 87
海貝 158
ウミガメ 188
海の巨大な動物 164-7
ウミヘビ 190
うみへび座 29
ウルグアイ 93
ウロクローム 227
うんち, ふん
世界最大の 170-71
動物 126, 142, 170-71
7タイプのうんち 225
人間、ヒト 205, 220, 224-5, 257
バイオマスとして 142
ブリストル便形状スケール 225
ふんの法則 170
運動
筋肉 205-6, 210
子宮の中での成長 246
心拍数 219
脳 237
縫工筋 210
ウンブリエル 23

え

エイ 149, 173, 188
永久凍土 73
英語 294
衛星 14, 16, 22-3
HAT-P-7B(系外惑星) 53
HD 100546 B(系外惑星) 53
HD 189733 B(系外惑星) 52
栄養、栄養分 216, 220
エウロパ 23
エウロパ・クリッパー 56
液体燃料ロケット 266
エクアドル 88
エコーロケーション(反響定位) 188
エジプト 98
エストニア 285
X線 207-9, 266
肺 215
エッジワース・カイパーベルト 48
エッフェル塔 98
エド・ホーキンス教授 145
エドモンド・ヒラリー 100
エナメル質 206
エニセイ 279
エニセイ川 76
N1 278
エネルギー 54, 264-7
エネルギー資源 142-3
エビ 115
エピオルニス 195
エピオルニス科 195
エベレスト 89, 98-102
エベレストの登山者 100
絵文字 295
エラスモサウルス 165
エリソン・S・オニヅカ 34
エリック・ヴァイエンマイヤー 100
エンケラドス 23
エンジェルフォール、ベネズエラ 77, 99
塩水 51, 73
遠地点 25
エンパイア・ステート・ビル 77
塩分 227

お

横隔膜 212-3, 215
オウギワシ 140, 176
オウサマペンギン 185
黄色矮星 37
黄熱 193
オオアナコンダ 162
オオアリクイ 172
大型双眼望遠鏡 283
オオカバマダラ 187
おおぐま座 28
オーストラリア 61, 118, 133, 283
オオセンザンコウ 172
オオソリハシシギ 186
オオバゴムノキ 118
オーボエ 291
オオミミトビネズミ 173
オオミヤシ 126-7
オールトの雲 48
オーロラ 84-5
お金 258-9
世界の富 258
10億ドル 259
戦争による損失 262-3
100万ドル 259
歴史上1番のお金持ち 259
オキアミ 170
オサガメ 186, 194
おしっこ 205, 226-7
子宮の中での発達 246
成分 227
量 226
おしべ 122
おしり 210
オセアニア 253
人口 135
オゾン層 82
オックス・ベル・ハ洞窟群 78
音 207
～と光 41

〜の速さ 92, 275
音波 103
子宮の中での発達 246, 247
周波数 232-3
大人
一生の鼻水の量 223
おしっこ 226-7
おなら 224
血液 217
心拍数 219
睡眠 197
頭蓋骨(とうがいこつ) 209
歯 206
肺容量 214
皮膚の表面積 229
骨 206-9
おとめ座 29
オナガサイチョウ 140
おなら 224
オニイトマキエイ 164
オニオオハシ 140
オビ川 77
オフセット印刷機 288
オフタルモサウルス 164
オプティミスティチナ洞窟 78
オベロン 23
重さ
家畜の総体重 139
血液の 217
炭素の 114-15
おもちゃ、レゴ 272-3
オリオン座 28
オリンピック 283-6
オルドビス紀とシルル紀の境界となる
大量絶滅 109
オレゴン州 128
音響測深機 103
温室効果ガス 142
温暖化 109-110, 145
温度
稲妻の周りの空気の 92
体 205, 228
観測史上最高の 88
観測史上最低の 89
サハラ砂漠 90
上昇 144-7
太陽の中心核の 36
地球の気温 61, 88-9
南極の砂漠 90
熱圏の 82
惑星の 18-19
温度受容感覚 188

か

カ(蚊) 192-3
ガ 122, 232
カーズウェル空軍基地 277
カービング、氷河の 75
カーマンライン 278
海王星 17, 25, 48
衛星 22
太陽からの距離 19
太陽の光がとどくまでにかかる時間 41
〜の温度 19
外眼筋 211
皆既 30-31
外気圏 82
海生節足動物 115
海生爬虫類 164-7
カイチュウ 192, 243
海底、石油の採掘 102
海氷 146-8
カイメン 175
海洋地殻 62
カエル 149, 159
カナダアカガエル 182
クロミズカキトビアオガエル 140
ゴライアスガエル 194
チリキ・ハーレクイン・フロッグ 111
ミュータブル・レイン・フロッグ 191
家禽 138-9
核
太陽の 36
地球の 62-3
書く 252, 288
拡張現実 267
核融合反応 36
カクレクマノミ 194
下弦の月 27
花崗岩 62
火山 78, 96, 182
火山爆発指数 64-5
火山噴火 64-5, 110
環太平洋火山帯 66-7
最も高い火山 99
火山灰の雲 64-5
カシオペヤ座 28
果実 127
ガス、気体 16, 36-7, 65, 142-3
風 94-5
種子を遠くへ運ぶ 126
風力 142-3
火星 16, 24, 51, 62
衛星 22
〜の温度 18
火成岩 68-9
化石 69, 112-13
恐竜 112-13
人間の化石 132
化石燃料 111, 142
ガソリン 142
肩 206
下大静脈 216
カタツムリ 115
最小の 158
ベトナミーズ・ケイヴ・スネイル 158
カタトゥンボ川 93
家畜 115, 136-9
世界の家畜の数 138
世界の食肉の生産量 139
楽器 290-91
活字 288
滑石 70-71
括約筋 224, 226
家庭分野の発明 264-7
可動活字 288
ガトリング砲 266
カナダ 187, 282
カナダアカガエル 182
カナリア 194
カナリア諸島 283
カナリー大型望遠鏡 283
カニ 115
タカアシガニ 164
ガニメデ 23
ガの幼虫 182
カバ 149, 161, 172, 192
カビ 114
カブトムシ 177
花粉 122
紙 141, 265
神の矢 278
かむ 209-10
かむ力 210
カメレオン 190
ナノ・カメレオン 159
ロゼット・ノーズド・カメレオン 172
カモノハシ 188, 194
火薬 265
カラ海 76-7
ガラス 52, 265
ガラパゴスペンギン 185
カリスト 23
カリバチ 122
寄生性の 158
カリフォルニアネコザメ 195
カリフォルニア州 187
カリブ海 95, 103
カリブプレート 67
カルシウム 44
川 73, 76-7, 87, 142
ガン(鳥) 198
がん、皮膚 82
灌漑 265
感覚
動物 188-9
ヒト 236-7
管楽器 291
カンガルー 160, 180-81, 198
環境汚染 149
環形動物 115
汗孔 228
ガンジス川 260-61
感情 229
岩石 48-9, 51, 64-5, 114
岩石サイクル 68-9
〜の種類 68-9
〜を読みとく 68-9
鉱物 70-71
洞窟 78

プレート 66
汗腺 228
感染症 205
肝臓の細胞 245
桿体細胞 234-5
環太平洋火山帯 66-7
広東語 294
カンボジア 271
顔料 264

き

木
　ウッド・ワイド・ウェブ 128-9
　気候変動 141
　世界一高い木 98, 119
　世界一太い木 118
　熱帯雨林 140-41
　病気の木や枯れかけた木 128
気圧 83, 94-5
器官 204-5
気管 212-3
器官系、人体 205
機関車、鉄道 266, 270
　高速 274
機関銃 262, 266
ギガントピテクス 160, 163
利き手 252
気候変動
　化石燃料と 142
　森林破壊と 141
　絶滅危惧種 148-9
気象 82, 88
　稲妻と雷鳴　92-3
　風　94-5
　最大の降雪量 88
　サハラ砂漠 90-91
　南極の砂漠 90-91
　最も重いひょう 89
　最も高い気温 88
　48時間の降水量の最高記録 89
キジリオオミミマウス 183
キジル市 76
寄生 115
　寄生性のカリバチ 158
　寄生虫 192-3
ギター 291
北アメリカ 61, 182, 253, 270
　野生のウマ 137
　人口 134
　～における初期の人類の移動 133
北アメリカプレート 67
キタオポッサム 246
北太平洋 77
北朝鮮 271
北半球 28-9, 253
キツネ 198
　フェネック 182
　ホッキョクギツネ 191
キツネザル 122
　ワオキツネザル 173
キティブタパナコウモリ 159
キヌタ骨 207
キノコ 114, 129
キミミインコ 149
吸気、息を吸う 212, 215
救急車のサイレン 233
ギュスターブ・エッフェル 98
競泳 284, 287
　最速の動物 178
　最速の人間 178
境界 66
狂犬病 192
峡谷 76
凝縮 87
強制収容所 263
協調運動 237
恐竜 162-3
　化石 112-13
　絶滅 13, 49, 96, 111
　卵 195
　最も背が高い 98
キョクアジサシ 187
局所銀河群 15
巨大ガス惑星 17
巨大な恒星の一生 37
巨大氷惑星 17
巨大マゼラン望遠鏡 283
巨木層 140
魚類　115
　形を変える 191
　硬骨魚類 111
　最小の 159
　最速の 178
　寿命 198
　初期の 13
　絶滅 111
　卵 194
　聴力 232
　ピラニア・ナッテリー 140
　最も深いところを泳ぐ 103
　ロングジョー・シスコ 111
　渡り　186-8
キラウエア、ハワイ 64
霧 86
ギリシャ神話 28
キリン 169
　危急種として 148
　舌 172
　しっぽ 173
　寿命 198
　睡眠 196
　世界一背の高い陸生動物 98, 160
　体重 161
菌 114
　ウッド・ワイド・ウェブ 128-9
　世界最大の菌類 128
金 44, 224
銀河 54, 283
　天の川 13-15, 18, 40-41, 43,
　46, 282
　アンドロメダ 15, 41
　超大質量ブラックホール 46
　ビッグリップ 55
菌糸 129
菌糸体 128-9
金星 16-17, 22, 24
　～の温度 18
　太陽からの距離 19
近地点 25
筋肉 205-6, 210-11
　あご 209
　動きの速い筋肉 211
　横隔膜　212-3, 215
　強力な筋肉 210
　筋組織 204
　筋肉系 205
　酸素をとどける 216
　柔軟性のある筋肉 211
　舌骨 207
　～の細胞 245
　最も大きい筋肉 210
　最も小さい筋肉 210
　最も長い筋肉 210

く

グアニン 242
クケナン滝、ベネズエラ 77
クジラ　188
　アカボウクジラ 103
　コククジラ 186
　ザトウクジラ 187
　シロイルカ 233
　シロナガスクジラ 74-5, 164, 166-7,
　170-71
　睡眠 196
　マッコウクジラ 167, 213
口 212-3, 220-22
グフル・ミロルダールシアン・ブークリエ
洞窟群 79
首の骨 206
クマ 169, 176
　ヒグマ(グリズリー) 176
　マレーグマ 140, 172
クマバチ 194
クマムシ 158, 182-3
クモ 115, 188, 192
　ウスイロユアギグモの仲間 158
　最小のクモ 158
雲 15, 82, 86-7
クラカタウ、インドネシア 65
クラカタウ火山津波 97
クラゲ 108, 115, 186, 190, 200
グラハム山 283
グラフェン 267
クラリネット 291
クリアウォーター洞窟群 78
グリーンランド 73
クリス・ボシュイゼン 35
クリストファー・フェルナンデス博士 152
クリストファー・ジャクソン教授 104

- クリスマスツリー 266
- クリプトビオシス 183
- クルベラ洞窟 79
- クレア・スミス教授 248
- クレーター 49
- クロアチア 183
- クロウタドリ 194, 198
- クロミズカキトビアオガエル 140
- 群島 271
- クンブメーラ 260-61

け

- 毛
  - 毛 228
  - 成長 244
  - 生えかわり 245
  - まつ毛 230-31
- 系外惑星、太陽系外惑星 52-3, 282
- 京杭大運河 270
- 芸術作品 264
- 携帯電話 267
- ゲーム 265
- けが 217, 228
- 血圧 216
- ケツァルコアトルス 161, 163
- 血液
  - ウロクローム 227
  - 栄養分の吸収 220
  - カ(蚊) 192
  - 血液の成分 217
  - 血漿 217
  - 血小板 217
  - 循環器系 205, 216-7
  - 心臓 204, 211
  - 腎臓 226
  - 赤血球 217, 245
  - 白血球 217
  - 量 217
- 血管
  - 種類 216
  - 循環器系 212
  - 静脈 216
  - 心臓 218-9
  - それぞれ異なる太さと走り方 205
  - 動脈 216
  - 長さ 217
  - 皮膚の下 228
  - 毛細血管 216
- 血管系 216-9
- ケック望遠鏡 282
- 結合組織 204
- 結晶 62, 68
- 血漿 217
- 血小板 217
- 月食 26, 30, 31
- 齧歯類 136
  - 寿命 198
- ケレス 50-51
- 巻雲 87
- 弦楽器 291
- 言語 237, 294-5
  - 文字言語 265
- 原材料 264-7
- 検索エンジン 267
- 原子 54
  - ビッグリップ 55
- 原子爆弾 267
- 原子力エネルギー 143
- 原生生物 114
- 巻積雲 87
- 元素 12, 44-5
- 巻層雲 86
- 建築材料 141
- 鍵盤楽器 291
- 顕微鏡 266
- 玄武岩 62

こ

- コアラ 197
- コウイカ 190
- 黄河 77
- 郊外 253
- 工学の傑作 270-71
- 高気圧 94
- 光球 36
- 咬筋 210
- 光合成 116-17, 141
- 硬骨魚類 111
- 恒星、星 12, 15, 54, 282-3
  - 巨大な恒星の一生 37
  - 元素 44-5
  - 恒星ブラックホール 46
  - 星図 28-9
  - 大質量星 45-6
  - たて座UY星 43
  - 低質量星 45
  - 流れ星 82
  - 白色矮星 45
  - 爆発する 45
  - ビッグリップ 55
  - プロキシマ・ケンタウリ 41, 52
  - 星空の地図 28-9
  - 星の苗床 38-9
  - 惑星と恒星 18, 22
- 抗生物質 266
- 恒星ブラックホール 46
- 高積雲 86
- 酵素 220
- 高層雲 86
- 高層ビル 77, 96, 98
- 甲虫 176
  - カブトムシ 177
  - ゴールデン・トータス・ビートル 191
  - ～の種の数 156
  - フンコロガシ 177
- コウテイペンギン 148, 182, 184-5
- 後頭葉 237
- 硬度、モースの硬度計 70-71
- 後脳 236
- 鉱物 81, 224
  - 硬さの測り方 70-71
- 酵母 114
- コウモリ 122, 188, 233
  - キティブタバナコウモリ 159
  - トビイロホオヒゲコウモリ 197
  - ハナナガヘラコウモリの仲間 172
- 肛門 220-21, 224
- 氷 73
  - 動物と 182
  - 飛行機雲 86
- ゴールデン・トータス・ビートル 191
- コオロギ 233
- 呼気、息を吐く 213, 215
- 呼吸 210, 212-5
  - 息を止める 213
  - 吸気、息を吸う 212, 215
  - 呼気、息を吐く 213, 215
  - 呼吸器系 205
  - 舌骨 207
- 呼吸器系 205, 212-3
- コククジラ 186
- 国際宇宙ステーション 267
- 黒色矮星 37
- 極超巨星 43
- コクホウジャク 173
- 穀物 142
- ココスプレート 67
- ココナツ 126
- 古細菌 114
- 腰の骨 206
- 古箏 291
- 骨格 206-7
  - 骨格系 205
  - 骨の数 206, 208
- 子ども
  - 頭蓋骨 208-9
  - 歯 206, 209
  - 皮膚の表面積 229
- ゴパルガンジ、バングラデシュ 89
- コマダラキーウィ 195
- ごみ、宇宙ごみ 280-81
- コミュニケーション、伝達 265-7
- ゴライアスガエル 194
- 娯楽 265-7
- コランダム 70
- ゴリラ 176, 227, 243
  - ニシゴリラ 148
- ゴルディロックス・ゾーン 18-19
- コロナ 36
- コロンビア 64
- コロンビアマンモス 160, 163
- コンクリート 266
- コンゴ川 77
- コンゴ民主共和国 76
- 昆虫 115
  - 最小の 158
  - 種 157
  - 寿命 198
  - 初期の 13
  - 送粉者 122

卵 194
渡り 186
コンピューター 267
人工知能 268-9

さ

サイ 198
シロサイ 148
細菌 114, 228
胃酸 220
うんちの中 224
白血球 217
鼻水 222
皮膚 228
採鉱 264
世界一深い鉱山 271
再生可能エネルギー 142
彩層 36
細胞 204
入れかわり 244
肝臓の細胞 245
筋肉の細胞 245
脂肪細胞 245
心臓の細胞 245
死んだ細胞 224
DNA 242
ニューロン 238
脳の細胞 245
肺の細胞 245
骨の細胞 245
眼の細胞 234-5
サイレン 233
サウロポセイドン 98
サク・アクトゥン洞窟群 78
サクソフォーン 291
作物 126, 136, 141
サケ 188
鎖骨 215
サザーランド、南アフリカ 283
ササラダニ 177
サソリ 115
サターンV 278
雑食動物 169
ザトウクジラ 187
砂漠 88, 90-91
動物 158, 182
サバクアリ 182
サハラ砂漠 90-91, 182
サファイア 53
寒さ 228
サメ 149, 169, 188, 192-3
ウバザメ 165
カリフォルニアネコザメ 195
シュモクザメ 189
ジンベイザメ 102, 167
先史時代の 167
ニタリ 173
ホホジロザメ 164
左右相称 174-5
サラ(チーター) 179
サル 169
アカガオクロクモザル 140
ジェフロイクモザル 173
しっぽ 172-3
サルマ洞窟 79
酸 220, 222
残骸、タイタニック号 102
サンゴ 115
サンゴ礁 149
30メートル望遠鏡 283
三畳紀とジュラ紀の境界となる大量絶滅 110
サンスクリット語 101
酸素
うんちの中 224
海水中の 109
血液 216-9
成層圏 82
地球の大気中の 13, 60, 63, 117
人間の体内の元素 44
爆発する大質量星 45
～はどこから来るか 116-7
わたしたちが吸い込む空気、空気を吸う 83, 212
酸素大発生 117
ザンビア 77
サンランド・バオバブ 118

し

死 254-5, 257
戦争による損失 262-3
動物を原因とする死 192-3
シアノバクテリア 63, 117
CRH380BL(鉄道車両) 274
GJ1214B(系外惑星) 52
シイラ 178
ジェイムズ・G・ギャラガー 277
J・R・R・トールキン『指輪物語』289
J・K・ローリング『ハリー・ポッターと賢者の石』289
ジェームズ・ウェッブ宇宙望遠鏡 39, 283
ジェームズ・オダナヒュー博士 56
ジェットエンジンを備えた自動車 275
ジェフ・ベゾス 35
ジェフロイクモザル 173
ジェミニ南望遠鏡 282
ジェミニ北望遠鏡 282
ジェンツーペンギン 185
潮の満ち干 142
月と 27
紫外線視覚 188
視覚 234
磁覚 188
視覚情報の処理 237
ジカ熱 193
磁気圏 21
識字 252
軸索 239
死者の日 255
耳小骨 207
事象の地平面 46
地震 66, 78, 96, 100, 233
舌 172, 211
シタール 291
シチメンチョウ 138-9
しっぽ 172-3
自転軸 16
自転車 266, 270
自動車 142
1秒間の販売台数 256
ガソリン 142
高速 275
発明 264-7
シトカトウヒ 119
シトシン 242
死の収容所 263
磁場 21, 188
指標生物 149
シブドゥ洞窟 264
シベリア鉄道 270
脂肪 170, 220, 224
脂肪細胞 245
刺胞動物 115
島 61
絞め殺しのイチジク 118
ジャイアントパンダ 149, 171
ジャガー 140
ジャコウウシ 176
シャスタサウルス 167
シャチ 75, 165, 169
ジャマイカ 285
車輪 265
ジャン・ベルナール洞窟 79
上海 261
上海ワールド・フィナンシャル・センター 77
種、知られている種は何種あるか 156-7
銃 262, 266
銃器 265
獣脚類の恐竜 162
宗教的祝祭 260-61
住血吸虫症 193
十三夜の月 26
自由の女神 279
周波数 232-3
十八夜の月 27
重力、引力 37, 63, 278
エンケラドスでの 23
重力の法則 54
ダークマターと 54
月 27
ブラックホールと 46-7
水循環 87
ジュエルケーブ 78
祝祭 255, 260-61
主系列星 37
種子 13, 122, 126-7
種子はどうやって運ばれるか 126
世界一重い種子 127

手術 267
樹状突起 239
受精 122
シュバシコウ 160
ジュピター(セコイア) 118
受粉 122-3
寿命 198-9
シュモクザメ 189
循環器系 205, 216-7
心臓 211, 218-9
巡礼 259, 260-61
準惑星 14, 16
衛星 22
ケレス 50-51
冥王星 16, 22, 48, 51
嫦娥1号 32
消化器系 205, 210, 212
うんちとおなら 224-5
消化管 220-21
消化管の長さ 221
食べ物の消化 220
水の吸収 226
蒸気機関 266
上弦の月 26
小腸 220-21
鍾乳石と石筍 80-81
小脳 236-7
蒸発 87
上皮組織 204
静脈 216
小葉 121
小惑星 14, 16, 48-9
衛星 22
ケレス 50-51
最大の小惑星 50-51
地球への最大の衝突 49, 96, 111
2パラス 50
10ヒギエア 50
4ベスタ 50
小惑星帯 17, 51
ジョージア 79
ショーナ・ミラー=ウイボ 285
食 30-31
食道 220-21
食肉 139
植物 13, 114
ウッド・ワイド・ウェブ 128-9
海生植物 116
気候変動 141
種子 126-7
受粉 122-3
熱帯雨林 140-41
植物プランクトン 116
食物繊維 220
食料、食物 137, 264-7
消化 205, 210, 220
女性
宇宙飛行士の人数 35
はじめて宇宙に行った 34
はじめてエベレストに登頂した 100
はじめて月に行く 33
触覚 228, 229, 237
シロアリ 172
シロイルカ 233
シロカジキ 178
シロサイ 148, 160
シロナガスクジラ 74-5, 164, 166-7
食べ物 170
ふん 170-71
深海層 103
深海の海溝 183
『新華字典』 289
真空 82
~中の光 40
神経系 205, 234
神経組織 204
新月 26-7
人口 134-5, 252-4
オリンピックのメダル獲得数 vs. 人口 285
人類、人 133, 272-3
レゴのミニフィギュア 272-3
人工衛星 82, 280
人工知能(AI) 267-9
シンセサイザー 291
心臓 211, 228
子宮の中での発達 246
循環器系 204, 211, 216
静脈と心臓 216
心臓の細胞 245
心拍数 218-9
動脈と心臓 216, 218
毛細血管と心臓 216
腎臓 226
靭帯 207
人体をつくり上げる積み木のような細胞 204-5
ジンバブエ 77
シンバル 291
新聞の印刷 288
ジンベイザメ 102, 167
森林、森
酸素と森林 116
熱帯雨林 140-41
熱帯雨林の層 140
森林破壊 111, 141
人類、ヒト 115, 132-5, 157
今、人類はどこに住んでいるか 134-5
月面に立った 32-3, 56
最初の人類 132
最速のランナー 179
寿命 198
初期の人類の移動 132-3
人口 133
人体の中の元素 44-5
睡眠 196-7
総体重 130
食べ物 169
地球上で最も危険な哺乳類 193
強さ 176
~と絶滅の危機にある動物たち 148-9
~にとっていちばん危険な動物 192-3
~の進化 13

す

スイギュウ 137-9
水車 265
水星 16, 22, 24
太陽からの距離 19
~の温度 18
彗星 14, 16, 48-9, 54
スイセン 243
水素 12, 36-7, 44-5, 83, 224
錐体骨 207
錐体細胞 234-5
水中 78, 102-3
綏陽双河洞 78
水力 142
スウェーデン 285
頭蓋骨
成長する頭蓋骨 209
骨 206-9
スカイダイビング 83
スキューバダイビング、最も深い 102
スコシアプレート 67
スターシップ 279
スタンホープ印刷機 289
スパゲッティ化 46
すばる望遠鏡 282
スピカ 29
スプリングボック 179
スペイン語 294
スペース・ローンチ・システム(SLS) 279
スペースシャトル・チャレンジャー号 34
スポーツ 284-7
スマートスピーカー 267
スマートフォン 267
スマトラオランウータン 148
スラストSSC 275
3Dプリント 267

せ

星雲 37-9
星座 28-9
セイシェル諸島 127
聖書 293
生殖器系 205
成層圏 82
セイタカユーカリ 119
成長 212
正長石 70
生物多様性の消失 111
生物の分類 114-15
セーザル・シエロ・フィーリョ 178
世界一大きい観覧車 271
世界一大きい寺院 271
世界一高い像 271
世界一長い運河 270

世界一長い鉄道 270
世界一長い道路 270
世界一長いトンネル 270
世界一長い橋 270
世界一深い地下鉄網 271
世界気象機関 95
世界の富 258
積雲 86
石英 70
赤色巨星 37
赤色超巨星 37
脊髄 204
石炭 142-3
石柱 80-81
脊椎動物 115, 157
赤道 60-61
赤面 229
石油 142-3
　～の採掘 102
積乱雲 87
セコイア 118-19
赤血球 217, 245
石膏 71
舌骨 207
節足動物 115
絶滅 148-9
　大量絶滅 108-111
　鳥類 111, 195
　動物 111, 157, 163
絶滅の危機にある動物 148-9
背骨 115, 157, 206
セルロース 224
セロ・アルマゾネス 283
セロ・パチョン 282-3
セロ・パラナル山 282
線形動物 115
先史時代の動物
　海生爬虫類 164-5, 167
　鳥類 161
　類人猿 160
戦車 177, 262
選手、アスリート
　オリンピック 284-5
　最速の 178-9
　パラリンピック 286-7
漸深層 103
潜水 102-3
戦争 193, 262-3
洗濯機 266
センチュリオン 119
前頭葉 236
前脳 236
1882年の大彗星 48

そ

ゾウ 169
　ふん 171
　アジアゾウ 198, 232
　アフリカゾウ 148, 161, 171, 176, 196
　インドゾウ 247
　おしっこに要する時間 227
　世界一重い陸生動物 160
　聴力 232-3
　強さ 176
　人間にとって危険な動物として 192
　妊娠 246-7
　脳の大きさ 240-41
　鼻 211
　マルミミゾウ 148
層雲 86
ゾウガメ 198-9
草食動物 169
層積雲 87
藻類 114, 116-17
測定 265-7
側頭葉 237
組織 204
ソビエト社会主義共和国連邦 32, 278, 284
ソユーズUロケット 278
空 82-3
　オーロラ 84-5
　雲 86-7
　～の色 63
　～の最大の動物 160-63
　大気 82-3

た

ダークエネルギー 54
ダークマター 54
タイ 159
第一次世界大戦 262
第1接触 30
ダイオウイカ 102, 165
体温 205, 228
大気、地球の 13, 278
　化石燃料と 142
　大気圧 83
　～の形成 63
　～中の酸素 116-17
　～中の水 73
　～の層 82
大気、太陽の 36
太鼓 291
第3接触 30
大質量星 37, 45
対称性 174-5
大西洋 60, 76-7, 103, 186
堆積岩 68-9
大赤斑 56
体操 284
大腿骨 207
タイタニック号 102
タイタン 23
大腸 220-21
大臀筋 210
大天頂望遠鏡 282
大動脈 216
第二次世界大戦 263
第2接触 30
大ピラミッド、ギザ 98
太平洋
　オサガメ 186
　初期の人類 133
　地球上でしめる割合 61
　地球で最も深い場所 89, 102-3, 183
　最も長い川 77
太平洋プレート 66-7
ダイモス 22
ダイヤモンド 70
太陽 14, 16-17
　オーロラ 85
　食 30-31
　彗星 48
　～から地球までの距離 19
　～から地球を保護する 20-21
　～と潮の満ち干 27
　～と月 26
　～とはどんなものか 36-7
　～の一生 37
　～の温度 18, 36
　～の形成 63
　～の光がアンドロメダ銀河までとどくまでの時間 41
　～の周りを回る地球の速度 61
　たて座UY星とくらべた大きさ 43
　地球の成層圏と 82
　地球の熱圏と 82
　中心核 36
　デルタIVヘビー 278
　水循環 87
太陽系 14-17
　～が宇宙を進む速さ 40
　～にある衛星 22
　～の形成 13, 48
太陽光発電 142-3
太陽風 21
太陽放射 21
第4接触 30
大陸 61, 108, 253
大陸地殻 62
対流圏 82-3
対流層 36
大量絶滅 108-111
唾液 220, 222
タカアシガニ 164
打楽器 291
滝 77, 99
竹 171
タコ 211
　マダコの仲間 194
　ミズダコ 164
　ミミックオクトパス 190
多細胞生物 13, 108
タタール海峡 77
ダチョウ 160, 179, 195
竪琴 291
たて座UY星 43

- 谷 76
- タブレット型コンピューター 267
- 田部井淳子 100
- 食べる 222
- 卵 194-5
- タマラ・ウォルコット 176
- ダム 87, 142
- 単一鏡 282
- 単細胞生物 13, 108
- タンザニア 76
- 誕生 254,256
- 淡水 72-5
- 炭水化物 220
- 淡水産巻き貝 193
- 炭素 44, 114-5, 224
- たんぱく質 170, 220, 224
- タンポポ 126
- タンボラ火山、インドネシア 65
- 丹陽—昆山特大橋 270

ち

- 小さな傑作 292-3
- 小さな動物 158-9
- チーター 179
- チェス 265
- チェラプンジ、インド 89
- チェロ 291
- 知覚 229
- 地殻 62-3, 69
- 地下水 73
- 地球 14, 16, 18-19, 278
  - 核 62-3
  - 最大の小惑星衝突 49
  - 砂漠 90-91
  - 自転軸のかたむき 60
  - 磁場 188
  - ～上の潮の満ち干 27
  - ～上の水 60, 72-3
  - 小惑星の衝突 49, 111
  - 食 30-31
  - 赤道での自転速度 61
  - 太陽からの距離 19
  - 太陽からの保護 20-21
  - 太陽と比較した大きさ 43
  - 太陽の光がとどくまでの時間 41
  - 太陽の周りを回る地球の速度 61
  - 大量絶滅 108-111
  - 地殻 62-3
  - 中心からの距離 62
  - 月 22, 24-7, 30-33, 56
  - ～での重要な出来事 13
  - ～で最も 88-9
  - ～で最も乾燥した場所 90-91
  - ～で最も高い場所 88, 98-9
  - どうして地球は特別なのか 18-19
  - ～の内側 62-3
  - ～の円周 60
  - ～の大きさ 60, 62
  - ～の形 60, 76
  - ～の気温 18-19, 61, 88
  - ～の形成 13, 54, 63
  - ～の質量 61
  - ～の紹介 60-61
  - ～の直径 60
  - ～の年齢 60
  - ～の周りを回る宇宙ごみ 280-81
  - プレート 66-7
  - マントル 62-3
- 地球の生き物 108-11
  - 多細胞生物 13
  - 単細胞生物 13
  - 複雑な生物 13
- 地球温暖化 109-11, 145
- 地球で最も乾燥した場所 90-91
- 地球で最も高い場所 88-9, 98-9
- チクシュルーブ・クレーター 49
- 地中海 76
- 窒素 44, 83
- 地表水 73
- チベット 89, 98
- チベット高原 76-7
- チミン 242
- チャールズ・ディケンズ『二都物語』289
- チャレンジャー海淵、マリアナ海溝 89, 102-3
- チャレンジャー号 103
- チャレンジャーII号 103
- 中間圏 82
- 中国
  - 印刷 288
  - 宇宙開発 32-3
  - 宇宙ロケット 278-9
  - オリンピック 284
  - 家畜のブタ 136
  - 川 76-7
  - 工学の傑作 270
  - 高速鉄道車両 274
  - 人口 134-5
  - 人口が多い都市圏 261
  - 星図 28-9
  - パラリンピック 287
- 中国語 294
- 中国の自治区 77
- 虫垂 220-21
- 中性子星 37, 282
- 柱頭 122
- 中南米 255
- 中脳 236
- チューバ 291
- チョウ 122, 169
  - オオカバマダラ 187
  - 対称性 174-5
  - モルフォチョウ 140
- 腸 220-21
- 超大型望遠鏡 282-3
- 超音波診断装置 267
- 聴覚 237
- 超巨星 43
- 長江 76
- 彫刻 292-3
- 超新星爆発 37, 45, 54
- 長征2号F 278
- 長征9号 279
- 超大質量ブラックホール 46
- 超電導リニアL0系 274
- 腸の粘膜 245
- 鳥類
  - 尾羽 173
  - 飼いならされた 137-9
  - 感覚 188
  - 最小の 159
  - 最速の 178-9
  - 最大の 160
  - 最長の翼開長 160
  - 舌 172
  - 初期の鳥類 13
  - 絶滅 111, 195
  - 絶滅の危機 149
  - 先史時代の 161
  - 卵 194-5
  - 聴力 232-3
  - 動物界 115
  - ドードー 111
  - ニワトリ 115, 137-9
  - 熱帯雨林 140
  - 標高の高い 183
  - フクロウ 211
  - 猛禽類 169
  - 渡り 186-7
- 直腸 220-21
- チリ 88, 97, 282-3
- ちり 16, 37, 48
- チリキ・ハーレクイン・フロッグ 111
- チリ地震津波 97
- チンチラ 247
- チンパンジー 196, 241
- チンボラソ山 88

つ

- ツーリズム、宇宙 35
- ツェツェバエ 192
- つかむ、にぎる 229, 247
- 月 22, 24-7, 278
  - 軌道 25
  - 食 30-31
  - ～と潮の満ち干 27
  - ～に立った人間 32-3, 56
  - ～の位相 26-7
  - ～の裏側 26
  - ～の形成 63
  - ～の探査ミッション 32-3
- ツチ骨 207
- 土
  - ～の中の細菌 114
  - ミミズと 130
- ツチムカデの仲間 183
- つながり、ニューロン 238-9
- 津波 96-7
- 角竜類の恐竜 162

爪 244
ツル 198

て

手
- つかむ、にぎる 229, 247
- 爪 244
- 骨 206

ディア・デ・ロス・ムエルトス（死者の日）255
TRES−2B（系外惑星）53
TGV 274
DNA 242-3
- 構造 242
- 長さ 242
- ヒトどうしのDNA 243

低気圧 94
ディジュリドゥ 291
ティターニア 23
鄭濤 287
デイビス山脈 282
底氷 73
低木層 140
ティラノサウルス・レックス 162-3
テキサス 93
デスバレー、アメリカ 88
鉄 44, 62
デビル・ワーム 183
デボン紀の大量絶滅 109
デラウェア導水路 270
デリー 261
デルタIVヘビー 278
テルミン 291
テレビ 266
電気 92, 142-3
電気受容感覚 188-9
電球 266
電子書籍 288
電子メール 257, 267
電子レンジ 267
テンジン・ノルゲイ 100
電信機 266
電池 266
天王星 17, 25, 56
- 衛星 23
- 太陽からの距離 19
- ～の温度 19

テンプル・フィグ 118
デンマーク 285
電話 266-7

と

ドイツ 284, 289
トイレ 257, 266
統一の像 271
トゥーレの木 118
陶器 264
東京 260-61, 286-7
道具 264-7
洞窟 78-9
洞窟学者 79
トゥゲラ滝、南アフリカ 77
頭頂葉 237
動物
- 海の巨大な動物 164-7
- おしっこに要する時間 227
- 確認されている最小の 159
- 化石 113
- 家畜 136-9, 141
- 感覚 188-9
- 極端に厳しい環境 182-3
- 呼吸 213
- 最強の 176-7
- 最速の 178-9
- 最大の 160-63
- 雑食動物 169
- 舌としっぽ 172-3
- ジャンプのチャンピオン 180-81
- 種 156-7
- 種子を遠くへ運ぶ 126
- 寿命 198-9
- 初期の 13
- 睡眠 196-7
- 世界一重い陸生動物 160
- 絶滅 111
- 絶滅の危機にある 148-50
- 世界一背の高い陸生動物 160
- 草食動物 169
- 対称性 174-5
- 卵 194-5
- 小さな動物 158-9
- 動物界 114-15
- 肉食動物 168-9
- 人間にとっていちばん危険な 192-3
- 妊娠期間 246-7
- 熱帯雨林 140-41
- 脳化指数 240
- ～の家畜化 136-9
- 微小動物 158
- 標高 183
- ふん 170-71
- 変身する動物 190-91
- 渡り 186-8

東北地方太平洋沖地震津波 97
動脈 216, 218-9
トウモロコシ 224
ドードー 111
ドーナー・ファー 119
トーマス・エジソン 266
トカゲ 122
- バルカンヘビガタトカゲ 173

トガリネズミ 198
特異点 12, 46
毒素 226
時計 265
都市、都市圏 253, 260-61
都市化 253
ドジョウ 188
土星 17, 25
- 衛星 23
- 太陽からの距離 19
- ～の温度 19

トド 149
トナカイ 198
トナ金鉱 183
トパーズ 70
ドバイ 98
トビイロホオヒゲコウモリ 197
跳ぶ 210
富 258-9
ドミノ 265
トラ 148, 169, 176, 197
どら 291
トライアングル 291
ドラド・キャットフィッシュ 187
トランジスター 267
トランプ 265
トリケラトプス 111-12, 162-3
トリトン 22
鳥肌 228
トルカ・デル・セロ洞窟 79
トルコ 136
ドレッドノータス 163
トロンボーン 291
ドワーフ・ミノー 159
『ドン・キホーテ』289
トンボ 198
- 大昔のトンボ 160

な

内燃機関 266
内分泌系 205
ナイル川 76
流れ星 82
ナキハクチョウ 195
泣く 247
NASA
- アポロ計画ミッション 32-3
- アルテミス計画 33
- 月探査ミッション 32-3
- パーカー・ソーラー・プローブ 40

ナスカプレート 67
ナチス 263
ナナフシ 194
ナノ・カメレオン 159
ナマコ 183
波 142
- 津波 96-7

ナメクジ 243
南極 60, 73, 75, 147
- 観測史上最低の気温 89
- 住んでいる人 132, 253
- 地表にしめる割合 61
- 動物 182
- ～で発見された恐竜の化石 112-13
- ～の砂漠 90-91
- ～の氷床 147
- 南極プレート 66-7
- 氷山 74-5
- 平均降水量 90

ペンギン 184-5
南極海 60
南極光 84
軟体動物 115

に

ニール・アームストロング 32, 34
におい 222, 236
肉食動物 168-9
二酸化炭素
光合成 117, 141
呼吸 212-3
赤血球 217
地球の大気 83
～濃度の上昇 110
ニシキヘビ 197
ニシゴリラ 148
二重らせん構造 242
二十六夜の月 27
ニタリ 173
ニッケル 62
日光 117, 126, 140, 143, 229
日食 30-31
日本 97, 132, 274, 284, 286-7
『二都物語』 289
日本語 295
ニュージーランド 133, 285
ニューファンドランド島 102
ニューロン 204, 238-9, 245
尿管 226
尿素 227
尿道 226
ニワトリ 115, 137-9, 194, 243
認識 237
妊娠 246-7

ぬ

沼 73

ね

ネコ
おしっこに要する時間 227
最初に飼いならされた 136
視覚 235
寿命 198
睡眠 197
聴力 233
脳化指数 240
ネズミ 136, 240, 243
キジリオオミミマウス 183
ネズミ(大型) 246
ネズミイルカ 233
熱 142
熱圏の温度 82
オーロラ 84-5
熱水噴出孔 114, 158, 182
熱帯雨林 140-41
～の消失 141
熱的な死 55
ネットゼロ 142-3
ネパール 89, 98
ネバドデルルイス火山、コロンビア 64
眠り、睡眠
動物 196-7
人間 197
眠り病 192
粘液 222-3
鼻水 222
粘菌 114
燃料 141-2
未来の燃料 143
年齢
動物 198-9
人間、ヒト 198, 244-5, 252

の

脳 204, 236-41
大きさ 240-41
おしっこと脳 226
桿体細胞、錐体細胞 234-5
構造 236-7
触覚と脳 229
ニューロン 204, 238-9, 245
～の細胞 245
脳化指数 240
農業 264
家畜 137-9
種子 126
農地 141
のび 246
ノミ 180-81
飲みこむ 207, 220, 222
ノルウェー 285

は

歯 206, 209
裂肉歯 168
葉 120-21
落ち葉 130
形 120
つき方 121
葉縁 120
葉脈 121
パーカー・ソーラー・プローブ 40, 278
ハープ 291
ハープシコード 291
パーム・ジュメイラ 271
ハーモニカ 291
肺 204
呼吸 212-5
赤血球 217
DNA 242
動脈と肺 216
～の細胞 245
～容量 214-5
胚(植物) 126
バイオマス植物 142
バイオリン 291
配管 265
排出 142
ネットゼロ 142-3
排尿の法則 227
パイプオルガン 291
ハイブリッドカー 267
ハイペリオン、レッドウッド 98, 119
肺胞 212
培養肉ハンバーガー 267
ハエ 122
バオバブ 118
ハキリアリ 177
白亜紀と古第三紀の境界となる大量絶滅 111
白色矮星 37, 45
はくちょう座 28
バグパイプ 291
ハシボソガラス 194
バショウカジキ 178
走る 210
最速の動物 179
バズ・オルドリン 34
蜂蜜 122-3
爬虫類 115
最小の 159
寿命 198
初期の 13
卵 194
～の絶滅 111, 149
渡り 186
ハツェゴプテリクス 162-3
白血球 217
発電機 266
ハッブル宇宙望遠鏡 282
発明、年表 264-7
花
受粉 122-3
初期の 13
世界一大きな花 124-5
鼻 212-3, 222
話す 207, 236
ハナナガヘラコウモリの仲間 172
ハナバチ 188
花火 41
鼻水 222-3
バハマ 285
ハビタブルゾーン 19
速さ、速度
宇宙でいちばん速いもの 40-41
高速鉄道車両 274
最速の動物 178-9
光の速さ 40-41
ハヤブサ 178
パラケラテリウム 161, 163
2パラス 50
パラナ川 77
パラリンピック 286-7
バランス 237
パリ 98
『ハリー・ポッターと賢者の石』 289
ハリケーン 94
ハリケーン・オーティス 94
ハリケーン・ノーマ 94

ハリケーン・ホセ 95
ハリケーン・マリア 95
バルカンヘビガタトカゲ 173
バルバドス・スレッドスネーク 159
ハレー彗星 48
パロマー山 282
ハワイ、ハワイ州 64, 99, 282-3
ハワイ式噴火 64
パン 264
パンアメリカン・ハイウェー 270
半影 31
ハンガリー 284-5
半球 253
反響定位 188
バングラデシュ 89
万国博覧会(1889年) 98
バンジョー 291
帆船 265
ハンドウイルカ 196
バンヤン・イチジク 118

ひ

ピアノ 291
PSR B1620-26B(系外惑星) 52
ビーバー 149
ピエール・ミショー 266
東シナ海 76
東日本大震災津波 97
光
　オーロラ 84-5
　光年 14-15, 39
　～と音 41
　～の速さ 40-41, 92
10ヒギエア 50
ヒグマ(グリズリー) 176
飛行機 83, 86, 98-9, 142, 257, 276-7
　飛行高度 83, 98-9
　最も速い 40
飛行機雲 86
ひざ 207, 210
ピザ 256
皮脂腺 228
微小動物 158, 183
微生物 108, 117
非対称形動物 175
ビタミン 170
　ビタミンD 229
左利き 252
ビッグクランチ 55
ビッグバン 12-13, 54, 283
　元素の形成 44-5
　ブラックホール 46-7
ビッグフリーズ 55
ビッグリップ 55
ヒツジ 136, 138-9, 198, 247
ピット器官 188
ビデオゲーム 267
ヒトカイチュウ 192
ヒトコブラクダ 137
ヒトデ 174-5
泌尿器系 205
皮膚 204
　体を助ける 228-9
　細胞の入れかわり 245
　子宮の中での発達 247
　断面図 228
　表面積 229
ヒマラヤ山脈 98, 100-101, 183
ひも 264
冷やす 228
ヒューモンガス・ファンガス(でっかい菌類) 128
ひょう 87, 89
秒 256-7
氷河 73-5, 88, 109
氷岩 75
病気 114, 192, 205, 217
標高、動物がくらす 183
氷山 74-5
　タイタニック号 102
　～の形 74-5
氷山片 75
標準中国語 294
氷床 73, 147
表情 247
表層～中深層 103
平壌地下鉄 271
ピラニア・ナッテリー 140
ピラミッド 98
ヒル 115
ビル、世界一高い 77, 96, 98, 270
ピンタゾウガメ 111
ヒンディー語 294
ヒンドゥー教 260-61

ふ

ファゴット 291
ファルコン・ヘビー 279
フィッシャーリッジ洞窟群 78
フィンランド 285
風力発電 143
笛 290-91
フェネック 182
プエルトリコ海溝 103
フェンシング 285
フォーピークド火山、アラスカ 64
フォボス 22
ブガッティ・シロン 275
フグ 191
フクロウの目 211
フクロオオカミ 111
ブタ 136, 138-9, 169
フタコブラクダ 137
フッカー望遠鏡 282
物質 12, 36, 46, 54
　ダークマター 54
ブドウ 243
太もも
　～の骨 207
　縫工筋 210
部分日食 31
不要なもの
　うんち 205, 220, 224-5
　おしっこ 205, 226-7
　回収 216-7
　二酸化炭素 212-3, 217
　尿素 227
　ふん 170-71
プライベートジェット 99
ブラウンバシリスク 173
ブラキオサウルス 163
ブラジル 77, 141
プラスチック 266
　ペットボトル 256-7
ブラックホール 37, 46-7, 54, 283
　宇宙船が入ると何が起きるか 46
　～のタイプ 46
　～の見つけ方 47
フランス 98, 274-5, 284
フリードリッヒ・モース 71
プリオサウルス 165
ブリストル便形状スケール 225
ブリストル大学 225
ブリティッシュ・コロンビア 282
プリニー式噴火 65
ブルーイグアナ 149-51
ブルー・オリジン社 35
ブルーバードCN7 275
ブルカノ式噴火 64
ブルカノ島、ストロンボリ火山 64
ブルガリア 285
ブルジュ・ハリファ 77, 96, 98, 270
プレート 66, 101
フレデフォード・クレーター 48-9
フレンチホルン 291
プロキシマ・ケンタウリ 41, 52
プロキシマ・ケンタウリ B 52
ブロックチェーン 267
プロングホーン 179
ふん、うんち
　世界最大の 170-71
　動物 126, 142, 170-71
　7タイプのうんち 225
　人間、ヒト 205, 220, 224-5, 257
　バイオマスとして 142
　ブリストル便形状スケール 225
　ふんの法則 170
分割鏡望遠鏡 282
フンコロガシ 177
分泌腺
　汗腺 228
　鼻水 222
フンボルトペンギン 185

へ

兵器 262, 264-7
ベイベイロン 195

ベイマツ 119
ベーカー山 88
ベーリング海 133
ヘール・ボップ彗星 48
ヘール望遠鏡 282
ペガスス座 28
4ベスタ 50
ベスビオ火山、イタリア 65
ペット 137, 139
ペットボトル 256-7
ベトナミーズ・ケイヴ・スネイル 158
ベネズエラ 77, 93, 99
ヘビ 188, 192, 232
　最小のヘビ 159
　ボアコンストリクター 141
ペラゴルニス 161, 163
ヘラジカ 198
ヘリウム 12, 36
ベリンゲン・フィグ 118
ペルー 99
ペルシャ湾 271
ヘルツ 232-3
ペルディプテス 185
ペルム紀と三畳紀の境界となる大量絶滅 110
ペロシペード 266
ベンガル語 295
ペンギン 75
　大きさ 184-5
　コウテイペンギン 148, 182
変成岩 68-9
偏平回転楕円体 60

ほ

ボアコンストリクター 141
望遠鏡 14, 36, 266, 282-3
方解石 71
膀胱 226-7
縫工筋 210
縫合線 209
放射 21, 39, 46
放射層 36
放射相称 174-5
宝石、硬さのはかり方 70-71
ボーイングB-50A 277
北斗七星 28
保護活動 148-50
『星の王子さま』289
ホシムクドリ 194
ボストーク基地、南極 89
蛍石 71
北極 61, 73-5, 146-7, 182, 186
北極海 60
ホッキョクギツネ 191
ホッキョクグマ 146, 164, 182
北極圏 187
北極光 84-5
北極点 75
哺乳類 157
　おしっこに要する時間 227
　家畜 139
　呼吸 213
　最小の飛行性哺乳類 159
　最小の陸生哺乳類 159
　寿命 198
　初期の 13
　睡眠 196
　卵 194
　動物界 115
　妊娠期間 246-7
　脳化指数 240
　～の絶滅 111, 149
　ふん 170
　もぐった深さの最高記録 103
　最も背が高い陸生哺乳類 98
　渡り 186
骨 206-7
　赤ちゃんの骨 208
　X線 207
　大人の骨 206-9
　骨格系 205
　頭蓋骨 208-9
　すごい骨 207
　浮遊する骨 207
　骨の数 206
　骨の細胞 245
　最も硬い骨 207
　最も小さい骨 207, 210
　最も長い骨 207
ホビー・エバリー望遠鏡 282
ポピガイ・クレーター 49
ホプキンス山 282
ほほえむ 247
ホホジロザメ 164
ポルトガル 158
ポルトガル語 295
ボルネオ島 141
ボルネオ島の熱帯雨林 141
ホルモン 205
本、書物、書籍 288-9
　ベストセラー 289
本影 30-31
ホンダRA106 275
ポンペイ・ワーム 182

ま

マイクロチップ 267
マイケル・コリンズ 34
マイケル・フェルプス 284
マウナケア、ハワイ 99, 282-3
マウナロア火山、ハワイ 64
巻き貝
　海貝 158
　カタツムリ 115
　最小のカタツムリ 158
　淡水産巻き貝 193
　ベトナミーズ・ケイヴ・スネイル 158
マクノート彗星 48
マグマ 62, 64-5, 69
麻酔 266
マゼラン望遠鏡 282
マダコの仲間 194
マダラハゲワシ 183
町、街 253
　最も高いところにある 99
まつ毛 230-31
マッコウクジラ 167, 213
まぶた 231
マメハチドリ 159, 194
マラード号 274
マラカイボ湖 93
マラリア 192-3
マリアナ海溝 89, 102-3, 183
マリアナスネイルフィッシュ 103
マリ王国 259
マルチミラー望遠鏡 282
マルミミゾウ 148
マレーグマ 140, 172
マレーシア 119, 141, 194
満月 26
マンサ・ムーサ 259
マントル 62-3
マンモスケーブ洞窟群 78

み

味覚 237
三日月 26
右利き 252
ミゲル・デ・セルバンテス
　『ドン・キホーテ』289
ミシシッピ 93
ミシシッピ川 76
水 19, 72-3
　うんち 224
　塩水 73
　おしっこ 226-7
　川 76-7
　菌糸体のネットワーク 128-9
　雲 86-7
　光合成 117
　最大の水深 102-3
　種子を遠くへ運ぶ 126
　消化器系 220
　水蒸気 82, 86-7
　水力 142-3
　石筍 80-81
　淡水 72-4, 76
　地下水 73
　地球の水 60
　地表水 73
　津波 96-7
　洞窟 78
　凍結した水 73
　飲み水 253
　水循環 87
　～を通さない 228
湖 27, 73-4
ミズダコ 164
蜜 122-3
ミツバチ 122-3

南アフリカ 77, 118, 183, 264, 271, 283
南アフリカ大型望遠鏡 283
南アメリカ 61, 253, 270
　人口 134
　熱帯雨林の消失 141
　〜における初期の人類の移動 133
南アメリカプレート 67
南十字星 29
みなみじゅうじ座 29
南半球 29, 253
ミニフィギュア、レゴ 272-3
ミノカサゴ 190
耳 232-3
　音 232-3
　筋肉 210
　子宮の中での発達 246
　骨 207, 210
ミミズ、蠕虫 13, 115, 130-31
　体のつくり 131
　寄生虫 192
　個体数 131
　サイズ 131
　重要性 130
　総重量 130
　最も地下深くに住む陸生ワーム 183
ミミックオクトパス 190
ミャンマー 159
ミュージカル・テレグラフ 291
ミュータブル・レイン・フロッグ 191
味蕾 245
ミランダ・ロウ 200

む

向井千秋 35
無脊椎動物 131, 157
　〜の種 157
ムタラジ滝、ジンバブエ 77
ムポネン金鉱山 271

め

目、眼
　外眼筋 211
　子宮の中での発達 247
　〜の色 242
　〜の細胞 234-5
冥王星 16, 48, 51
　衛星 22
メカジキ 178
メガネウラ 109, 160, 163
メガロドン 167
メキシコ 118, 186-7, 255
メキシコサンショウウオ 148, 169
メキシコラクウショウ 118
メキシコ湾 76, 102
メタン 63, 83
メッカ 259
メナラ 119
免疫系 205

も

毛細血管 216
毛包 228
モース硬度計 70-71
木材 141-2
木星(惑星) 24
　衛星 23, 56
　小惑星帯 51
　大赤斑 56
　太陽からの距離 19
　地球からの距離 242
　〜とくらべた系外惑星の大きさ 52-3
　〜の温度 18
　〜の自転 17
木星氷衛星探査計画(JUICE) 56
木版印刷 288
モグラ 198
モルフォチョウ 140
モルモット 246
モロクウェン・クレーター 49
モンゴル 77, 270
問題解決 236

や

ヤギ 136, 138-9, 196
ヤク 183
ヤシ 127
矢じり 264
野生動物
　絶滅の危機にある 148-9
　野生の哺乳類 138-9
山 88, 94, 98-9
　エベレスト 89, 98-102
　タンボラ火山 65
　チンボラソ山 88
　ベーカー山 88
やり 264

ゆ

有害な動物 136
ユージン・サーナン 33
ユーラシアプレート 66, 101
ユーリ・ガガーリン 34
雪 75, 86-7
　12か月間に降った雪の量の最高記録 88
　南極 90
ユキヒョウ 183
輸送 265-7
　機関車、鉄道、鉄道車両 266, 270, 274
　自動車 266-7, 275
　飛行機 276-7
　ロケット 266, 278-9
ユダヤ人 263
ユニコード・コンソーシアム 295
指 229
『指輪物語』 289
弓矢 264

よ

葉 236-7
溶岩 64, 78
幼虫 123, 158, 182
楊利偉 278
ヨーロッパ
　人口 134, 253
　地表にしめる割合 61
　初期の人類 132
ヨーロッパアオゲラ 172
ヨーロッパアマツバメ 178
ヨーロッパジシギ 187
ヨーロッパビーバー 149
翼竜類 161-2
ヨセミテ滝、アメリカ 77
ヨハネス・グーテンベルク 288-9
読む 237, 240, 252, 289

ら

ラ・ジャメ・コンタント 275
ラ・リンコナダ、ペルー 99
ライオン 148, 170, 192, 197-8
雷鳴 92-3
ラインホルト・メスナー 100
ラキ火山、アイスランド 64
ラクダ 182
　ヒトコブラクダ 137
　フタコブラクダ 137
ラジオ 266
羅針盤 265
ラス・カンパナス 282-3
ラッキー・レディII 277
ラッパ 291
ラパルマ島 283
ラマ 136
ラリサ・ラチニナ 284
乱層雲 87
ランプレヒトゾーフェンーフォーゲルシャハト洞窟群 79

り

陸
　超大陸 13
　〜上のハリケーン 94
　最大の陸生動物 160-63
　地表にしめる割合 61
　地表の地形 76
リクガメ 169
　ゾウガメ 198-9
　ピンタゾウガメ 111
陸上競技 285
陸生節足動物 115
リコーダー 291
リス 169, 197
立毛筋 228
リツヤ湾津波 97
リミティング・ファクター号 103
竜脚類の恐竜 163
流星 48, 82
流星物質 48-9
リュート 291
両生類
　最小の 159
　初期の 13
　絶滅 111, 149
　卵 194

～の炭素重量 115
料理 264
燐灰石 71
林冠 140
リンゴ 243
輪転印刷機 288
リンパ系 205

る

ルイジアナ 93
ルートをたどる
航行 265-7
渡り 186-7
ルビー 53
ルワンダ 76

れ

レア 23
冷蔵庫、業務用 266
霊長類 13
先史時代の類人猿 160
レインヒル・トライアル 274
レヴンズ・タワー 119
レゴ 272-3
レジリン 181
レチュギアケーブ 78
裂肉歯 168
れんが 265

ろ

ローマ 286
ロケット 266, 278-80
ロケット号 274
ロシア 77, 134, 270, 278-9, 284-5
ロシア語 295
ロゼット・ノーズド・カメレオン 172
ロッキー山脈 187
肋骨 206
ロバ 136
ロブスター 115, 198
ロボット手術 267
ロングジョー・シスコ 111

わ

ワームホール 46
ワールド・ワイド・ウェブ 267
ワイマヌ 185
ワオキツネザル 173
惑星 12, 14, 16-17
衛星 14, 16, 22-3
海王星 17,19, 22, 25, 41, 48
火星 16, 18, 22, 24, 51, 62
金星 16-19, 22, 24
系外惑星 52-3
準惑星 16, 22, 48, 51
水星 16, 18-19, 22-4
生命が存在できる惑星 18
天王星 17, 19, 23, 25
土星 17, 19, 23, 25
～の温度 18-19
ビッグリップ 55
他の惑星の生命 18
木星 17-19, 23-4, 51-3, 56
惑星状星雲 37
ワクチン 266
ワシ 169
イヌワシ 160, 178, 194
オウギワシ 140, 176
渡り 186-8
ワタリアホウドリ 160
ワニ 110, 169
ワニ（アリゲーター） 198
ワニ（クロコダイル） 192
イリエワニ 164
ワレリー・ポリャコフ 34
ワレンチナ・テレシコワ 34

学名

Ammonicera minortalis 158
Amphiprion ocellaris 194
Anapistula ataecina 158
Angustopila psammion 158
Apteryx owenii 195
Aquila chrysaetos 194
Beibeilong sinensis 195
Brookesia nana 159
Conraua goliath 194
Corvus corone 194
Craseonycteris thonglongyai 159
Cygnus buccinator 195
Dermochelys coriacea 194
Dicopomorpha echmepterygis 158
Equus caballus 137
Gallus gallus domesticus 194
Haaniella echinata 194
Heterodontus francisci 195
Mellisuga helenae 159, 194
Octopus vulgaris 194
Ornithorhynchus anatinus 194
Paedocypris progenetica 159
Paedophryne amauensis 159
Palaeeudyptes klekowskii 184
Rafflesia arnoldii 124-5
Serinus canaria domestica 194
Struthio camelus 195
Sturnus vulgaris 194
Suncus etruscus 159
Tetracheilostoma carlae 159
Turdus merula 194
Xylocopa auripennis 194

制作チームの紹介

この図鑑は、創造力豊かなチームの協力のおかげで完成しました。その中心となったメンバーを紹介しましょう。

著者

ヴァレンティーナ・デフィリーポ　European Design Awards（ヨーロピアン・デザイン・アワード）などの受賞経験をもつデータ・デザイナーでありイラストレーター。11か国語で販売されている『インフォグラフィックで見る138億年の歴史：宇宙の始まりから現代世界まで』（創元社、2014年）の共著者であり、2021年にTEDxでデータ・デザインについて講演した。ガーディアン紙のマスタークラスをはじめ、学生やプロフェッショナルのためのワークショップで、データを使って視覚的にストーリーを伝える技術について教えている。この本は初めての児童書。

アンドリュー・ペティ　作家、編集者。タイムズ紙、サンデー・タイムズ紙、文化部長を務めたデイリー・テレグラフ紙の記事を書いた経験をもつジャーナリスト。『Listified！（リスト化！）』（ブリタニカ・ブックス）の著者であり、ブリタニカ・マガジン誌の編集者。

コンラッド・キルティ・ハーパー　ロンドンのブルームバーグニュースのジャーナリスト。その前はニュー・サイエンティスト誌、ブリティッシュGQ誌、デイリー・ミラー紙、デイリー・テレグラフ紙で働き、たびたびデータとインフォグラフィックを使ってストーリーを伝えた。トロンボーンを演奏し、飛行機が好きで、お気に入りのグラフはサンキー・ダイアグラム（pp.44～5を見てね！）。

データ・リサーチャー

エリザベス・グレゴリー　ロンドンに住むジャーナリスト、リサーチャー。ロンドン・イブニング・スタンダード紙、サンデー・タイムズ紙などに記事を書いた経験をもつ。

サイモン・ハント　データ・リポーティング（生のデータを集めてわかりやすい形式に整理すること）とリサーチの分野で活躍するジャーナリスト。

レイチェル・ケニー　環境科学者、データ・アナリスト。現在は、ワールド・リソース・インスティチュートで働いている。

ミリアム・クイック　データ・ジャーナリスト、リサーチャー。最初の著書で、ステファニー・ポサヴェッとの共著『I am a book. I am a portal to the universe.（わたしは本。わたしは宇宙への入り口）』は、2021年王立協会ジュニア図書賞と2022年インフォメーション・イズ・ビューティフル賞を受賞。

アドバイスをもらった専門家

クリストファー・フェルナンデス博士　アメリカのシラキュース大学の生態学者で、専門は菌根の生態系。

クリストファー・ジャクソン教授　地質学者で、インペリアル・カレッジ・ロンドンの教授。アルゼンチンのアンデス山脈、ボルネオ島の熱帯雨林、エジプトのシナイ砂漠で地質学のフィールドワークを行った。2020年に王立研究所のクリスマス・レクチャーで講演した。

ミランダ・ロウ　大英帝国勲章コマンダー受章者であり、ロンドン自然史博物館の主席学芸員。専門は甲殻類と刺胞動物で、同博物館で30年間働いている。また、科学と学芸員の仕事についての講演や、学生の指導、学校での支援活動を行う。STEM（科学・技術・工学・数学）教育アンバサダーや、アスパイアリング・プロフェッショナルズ・プログラム（学生が希望する職業につけるように、その分野の一流の人材から指導や支援を受けられるプログラム）を通じて教育関係のボランティアを行っている。

ジェームズ・オダナヒュー博士　惑星科学者で、木星、土星、太陽系外惑星など巨大惑星の上層大気の地上天文学を専門とする。空き時間には、太陽系とその先の宇宙のスケールや動き、メカニズムを説明する動画をつくり、その動画は世界中の学校や大学、プラネタリウム、博物館で利用されている。この支援活動によって、2021年ユーロプラネット協会（ヨーロッパ惑星科学協会）パブリック・エンゲージメント（市民による公共活動への参加）賞を受賞。

ガナ・ポグレブナ教授　チャールズ・スタート大学（オーストラリア）AI・アンド・サイバー・フューチャーズ研究所部長、シドニー大学（オーストラリア）行動ビジネス分析とデータ科学名誉教授、アラン・チューリング研究所（イギリス）行動データ科学担当リーダー。ポグレブナ教授の研究は、行動科学、AI（人工知能）、コンピューター・サイエンス、データ分析、エンジニアリング、ビジネスモデル革新を組み合わせて、都市や企業、慈善団体、個人がより大きな利益やよりよい社会的成果を生み出し、福祉を向上させるように、最適な行動をとることに役立っている。イギリスのSTEM教育分野における重要な女性専門家にあたえられる、テックウィメン100賞を2020年に受賞。

クレア・スミス教授　ブライトン・アンド・サセックス・メディカル・スクールの解剖学部長。審査を通って発表された論文は100本以上あり、『Gray's Surface Anatomy and Ultrasound（グレイ体表解剖学と超音波診断）』の筆頭著者。解剖学教育の分野で世界有数の雑誌『アナトミカル・サイエンス・エデュケーション』の共同編集者。寄付された遺体をスキャンし、イギリスで初めて学生のために3Dプリンターで体の部分を作成した。

日本語版チーム

日本語版の制作に関してご協力いただいた先生方、翻訳者を紹介します。右の4つの質問にも答えてもらいました。

4つの質問
❶子どものころ好きだったこと・もの　❷苦手だったこと・もの
❸科学・語学に興味をもったきっかけ　❹今、はまっていること

監修者

縣 秀彦　「はてしない宇宙」担当　自然科学研究機構 国立天文台・准教授。長野県出身。専門は天文教育と科学コミュニケーション。インターネットや科学イベントなどを通じて天文学を普及する活動を行う。著書に『天文学者はロマンティストか?』（小社刊）、『面白くて眠れなくなる天文学』（PHP文庫）など。
❶小学校の図書室と近鉄バファローズ。❷人と会うことや話すこと。大人になったらそれほど苦痛ではなくなったけど。❸湯川秀樹の伝記を小3で読んでから。生まれ育ったのが長野の田舎で満天の星空を見ることができたことも大きいかな。❹観賞魚の飼育と植物の栽培。人間、社会、生き物、無機物、地球、宇宙、みんなおもしろい。

西本昌司　「地球のすがた」担当　愛知大学教授。広島県出身。名古屋市科学館学芸員などを経て現職。専門は地質学、岩石学、石材。NHKラジオ「子ども科学電話相談」回答者。著書に『くらべてわかる岩石』（山と溪谷社）、『観察を楽しむ 特徴がわかる 岩石図鑑』（ナツメ社）、『東京「街角」地質学』（イースト・プレス）、『街の中で見つかる「すごい石」』（日本実業出版社）など。❶石の他に、昆虫、鉄道、地図など。❷納豆が苦手だったが、筑波大学在学中に克服。納豆の本場できたえられた。❸きっかけというのはわからず、気がついたら科学（というより自然）好きに。世話をする必要のない石がズボラな性格に合っていた。❹自然の中ではなく、街の中にある石（＝石材）の魅力に目覚め、近代建築の石めぐりを楽しんでいる。

藤田貢崇　「生きている地球」「わたしたちの世界」担当　法政大学経済学部教授。専門は宇宙物理学と科学ジャーナリズム、科学教育。NHKラジオ「子ども科学電話相談」回答者。Nature日本語版翻訳者。科学書の執筆や翻訳も行う。著書に『ミクロの窓から宇宙を探る』（小社刊）、翻訳書に『ブロックで学ぶ素粒子の世界』（白揚社）など。❶いろいろな生き物を弟といっしょにつかまえて飼うこと（カナヘビなどを見かけると今でもつかまえたくなる）。❷カレーライス（今でも苦手）　❸顕微鏡や天体望遠鏡で世界を見たこと。図鑑でしか見たことのなかったものを実際に目にして感動した。❹天体観測。いろいろな天体の写真をとってノートに記録し、近所の子どもたちに自慢している。

成島悦雄　「動物のいとなみ」担当　1972年、東京都庁に就職し上野動物園飼育課配属。以後、多摩動物公園、上野動物園の動物病院獣医師、多摩動物公園飼育展示課長等を経て2010年～2015年、井の頭自然文化園園長。2014年～2020年日本獣医生命科学大学獣医学部客員教授、2016年～2022年、日本動物園水族館協会専務理事、現在、日本動物園水族館協会顧問。2013年からNHKラジオ「子ども科学電話相談」の動物部門回答を担当。お子さんからの質問に刺激を受けている。❶紙芝居のあとの駄菓子。特に「かたぬき」に夢中で挑戦していた。❷苦手だったのは算数・数学。❸大学に進学して動物行動学を学び、野生動物の魅力にとりつかれた。❹現在はライオンにルーツをもつ狛犬が最大の興味の的。

篠田謙一　「人体のふしぎ」担当　国立科学博物館・館長。静岡県生まれ。専門は分子人類学。古人骨のDNAを分析して日本人の起源などを研究している。著書に『新版 日本人になった祖先たち』（小社刊）、『人類の起源』（中公新書）など多数。❶放課後、仲間と外で遊ぶこと。❷人前で話すこと。❸基本的に田舎育ちでアウトドア派だったので、子どものころから自然に興味をもつように。❹読書（物理学者の本を読むこと）。学生時代、物理学はまったく理解できなかったが、最近は物理学者の書いた数式の出てこない本を読むのが趣味になった。

翻訳者

武田知世　「はてしない宇宙」「地球のすがた」担当　北海道大学理学院自然史科学専攻の修士課程卒（専門は地球科学）。半導体関連企業で働いたのち、技術的な文書などを扱う翻訳者になる。書籍の翻訳は本書が初。❶理科　❷体育（大の苦手）　❸昔から読書好きだったことに加え、会社の仕事で翻訳のチェックを担当しておもしろいと感じたことから語学（翻訳）に興味をもった。❹宝石の写真をながめること。

瀧下哉代　「生きている地球」「動物のいとなみ」担当　東京外国語大学フランス語学科卒。自然とアートの分野を中心に翻訳を行っている。アメリカ・アリゾナ州の自然が豊かな砂漠でくらしたことをきっかけに、野鳥や自然の観察にはまっている。訳書に『ファーブル驚異の博物学図鑑』、『生物毒の科学』、『世界の美しい甲冑解剖図鑑』などがある。❶鉄棒　❷かけっこ　❸両親が標準語と方言（鹿児島弁と新潟弁）のバイリンガルだったこと。❹自然の中の宝探し（野鳥や虫、草花など、美しいものやおもしろいものを見つけて写真をとること）。

小巻靖子　「人体のふしぎ」「わたしたちの世界」担当　大阪外国語大学（現大阪大学外国語学部）英語学科卒業。訳書に『運動しても痩せないのはなぜか』『移民の世界史』『サブスクリプション・マーケティング』『ティム・ウォーカー写真集SHOOT FOR THE MOON』などがある。❶好きだった教科は算数　❷苦手だった教科は図画工作　❸英語に興味をもつようになったきっかけはスヌーピー。スヌーピーが登場する『ピーナッツ』を英語で読めるようになりたいと思った。❹ガーデニング

ブリタニカ　ビジュアル大図鑑

2024年11月10日　第1刷発行

インフォグラフィック制作　ヴァレンティーナ・デフィリーポ
編者　アンドリュー・ペティ、コンラッド・キルティ・ハーパー

発行者　江口貴之
発行所　NHK出版
〒150-0042　東京都渋谷区宇田川町10-3
TEL 0570-009-321（問い合わせ）　0570-000-321（注文）
ホームページ　https://www.nhk-book.co.jp
印刷　広済堂ネクスト
製本　ブックアート

Printed in Japan　ISBN 978-4-14-036160-3　C8601

装丁・デザイン　天野広和　松林環美（ダイアートプランニング）
日本語版監修　縣 秀彦　西本昌司　藤田貢崇　成島悦雄　篠田謙一
翻訳　武田知世　瀧下哉代　小巻靖子（トランネット）
校正　LIBERO
DTP　センターメディア

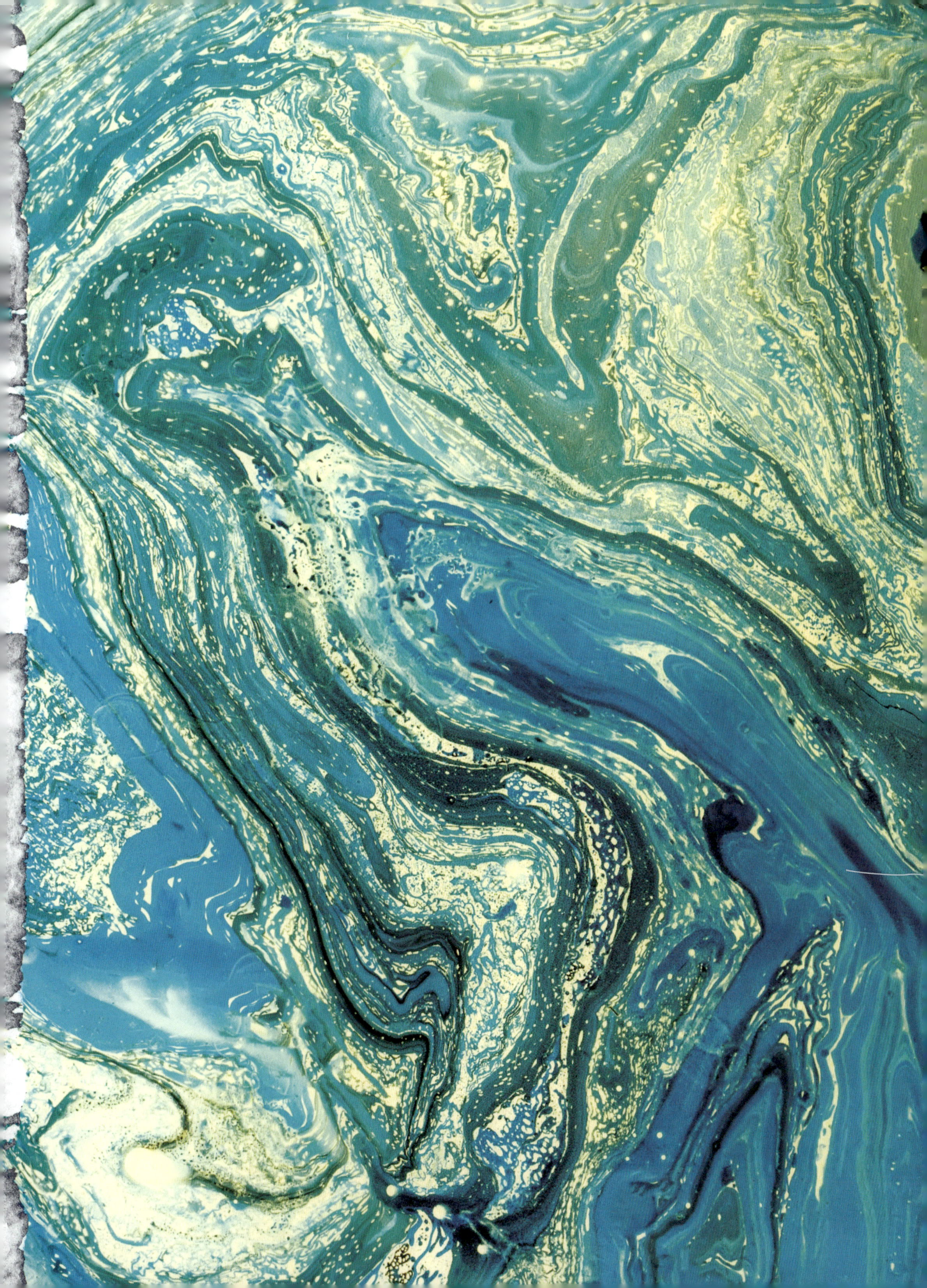